Chancen bilden

David Deißner (Hrsg.)

Chancen bilden

Wege zu einer gerechteren Bildung – ein internationaler Erfahrungsaustausch

Mit einer Studie zur Rolle der sozialen Herkunft bei Notengebung und Schulempfehlungen.

 Springer VS

Herausgeber
Dr. David Deißner
Vodafone Stiftung Deutschland
Berlin, Deutschland

ISBN 978-3-531-19392-2   ISBN 978-3-531-19393-9 (eBook)
DOI 10.1007/978-3-531-19393-9

Die Deutsche Nationalbibliothek verzeichnet diese Publikation in der Deutschen Nationalbibliografie; detaillierte bibliografische Daten sind im Internet über http://dnb.d-nb.de abrufbar.

Springer VS
© Springer Fachmedien Wiesbaden 2013

Satz : Satz & Bild Kubicek GmbH, Hofheim

Gedruckt auf säurefreiem und chlorfrei gebleichtem Papier

Springer VS ist eine Marke von Springer DE. Springer DE ist Teil der Fachverlagsgruppe Springer Science+Business Media.
www.springer-vs.de

Inhaltsverzeichnis

David Deißner
Chancen bilden – eine Einleitung 9

Annette Schavan
Grußwort.. 31

I. Beiträge zur Frage der Bildungsgerechtigkeit –
eine internationale Perspektive

Hans-Peter Blossfeld
Kompetenzentwicklung, Bildungsentscheidungen und Chancenungleichheit
in Vorschule und Schule –
Neue Ergebnisse aus der Forschung zur Bedeutung von Familien
im Bildungsprozess.. 37

Hartmut Ditton
Chancenungleichheit in schulischen Laufbahnen...................................... 57

Petra Stanat & Anja Felbrich
Sprachförderung als Voraussetzung für die Sicherung von Mindeststandards
im Bildungssystem: Ansatzpunkte und Herausforderungen 79

John H. Goldthorpe & Erzsébet Bukodi
Institutional change and social class inequalities in educational attainment:
the British experience since 1945 101

Robert Erikson
Educational institutions and social selection in education................................ 111

Helmut Fend
Starke und schwache Instrumente zur Beförderung von Chancengleichheit
im Bildungswesen.. 125

Manuela du Bois-Reymond
Die niederländische Netzwerkschule –
Eine Schulreform um Chancengerechtigkeit zu erhöhen?.............................. 141

Franz Baeriswyl
Verminderung sozialer Ungerechtigkeit bei Schulübergängen –
schaffts ein mehrkriteriales Übertrittsverfahren
mit standardisiertem Leistungstest?... 153

Heike Solga
Was wirkt?
Interventionen zum Abbau sozialer Effekte 169

Jai Ok Shim
New strategies for reaching social equalitiy in education –
a Korean perspective 177

✳   ✳   ✳   ✳   ✳   ✳   ✳   ✳   ✳   ✳

Kai Maaz, Franz Baeriswyl & Ulrich Trautwein
II. Studie: „Herkunft zensiert?"
   Leistungsdiagnostik und soziale Ungleichheiten in der Schule

1. Einleitung.. 187

2. Theoretischer und empirischer Hintergrund... 189

3. Soziale Herkunft und Leistungsbewertung:
   Empirische Studien zu zentralen Fragestellungen 215

4. Resümee, Ausblick und Einschränkungen 303

5. Anhang.. 307

Literaturverzeichnis..**331**

Autorinnen und Autoren..**343**

Danksagung..**347**

Chancen bilden – eine Einleitung

David Deißner (Hrsg.)

1 Aufstieg durch Bildung? Die ungleiche Gesellschaft und ihr meritokratisches Versprechen

Der vorliegende Band handelt von der sozial ungleichen Verteilung von Bildungschancen und deren Ursache. Aus bildungswissenschaftlicher Perspektive werden politische Maßnahmen und praktische Interventionen diskutiert, die zu einer Reduzierung sozialschichtspezifischer Bildungsbenachteiligung beitragen können. Der Band versammelt die Beiträge führender Wissenschaftler aus dem In- und Ausland, die im Jahr 2011 auf Einladung der Vodafone Stiftung Deutschland und des Bundesministeriums für Bildung und Forschung in Berlin zusammenkamen, um den Wirkungsmechanismen sozialer Herkunftseffekte im Bildungsverlauf nachzugehen. Die Tagung stand unter dem Titel „Neue Wege zur Bildungsgerechtigkeit" und damit gleichsam unter normativem Vorzeichen. Zugrunde liegt die Annahme der Einladenden, dass ungleiche Bildungschancen nicht nur ein moralisches, sondern auch ein ordnungspolitisches und volkswirtschaftliches Problem darstellen, das es zu lösen gilt. Daneben steht die wissenschaftstheoretische Prämisse, dass ein Transfer zwischen Wissenschaft und (politischer) Praxis, bei allen methodischen Einschränkungen, sinnvoll, ja geboten ist, und dass empirische Forschung mithin – zumindest in Ansätzen – handlungsleitend wirken kann und sollte. Auch wenn Bildungsforscher zuvorderst der Wissenschaft und damit primär dem zweckfreien Erkenntnisgewinn und nicht der Politikberatung verpflichtet sind, so bleibt doch die Frage virulent, welche Erkenntnisse sich aus der empirischen Bildungsforschung für die Gestaltung politischer und praktischer Rahmenbedingungen ableiten lassen. Die beteiligten Wissenschaftler waren aufgerufen, sich dieser Frage aus der Perspektive ihrer jeweiligen Disziplin und vor dem Hintergrund ihrer je unterschiedlich geprägten nationalen Bildungstraditionen zu widmen.

Den zweiten Teil des Bandes bildet die von *Franz Baeriswyl, Kai Maaz* und *Ulrich Trautwein* angefertigte Studie „Herkunft zensiert?". Diese Studie basiert auf den Datensätzen mehrerer in den vergangenen Jahren durchgeführter quantitativer Längsschnittstudien (TIMSS-Übergangsstudie, ELEMENT- und TOSCA-Studie) und beschreibt durch Reanalyse der vorliegenden Zahlen den Zusammenhang zwischen Notengebung, Schulempfehlung und nicht leistungsbezogenen Merkmalen wie dem Geschlecht, dem Migrationshintergrund und dem sozialen Status der Eltern. Kernbefund ist ein deutliches Korrelationsverhältnis zwischen sozialem Status und den durch die Lehrkräfte vergebenen Noten und Empfehlungen. Die Studie wurde zum Ende des Jahres 2011 erstmals vorgestellt und hat seither für große öffentliche Aufmerksamkeit und rege Diskussionen gesorgt und wird daher im vorliegenden Band noch einmal in voller Länge abgedruckt.

Die Debatte um mangelnde Bildungsbeteiligung sozial benachteiligter gesellschaftlicher Gruppen hat in den letzten Jahren nicht nur durch die Pisa-Studien an Brisanz gewonnen. Sie steht im weiteren Kontext einer Debatte um ungleiche Ressourcenverteilung und mangelnde soziale Aufstiegsmobilität nicht nur in Deutschland. Die seit den 1990er Jahren fast im gesamten OECD-Raum gewachsene Ungleichverteilung der Einkommens- und Vermögensverhältnisse hat die Frage aufgeworfen, wie sich gesellschaftliche Stabilität, Zusammenhalt und Produktivität erhalten lassen, wenn politischer Ausgleich durch Umverteilung an seine ökonomischen Grenzen stößt. Nicht nur in Deutschland kommt die Überalterung hier erschwerend hinzu. Der Slogan „Aufstieg durch Bildung" ist also nicht Ausdruck einer zufälligen politischen Themenkonjunktur, sondern bezeichnet aus dringendem Anlass die Leitvision einer sozial durchlässigen und leistungsgerechten Gesellschaft, die wachsende Ungleichheit durch Aufstiegsoptionen erträglich zu machen sucht.

Die Auseinandersetzung mit der Frage, wie sozialer und materieller Ungleichheit begegnet werden sollte, bewegt sich seit jeher im Spannungsfeld zwischen zwei Positionen, die sich – holzschnittartig – etwa wie folgt beschreiben lassen: Ein hohes Maß an Ungleichheit ist moralisch problematisch und muss im Sinne distributiver Gerechtigkeit sowie im Interesse des gesellschaftlichen Zusammenhalts durch Umverteilung ausgeglichen werden, sagen die einen. Ungleichheit ist unabwendbar und gesellschaftlich auch erträglich, solange jedem der Weg offen steht, im Wettbewerb um soziale Positionsgüter durch eigene Anstrengung voran zu kommen, sagen die anderen. Der Egalitarist verweist auf die gesellschaftlichen Kosten zu großer Ungleichheit und auf Wettbewerbsverzerrung durch unterschiedliche Startvoraussetzungen, der Leistungsethiker dagegen auf die sedierende Wirkung von Wohlfahrtsgeschenken und die erfrischende Dynamik autonomer Selbstentfaltung ohne staatliche Bevormundung und erzwungene Nivellierung. Neuere internationale Vergleichsuntersuchungen zur Wechselwirkung zwischen der materiellen Ungleichheit von Gesellschaften und deren sozialer Dynamik haben die Debatte neu entfacht und die Frage aufgeworfen, inwiefern zwischen einer Politik der Umverteilung und einer Politik der Dynamik vermittelt werden kann und sollte. Denn offenbar werden Gesellschaften auch weniger sozial mobil, je ungleicher sie werden (Wilkinson & Picket, 2009).

Wenn heute in Deutschland über Ungleichheit diskutiert wird, scheint dreierlei klar: Erstens, die problematischen Folgewirkungen wachsender Ungleichheit werden sich zukünftig angesichts knapper werdender Mittel der öffentlichen Hand und demographischer Veränderungen durch klassische Umverteilungspolitik nicht mehr wie bisher kompensieren lassen. Zweitens, wir brauchen *mehr* soziale Aufwärtsmobilität, vor allem höhere Bildungsrenditen in sozial schwächeren Milieus, um unseren Wohlstand langfristig zu sichern. Drittens, die Chancen im sozialen Aufstiegswettbewerb sind in Deutschland – insbesondere wegen der noch immer ausgeprägten sozialen Selektivität des Bildungswesens – besonders ungleich verteilt. Die Frage lautet also nicht „Ausgleich oder Dynamik?", sondern: Wie schaffen wir vor allem einen *Ausgleich der Chancen*, damit das Aufstiegsversprechen glaubwürdig wird und sich der Aufstiegswille der Benachteiligten überhaupt entfalten kann? Denn dass sich Leistung lohnen muss und jeder Anspruch auf die Früchte seiner Anstrengung hat, wird wohl keiner bestreiten. Neben der ökonomischen Dimension unzureichend erschlossener Bildungsressourcen, ist es dieser moralische Imperativ der *Meritokratie*, der dem heutigen Diskurs um soziale Bildungsungleichheit zugrunde liegt.

Im Gegensatz zu der Vision einer „Ergebnisgleichheit durch Umverteilung" entspricht das meritokratische Prinzip der Chancengleichheit einer weitgehend konsensfähigen Gerechtigkeitsauffassung: Ungleichheit ist erträglich und moralisch unproblematisch, solange den Tüchtigen die Vorfahrt gewährt wird. Chancengleichheit meint, dass im Wettbewerb um soziale Positionsgüter jede sich bewerbende Person nach gleichen Regeln antritt, „um unterschiedliche Talente aufzuzeigen, die dann zu ungleichen Wahrscheinlichkeiten auf Erfolg und ungleichen Ergebnissen führen" (Gosepath, 2012, S. 16). Der Philosoph und Gerechtigkeitstheoretiker Stefan Gosepath unterscheidet weitere Unterformen der Chancengleichheit: Denn damit Chancengleichheit als im eigentlichen Sinne gerecht empfunden wird, müssen noch weitere Kriterien erfüllt sein, etwa, dass der Wettbewerb jedem offen steht und die Befähigung des Statusaspiranten, sein *Verdienst* – und nicht etwa das Los – als Vergabekriterium für die Besetzung von Stellen und Positionen gilt (formale Chancengleichheit). Vor allem aber dürfen nicht externe zufällige Faktoren wie die soziale Herkunft darüber entscheiden, ob bzw. inwieweit sich Talente entfalten können. Der Grundsatz, dass „Laufbahnen den Fähigen offen stehen" müssen, bedarf mithin der Ergänzung, dass die Entwicklung eben jener erfolgsbestimmenden Fähigkeiten und Talente nicht durch eine sozial oder materiell nachteilige Ausgangslage behindert wird. Erst dann gilt Chancengleichheit im eigentlichen Sinne als fair.

Hier nun liegt die normative Grundlage einer umfassenden Sozial- und Bildungspolitik: Erst wenn strukturelle und materielle Bedingungen dafür gegeben sind, dass alle „bei gleichen Begabungen und Motivationen unabhängig von den zwischen ihnen bestehenden sozialen Ungleichheiten gleiche Chancen haben", ist der Wettbewerb gerecht. Soweit so gut?

Nicht ganz, denn freilich sind die Chancen auch unter diesen meritokratisch idealtypischen Bedingungen streng genommen immer noch nicht gleich. Man könnte das meritokratische Versprechen „betrügerisch" nennen, weil es über die Macht kontingenter Faktoren hinwegtäuscht, etwa über die von Natur aus ungleiche Verteilung von Talenten (Gosepath, 2012, S. 26). Gleicher Leistungswille führt nicht zwingend zu gleichem Erfolg. Dennoch empfinden wir eine Gesellschaft offenbar nicht als ungerecht, wenn die Talentierten in ihrem Gebiet reüssieren, wenn also – mit Platon – im Staat „jeder das Seine tut", weil eben nicht jeder alles kann. Denn „gerecht" meint nicht „gleich". Dass grundsätzlich eher überdurchschnittlich analytisch begabte Menschen Lehrstühle für theoretische Physik an Eliteuniversitäten bekleiden, ist ein *Factum brutum*, mit dem die meisten Menschen einigermaßen leben können. Dagegen empfinden wir eine erzwungene Nivellierung der Leistungsniveaus, eine Nichtanerkennung des Herausragenden, etwa durch eine Absenkung der Ansprüche und Inflation der Zertifikate, als unfaire Gleichmacherei. Entscheidend ist vielmehr, dass bei unterschiedlichen sozialen Startvoraussetzungen, aber gleichen bzw. als gleich angenommenen individuellen Dispositionen gleiche Chancen bestehen, so dass es bei gleichen Bedingungen am Ende also nur noch auf die *Anstrengungsbereitschaft* des Einzelnen ankommt. Dass sich die Grenze zwischen dem Einfluss der sozialen und materiellen Ausgangslage und dem Einfluss der eigenen Anstrengungsbereitschaft weder durch Introspektion noch durch den Blick von außen eindeutig bestimmen lässt, sei an dieser Stelle dahin gestellt. Das meritokratische Prinzip bleibt stets eine nur „regulative Idee", deren empirische Bestimmung naturgemäß an ihre Grenzen stößt. In jedem Fall aber muss gelten: Wenn in einem fairen Wettbewerb bei fairer Messung gleiche Leistungen erbracht werden, müssen sich gleiche Anschlussoptionen ergeben.

Dass selbst dieses basale meritokatische Versprechen im deutschen Bildungssystem nicht eingelöst wird, dass hierzulande der Bildungserfolg der Kinder deutlicher als in vielen anderen Industriestaaten mit dem ökonomischen und kulturellen Kapital der Eltern korreliert, ja dass auch bei messbar gleichen Kompetenzen und sogar gleichen Noten die Chancen auf Bildungsaufstieg ungleich verteilt sind, ist das eigentliche Skandalon des Bildungsstandorts Deutschland. Offenbar haben wir es hier mit einem Missstand zu tun, der sich nicht durch politische Handstreiche innerhalb einer Legislaturperiode beheben lässt.

Die soziale Herkunft, so Hans-Peter Blossfeld im vorliegenden Band, gehört zu den hartnäckigsten Prädiktoren des Bildungserfolgs. So habe sich der Einfluss der Herkunft trotz der Bildungsexpansion seit den 1960er Jahren im Vergleich zu anderen Einflussfaktoren, etwa dem Geschlecht, der Religion oder Region, „nur relativ geringfügig reduziert".

Seit jenem „Pisa-Schock" des Jahres 2001, der Deutschland als Weltmeister der sozialen Bildungsungleichheit entlarvte, hat sich gleichwohl einiges zum Besseren gewandt. Die Bildungsrepublik, so legen die neusten Befunde nahe, hat sich auf den richtigen Weg gemacht. Nicht nur haben sich die Schulleistungen in mehreren Kompetenzbereichen insgesamt verbessert, auch der Anteil der leistungsschwachen Schüler hat abgenommen. Vor allem aber hat sich der Abstand in der Lesekompetenz zwischen Schülerinnen und Schülern, deren Eltern zur oberen Dienstklasse zählen und Jugendlichen aus Arbeiterhaushalten seit der ersten Pisa-Untersuchung um etwa ein Drittel verringert. Die Steigung des sozialen Gradienten, der das Ausmaß der sozialen Ungleichheit anzeigt, ist seither zurückgegangen. Deutschland bildet im Hinblick auf soziale Ungleichheit nun nicht mehr das Schlusslicht, sondern liegt im Vergleich mit den anderen OECD-Staaten im Mittelfeld (OECD, 2009). Die Ergebnisse stimmen hoffnungsvoll, Entwarnung zu geben wäre gleichwohl verfrüht. Allein, welche Weichenstellungen diese Entwicklung befördert haben, ja ob sich hier bereits positive Effekte einzelner Reformanstrengungen ablesen lassen und wie viel durch strukturelle Veränderungen überhaupt erreicht werden kann, lässt sich nicht mit Sicherheit feststellen. Außer Frage steht indes, dass die Bildung seit der Veröffentlichung der Pisa-Studien als gesellschaftliches Mega-Thema ins öffentliche Bewusstsein gerückt ist, was sowohl auf institutioneller, aber sicherlich auch familiärer und individueller Ebene Ehrgeiz geweckt hat. Ein Ehrgeiz, der in den mittleren und höheren sozialen Schichten, wie der Soziologe Heinz Bude meint, zu einer regelrechten „Bildungspanik" ausgeartet ist (Bude, 2011). In einer Gesellschaft, in der Positionsgüter gefühlt knapper werden und Bildungszertifikate scheinbar an Wert verlieren, werden Bildungsentscheidungen reflexiv. Privates Zusatzengagement dient dann nicht nur der Talentförderung der Sprösslinge um ihrer selbst willen, sondern dem Statuserhalt der Familie, die den einst durch Bildung erarbeiteten Statusvorteil angesichts einer vermeintlich egalisierenden Bildungspolitik in Gefahr wähnen. Auch der Bildungsehrgeiz und die Aufstiegsambition der Migrantenfamilien sind, entgegen vernehmbarer Klischees, sehr ausgeprägt (s. hierzu Blossfeld im vorliegenden Band). Demgegenüber steht ein Milieu, in dem Bildung weniger zählt, in dem Kinder weniger häusliche Unterstützung und Anregung erfahren und Eltern Investitionen in Bildung scheuen oder mit dem Schulsystem wenig vertraut sind. Diese Kinder, die wegen der lernungünstigen Bedingungen ihres Aufwachsens schon beim Eintritt in die Grundschule über geringere kognitive Fähigkeiten verfügen, verlassen die Schule nicht selten als Leistungs- und Motivationsverlierer mit geringen Chancen auf dem Arbeitsmarkt. Ein vergleichsweise geringer Kompetenzrückstand im frühen Kindesalter kann – sofern Interventionen zu spät kommen – zur realen Gefahr für eine gelingende Berufsbiografie anwachsen. Wie aber kommt der sozial bedingte Nachteil wirklich zustande?

Zur Beschreibung der Wirkungsmechanismen sozialer Herkunftseffekte orientiert sich die Forschung, auch die Autoren in diesem Band, vornehmlich an Raymond Boudons Modell der primären und sekundären Effekte. *Primär*effekte bezeichnen den Leistungsnachteil von Kindern aus bildungsfernen Familien, der etwa aus mangelnder häuslicher Unterstützung, einem ökonomischen oder kulturellen Kapitalmangel resultiert. *Sekundäre* Effekte bezeichnen dagegen sozialschichtspezifische Muster der Entscheidungsfindung, beispielsweise die vom eigenen Bildungsweg oder Erfahrungsstand geprägte Risikobereitschaft der Eltern bei der Entscheidung für oder gegen die Gymnasiallaufbahn ihres Kindes. Aber auch die Empfehlungen seitens der Lehrer, die die Möglichkeiten der Unterstützung durch die Familie antizipieren und sich bei Notengebung und Schulempfehlung auch vom sozialen Status leiten lassen, gehören zu dieser Kategorie.

2 Wie viel Praxis verträgt die Theorie? Bildungsungleichheit als Transferproblem zwischen Wissenschaft und Politik

Wie die sozialen Herkunftseffekte tatsächlich wirken und wie groß der relative Einfluss einzelner Faktoren auf den Grad der Ungleichheit ist, bleibt umstritten. Welche Rolle spielen Faktoren auf der Mikroebene, also Bildungsaspiration und Entscheidungsverhalten, im Verhältnis zu Faktoren auf der Makroebene, also den Strukturvorgaben und den Reformmaßnahmen der Bildungspolitik? Auch wenn zwischen dem politisch abgesteckten Optionsraum und den Entscheidungen freilich ein messbarer Zusammenhang besteht (vgl. Blossfeld und Ditton im vorliegenden Band), scheint der Einfluss der Makro-Ebene bei der Kompensation herkunftsbedingter Ungleichheit geringer zu sein. Bei der Ursachenanalyse setzt die Mehrzahl der Autoren daher den Schwerpunkt auf die prägende Kraft des Familienmilieus und die elterliche Ressourcenausstattung (Krüger, Rabe-Kleberg & et al., 2010, S. 9). Wer der sozialen Bildungsungleichheit politisch zu Leibe rücken will, wird also nicht umhin kommen, die soziale Ausgangslage in ihrer Gesamtheit in den Blick zu nehmen.

Die hierzulande hitzig geführte Debatte über die Gestaltung der politischen bzw. institutionellen Vorgaben scheint insofern verengt, als die Korrekturmöglichkeiten durch politische Strukturgestaltung grundsätzlich überschätzt und die Bildungsinstitutionen mit dem Auftrag der Herstellung größerer sozialer Gerechtigkeit überfordert werden: Die Schule, so scheint es, solle richten, was die Gesellschaft an Ungleichheit produziert hat. Dass bei der Reproduktion von Bildungsungleichheit indes andere Faktoren wirken, die jenseits der klassischen Betätigungsfelder der Bildungssteuerung liegen, gerät dabei leicht aus dem Blick. Die Bildungsforschung gerät hier ihrerseits in gefährliches Fahrwasser, wird sie doch gerne in Dienst genommen, um auf dem Wege „wasserdichter" Forschung sichere Ursache-Wirkungszusammenhänge aufzudecken, die auf dem politischen Parkett als evidenzbasiertes Steuerungswissen im Streit um das „richtige" Schulsystem dienen sollen. Auch wenn eine stärkere Orientierung der Politik an den Erkenntnissen der empirischen Bildungsforschung – und weniger an ideologisch tradierten Positionen – durchaus als Fortschritt zu begreifen ist, so birgt der Wissenschaft-Praxis-Transfer doch auch Gefahren.

Da die politische Praxis verbindliche Argumentationsgrundlagen naturgemäß höher schätzt als Vagheit, besteht jederzeit die Gefahr eine Überbeanspruchung wissenschaftlicher Ergebnisse im Sinne eindeutigen und also „belastbaren Entscheidungswissens". Während die Forschung Zusammenhänge herausarbeitete, die als *Hinweise* (Englisch: evidence) zu verstehen sind, die darauf hindeuten, dass ein kausaler Zusammenhang zwischen zwei Variablen besteht, sucht die Politik nach schnellen Beweisen zwecks Verfikation oder Falsifikation einer bestimmten politischen Maßnahme (Bellmann & Müller, 2011). So wird ein empiriegestützter Hinweis in der Sprache der Politik oft zum vermeintlichen Beweis, während der Erkenntnisprozess möglicherweise erst am Anfang steht. Nicht zu Unrecht haben Johannes Bellmann und Thomas Müller darauf hingewiesen, dass das Paradigma der evidenzbasierten Bildungspolitik durch die interessengeleitete Vergabe von Drittmitteln zu einem „streamlining" der Forschungslandschaft zugunsten bestimmter Fragestellungen und quantitativer Methoden führen kann. Die Praxisorientierung von Wissenschaft birgt mithin das Risiko, dass sie sich Fragestellungen widmet, deren Auswahl in einer florierenden Auftragsforschungslandschaft vorbestimmt ist und dem Kriterium unkomplizierter politischer Operationalisierbarkeit folgt. Dabei wird der Blick immer wieder auf Variablen gerichtet, die brisant und politisch eher steuerbar erscheinen (Verbindlichkeit der Schulempfehlung, Klassengröße, Schulstruktur), die aber im Vergleich zu anderen, auf den ersten Blick dem politischen Handeln weniger zugänglichen Bereichen weniger bedeutsam sind.

Eine Optimierung der Systemvoraussetzungen zur Förderung der sozialen Durchlässigkeit wird damit freilich nicht als obsolet erklärt: Die Autoren des vorliegenden Bandes kommen hier zu einer Reihe instruktiver Einsichten und

Handlungsempfehlungen, von einer stärker bedarfsorientierten und qualifizierten Frühförderung (Blossfeld, Stanat und Felbrich), über eine individuelle Flexibilisierung der Grundschulzeit (Ditton) bis hin zu einer stärkeren Verflechtung von schulischer und beruflicher Ausbildung (Solga).

Es ist jedoch vor allem ein Ergebnis, zu dem fast alle Autoren in unterschiedlichen Kontexten kommen: Die milieuspezifischen Voraussetzungen, das kulturelle Kapital, die soziale, gesellschaftliche und vor allem ökonomische Situation der Familie, deren Informationsvoraussetzungen, Erfolgserwartungen und Bildungsziele spiele in *grosso modo* eine größere Rolle als die äußere Gestaltung des Bildungssystems. Für die Politik wird die soziale Bildungsungleichheit damit zu einer besonderen Herausforderung, nicht nur weil sich das Handlungsfeld im Grenzbereich der ministeriellen Zuständigkeiten zwischen Bildungs-, Sozial- und Familienpolitik befindet, sondern weil es ins Private reicht. Mit der Herstellung struktureller Bedingungen ist es offenbar nicht getan; politischer Auftrag muss ebenfalls sein, Ehrgeiz zu wecken, Eltern von der Wichtigkeit und den Folgewirkungen von Bildungsentscheidungen zu sensibilisieren und vor allem sozial schwache Familien durch gezielte Informationsvermittlung und Ermunterung in den Bildungsprozess ihrer Kinder einzubeziehen, ohne dabei die Grenze zur politischen Bevormundung und paternalistischen Aberkennung autonomer Entscheidungskompetenz zu überschreiten. Auch Finanzierungsmöglichkeiten für höhere Bildungsangebote müssten in Anbetracht schichtspezifischer Risikoaversion ausgebaut und sozial schwachen Familien aufgezeigt werden.

Eine meritokratische Bildungspolitik wird ihrem Auftrag also nicht gerecht, wenn sie ihre Aufgabe mit der Herstellung äußerlich gleicher Zugangsvoraussetzungen als erledigt ansieht. Sie ginge dann von einem Subjekt aus, das seine Talente dank fairer gesellschaftlicher Zugangsbedingungen bestmöglich entwickelt hat, sich seiner Startvoraussetzungen und der objektiven Bedingungen des Wettkampfes klar bewusst ist, und sich also selbstbestimmt in den Kampf um soziale Positionsgüter begibt. Man muss kein besonderer Menschenkenner sein, um zu sehen, dass es sich hier um ein gesellschaftstheoretisches Fabelwesen handelt. Denn in Wirklichkeit liegen die Dinge komplizierter: Auch Risikobereitschaft, Selbsteinschätzung, Anstrengungsbereitschaft, Motivation und andere Fähigkeiten der Selbstregulation, die gemeinhin als verdienstvoll gelten, bestehen nicht unabhängig von der sozialen Schichtzugehörigkeit. Fair ist der Wettbewerb also bei scheinbar gleichen Chancen auch deswegen nicht, weil der sozial schwächere Teilnehmer ein anderes Bild von sich und der Lage vor Augen hat. Er schätzt die vor ihm liegende Herausforderung – etwa in Schule, Ausbildung, Studium oder im Beruf – im Verhältnis zu den eigenen Fähigkeiten anders ein als sein sozial bevorteilter Konkurrent, und damit auch die Erfolgswahrscheinlichkeit etwaiger

Anstrengungen. Es käme in einer Gesellschaft fairer Chancengleichheit also nicht nur auf die Entwicklung von Talenten an, sondern auch auf Anleitung und Befähigung, um diese adäquat einzusetzen, oder, neudeutsch, auf „Empowerment". Denn die Verfügbarkeit von Talenten erfordert offenbar nicht nur deren Vorhandensein, sondern so etwas wie introspektive Gewissheit, Zuversicht, Erfahrungen des Gelingens, einen geschärften Blick für erreichbare Ziele und ein realistisches Bild der eigenen Fähigkeiten, damit sich Handlungspotenzial überhaupt entfalten kann. Die empirische Bildungsforschung hat dieses Phänomen der je nach sozialer Schichtzugehörigkeit unterschiedlich ausgeprägten Zuversicht und Bereitschaft zu Investitionen in Bildung sowie unterschiedliche Leistungseinschätzungen bei gleicher Kompetenz wiederholt aufgezeigt (vgl. etwa Gambetta, 1987). Wer sich nicht anstrengt oder nur wenig für die Bildung der eigenen Kinder unternimmt, ist also nicht notwendigerweise willensschwach oder faulheitsbedingt unmotiviert oder gar wesenhaft bildungsunwillig, sondern stellt – mehr oder weniger bewusst – andere Kostenkalkulationen an als sein sozial besser gestellter Konkurrent. Oder bestimmte Handlungsoptionen treten herkunftsbedingt gar nicht erst ins Bewusstsein. Selbst wenn also scheinbar objektiv gleiche Ausgangsbedingungen und Talentvoraussetzungen vorliegen, wird der Wettbewerb durch die herkunftsbedingt unterschiedliche Wahrnehmung dieser Bedingungen und des zu erwartenden Lohns verzerrt. Die Selbstverortung innerhalb des sozialen Gefüges, das Verhältnis zu „Gatekeepern" und Statusinhabern (Lehrer, Schulleiter, Ämter, Professoren und Chefs etc.) sowie die habituelle Zuordnung zu den Gewinnern oder Verlierern hat einen kaum zu überschätzenden Effekt auf Bildungsentscheidungen. Soziale Benachteiligung wirkt im Sinne fortschreitender und über Generationen vererblicher Selbstzuschreibung endemisch. Oder, anders ausgedrückt, sozial Benachteiligte sind nicht nur benachteiligt, weil sie es sind, sondern weil sie sich dafür halten. Soziale Machtverhältnisse werden also nicht nur durch materielle Ungleichheit stabilisiert, sondern auch durch Verinnerlichung der sozialen Rolle.

Die Handlungsressourcen der Politik sind beschränkt, wenn es darum geht, schichtspezifische Wahrnehmungen und Haltungen zu beeinflussen. Dennoch bieten sich auch auf der Ebene dieser so genannten sekundären Effekte Ansätze für praktische Interventionen. Politisches Ziel muss es sein, Eltern zielgenau anzusprechen, zu informieren und im Rahmen verbindlicher Bildungs- und Erziehungspartnerschaften zur Teilnahme zu gewinnen. Auch risikoscheue Familien mit geringem Einkommen sollten durch entsprechende Unterstützungsangebote und Anreizsysteme zu Bildungsinvestitionen ermutigt werden. Die Bildungsforschung steht ihrerseits vor der Aufgabe, Bildungsentscheidungsprozesse, die zum Teil rational, zum Teil aber auch auf Grundlage einfacher Heuristiken getroffen werden, noch besser zu verstehen, auch durch Interventionsstudien und qualitative Forschung. Für die Feststellung, in der Bildung gäbe es kein Erkenntnis-, sondern nur noch ein Umsetzungsproblem, ist es allemal zu früh.

3   Zum Aufbau des Bandes und zu den Beiträgen

Die Grundlage der vorliegenden internationalen Perspektivensammlung liefert der Beitrag des Bamberger Bildungsforschers *Hans-Peter Blossfeld*. Dieser widmet sich der Kompetenzentwicklung, den Bildungsentscheidungen und dem Problem der Chancenungleichheit in Vorschule und Schule und arbeitet die bildungssoziologischen Modelle zur Erklärung sozialer Herkunftseffekte grundlegend heraus. Blossfelds besonderes Interesse gilt hierbei dem genauen Verständnis der sekundären Herkunftseffekte, also den je nach Sozialschicht unterschiedlich ausfallenden Entscheidungs- und Aspirationsmustern in den Familien. Diese ließen sich sowohl im Sinne des Rational-Choice-Modells als Kosten-Nutzen-Erwägungen beschreiben, aber auch – im Sinne eines soziokulturellen Erklärungsmodells – als Ausdruck schichtspezifisch verinnerlichter Werte und Normen, wobei die beiden Erklärungsmodelle nach Blossfeld nicht im Widerspruch zueinander stehen.

In historischer Perspektive zeigt sich, dass die soziale Bildungsungleichheit, im Vergleich etwa zur Geschlechterungleichheit, in den letzten 50 Jahren relativ stabil geblieben ist. So haben die ersten Pisa-Studien nicht nur gezeigt, dass die Schülerkompetenz in Deutschland insgesamt eher durchschnittlich ist, sondern noch immer stark – und deutlicher als in vielen anderen Ländern – vom Schultyp und von der sozialen sowie ethnischen Herkunft abhängt. Dass sich soziale Selektivität und eine starke Leistungsspitze nicht zwingend ausschließen, zeigt dagegen das Beispiel Finnlands.

Bei der Frage, wie dem Problem zu begegnen sei, verweist Blossfeld zunächst auf die große Bedeutung frühkindlicher Förderung, die im Falle bildungsbenachteiligter Familien die negativen Effekte einer kognitiv anregungsarmen Umgebung kompensieren kann. Da Bildungsprozesse kumulativ verlaufen und sich herkunftsbedingte Kompetenzunterschiede mithin im Lebensverlauf verstärken – die Forschung spricht vom Matthäus-Prinzip –, kommt es entscheidend darauf an, dass Interventionen zu einem frühen Zeitpunkt in der Bildungsbiographie ansetzen. Blossfeld rekurriert auf Lebensverlaufstudien aus Norwegen und den USA insbesondere das durch die Reanalysen von James Heckman prominent gewordene Perry Preschool Project, die zeigen konnten, dass sich frühkindliche Förderung positiv auf den Lebensverlauf, die Arbeitsmarktchancen, das Einkommen und den sozialen Status auswirkt, auch wenn noch nicht erforscht ist, ob hier kognitive und soziale Kompetenzen den Ausschlag geben. Außer Frage steht jedoch: Der volkswirtschaftliche „return on investment" fällt bei frühkindlichen Fördermaßnahmen deutlich höher aus als bei allen bildungspolitischen Maßnahmen, die darauf abzielen, die Folgen sozial bedingter Bildungsdefizite in späteren Lebensphasen zu korrigieren. Dass sich der Großteil der Bildungsausgaben in Deutschland auf die späteren Phasen der Bildungsbiographie konzentrieren, muss vor diesem Hintergrund bedenklich stimmen. Wer soziale Bildungsungleichheit reduzieren wolle, so Blossfeld, müsse sowohl bei den primären als auch bei den sekundären Effekten ansetzen, wobei hier ganz unterschiedliche politische Ansätze gefragt seien. Zur Reduktion primärer Herkunftseffekte plädiert er für eine qualitativ hochwertige frühkindliche Bildung, insbesondere Sprachförderung für Kinder mit Migrationshintergrund, im Bereich der sekundären Effekte für eine Senkung der Bildungskosten für bedürftige Familien und eine gezielte „Vermittlung der Erfolgsaussichten von Bildungswegen" (Familienbildung). Auch trügen offene und durchlässigere Schulsysteme dazu bei, die Erfolgserwartungen der Eltern und damit ihre Bildungsinvestitionsbereitschaft zu steigern. Vor dem Hintergrund dieser Erkenntnisse wird einmal mehr deutlich, welch große Bedeutung qualifizierter Elternarbeit im Umfeld von Schule zukommt.

Entgegen der weithin geteilten Meinung, Kinder aus Familien mit Migrationshintergrund seien benachteiligt, weil Bildung in diesen Familien keine große Bedeutung beigemessen wird, zeigt Blossfeld, dass sich bei den Migranten ein „überschießender Bildungsoptimismus", aber auch eine ausgeprägte Aufstiegsorientierung feststellen lasse. An „gutem Willen" mangelt es also nicht. Vielmehr lasse sich die Bildungsbenachteiligung der Migranten vornehmlich auf Sprachdefizite und daraus folgende primäre (Leistungs-)Effekte zurückführen. Politische Interventionen sollten sich im Falle der Kinder mit Migrationshintergrund also vornehmlich auf individualisierte Sprach- und Leistungsförderung konzentrieren. Um dem „Bildungsdefätismus" der Unterschichten entgegenzuwirken, kommt es indes darauf an, sozial schwache Familien verstärkt in das Bildungsgeschehen einzubinden und Vertrautheit mit dem Bildungssystem herzustellen. Denn der Einfluss der Eltern, deren etwaige Risikoaversion oder statusfixierter Bildungseifer bleibe gegenüber struktureller Reformimpulse langfristig dominant.

Hartmut Ditton weist auf die große Bedeutung von Übergangsstellen im Bildungssystem hin, die als maßgeblich für die Entstehung und Verschärfung von Bildungsungleichheiten gelten können. In Deutschland stellt vor allem der Übergang von der Grundschule in die weiterführende Schule eine bedeutende Statuspassage dar. Ausgehend vom Rational-Choice-Modell, das Bildungsentscheidungen als Resultat einer ökonomischen Abwägung zwischen Erfolgswahrscheinlichkeit, erwarteten Kosten und Erträgen versteht, beschreibt Ditton die Übergangsentscheidung als einen zeitlich ausgedehnten Prozess, in dessen Verlauf zu unterschiedlichen Zeitabschnitten unterschiedliche Einflüsse und Struktur- und Umfeldfaktoren wirken. Die Einfachheit des Rational-Choice-Modells wird im spezifischen Fall der Bildungsentscheidung also von verschiedenen Faktoren im Zeitverlauf moderiert: Zum einen ist die Wahl des Bildungsweges an den jeweiligen Übergangsstellen kein punktuelles exogenes Ereignis, sondern muss als längerfristiger Prozess verstanden werden, dem teilweise schon frühzeitige (Vor-)Entscheidungen vorausgegangen sind. Zum zweiten gilt es zu bedenken, dass mit dem Kind, den Eltern und Lehrern in der Regel mehrere Akteure an Bildungsentscheidungen beteiligt sind, deren Präferenzen und Einfluss durchaus unterschiedlich sein können und deren Einfluss in unterschiedlichen Phasen und Konstellationen unterschiedlich groß ist.

So zeigt Ditton auf Grundlage von in Bayern und Sachsen erhobenen Daten, dass bei mehr als 50 Prozent der Kinder die Entscheidung zum Übergang nach der Grundschule bereits bis zum Ende der zweiten Klasse feststeht. Mittelschichtfamilien sind also auch deswegen im Vorteil, weil sie die Weichenstellung im Bildungsverlauf gleich zu Beginn der Bildungslaufbahn antizipieren. Um sekundäre Effekte an den Übergangsstellen zu reduzieren, käme es also wesentlich darauf an, alle Eltern schon frühzeitig für die Folgewirkungen von Bildungsentscheidungen zu sensibilisieren und nicht erst dann, wenn der Übergang unmittelbar ins Haus steht.

Mögliche Maßnahmen zur Abschwächung des Zusammenhangs von sozialer Herkunft und Bildungserfolg müssen den gesamten schulischen Bildungsverlauf umfassen: Neben dem Ausbau individueller Förderung insbesondere leistungsschwacher Schüler in der Primar- und Sekundarstufe wäre eine Flexibilisierung der Grundschulzeit zu erwägen, um sicherzustellen, dass alle Schüler, wenn auch unterschiedlich schnell, ein für eine erfolgreiche Schullaufbahn nötiges Basiskompetenzniveau erreichen. Anzuraten wäre zudem ein umfassendes Beratungsangebot für Eltern und eine Harmonisierung des Übergangs durch verbesserte Kooperationen zwischen Primar- und Sekundarschulen. Ein Thema, dessen sich in den letzten Jahren bereits zahlreiche Programme und Bildungsinitiativen zu Recht angenommen haben. Um der Risikoaversion bildungsferner Familien zu begegnen, die vor einer Gymnasialempfehlung ihres Kindes zurückschrecken, wird es, so Ditton, vor allem darauf ankommen, einen erfolgreichen Gymnasialbesuch von elterlicher Unterstützung zu entkoppeln und entsprechende Individualförderung anzubieten. Besonderes Augenmerk müsste aber vor allem auf die gezielte Unterstützung der leistungsschwächsten Schülergruppe gelegt werden. Für eine bessere Übersichtlichkeit, aber auch, um den Entscheidungsdruck zu mindern, plädiert Ditton für ein bundesweit ähnlich aufgebautes zweigliedriges Modell für die Sekundarstufe, das neben dem Gymnasium einen Bildungsweg vorsieht, der im Regelfall einen mittleren Bildungsabschluss ermöglicht, zugleich aber auch die Option auf den anschließenden Erwerb der Hochschulzugangsberechtigung bietet. Dass sich die meisten Bundesländer in diese Richtung entwickeln, ist aus bildungswissenschaftlicher Sicht also überfällig.

Das wiederholt schlechte Abschneiden von Jugendlichen aus sozial benachteiligten Familien in den PISA-Studien der vergangenen Jahre nehmen *Petra Stanat* und *Anja Felbrich* zum Anlass, sich exemplarisch mit kompensatorischer Sprachförderung als Maßnahme zur Reduktion von Bildungsungleichheit auseinanderzusetzen. Insbesondere Kinder aus Familien mit Migrationshintergrund weisen schon im vorschulischen Alter einen signifikant ärmeren Wortschatz auf und zeigen deutlich weniger grammatikalische Variation. Dabei bilden Sprach- und Lesekompetenz die ultimative Voraussetzung für schulischen Lernerfolg, bedingen sie doch das grundsätzliche Verständnis der Lerninhalte und die aktive Teilnahme am Unterricht. Zudem ist die Sprachbildung von Kindern und Jugendlichen eng mit der Entwicklung ihrer kognitiven Fähigkeiten und damit dem Leistungspotential in allen inhaltlichen Bereichen verknüpft. Eine effektive Sprachförderung beginnt sinnvollerweise schon im frühkindlichen Alter, wobei Angebote im Vorschuljahr allein erwiesenermaßen nicht ausreichend sind, um Disparitäten im Erzielen von Mindeststandards zu reduzieren. Entscheidend ist, wie die Zielgruppe definiert und erreicht wird: Leistungsgruppenbezogene Maßnahmen versprechen die höchste Effektivität mit Blick auf die Reduktion von Bildungsungleichheit, setzten allerdings umfassende Analysen zum Leistungsstand der Kinder voraus; zudem besuchen deutlich weniger Kinder mit Migrationshintergrund vorschulische Betreuungseinrichtungen, werden durch gängige Angebote und Interventionen also oft gar nicht erreicht. Um Kontinuität und damit eine höhere Wirksamkeit von Sprachförderung zu sichern, sollten die Maßnahmen auch nach Eintritt in die Primarstufe fortgeführt werden und sich bedarfsorientiert auch durch die Sekundarstufe ziehen. In Deutschland konzentrieren sich einsprachige Interventionsprogramme bisher allerdings ausschließlich auf den Grundschulbereich und weisen, auch aufgrund fehlender wissenschaftlicher Begleitstudien, eine noch zu niedrige Kohärenz im regionalen Vergleich auf.

Der Frage nach der Sinnhaftigkeit und Effektivität institutioneller Reformen im Bereich des Bildungssystems widmen sich *John Goldthorpe* und *Erzsébet Bukodi* und beziehen sich dabei auf Veränderungen im britischen Schulwesen seit den späten 1940er Jahren. Der Übergang vom hochselektiven zweigliedrigen Bildungssystem mit Eignungstests schon im Primarbereich zum inklusiveren Gesamtschulmodell zog zwar ein erwiesenermaßen höheres Bildungsniveau der Bevölkerung nach sich, fraglich blieb aber, ob dies auf bestimmte soziale Herkunftsgruppen in stärkerem Maße zutraf als auf andere. Mittels einer Analyse der schulischen Performanz der von den jeweiligen Reformen betroffenen Geburtsjahrgängen zeigen die Autoren, dass sich aus sozialem Status ergebende Disparitäten im Bildungserfolg in der Tat bestehen geblieben sind. Der Frage nachgehend, ob es demnach statusbedingte Unterschiede in kognitiven Fähigkeiten sein könnten, die die Persistenz der Ungleichheiten erklären, kommen die Verfasser zu einem Ergebnis, das wiederum auf Boudons Theorie der Herkunftseffekte rekurriert: Zwar zeigen sich signifikante Unterschiede in der kognitiven Leistungsfähigkeit; aus politischer Perspektive spräche dies für einen sicherlich im Sinne gleicher Bildungsteilhabe erfolgversprechenden, wenngleich teuren Ausbau der Frühförderangebote. Als bedeutsamer erweisen sich jedoch grundlegende familiäre Strukturmerkmale und die mit ihnen einhergehenden *sekundäre* Effekte. Diese manifestieren sich etwa in einem herkunftsspezifischen Entscheidungsverhalten über Bildungsverläufe und sind durch die unterschiedliche kulturelle und ökonomische Ressourcenausstattung (Geld, Information, Motivation) bedingt. Kompensatorische Fördermaßnahmen im Bereich kognitiver Fähigkeiten erweisen sich demnach als sinnvoll, der Fokus der politischen Maßnahmen sollte sich jedoch auf die sekundären Effekte richten. Herkunftsbedingte Ungleichheit ist also weniger durch Schulreformanstrengungen zu erreichen, sondern vornehmlich durch eine Veränderung der sozialen bzw. familiären Ausgangslagen.

Auch der Schwede *Robert Erikson* diskutiert in seinem Text die Frage, welcher Zusammenhang sich zwischen den institutionellen Rahmenbedingungen und der sozialen Selektion insbesondere während der Schulzeit ausmachen lässt. Ein Vergleich unterschiedlicher bildungspolitischer Systeme und dem jeweiligen Grad sozialer Ungleichheit verspricht schnelle Erkenntnisse darüber, welche Rahmungen soziale Ungleichheit eher befördern als andere. Auch Erikson warnt in diesem Zusammenhang jedoch vor vorschnellen Rückschlüssen. Da soziale Herkunftseffekte auch in gänzlich unterschiedlichen Bildungssystemen zu finden seien, müsse man die Gründe für schichtspezifische Leistungsunterschiede vor allem außerhalb des Bildungssystems suchen. Der Einfluss der Organisationsform schulischer Bildung auf soziale Ungleichheit ist, wie auch Goldthorpe und Bukodi herausstellen, nicht nur vergleichsweise gering, zudem lassen sich keine klaren Kausalverhältnisse ausmachen. Gleichwohl lassen sich, im Sinne eines empiriegestützten Hypothesenwissens, durchaus Ansätze für eine sozial gerechte Bildungssteuerung ableiten: In Anlehnung an Jutta Allmendinger, die die Bildungssysteme nach dem Grad ihrer Standardisierung (nationale Einheitlichkeit der Bewertungslogik und Zertifikatsvergabe) und Stratifikation (Unterschiedlichkeit der curricularen Inhalte) klassifiziert, sieht Erikson eine Besonderheit des deutschen Systems – etwa im Vergleich zu dem schwedischen – im hohen Grad der Stratifikation in der Sekundarstufe I. Weder in Schweden, Großbritannien noch in den Vereinigten Staaten würden sich die curricularen Inhalte in dieser Altersstufe derart unterscheiden wie in Deutschland. Die traditionell frühe Aufteilung der Schüler in unterschiedliche Schulformen („tracking") wirkt sich auf die Leistungsentwicklung von Kinder aus sozial schwächeren Familien negativ aus. Je frühe Kinder in Schulformen aufgeteilt werden, desto deutlicher korreliert die Schulwahl mit dem sozialen Status der Eltern und desto schwieriger gestaltet sich die Leistungsprognose. Bei späterer Aufteilung bzw. Schulzuweisung würden die Interessen des Kindes berücksichtigt und – bei erfolgreichem Abschluss der Sekundarstufe I – die Kompetenzüberzeugungen und Aspirationen auch jener sozial benachteiligten Schüler und Eltern gestärkt, die anderenfalls vielleicht von weiteren Bildungsinvestitionen absehen würden. Leistungsstarke Schüler aus bildungsnahen Elternhäusern hätten in Bezug auf ihre Leistungsentwicklung in einem mehrgliedrigen System dagegen keinen bzw. wenn überhaupt nur einen minimalen Nachteil. Auch das Argument, hohe Stratifikation ermögliche differenzierte und begabungsadäquate Beschulung, wird durch die Praxis widerlegt: Erikson verweist hier auf eine Studie John Hatties, derzufolge Lehrkräfte ihren Unterrichtsstil den Umständen der Schüler in stratifizierten Systemen *nicht* anpassen. Gleichwohl sei eine leistungs- bzw. begabungsabhängige Aufteilung der Schüler, so Erikson, unausweichlich und, spätestens bis zum Abschluss des 17. Lebensjahres, ratsam. Eine zu späte Differenzierung zwischen einer auf das Studium und einer berufsbildenden Schulform (niedrige Stratifizierung) kann, dies zeigen die Erfahrungen aus Schweden, auch negative Folgen haben. In den 1990er Jahren wurden die Curricula der Sekundarstufe um theoretische Elemente für alle Schülergruppen erweitert, um möglichst vielen Schülern den Zugang zur Hochschule zu ermöglichen. In der Folge erhöhte sich die Schulabbrecherquote und nur wenige der Schüler des berufsbildenden Schulzweigs fanden tatsächlich den Weg an die Universität. Im Vergleich zu Schweden ist der Übergang zwischen Schule und Berufsausbildung wegen der spezifischen praktischen Ausrichtung der Curricula an Haupt- und Realschulen in Deutschland harmonischer und die Jugendarbeitslosigkeit geringer. Entscheidender für die Bildungsteilhabe sozial schwächerer Schichten ist jedoch auch für Erikson der Bildungsstand und die ökonomische Situation der Familien: Vor allem ein stabiles Einkommen und ein geringes Arbeitslosigkeitsrisiko befördern demnach die Bereitschaft von Familien, in die Bildung ihrer Kinder zu investieren. Mit Blick auf Handlungsfelder der Politik plädiert Erikson für hochqualitative frühe Förderung in Kindertageseinrichtungen, von denen alle, vor allem aber sozial benachteiligte Kinder profitieren. Frühförderung wirke sich sowohl auf die kognitiven als auch auf die sozialen Kompetenzen positiv aus. Zudem könnte die individuelle Unterstützung förderungsbedürftiger Kinder bereits in der Primarstufe nach dem Vorbild Finnlands primäre Herkunftseffekte reduzieren. Auf institutioneller Ebene wäre ein hoher Grad an Standardisierung (und Messbarkeit) ein effektiver Anreiz für Schulen, das durchschnittliche Leistungsniveau langfristig zu steigern. Nicht zuletzt kommt es darauf an, das Bildungsentscheidungsverhalten von Eltern besser zu verstehen, sie zu Bildungsinvestitionen zu ermutigen und die Kosten höherer Bildungsangebote zu senken.

Helmut Fend wirft in seinem Beitrag einen kritischen Blick auf eine im Kontext von Bildungsgerechtigkeit einstmals viel gepriesene institutionelle Alternative zum dreigliedrigen Schulsystem: die Gesamtschule. Chancenungleichheit soll hier durch das Wegfallen des selektiven Übergangs nach der Primarstufe und der Verlängerung des gemeinsamen Lernens gemindert werden. Bereits in den 1970er Jahren konnte der Autor nachweisen, dass das institutionelle Gefüge der Gesamtschule offensichtlich signifikant zur Reduktion herkunftsbasierter Chancenungleichheit (gemessen am anschließenden Übergang in ein höheres Schulniveau) beiträgt. Interessanterweise zeigten die damaligen Gesamtschulstudien auch, dass die Anpassung dabei nur durch eine Verbesserung der Chancen von Kindern aus sozial benachteiligten Familien erfolgt und nicht durch eine Benachteiligung ihrer Mitschüler mit bildungsnäherem Hintergrund.

In der LifE-Studie 2009 wird die Gesamtschulanalyse in Teilen mit neueren und umfassenderen Datensätzen reproduziert, zusätzlich wird hierbei jedoch auch das Potential der Gesamtschule untersucht, Chancenungleichheit *längerfristig*, das heißt, mit Blick auf endgültig erreichten Schulabschluss oder sogar die berufliche Karriere, zu reduzieren. Während die positiven Effekte des Gesamtschulbesuchs auf den Übergang in höhere Schulformen erneut bestätigt werden können, erweist sich der institutionelle Zuschnitt der Schulform als wenig wirksam für den Abbau von Chancenungleichheit im späteren Bildungsverlauf. Als Grund kann hier wieder die Bedeutung sekundärer Effekte angeführt werden: Weil herkunftsbezogene Disparitäten vor allem an Bildungsübergängen verschärft werden – und dies gilt auch für die Übergang in die Berufsbildung – können Änderungen im Bildungssystem nur schwer nachhaltige Effekte erzielen, die über die zeitliche Perspektive des Verweilens im institutionellen Gefüge hinausgehen. Als effektivere Maßnahmen erweisen sich demnach sozial fokussierte Policies, die zielgruppenspezifisch angeboten werden und deshalb nicht das Risiko einer sozial asymmetrischen Nutzung bergen. Konkret könnten dies etwa Angebote in der gezielten (sprachlichen) Frühforderung sein, Ganztagsschulangebote in sozial belasteten Schulformen oder Wohnvierteln oder auch ökonomische Unterstützungsmaßnahmen beim Übergang in das Hochschulsystem.

Im Kontext des Zusammenhangs zwischen sozialer Herkunft und Bildungsteilhabe, der insbesondere durch eine Segregation an den Übergangspunkten im Bildungssystem verstärkt wird, wirft *Manuela du Bois-Reymond* einen kritischen Blick auf das niederländische Modell der *brede school* (wörtlich: breite Schule). Ziel der Transformation von Schulen in *brede scholen* war die Aufweichung jener Bruchstellen im Übergang von Vor- zu Grundschule und vom Primar- in den Sekundarbereich und damit einhergehend die Reduktion sozioökonomisch bedingter Ungleichheitseffekte, vor allem bei Bildungsentscheidungen. Während das Konzept im Grundschulbereich relativ erfolgreich umgesetzt werden konnte, gestaltet sich die Realisierung für weiterführende Schulen aus verschiedenen Gründen als schwierig. Grundschulen operationalisieren das Modell der *brede school* durch den Aufbau eines Netzwerkdesigns. Beispielhaft sind hier der räumliche, aber auch inhaltliche Verbund mit Kitas und Vorschulen zu nennen, Mittagsbetreuungsangebote für die Schülerinnen und Schüler sowie Maßnahmen der Frühförderung von Kindern aus sozial benachteiligten Familien, aber auch die Möglichkeit der Nutzung von Schulräumlichkeiten durch externe Vereine und Akteure. Letztere Initiative zielt vor allem darauf ab, die Schule als Institution im sie umgebenden sozialen Milieu zu verankern und auf diese Weise eine Nähe zwischen Bildungswesen und Eltern mit bildungsfernem Hintergrund herzustellen. In der Sekundarstufe lässt sich das Konzept der Netzwerkschule nur schwer umsetzen. Hindernisse stellen hier beispielsweise geographisch ausgedehnte Einzugsgebiete oder längere Unterrichtszeiten im formalen Curriculum dar. Auch erfolgt die Freizeitgestaltung im Nachmittagsbereich mit zunehmendem Alter der Schülerinnen und Schüler individuell und schulische Angebote können kaum die Bandbreite an persönlichen Interessen abdecken. Was die Realisierung im Sekundarbereich und damit den Übergang zwischen Grund- und weiterführender Schule angeht, bleibt die Realität der *brede school* folglich noch hinter den Zielvorstellungen des Reformvorhabens zurück.

Ähnlich wie Erikson betont auch der Schweizer Bildungsforscher *Franz Baeriswyl* in seinem Beitrag, dass Möglichkeiten der Reduktion sozialer Herkunftseffekte nicht nur im Schulsystem gesucht werden dürften, sondern auf verschiedenen Systemebenen diskutiert werden müssten. So dürfe die Verantwortung für Bildungsgerechtigkeit nicht den Schulen allein aufgebürdet werden: Nicht nur bedürfe es einer besseren Kooperation und Vernetzung zwischen Schule und gesellschaftlichen Institutionen, sondern einer Erweiterung der Perspektive auf die im jeweiligen Wirtschaftssystem gegebenen Anschlussoptionen. So wiesen Länder mit hoher Bildungsgerechtigkeit wie Finnland und Kanada eine vergleichsweise hohe Jugendarbeitslosigkeit im berufsbildenden Bereich auf. Sozialschichtspezifische Selektionskriterien werden also trotz höherer Durchlässigkeit der Schulsysteme nicht unbedingt eliminiert, sondern zum Teil in spätere Phasen der Bildungsbiografie verschoben. Während der Zugang zu höheren Schulformen bei entsprechender Leistung unproblematisch ist, variiert die Verfügbarkeit von Ausbildungsplätzen mit der marktwirtschaftlichen Gesamtlage. In Situationen verschärften Wettbewerbs spielen trotz eines breiteren Kriterienkatalogs auch Schulnoten womöglich wieder eine stärke Rolle bei der Vergabe von Ausbildungsstellen. „Der Übergang ins erwerbstätige Leben", so Baeriswyl, „müsste diesbezüglich genauer untersucht werden".

Mit Blick auf die Systemebene Schule plädiert Baeriswyl gegen frühe Selektion, die sich in vielen Untersuchungen als Ursache sozialer Ungleichheit erwiesen habe. „Übergänge mit Selektionsmerkmalen zu festgelegten Zeitpunkten" trügen den Erkenntnissen über die individuellen Entwicklungsverläufe von Kindern zu wenig Rechnung. Vielmehr bedürfe es sequenzieller Bildungsangebote und einer Struktur, die auch den späten Wechsel zwischen Bildungsgängen zulässt.

Neben früher Förderung und einem zeitlich späteren Wechsel von der Grundschule in die weiterführenden Schulen, gelte es, vor allem die institutionelle Diskriminierung durch sozialselektives Beratungs- und Empfehlungsverhalten der Lehrkräfte in den Blick zu nehmen. Die Studie „Herkunft zensiert", an der Baeriswyls als Co-Autor mitwirkte, widmet sich diesem Phänomen ausführlich. Ausgehend von dem alarmierenden Befund ausgeprägter (sekundärer) Effekte am Übergang von der Grundschule in die Sekundarstufe I, konzentrierte sich Baeriswyl in seiner empirischen Forschung auf die Evaluation des im Schweizer Kanton Freiburg eingeführten mehrkriterialen Übertrittsverfahren. Dieses berücksichtigt neben den Schulnoten eine gesonderte Bewertung des Lern- und Arbeitsverhaltens, die Empfehlung der Lehrkraft und das Votum der Eltern, die zu einem verbindlichen Übergangsgespräch eingeladen werden. Zudem fließt das Ergebnis eines standardisierten Leistungstests in die Empfehlung ein. Dieses Verfahren konnte soziale Herkunftseffekte beim Übergang deutlich reduzieren.

Heike Solga legt den Fokus auf im späteren Verlauf des Bildungsweges bedeutsame Übergangsstellen: den Antritt und Abschluss einer beruflichen Ausbildung. Während sich die Bildungsdebatte hierzulande vornehmlich auf die Schule konzentriert, erweist sich vor allem der Ausbildungsabschluss im Lichte der starken zertifikatsgeleiteten Berufszentrierung des deutschen Arbeitsmarktes als entscheidend für den Lebens- und Karriereweg. Bildungsarmut manifestiert sich für Heike Solga vor allem in einem schlechten oder gar fehlenden Ausbildungsabschluss und kann sowohl *relativ*, im Sinne von verhältnismäßig schlechteren Chancen auf dem Arbeitsmarkt, als auch *absolut*, im schlimmsten Fall also als Arbeitslosigkeit, definiert werden. Auch mit Blick auf den Zusammenhang zwischen sozialer Herkunft und Bildungserfolg muss der Beseitigung von Bildungsarmut damit eine noch größere Bedeutung beigemessen werden als der Förderung von Chancengleichheit, wenn letztere im Endeffekt doch nur meint, dass das Risiko des Scheiterns umverteilt wird. Der Hauptschulabschluss verspricht schon seit Jahren nicht mehr den erfolgreichen Eintritt in die Ausbildung. Die Hauptschule mündet nicht selten in mangelnde gesellschaftliche Teilhabe und Erwerbslosigkeit. Um die prekäre Situation am unteren Ende der Bildungshierarchie zu entschärfen, sollte daher generell das *Recht auf einen Ausbildungsplatz* gefordert werden und nicht das *Recht auf einen Hauptschulabschluss*. Konkret könnte das im Extremfall die staatliche Bereitstellung von Ausbildungsplätzen bedeuten, um die Verfügbarkeit von Ausbildungsplätzen von Marktkräften zu entkoppeln. Aber auch eine stärkere Verflechtung von schulischer und beruflicher Ausbildung oder gar eine schulische Berufsausbildung sind als alternative Ausbildungswege denkbar. Um die Benachteiligung von Schülerinnen und Schülern mit sozial schwachem Familienhintergrund im Berufsbildungssystem abzuschwächen, sind Maßnahmen im Bereich der betreuten Ausbildungsplatzsuche nötig. Zudem muss eine Entstratifizierung des deutschen Ausbildungs- und Übergangssystems angestrebt werden, um eine Akkumulation benachteiligter Schüler in einem Bildungsweg zu vermeiden.

Das Vortragsmanuskript der Koreanerin *Jai Ok Shim* beschließt die Aufsatzsammlung. Shim leitet seit über 30 Jahren die Korean-American Educational Commission (KAEC) in Seoul, ist in dieser Funktion für das Fulbright-Stipendienprogramm zuständig und gilt als ausgewiesene Kennerin des Koreanischen Bildungssystems. Zur Erklärung der herausragenden Ergebnisse Koreas bei den Pisa-Studien verweist Shim zunächst auf den kulturell tief verwurzelten Bildungsehrgeiz, der seine historischen Wurzeln im System einer jahrhundertealten Praxis der testbasierten Beamtenrekrutierung habe. Das „Kwageo" – eine schriftliche Prüfung zur Aufnahme in den Staatsdienst – wurde ursprünglich aus China übernommen und vor über Tausend Jahren, in der Zeit der Koryo-Dynastie, in Korea eingeführt. Bis heute erfolgt die Einstellung von Beamten auf Grundlage eines solchen meritokratischen, weil grundsätzlich für alle sozialen Klassen offenen Tests. Der in allen sozialen Lagen anerkannte Wert einer guten Bildung und die Hoffnung bei entsprechender Anstrengungsbereitschaft in der Gesellschaft aufzusteigen, bilden die Grundlage jenes aus europäischer Sicht rigoristisch erscheinenden Bildungsehrgeizes, der auch ärmere Familien zu immensen privaten Zusatzinvestitionen veranlasst. Auch die Erinnerung an die dunkle Zeit der Belagerung durch Japan, in der den meisten Koreanern der Zugang zu höherer Bildung verwehrt wurde, ebenso wie die auf eine optimale Ausschöpfung der intellektuellen Ressourcen des (rohstoffarmen) Landes zielende Politik während der Präsidentschaft Park Chung Hee (1963 bis 1979) haben den Bildungsehrgeiz zusätzlich gesteigert. Das öffentliche Bildungssystem, welches in mancherlei Hinsicht reformbedürftig sei, trage indes nur wenig zum messbar hohen Leistungsniveau bei. Die eigentlichen Triebfedern des koreanischen Bildungserfolgs seien, so Shim, die hohe Grundmotivation, das Erwartungsniveau der Eltern, eine weite und allgemein zugängliche Angebotsstruktur privater Lern- und Förderangebote (shadow education) für jeden Geldbeutel sowie ein immenser gesellschaftlicher Druck. Auch preiswertere Anbieter privater Zusatzförderung, die meist auf die Vorbereitung auf die Aufnahmetests der Universitäten abzielt, sind nicht unbedingt von schlechterer Qualität. 75 Prozent aller Schüler besuchten daher eine der insgesamt rund 80.000 Privatförderschulen, zum Teil bis in die späten Abendstunden. Angesichts der längeren Lernzeit ist das durchschnittliche Kompetenzniveau, so Shim, im Vergleich zu vielen OECD-Ländern soviel höher, dass sich herkunftsbedingte Disparitäten mit den bei Pisa verwendeten Leistungsmaßstäben gar nicht abbilden lassen. Während sich die jährlichen Staatsausgaben für Bildung auf 32,5 Milliarden Dollar belaufen, investieren die Familien in Korea weitere 19 Milliarden Dollar in zusätzliche Förderung, also rund 60 Prozent des Bildungshaushaltes. Freilich hat diese Entwicklung ihre Kehrseite: Eltern sehen sich großen finanziellen Belastungen, die Kinder einem Leistungsdruck der Peergroup ausgesetzt, der immer öfter in den Selbstmord führt. Eine grundlegende Reformierung und Verbesserung der Unterrichtsqualität an öffentlichen Schulen sei die einzige Lösung, um dieser sozial bedenklichen Überhitzung des Systems entgegenzuwirken. Aus europäischer Sicht ist bemerkenswert, dass ein Bildungssystem, das sich – im Sinne Allmendingers – durch einen extrem hohen Grad an Standardisierung auszeichnet (gleiche Aufnahmetests bzw. Kriterien für alle), einen hohen Bildungsehrgeiz in allen sozialen Klassen zu entfalten vermag – wenngleich die negativen Effekte, wie etwas ein „teaching for the tests", freilich nicht unerwähnt bleiben dürfen. Neben der immensen Belastung komme aber vor allem ein zentrales Bildungsziel zu kurz: Die Förderung des selbständigen, kreativen Denkens.

Literatur

Bellmann, J. & Müller, T. (Hrsg.) (2011). Wissen, was wirkt: Kritik evidenzbasierter Pädagogik, VS Verlag: Wiesbaden.

Bude, H. (2011). Bildungspanik: Was unsere Gesellschaft spaltet, München: Hanser.

Gambetta, D. (1987). Were They Pushed or Did They Jump? Individual Decision Mechanisms in Education, Cambridge: Cambridge University Press.

Gosepath, St. (2012). ,Chancengleichheit', in: Transmission 06, Schriftenreihe der Vodafone Stiftung Deutschland, Düsseldorf.

Krüger, H.-H., Rabe-Kleberg, U. & et al. (Hrsg.) (2010). Bildungsungleichheit revisited: Bildung und soziale Ungleichheit vom Kindergarten bis zur Hochschule, VS Verlag: Wiesbaden.

OECD (2009). Pisa Ergebnisse, Band II, Potenziale nutzen und Chancengerechtigkeit sichern: Sozialer Hintergrund und Schülerleistungen.

Wilkinson, R. & Pickett, K. (2009). The Spirit Level: Why Greater Equality makes Societies stronger, London: Bloomsbury.

Grußwort

Annette Schavan,
Bundesministerin a. D. für Bildung und Forschung

Zu jeder Debatte über die Leistungsfähigkeit unserer Bildungssysteme gehört untrennbar auch die Frage nach der Bildungsgerechtigkeit. Seit die internationalen Bildungsstudien und Vergleichsuntersuchungen vorliegen, ist noch deutlicher geworden, dass neue Ideen, neue Konzepte und neue Anstrengungen notwendig sind. Wir brauchen neue Antworten auf die Frage, wie der Zugang zur Bildung noch gerechter gestaltet werden kann, und dies sowohl im Hinblick auf die Organisation von Bildung im Allgemeinen also auch im Hinblick auf konkrete Lernkulturen.

Es gibt nicht den einen Königsweg zu besserer Bildung und zu mehr Bildungsgerechtigkeit; in jedem Land, in jeder Gesellschaft, in jeder Kultur sind die Wege andere. Dennoch kann man voneinander lernen. Daher suchen und fördern wir mehr denn je das internationale Gespräch und den Erfahrungsaustausch. Wir wollen die drängenden Bildungsfragen unserer Zeit nicht nur innerhalb der Grenzen Deutschlands und im Vergleich der 16 Bundesländer diskutieren, die – auch dies haben die PISA-Studien gezeigt – kulturell durchaus unterschiedlich geprägt sind. Genauso wichtig ist es, dass wir über den Tellerrand schauen, den internationalen Dialog vertiefen und Erfahrungen aus unterschiedlichen Bildungssystemen und Bildungskulturen austauschen.

Ich danke der Vodafone Stiftung Deutschland für ihr vielfältiges Engagement in diesem Themenfeld, das für unser Bildungswesen und für unsere Gesellschaft von zentraler Bedeutung ist. Der vorliegende Band bündelt die Ergebnisse einer Tagung, die im Februar des Jahres 2011 im Bundesministerium für Bildung und Forschung stattfand und die von der Vodafone Stiftung Deutschland in Kooperation mit unserem Hause ausgerichtet wurde – ein „Public-Private-Partnership-Projekt", das wir sehr gerne unterstützt haben.

Ich habe 2001 die erste PISA-Studie präsentiert und erinnere mich noch an die hitzigen Debatten, die damals geführt wurden. Das Land war gleichsam in Aufruhr wegen der Ergebnisse. Sie zeigten, dass unser Bildungssystem nicht so gut und leistungsstark war, wie viele von uns gedacht hatten. Anfang Dezember 2010 habe ich – nunmehr in anderer Funktion – die jüngste PISA-Studie vorgestellt. Wenn ich die vergangenen zehn Jahre bildungspolitische Diskussion in Deutschland Revue passieren lasse, wird vor allem eines klar: Es hat sich vieles verändert. Die Bildungsforschung hat uns geholfen, Debatten zu versachlichen, differenzierter zu werden, die zentralen Fragen in den Bildungseinrichtungen zu erkennen sowie das gesellschaftliche, kulturelle und mentale Umfeld unserer Schulen und Bildungseinrichtungen zu beachten.

Im Zentrum der hier versammelten Beiträge steht die Frage: In welchem Verhältnis stehen Bildungsentscheidungen und Chancenungleichheit? Welche Rolle spielen Bildungsinstitutionen bei der sozialen Selektion? Was lässt sich gegen diese Selektion tun? Und welche Interventionen wirken wie auf den Abbau sozialer Effekte im Bildungssystem?

Ich bin überzeugt: Vom internationalen Austausch verschiedener Positionen, Argumente und Erfahrungen gehen auch weiterhin Impulse aus, die die Debatte um Bildungsgerechtigkeit in Deutschland nachhaltig beeinflussen werden.

Insgesamt lässt sich konstatieren: Deutschland ist auf einem guten Weg. In den vergangenen zehn Jahren haben die Schulen – die Schulleitungen, engagierte Lehrerinnen und Lehrer sowie die Schulverwaltung – viel erreicht. Die Lesekompetenz und die mathematischen Fähigkeiten sind vor allem bei leistungsschwachen Gruppen besser geworden, zum Beispiel bei Jugendlichen aus zugewanderten Familien. Soziale Herkunftseffekte haben sich verringert. Hier haben die Ergebnisse der Bildungsforschung, hier haben Lehrerinnen und Lehrer viel Gutes auf den Weg gebracht.

Nicht alles, was Bildung ausmacht, lässt sich freilich mit Fragebögen erfassen. In der Debatte um die Ausgestaltung des Bildungssystems in Deutschland wird bis heute immer wieder der große Bildungsreformer Wilhelm von Humboldt zitiert. Humboldt hatte ein umfassendes Verständnis von Bildung, das sich nicht isoliert auf diese oder jene Kompetenz bezog, sondern den ganzen Menschen mit allen seinen Möglichkeiten in den Blick nahm. Dennoch gilt umgekehrt: Ohne grundlegende Kompetenzen wird es auch mit der Entfaltung des ganzen Menschen schwierig.

Deshalb müssen bei allen Reformen immer die Kinder und Jugendlichen mit ihren individuellen Bildungswegen im Mittelpunkt stehen. Es ist gut, dass erfahrene Pädagogen und Erziehungswissenschaftler uns immer wieder daran erinnern, dass die Vielfalt im Bildungswesen auch in der Vielfalt der Kinder begründet liegt. Die Bildungsforschung ist Anregung und Herausforderung für die Pädagogik.

So verweisen wir in bildungspolitischen Debatten heute einerseits auf die Notwendigkeit einer größeren Vergleichbarkeit, zumal in föderalen Systemen. Andererseits sprechen wir von Schulbiographien, von individuellen Lernbiographien. Das heißt, bei aller Debatte über Vergleichbarkeit ist jedem klar: Die Vielfalt wird zunehmen – und dies vor dem Hintergrund einer Gesellschaft des lebenslangen Lernens.

Chancengerechtigkeit im Sinne von gleich guten Entwicklungsbedingungen führt nicht zu einer Gleichheit bei den Kompetenzen von Kindern. Kinder sind von Natur aus verschieden. Sie entwickeln sich unterschiedlich. Diese Verschiedenheit müssen wir bei all unseren Konzepten berücksichtigen und sie zugleich immer auch als Ausweis von Individualität und somit letztlich als Bereicherung begreifen.

In einigen Ländern ist die Beziehung zwischen Bildungserfolg und sozialer Herkunft gering. Dazu zählen Finnland und Japan, Kanada und Südkorea. Weil diese Gesellschaften und ihre Bildungssysteme sehr unterschiedlich sind, können wir nicht davon ausgehen, durch einen flüchtigen Blick über die Grenzen einen Königsweg zu mehr Bildungsgerechtigkeit zu finden. Aber es gibt Erfahrungen mit Rahmenbedingungen – Erfahrungen mit strukturellen Voraussetzungen, die zum Erfolg führen.

Die Bundeskanzlerin hat vor nunmehr vier Jahren den Begriff der „Bildungsrepublik Deutschland" geprägt. Es schlossen sich viele dringende Fragen an – nach den Zusammenhängen zwischen Gesellschaft und Schule, zwischen Kultur und Bildung, zwischen Mentalität und Entscheidungen über Bildungswege. Im Begriff der Bildungsrepublik steckt auch die Vorstellung, dass eine Gesellschaft Bildungshunger und Bildungsbegeisterung braucht, um die Autorität der Pädagogen zu stärken und die Besten eines Jahrgangs zu ermutigen, Lehrerin oder Lehrer zu werden. Wer sein Bildungssystem verbessern will, muss sich um die Lehrerinnen und Lehrer kümmern, um ihre Rekrutierung, Bildung und Weiterbildung.

Wenn wir in Deutschland über soziale Ungleichheit diskutieren, geraten immer wieder einzelne Gruppen in den Blick. In den sechziger Jahren des 20. Jahrhundertes war es das vielzitierte „katholische Arbeitermädchen vom Lande". Heute sind es die „muslimischen Jungen aus den sozialen Brennpunkten der Städte". Die Analyse gruppenspezifischer Probleme ist wichtig. Aber einen wirklichen Fortschritt bei der Bildungsgerechtigkeit erreichen wir nur, wenn wir unser Augenmerk auch auf das Ganze richten. Kein Kind ist für seine Herkunft und die Rahmenbedingungen seines Aufwachsens verantwortlich. Unterschiedlichkeit gehört zu den Grundbedingungen unseres Bildungssystems. Und Integration ist eine der Hauptaufgaben aller Bildungsinstitutionen. Kein Kind, kein Jugendlicher darf verloren gehen!

Bildungsgerechtigkeit als Chancengerechtigkeit meint also: Jedes Kind soll die Gelegenheit erhalten, sein eigenes Entwicklungspotential besser auszuschöpfen. Unsere Verantwortung ist es, allen Kindern Zugang zu Bildungsräumen, Chancen auf Bildungserfahrungen und Freiheit für Bildungsentscheidungen zu ermöglichen.

Diese Aufgabe kann keine der Institutionen in einem Land allein lösen – nicht die Familien, nicht die Schulen, nicht die Zivilgesellschaft. Bildungsgerechtigkeit als Gebot der „öffentlichen Vernunft" kann es nur geben, wenn alle sozialen Kräfte an einem Strang ziehen. Bildung ist eine gesamtgesellschaftliche Aufgabe!

Lösungen sind umso besser, je enger sie an die Lebenswelten der Betroffenen anknüpfen. Es ist unmöglich, diesen Ansatz ohne oder sogar gegen die Familien zu verwirklichen. Wir müssen Familien als zentrale Akteure informeller Bildungsprozesse ernst nehmen und einbeziehen.

Deshalb brauchen wir lokale Verantwortungs-Gemeinschaften. Deshalb brauchen wir Bildungsbündnisse, zu denen sich alle zusammenschließen, die einander für das Gemeinwohl in die Pflicht nehmen – für mehr Bildungschancen, bessere Zugänge zu Bildungsräumen und mehr Bildungsgerechtigkeit. Zu diesen Bildungsbündnissen gehören viele Stiftungen, die bei etlichen Themen in den vergangenen Jahren zu Vordenkern geworden sind.

Ich freue mich, dass die Vodafone Stiftung mit dem vorliegenden Band einmal mehr dazu beiträgt, dass aktuelle Forschungsergebnisse zum Thema Bildungsgerechtigkeit einer breiteren Öffentlichkeit zugänglich gemacht werden. Die Lektüre möge all denjenigen, die tagtäglich mit daran arbeiten, unser Bildungssystem weiter voran zu bringen, Anregung und Denkanstoß sein.

I. Beiträge zur Frage der Bildungsgerechtigkeit – eine internationale Perspektive

Kompetenzentwicklung, Bildungsentscheidungen und Chancenungleichheit in Vorschule und Schule – Neue Ergebnisse aus der Forschung zur Bedeutung von Familien im Bildungsprozess

Hans-Peter Blossfeld

1   Einleitung

Die soziale Herkunft gehört wohl zu den hartnäckigsten Faktoren, die die Bildungschancen in Deutschland beeinflussen. Trotz massiver Bildungsexpansion seit den 1960er Jahren und vielfältiger Bildungsreformen hat sich in den letzten fünf Jahrzehnten die herkunftsspezifische Benachteiligung in der Generationenfolge im Vergleich zu anderen Einflussgrößen nur relativ geringfügig reduziert (Blossfeld, 1984, 1989; Shavit & Blossfeld, 1993; Müller & Haun, 1994; Becker 2003; Breen, Luijkx, Müller & Pollak, 2005; Hadjar & Becker, 2009, S. 12). Stellten in den 1960er Jahren noch die „katholischen Arbeitermädchen vom Lande" in Bezug auf ihre Bildungschancen die am meisten benachteiligte Gruppe dar (Blossfeld, 1984), so hat sich die Bildungsbenachteiligung heute auf die Gruppe der „Unterschichtjungen mit Migrationshintergrund in den Ballungszentren" verschoben.

Die langfristige Entwicklung in der Bildungsungleichheit war also einerseits gekennzeichnet durch das Verschwinden der Nachteile für die Frauen. Die Frauen haben heute die Männer in der Bildung sogar an verschiedenen Übergängen wie beim Übertritt in das Gymnasium, beim Abitur oder beim Eintritt in die Universitäten überholt. Fachspezifische Unterschiede in der Ausbildung, der Studienfachwahl und bei der Berufswahl bleiben allerdings bei den Geschlechtern nach wie vor bestehen bzw. haben sich sogar in den letzten Jahren noch verstärkt. In Bezug auf die herkunftsbedingten Bildungsungleichheiten können wir andererseits im Vergleich dazu nur eine leichte Abnahme konstatieren: es bleiben auch nach der Bildungsexpansion große Unterschiede in den Bildungschancen

nach sozialer Herkunft bestehen – wie die verschiedenen groß angelegten internationalen Schulleistungsstudien an verschiedenen Punkten der Schullaufbahn
heute vielfach belegen (z.b. Deutsches PISA-Konsortium, 2001; PISA-Konsortium
Deutschland, 2007; Bos et al., 2008a; Bos et al., 2008b; OECD, 2011). Die PISA-
Studie zeigt zum Beispiel im internationalen Vergleich, dass deutsche Schüler in
der Durchschnittsbetrachtung nicht nur eher durchschnittliche Kompetenzen
haben, sondern dass diese Kompetenzen auch vergleichsweise stark vom besuchten Schultyp und der sozialen und ethnischen Herkunft abhängen. Damit
haben also das Geschlecht, die Religion und die Region ihre Effekte auf die Bildung in den letzten Jahrzehnten deutlich verändert, während die Effekte sozialer
Herkunft weitgehend persistent gewesen sind. Mit Blick auf die soziale Herkunft
ist allerdings das PISA-Ergebnis interessant, dass in Finnland eine relativ große
Leistungsspitze und hohe durchschnittliche Leistungen der Schüler durchaus mit
einer geringen sozialen Selektivität in Einklang gebracht werden können. Insgesamt sind die differentiellen Entwicklungen in den Bildungschancen verschiedener Gruppen aber heute noch nicht ausreichend verstanden. Insbesondere die
Hartnäckigkeit des Einflusses der sozialen Herkunft in Deutschland ist sicherlich
erklärungsbedürftig.

Der folgende Beitrag setzt sich das Ziel, einige ausgewählte Forschungsergebnisse über den Einfluss der Familie auf die Bildungschancen von Kindern aus der
Perspektive des Lebensverlaufs zusammenfassend darzustellen. Im Vordergrund
werden dabei die sogenannten sekundären Effekte sozialer Herkunft stehen, die
sich auf das Entscheidungsverhalten von Familien beziehen. Auf dieser Grundlage wird sich zeigen, wie sich der Einfluss der Familie auf die Bildungskarriere
auch heute noch sukzessive Bahn bricht und sich im Bildungsverlauf kumulativ
auswirkt.

2   Die Bedeutung früher Bildungsprozesse in der Familie und der Einfluss von frühpädagogischen Einrichtungen

Von Beginn an, das heißt nicht nur im frühkindlichen Alter, sondern auch perina-
tal und pränatal, sind die Kinder den Lebens- und Sozialisationsbedingungen der
Herkunftsfamilie umfassend ausgesetzt. Diese Lernbedingungen und Bildungsangebote der Familien unterschieden sich in ihren Struktur-, Unterstützungs-
und Anregungspotentialen erheblich. Die Effekte der sozialen Herkunft auf die
Kompetenzunterschiede der Kinder sind deswegen nicht erst in der Schule, sondern bereits im Vorschulalter (d.h. im Krippen- und Kindergartenalter) messbar.

Die wissenschaftliche Diskussion unterstützt deswegen heute möglichst frühe Interventionen im Bildungsverlauf als besonders erfolgversprechend, insbesondere bei bildungsbenachteiligten Kindern und Kindern mit Migrationshintergrund.

Dabei kommt es neben der traditionellen Betreuungsfunktion von Kindergrippe und Kindergarten heute zunehmend auch auf die Erziehungs- und Bildungsfunktion an (Roßbach, 2004). Viel stärker als noch vor einem Jahrzehnt wird heute von den frühpädagogischen Einrichtungen neben einer breiten Förderung der Persönlichkeit der Kinder, die Förderung in spezifischen Inhaltsbereichen wie Mathematik, Sprache, Vorläuferfähigkeiten für Lese- und Rechtschreibkompetenzen oder Naturwissenschaften erwartet. Diese Maßnahmen sollen natürlich nicht (nur) in spezifischen (vorgeplanten und vorstrukturierten) Angeboten bestehen, sondern müssen vielmehr spielerisch eingebettet in die üblichen Alltagstätigkeiten der frühpädagogischen Einrichtung erfolgen. Höhere Anforderungen an das Personal werden vor allem an die frühe Sprachdiagnostik und Sprachförderung gestellt, um Kindern mit Defiziten in der altersgemäßen Beherrschung der deutschen Sprache – speziell Kindern mit einer anderen Herkunftssprache als Deutsch – einen guten Start ihrer Schulkarriere zu ermöglichen. Eine Herausforderung in den modernen frühpädagogischen Einrichtungen stellt heute auch die Bewältigung der heterogeneren Zusammensetzung der Kindergruppen dar (speziell auch im Hinblick auf Kinder mit Migrationshintergrund) (Roßbach, 2008). Diese Heterogenität wird aber auch noch verstärkt durch die Forderungen nach Inklusion von Kindern mit besonderem Förderbedarf sowie nach gezielterer Förderung und Prävention.

Die vorliegenden empirischen Untersuchungen in Deutschland haben üblicherweise die Auswirkungen der in den Regeleinrichtungen vorzufindenden Qualität analysiert. Diese bewegt sich gegenwärtig häufig leider nur im Bereich der Durchschnittlichkeit (vgl. z.B. Kuger & Kluczniok, 2008). Dies ist insofern problematisch, als es Hinweise darauf gibt, dass längerfristige positive Auswirkungen auf die Kinder nicht von der Beteiligung an sich, sondern vor allem von einer hohen Qualität der frühpädagogischen Einrichtungen ausgehen. Diese Vermutung wird zum Beispiel durch das englische „Effective Preschool and Primary School Education (EPPE 3-11)"-Projekt, bei dem langfristige positive Auswirkungen auf spätere Schulleistungen bis zum Alter von 10 Jahren nur von einer hohen Qualität frühpädagogischer Einrichtungen ausgegangen sind, gestützt (Sammons, Anders, Sylva, Melhuish, Siraj-Blatchford, Taggart & Barreau, 2008). D.h., allein der Besuch einer frühpädagogischen Einrichtung oder eine niedrige bis mittlere Qualität der Betreuung haben nach heutigen Befunden eher keine längerfristigen positiven Auswirkungen.

Die Erwartungen an frühpädagogische Einrichtungen, zum Ausgleich sozial bedingter Ungleichheiten beizutragen, sind heute in der Öffentlichkeit hoch. Allerdings ist die Forschungslage dazu noch unzureichend. In den 1970er Jahren wurde z.B. in Norwegen eine Reform durchgeführt, die zu einer deutlichen Ausweitung der Nutzung von öffentlich unterstützten frühpädagogischen Einrichtungen führte. Diese Ausweitung des Früherziehungssystems geht im frühen Erwachsenenalter der Kinder einher mit einer verbesserten Schulausbildung, größerem Erfolg auf dem Arbeitsmarkt und einer reduzierten Abhängigkeit vom Sozialstaat (Havnes & Mogstad, 2011). Dabei zeigt sich, dass benachteiligte Kinder (insbesondere Kinder von Müttern mit niedriger (Aus-)Bildung) am meisten von der frühen Kinderbetreuung profitierten.

Den kompensatorischen Wirkungen für Kinder aus benachteiligten Familien wurde besonders in vereinzelten Interventionsprogrammen in den USA nachgegangen. Hier zeigen sich vielfache langfristige positive Effekte auf die Entwicklung und die Lebenschancen der Kinder (Barnett, 2008; Blok, Fukkink, Gebhardt & Leseman, 2005; Camilli, Vargas, Ryan & Barnett, 2010; Leseman, 2009). Ein seit fünf Jahren vielzitiertes Beispiel ist das Perry Preschool Project, das in den 1960er Jahren in Ypsilanti, USA, begonnen wurde und das durch die Reanalysen von James Heckman noch einmal an Aufmerksamkeit gewonnen hat (vgl. Heckman, Moon, Pinto, Savelyev & Yavitz, 2010). Die Teilnehmer am Perry Preschool Project waren 120 drei- und vierjährige Kinder mit relativ niedrigen Intelligenzwerten (IQs von etwa 80) aus benachteiligten afro-amerikanischen Familien und sehr schwierigen sozialen Verhältnissen (die Mütter waren oft ohne (Aus-)Bildung und alleinerziehend). Die Kinder wurden zufällig in zwei Gruppen aufgeteilt in eine Interventions- und eine Kontrollgruppe (Randomisierung). Die 60 Kinder der Interventionsgruppe bekamen bis zum Schuleintritt in eine gute Vorschule mit intensiver Betreuung der Familien durch eine professionelle, akademisch ausgebildete Kraft. Die Erzieherinnen-Kinder-Relation betrug 1:5. Die Erzieherinnen besuchten jedes Kind einmal in der Woche an einem Nachmittag zu Hause für etwa 1 ½ Stunden. Schließlich wurde in dieser Studie viel Wert auf Elterntreffen und Elternabende gelegt. Die Intervention verband also eine institutionelle Förderung mit einer ausgeprägten Familien unterstützenden Komponente. Die 60 Kinder der Kontrollgruppe wurden in ihren Alltagssituationen belassen. Diese Kinder beider Gruppen wurden dann bis zum 40. Lebensjahr mehrmals getestet und befragt. Abbildung 1 zeigt, dass sich im Vergleich zur Kontrollgruppe bei der Interventionsgruppe zunächst die Intelligenz deutlich erhöhte. Eine höhere Intelligenz bedeutet, dass die Kinder in derselben Zeit schneller lernen, ihr Wissen flexibler einsetzen und abstrakte Konzepte besser verstehen. Nachdem die beiden Gruppen gemeinsam in das normale Schulsystem kamen, haben sich aber die Intelligenzwerte der beiden

Gruppen wieder angenähert. Im Alter von 10 Jahren waren die Effekte der früh-pädagogischen Intervention auf den IQ gänzlich verschwunden (siehe Abbildung 1). Interessant ist, dass sich die beiden Gruppen aber in ihrem Verhalten im Leben deutlich unterscheiden. Die Kinder der Interventionsgruppe hatten eine erfolg-reichere Schulkarriere und weniger Sonderschulzuweisungen. Als Erwachsene konnten die Mitglieder der Interventionsgruppe ein höheres durchschnittliches Jahreseinkommen erzielen, waren weniger auf Sozialhilfe angewiesen und zeigten seltener kriminelles Verhalten. Die frühkindliche Intervention bei den benach-teiligten Kindern hatte also langfristige positive Konsequenzen auf den späteren Lebenslauf. Die Mechanismen der Wirkungen dieser frühkindlichen Intervention auf den Lebenslauf sind allerdings weitgehend unklar. Eine Erklärung geht davon aus, dass der Effekt auf die Intelligenz den Interventionskindern einen frühen kog-nitiven Vorteil im Lernen verschafft hat (die höhere Lerngeschwindigkeit pro Zeit-einheit in der frühen Kindheit erhöhte danach die Leistungsdifferenz, welche dann das ganze Leben lang beibehalten wird). Die andere Erklärung unterstellt, dass die Effekte auf die kognitiven Dimensionen nur kurzfristig waren und die eigentlichen Gründe für die langfristigen Wirkungen in den verbesserten sozialen Kompeten-zen, der größeren Motivation, dem höheren Selbstvertrauen und dem verbesserten Selbstkonzept liegen. Bei dem geringen Stichprobenumfang der Studie und den gemessenen „Outcome"-Variablen ist es leider nicht möglich, zwischen diesen Er-klärungen zu unterscheiden.

Abbildung 1: IQ nach Alter und Interventionsgruppe im „Perry Preschool Program"

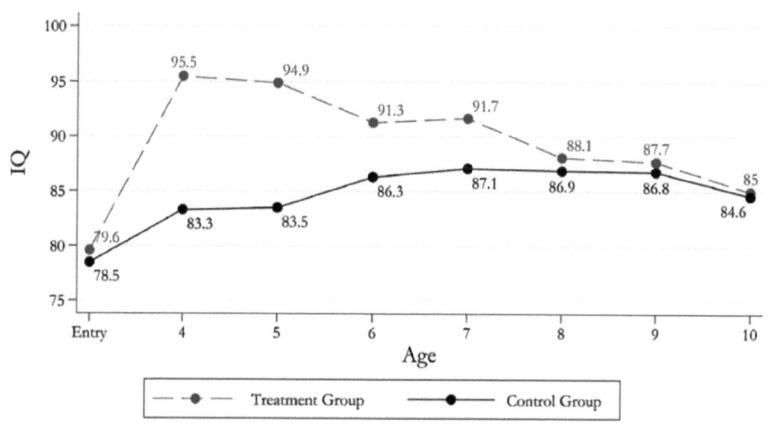

Source: Perry Preschool Program (Terman & Merrill, 1960).

An dem „Perry Preschool Project" nahmen nur Kinder aus benachteiligten Familien teil. Ob es sich deshalb bei den positiven Langzeitauswirkungen um kompensatorische Effekte im engeren Sinne handelt, die die Schere zwischen benachteiligten und bevorzugten Kindern verringert oder sogar schließt, kann dort nicht beantwortet werden. Möglicherweise zeigen sich bei nicht benachteiligten Kindern Effekte in der gleichen Richtung, die allerdings schwächer ausgeprägt sein dürften. Wird nicht die Teilnahme an einem besonderen Interventionsprogramm, sondern der Besuch einer Regeleinrichtung – mit der dort gegebenen Qualität – betrachtet, so zeigen sich ebenfalls positive Auswirkungen auf die Entwicklung von Kindern aus benachteiligten Familien. Unklar ist aber der Forschungsstand mit Blick auf die Frage, ob sich für Kinder in Regeleinrichtungen besondere Effekte zeigen, die sozial bedingte Nachteile ausgleichen. Solche kompensatorischen Effekte finden sich nicht durchgängig. Allerdings gibt es in verschiedenen Studien Hinweise, dass eine hohe Qualität der Förderung in einer frühpädagogischen Einrichtung durchaus familiale Benachteiligungen bzw. solche, die durch individuelle Risikolagen der Kinder entstehen, reduzieren kann (Burchinal, Vandergrift, Pianta & Mashburn, 2010; Dearing, MyCartney & Taylor, 2009; Hall, Sylva, Melhuish, Sammons, Siraj-Blatchford & Taggart, 2009; Sammons, Anders, Sylva, Melhuish, Siraj-Blatchford, Taggart & Barreau, 2008).

Die Lebensverlaufsforschung hat gezeigt, dass heute die Bildungsprozesse vom Baby bis zum Greis meist kumulativ, das heißt, nach dem Matthäus-Prinzip verlaufen: Wer zu einem bestimmten Lebensalter bereits ein höheres Bildungs- oder Kompetenzniveau erreicht hat, der hat auch im nächsten Schritt eine bessere Chance, noch mehr Bildung zu bekommen. Kompetenzunterschiede zwischen verschiedenen sozialen Gruppen verschärfen sich deswegen tendenziell über den Bildungs- und Lebensverlauf. Eine Konsequenz dieser Beobachtung ist die Forderung nach der Herstellung fairer Startchancen so früh wie möglich. Dies kann im Vorschulbereich aber nicht bloß durch einen quantitativen Ausbau an sich erreicht werden, sondern nur durch qualitativ hochwertige frühkindliche Bildung, möglichst frühe Förderung der Sprachentwicklung (insbesondere bei Migranten), frühe Motivation zur Leistungsbereitschaft und eine kindgerechte Vorbereitung auf die Schule.

Abbildung 2: Rendite der Bildungsinvestitionen (Humankapital)
über das Lebensalter nach James Heckman

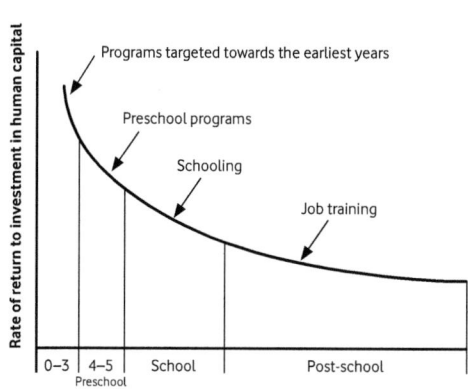

Eine zweite begründete Schlussfolgerung, die von James Heckman aus den Analysen der „Perry Preschool"-Daten gezogen wurde, ist, dass die staatlichen Erträge von Investitionen in die Bildung (oder das Humankapital) mit dem Lebensalter monoton abnehmen (siehe Abbildung 2). Demnach rentiert es sich für den Staat besonders in den ersten Lebensjahren und im frühen Schulalter in eine gute Ausbildung zu investieren. Spätere Korrekturen, insbesondere im Erwachsenenalter z.B. durch sozial- und bildungspolitische Programme sind danach nicht nur viel teurer, sondern auch weniger effektiv.

3 Bildungsentscheidungen, Kompetenzentwicklungen und soziale Ungleichheit im Schulkontext

Die soziologische Bildungsforschung konzentriert sich heute vor allem auf das Ausmaß und die Ursachen von nach sozialstrukturellen Gruppen variierenden Bildungsentscheidungen wie der Wahl einer weiterführenden Schule, die berufliche Ausbildungswahl, die Entscheidung für oder gegen das Abitur oder ein Hochschulstudium, die Fortführung der Bildungskarriere oder die Teilnahme an beruflicher Weiterbildung. Dabei treten diese herkunftsspezifischen Variationen selbst dann auf, wenn vergleichbare Kompetenzniveaus vorliegen. Deshalb ist zu klären, welche Bedeutung in Familien schichtspezifische Bildungsaspirationen, Erfolgserwartungen und Bewertungen von Kosten und Nutzen von Abschlüssen für die Bildungsungleichheit heute haben.

3.1   Boudons zentrale Unterscheidung von primären und sekundären Herkunftseffekten

Der Soziologe Boudon (1974) hat zwischen sogenannten primären und sekundären Herkunftseffekten unterschieden. Er weist damit darauf hin, dass zwei verschiedene Mechanismen bei der Wirkung der sozialen Herkunft auf die Bildungschancen beteiligt sind: Herkunftsbedingte Kompetenz- und Leistungsunterschiede bestehen aufgrund klassenspezifischer Sozialisationsprozesse, kultureller Unterschiede in Familien, differenzieller schulischer Unterstützungspotentiale der Eltern sowie unterschiedlicher genetischer Begabung. Folglich haben Kinder aus den unteren sozialen Schichten häufiger niedrigere Kompetenzen und schlechtere Noten als solche, deren Familien einen vergleichsweise höheren Sozialstatus und Bildungshintergrund aufweisen. Kinder aus unteren sozialen Klassen haben daher von vornherein geringere Chancen im Bildungssystem. Diese Zusammenhänge bezeichnet Boudon als den primären Herkunftseffekt.

Über sozialschichtabhängige Leistungs- und Kompetenzniveaus hinaus wirkt aber noch ein zweiter Mechanismus, welcher als sekundärer Effekt bezeichnet wird. Dieser wird als klassenspezifisches Entscheidungsverhalten beschrieben. Abhängig vom sozialen Hintergrund bewerten Familien Kosten und Nutzen höherer Schulzweige unterschiedlich. Ein Hauptaspekt in diesem Entscheidungsprozess ist das Motiv des Statuserhalts: Familien haben hinsichtlich der Schulbildung ihres Kindes ein großes Interesse daran, mindestens den eigenen sozialen Status zu erhalten. Folglich sind Familien mit höherem sozialem Hintergrund bestrebt, ihren Kindern die bestmögliche Schulbildung zu bieten, um einen intergenerationalen Statusverlust zu verhindern. In Arbeiterfamilien wird der Statuserhalt schon über den Besuch weniger anspruchsvoller Schulzweige erreicht. Dies mindert deren Motivation, ihren Kindern eine kostenintensivere und verlängerte Ausbildung zu bieten. Zudem ist davon auszugehen, dass Eltern mit niedriger Bildung die Wahrscheinlichkeit, einen akademischen Schulzweig erfolgreich zu durchlaufen, geringer einschätzen, da sie selbst mit diesem Schultyp nicht vertraut sind. Somit streben Eltern je nach sozialer Position unterschiedliche Schulformen für ihre Kinder an, selbst wenn diese ein vergleichbares Kompetenz- und Leistungsniveau aufweisen.

Die Intensität und relative Bedeutung der primären und sekundären Herkunftseffekte implizieren ganz unterschiedliche politische Maßnahmen, weswegen eine theoretische Unterscheidung zwischen diesen beiden Ungleichheiten unabdingbar ist. Beispielsweise könnten bei starken primären Effekten Kindergärten und Ganztagsschulen zu geringes elterliches Unterstützungs- und Förderpotenzial zumindest teilweise kompensieren (siehe dazu die Ausführungen in Abschnitt

2 oben). In Bezug auf die Migrantenpopulation könnten diese Maßnahmen einen wesentlichen Beitrag dazu leisten, sprachliche Defizite zu reduzieren und so die Startvoraussetzungen im Bildungssystem anzugleichen. Bei starken sekundären Effekten stehen dagegen Maßnahmen zur Reduktion der Bildungskosten für finanzschwache Eltern oder die bessere Vermittlung der Erfolgsaussichten von Bildungswegen zur Debatte.

3.2 Verschiedene entscheidungstheoretische Modelle: rationaler Abwägungsprozess oder schichtspezifische Werte

Um zu klären wie soziale Ungleichheiten in den Bildungsentscheidungen (also die sekundären Effekte) zustande kommen, werden in der soziologischen Bildungsforschung unterschiedliche theoretische Ansätze diskutiert. Besondere Prominenz haben zwei Theorierichtungen erfahren, die heute häufig für die Erklärung elterlicher Bildungsentscheidungen herangezogen werden: Die Rational Choice Theorie, die Bildungsentscheidungen über einen rationalen Abwägungsprozess erklärt, und der soziokulturelle Ansatz, der Entscheidungen durch schichtspezifische Werte und Normen geleitet sieht. Neben einer Skizzierung der beiden Theorierichtungen soll an dieser Stelle der Zeitbezug der erklärenden Faktoren beleuchtet werden.

Nach der Rational Choice Theorie haben alle Eltern ähnliche Präferenzen. Sie bewerten verschiedene Schulabschlüsse nach den zu erwartenden Kosten und Nutzen und wählen denjenigen Bildungsgang aus, der unter den jeweiligen schichtspezifischen Bedingungen die erwarteten Erträge maximiert (Breen & Goldthorpe, 1997, Erikson & Jonsson, 1996, Esser, 1999, 2006). Erikson und Jonsson (1996) formulieren darauf aufbauend ein stärker formalisiertes Modell, dessen Ausgangspunkt es ist, dass Individuen kalkulieren, welche Kosten mit dem Besuch eines bestimmten Bildungsgangs verbunden sind und welche Erträge sich daraus ergeben. Aus möglichen Alternativen wird diejenige gewählt, die den höchsten Nutzen für die Handelnden hat. Im Rahmen dieses Ansatzes wird unterstellt, dass alle Akteure dieselben zeitstabilen Präferenzen haben. Das bedeutet, dass auch untere soziale Schichten durchaus den Wert von höherer Bildung und hohen schulischen Abschlüssen für den späteren Lebensverlauf erkennen. Unterschiede in den Bildungsentscheidungen lassen sich somit nicht durch schichtspezifische Präferenzdifferenzen, sondern nur durch strukturelle Unterschiede in den Berufs- und Klassenpositionen erklären, die in den schichtspezifischen Kosten-Nutzen-Kalkulationen ihren Ausdruck finden. Die Bewertung möglicher

Kosten und Nutzen unterliegt vielfältigen, sowohl zeitkonstanten als auch zeit-variablen Einflussfaktoren. Im Falle elterlicher Bildungsentscheidungen lassen sich drei zentrale Faktoren identifizieren: individuelle (kindbezogene), familiale und institutionelle Rahmenbedingungen, die im Sinne von Gelegenheitsstrukturen wirken und im deutschen Schulsystem länderspezifisch strukturiert sind. Die kindbezogenen Faktoren zeichnen sich neben der schulischen Leistung durch die Motivation des Kindes aus und sind zeitveränderlich. Familiale Faktoren werden durch zeitvariable Erfolgserwartungen an das Kind (in Abhängigkeit von der veränderlichen Leistungsentwicklung), sowie in Form von eher zeitlich konstanten Faktoren wie der Einschätzung des Nutzens der Bildung, dem Bildungs- und Migrationshintergrund der Familie und ihrem sozialen Status, also der Sozialschichtzugehörigkeit geprägt. Der institutionelle Kontext wird schließlich stark von den bundeslandspezifischen Übergangsregelungen und dem Gewicht der damit verbundenen Verbindlichkeit der Sekundarschulempfehlung bestimmt.

Ein weiteres Erklärungsmodell für die Unterschiede in den Bildungsentscheidungen, welches ursprünglich aus der Sozialpsychologie stammt, erlebte seinen Durchbruch in der Bildungssoziologie der 1960er Jahre. In den Beiträgen der Vertreter der Wisconsin-Schule wurde betont, dass sich die soziale Herkunft im Kontext von Bildung u.a. durch divergierende schichtspezifische Werte und Anspruchsniveaus bezüglich des Erreichens höherer Bildungsabschlüsse äußert. Die Ursache für diese Differenzen sind also unterschiedliche schichtspezifische Normen und Werthaltungen (Sewell et al., 1969; Sewell et al., 1970). Die Status-Attainment-Forschung der Wisconsin-Schule geht davon aus, dass der Effekt der sozialen Herkunft auf Bildungs- und Berufserfolg zu einem großen Teil über Bezugsgruppeneinflüsse – d.h., über die soziale und kulturelle Umgebung – vermittelt wird. Unterschiedliche Bildungsentscheidungen werden danach also auf weitgehend unbewusste zeitstabile schichtspezifische Präferenzen bzw. Aspirationen der Eltern zurückgeführt (Gambetta, 1996, S. 153, S. 176). Das bedeutet jedoch, dass der Entscheidungsprozess selber für die Erklärung des Bildungsverhaltens von geringer Bedeutung ist, weil bereits vorentschieden ist, welcher Bildungsweg gewählt wird. Gambetta betont auch, dass zur Erklärung der Bildungsentscheidungen weniger die zu erwartenden Vorteile (wie Einkommen oder Berufsprestige etc.), sondern die Erwartungen und Pläne, die Familien in Bezug auf den Lebenslauf ihrer Kinder entwerfen, bedeutsam sind (Gambetta, 1996, S. 176). Er zeigt, dass Bildungspräferenzen bereits als schichtspezifisch verschieden angenommen werden können. In die Erklärung fließen im Gegensatz zur Rational Choice Theorie keine zeitvariablen Faktoren mit ein, d.h. Eltern entscheiden ohne Berücksichtigung der individuellen Leistungen bzw. Leistungsänderungen und damit der Möglichkeiten ihres Kindes. Somit ergeben sich für die verschiedenen sozialen Schichten jeweils unterschiedliche schichtspezifische Verteilungen der Bildungsaspirationen, die als zeitkonstant angenommen werden.

Wie bereits erwähnt, muss jedoch auch die Struktur des Bildungssystems selbst – besonders dessen institutionelle Vorgaben und Angebote – bei der Herausbildung elterlicher Bildungsentscheidungen beachtet werden (Becker, 2000; Hillmert, 2008). Eine derartige Verbindung von entscheidungstheoretischen Modellen und institutionellen Rahmenbedingungen schlägt Hillmert (2008) vor. Seiner Argumentation zufolge können regionale und historische Unterschiede im Bildungsverhalten auf Veränderungen und Unterschiede in der Struktur und den institutionellen Merkmalen eines Bildungssystems zurückgeführt werden. Vor allem die hochgradig institutionalisierte Selektionsleistung des Bildungssystems, die damit festgelegten Entscheidungsbedingungen und der Spielraum müssen als wichtiger Bestandteil der Entscheidungsfindung gesehen werden. Becker beschreibt dies wie folgt: „Der Entscheidungsspielraum umfasst die Adaption der elterlichen Bildungsentscheidungen an die Grundschulempfehlung, die Kontrollüberzeugung, dass die Bildungsempfehlung kein endgültiges Ergebnis darstellt, und schließlich die tatsächlichen Kompetenzen der Eltern, möglicherweise ihren Bildungswillen gegen die institutionellen Beschränkungen durchsetzen zu können" (Becker, 2000, S. 458).

Während die Theorieentwicklung im Hinblick auf die Erklärung sekundärer Herkunftseffekte beachtliche Fortschritte aufweist (Breen & Goldthorpe, 1997; Erikson & Jonsson, 1996), stellte sich lange Zeit die Frage nach einer adäquaten Methode, die Größenordnung der primären und sekundären Effekte zu schätzen. Erst vor kurzem entwickelten Erikson et al. (2005) eine Methode, die einen direkten Vergleich relativer Effektstärken von primären und sekundären Effekten zwischen verschiedenen sozialen Herkunftsgruppen ermöglicht. Ein Beispiel für diesen Ansatz soll hier verdeutlicht werden. In Abbildung 3 (S. 48) werden zunächst die primären Effekte der sozialen Herkunft auf die Übergangsentscheidung an das Gymnasium dargestellt. Die Kompetenzverteilungen sind dabei glockenförmig (durchgezogene Linien) und unterscheiden sich nach den drei Herkunftsschichten (Arbeiterschicht, untere Mittelschicht, obere Mittelschicht).

Abbildung 3: Zusammenhänge zwischen primären und sekundären Effekten auf die Übergangsentscheidung in Gymnasium nach Erikson et al. (2005)

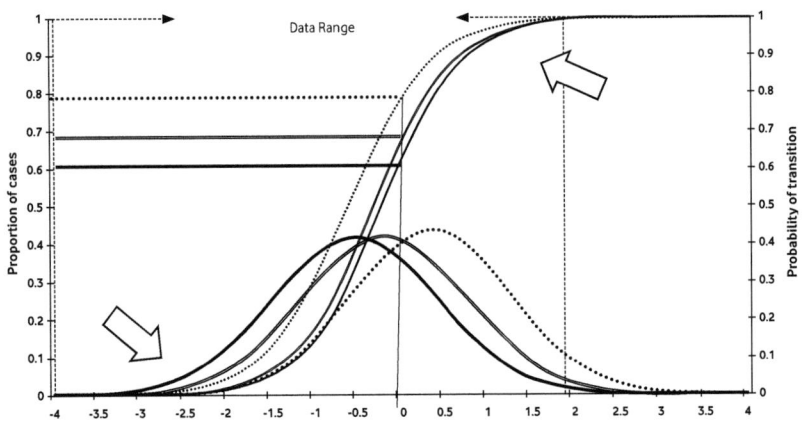

Aufgrund von herkunftsspezifischen Sozialisationseffekten sind die Kompetenzen der Kinder bei der unteren Mittelschicht im Schnitt größer als bei der Arbeiterschicht und bei der oberen Mittelschicht größer als bei der unteren Mittelschicht. Die Verteilungen sind also jeweils nach rechts verschoben. Gleichzeitig wird mit den gestrichelten Linien aufgezeigt, wie groß die Übergangswahrscheinlichkeit an das Gymnasium für verschiedene Kompetenzniveaus und für die drei sozialen Schichten ist. Abbildung 3 zeigt, dass die Übergangswahrscheinlichkeit an das Gymnasium bei der oberen Mittelschicht für alle Kompetenzniveaus größer ist als für die untere Mittelschicht, und dort wieder größer ist als für die Arbeiterschicht. Die Pfeile zeigen, dass bei geringen Kompetenzen der Kinder auch in der oberen Mittelschicht die Übergangsrate an das Gymnasium sehr gering ist; und dass bei hohen Kompetenzen der Kinder auch die Arbeiterkinder den Übergang an das Gymnasium regelmäßig schaffen. Interessant ist vor allem der Bereich der mittleren Kompetenzen. Die Abbildung zeigt, dass bei ein und derselben mittleren Kompetenz, bei der man sich sowohl für als auch gegen das Gymnasium entscheiden könnte, die höheren sozialen Schichten systematisch ihre Kinder eher auf das Gymnasium schicken. Mit anderen Worten, der herkunftsspezifische Einfluss auf die Übergangswahrscheinlichkeit ist im mittleren Kompetenz- und Notenbereich am größten.

3.3 Ergebnisse zu den herkunftsspezifischen Bildungs-entscheidungen im Schulkontext

Auf der Grundlage neuer Längsschnittdaten aus der BiKS-Studie (Bildungs-prozesse, Kompetenzentwicklung und Selektionsentscheidungen im Vor- und Grundschulalter), die von der DFG gefördert wird, sollen im Folgenden kurz einige zentrale Befunde zur Bedeutung der herkunftsspezifischen Bildungsent-scheidungen zusammenfassend dargestellt werden.

3.3.1 Die BiKS-Studie

Bei der BiKS-Studie handelt es sich um eine interdisziplinär angelegte Längs-schnittstudie. Im Zentrum stehen zwei Panelstudien: (1) die Studie BiKS-3-10, in der Kinder ab dem 3. Lebensjahr bis zum Ende der Grundschule begleitet werden (Faust et al., 2007); und (2) die Studie BiKS-8-15, in der die Schullaufbahnen von Kindern von der 3. Klasse der Grundschule bis in die 9. Klasse verfolgt werden. Im Zentrum der BiKS-Studie standen bisher vor allem die Kompetenzentwick-lung der Kinder und die Herausbildung der Übergangsentscheidungen in die Se-kundarstufe I. Beiden BiKS-Studien liegen geschichtete Zufallsstichproben aus Schulen zugrunde, die sich auf mehrere Stadt- und Landkreise in den Bundes-ländern Bayern und Hessen beschränken (Kurz et al., 2007). Die Auswertungen des vorliegenden Beitrags beruhen auf den Daten der Studie BiKS-8-15, die in den Grundschulen und in der Sekundarschule in halbjährlichem Abstand erho-ben wurden. Die Bruttostichprobe umfasst 155 Klassen aus 82 Schulen mit 2395 Schüler/-innen und Eltern, wobei das Verhältnis der Fallzahlen von Bayern zu Hessen in etwa 2:1 beträgt.

3.3.2 Die Bedeutung der Übergangsempfehlung: ein Vergleich von Bayern und Hessen

Die Übergangszahlen von der Grundschule zur Sekundarstufe I weisen in den beiden Bundesländern Bayern und Hessen extrem unterschiedliche Verteilungen auf. In Hessen überwog der Anteil der Gymnasiasten in der fünften Jahrgangs-stufe, während in Bayern noch immer die Hauptschule als häufigste Schulform gewählt wurde. Zwar gleichen sich die prognostizierten Absolventenquoten im späteren Schulverlauf wieder an, dennoch bleiben auch dann noch erhebliche Unterschiede in den Verteilungen zwischen beiden Ländern bestehen. Die BiKS-Ergebnisse zeigen, dass Eltern im offenen und liberalen Schulsystem Hessens weitaus höhere Schulabschlüsse für ihre Kinder für möglich halten als in dem eher starren System Bayerns. Von Seiten der Lehrerempfehlung verstärkt sich dieses Bild. In Hessen werden allgemein mehr Empfehlungen für höhere Schularten ausgesprochen. Diese bundeslandspezifischen Unterschiede werden durch den Einfluss des sozialen Hintergrundes überlagert und zum Teil verstärkt: Die Bildungserfahrungen der Eltern scheinen deren Bildungsvorstellungen bzw. die Abwägungen der möglichen Erfolge für ihre Kinder zu prägen. In beiden Ländern stark benachteiligt – und damit unabhängig von den spezifischen institutionellen Rahmenbedingungen – sind Kinder aus den sogenannten „bildungsfernen Schichten". In Bayern wird dieser Gruppe signifikant seltener das Gymnasium, in Hessen deutlich öfter die Hauptschule an Stelle der Realschule empfohlen. Kinder, deren Eltern selbst Abitur haben, wird in beiden Ländern überproportional häufig das Gymnasium angeraten.

Die Befunde zeigen, dass bundeslandspezifische institutionelle Rahmenbedingungen einen erheblichen Einfluss auf die Bildungschancen der Kinder und somit auf die Reproduktion sozialer Ungleichheit haben. Das offenere, durchlässigere System Hessens bietet bessere Chancen höhere Bildung zu erlangen: sowohl die Schulempfehlungen der Grundschullehrer/innen als auch die schullaufbahnbezogenen Erfolgserwartungen der Eltern sind auf eine höhere Bildung ausgerichtet und angesichts der Prognosen auch erfolgversprechend. In dem starreren System Bayerns scheint es umgekehrt zu sein, da in letzter Instanz die Lehrerempfehlung ausschlaggebend ist.

Einen weiteren, damit verknüpften, zentralen Befund stellt die Ungleichheit in Bezug auf den Bildungshintergrund der Eltern dar. Dieser zeigt sich hinsichtlich der Abschlusserwartungen – verstärkt für Hessen – und in den Lehrerempfehlungen in beiden Bundesländern. Es ist auch offensichtlich, dass Schüler aus Elternhäusern mit einem hohen sozialen Status bei vergleichbaren Schulleistungen von den Lehrern eher eine Gymnasialempfehlung am Ende der Grundschule erhalten. Lehrer beziehen bei ihrer Empfehlung vor allem das zu erwartende Unterstützungspotential der Familien mit ein. Manche Familien üben aber auch Druck auf die Lehrer aus.

3.3.3   Schichtspezifische Aspirationen, rationales Abwägungen und Schullaufbahnempfehlungen

Bemerkenswert ist, dass bei den deutschen Unterschichtfamilien ein übertriebener Bildungsdefätismus vorherrscht, der sich aus mangelnder Vertrautheit mit dem höheren Bildungssystem und als ungünstig wahrgenommenen Kosten-Nutzen-Verhältnissen höherer Bildungsabschlüsse ergibt.

Für die große Mehrheit der Eltern handelt es sich bei der Bildungsentscheidung nach der Grundschule um ein Abwägen, welches durch verschiedene Faktoren gesteuert wird. Nur etwa 30% der Eltern legen ihre Entscheidung bereits sehr frühzeitig fest und verändern dann ihre Bildungswünsche nicht mehr.

Man kann also auf der Grundlage der Analysen sagen, dass sowohl der Rational Choice Theorie als auch dem soziokulturellen Ansatz bei der Erklärung von Entscheidungsprozessen beim Übergang von der Grundschule in die Sekundarstufe I eine Bedeutung zukommt. Bei der Zuordnung zu unterschiedlichen Entscheidungsmustern wird deutlich, dass es sich hier nicht um ein entweder/oder handelt. Vielmehr gibt es auf der einen Seite Eltern, die eher abwägend und kalkulierend vorgehen und auf der anderen Seite Eltern, die ihre Entscheidung eher frühzeitig treffen. Dabei spielen wieder die institutionellen Vorgaben des Bildungssystems und der Bildungshintergrund der Eltern eine große Rolle.

Für einige Eltern aus höheren sozialen Schichten ergeben sich größere Freiräume ihre Aspirationen aufrecht zu erhalten, selbst wenn die Noten des Kindes oder auch die Schullaufbahnempfehlung zunächst den Bildungswünschen entgegen laufen. Begünstigt wird dies beispielsweise durch das offene System Hessens: Eltern können hier selbst entscheiden, welche Schulart das Kind in der fünften Klasse besuchen soll. Im Zweifel kann die endgültige Entscheidung sogar durch die Wahl einer integrierten Gesamtschule oder der Förderstufe um zwei Jahre aufgeschoben werden. In ähnlicher Weise können auch Eltern aus bildungsnahen Schichten ihre Aspirationen eher aufrechterhalten. Sie kennen das Schulsystem meist besser, haben mehr Möglichkeiten ihr Kind (sowohl inhaltlich als auch finanziell) zu unterstützen und halten daher häufiger an ihren Bildungsvorstellungen fest. Sie setzten sich auch – wie in verschiedenen anderen Studien berichtet – schon im Vorfeld eher gegen Schullaufbahnempfehlungen, die nicht ihren Vorstellungen entsprechen, durch.

Im Vergleich dazu finden wir bei mehr Eltern in Bayern, sowie verstärkt bei Eltern mit niedriger Bildung eine Veränderung der Aspirationen. D.h. diese Eltern sehen weniger Handlungsmöglichkeiten, ihre ursprünglichen Bildungsvorstellungen umsetzen zu können. Sowohl die rigiden Übertrittsregelungen als auch die sofortige Festlegung auf eine der drei Schulformen (Hauptschule, Realschule oder Gymnasium) tragen durch institutionelle Vorgaben dazu bei, dass die Aspirationen korrigiert werden. Auch Eltern bildungsferner Schichten lassen sich eher dazu bringen, ihre Aspirationen zu überdenken und eine erneute Kalkulation der langfristigen Kosten und Nutzen hoher Bildung vorzunehmen. Somit kann bei diesen Eltern von einer eher abwägenden Handlungsrationalität gesprochen werden.

Haben Länder Notengrenzen (wie z.B. in Bayern), wird dadurch aber insgesamt die Entscheidungsfreiheit der Lehrer und Eltern bei der Übergangsentscheidung eingeschränkt – und damit der Einfluss der sozialen Herkunft auf die Übergangsentscheidung eher reduziert.

3.3.4   Primäre und sekundäre Effekte bei Einheimischen und Migranten

Beim Übergang von der Grundschule in das Gymnasium erklären bei den deutschen Schülern die sekundären Effekte etwa 42%, bei den türkischen Migranten aber nur etwa 1% der Varianz. Bei den deutschen Schülern spielen also Bildungsentscheidungseffekte eine große Rolle; bei den Migranten dominieren dagegen die primären Effekte (vor allem die Kenntnisse in der deutschen Sprache). Primäre Herkunftseffekte sind also eine wesentliche Determinante der Benachteiligung von Migrantenkindern beim Übergang in die Sekundarstufe.

Bei den Migranten herrscht häufig ein überschießender Bildungsoptimismus vor, der sich aus einer generellen Aufstiegsorientierung von Immigranten und mangelnden Kenntnissen des deutschen Bildungssystems ergibt. Insbesondere die mangelnde Vertrautheit mit dem Bildungssystem scheint bei deutschen Unterschichtkindern und Migranten dazu zu führen, dass diese Familien die Bildungs- und Schulfragen an die Lehrer und die Bildungsorganisationen delegieren. Der Bildungsoptimismus der Migranten hat aber einen positiven Effekt: bei gleicher Leistung im Vergleich zu deutschen Schülern haben Migranten höhere Übergangsraten zu weiterführenden Schulen.

Die Ergebnisse legen die Interpretation nahe, dass aufzuwendende Kosten für höhere Bildungswege (reflektiert in der sozialen Klassenposition der Eltern) für Migranten eine untergeordnete Rolle spielen. Vielmehr sind es verfügbare Humankapitalressourcen, die eine wichtige Determinante bei der Bildungsentscheidung darstellen, da diese das differentielle elterliche Unterstützungspotenzial, etwa bei der Hausaufgabenunterstützung, widerspiegeln.

Hervorzuheben ist, dass die absolute Bildungsungleichheit von Migranten deutlich kleiner ausfällt als die der Einheimischen, was auf die insgesamt geringere Bedeutung sekundärer Effekte zurückzuführen ist. Darüber hinaus kann man feststellen, dass Migranten höhere Übergangsraten auf das Gymnasium aufweisen, wenn die Schulnoten und die soziale Herkunft berücksichtigt werden. Diese Ergebnisse deuten auf eine besonders ausgeprägte, migrationsspezifische Bildungsaufstiegsmotivation hin, deren Verwirklichung in erster Linie durch die schlechtere schulische Performanz (Sprachschwierigkeiten) verhindert wird. Für die Förderung von Migrantenkindern bedeutet dies, dass sich politische Interventionen explizit auf die Mechanismen primärer Herkunftseffekte konzentrieren müssen. Eine Ausweitung der verpflichtenden Vorschulerziehung für Migranten könnte hier als zentrales Mittel gegen ungleiche Startchancen aufgrund von Sprachschwierigkeiten besonders wirksam sein.

4 Abschließende Bemerkung

Die Organisation des Bildungssystems bestimmt, wann im Lebenslauf Bildungsentscheidungen mit welcher Konsequenz von den Familien (und dem pädagogischen Personal) getroffen werden müssen und in welchem Umfang diese später korrigiert werden können. Es ist zu empfehlen, das Bildungssystem insgesamt möglichst lange offen zu halten und die Anschlussfähigkeit von Bildungsabschlüssen zu gewährleisten (Vermeidung von Bildungssackgassen). Der zweite und der kürzlich eröffnete dritte Bildungsweg (offene Hochschule) stellen hier einen großen Schritt in die richtige Richtung dar.

Aus einer Längsschnittstudie von Fend et al. (2009) gibt es allerdings auch empirische Hinweise darauf, dass durch organisatorische Reformen des Bildungssystems (wie etwa durch die Einführung der Förderstufe oder der Gesamtschule) zwar kurzfristig im Lebenslauf die herkunftsspezifischen Effekte vermindert werden können, dass sich die Eltern dann aber mit ihren Wünschen langfristig doch wieder durchsetzen. Insbesondere bei späteren risikobehafteten Bildungsentscheidungen scheint sich der schulische Einfluss zu verlieren und die familiären Ressourcen treten zunehmend wieder in den Vordergrund. Das heißt, dass sich die Herkunftsfamilien der Mittelschichten, die jeweils versuchen optimal mit ihren Strategien und Ressourcen für ihre Kinder zu sorgen, in unterschiedlichen Schulformen letztendlich immer wieder durchsetzen.

Vieles spricht deswegen dafür, dass man nicht nur mehr Frühförderung und Ganztagsschulen braucht, sondern einen umfassenderen Ansatz benötigt, der insbesondere die Familien der benachteiligten Gruppen stärker in die Bildungsförderung einbezieht (Familienbildung).

Literatur

Barnett, W.S. (2008). Preschool education and its lasting effects: Research and policy implications. Boulder and Tempe: Education and the Public Interest Center and Education Policy Unit (http://nieer.org/resources/research/PreschoolLastingEffects.pdf, 15.09.2011)

Becker, R. (2003). Educational expansion and persistent inequalities of education: Utilizing the subjective expected utility theory to explain the increasing participation rates in upper secondary school in the Federal Republic of Germany, European Sociological Review 19: 1–24.

Becker, R. (2000). Klassenlage und Bildungsentscheidungen. Eine empirische Anwendung der Wert-Erwartungstheorie, Kölner Zeitschrift für Soziologie und Sozialpsychologie 52: 450–474.

Blok, H., R. G. Fukkink, E. C. Gebhardt & P. P. M. Leseman (2005). The relevance of delivery mode and other program characteristics for the effectiveness of early childhood intervention with disadvantaged children. In International Journal of Behavioral Development 29: 35–47.

Blossfeld, H.-.P (1984). Bildungsexpansion und Berufschancen. Frankfurt a. M. und New York: Campus Verlag.

Blossfeld, H.-P. (1989). Kohortendifferenzierung und Karriereprozeß. Frankfurt a. M. und New York: Campus Verlag.

Bos, W., M. Bonsen, J. Baumert, M. Prenzel, Chr. Selter & G. Walther (Hrsg.) (2008a). TIMMS 2007. Mathematische und naturwissenschaftliche Kompetenzen von Grundschulkindern in Deutschland im internationalen Vergleich, Münster et al.: Waxmann.

Bos, W., S. Hornberg, K.-H. Arnold, G. Faust, L. Fried. E.-M. Lankes, K. Schwippert & R. Valtin (Hrsg.) (2008b). IGLU-E 2006. Die Länder der Bundesrepublik Deutschland im nationalen und internationalen Vergleich, Münster et al.: Waxmann.

Breen, R. & J. H. Goldthorpe (1997). Explaining educational differentials. Towards a formal rational action theory, Rationality and Society 9: 275–305

Breen, R., R. Luijkx, W. Müller & R. Pollak (2009). Non-persistent inequality in educational attainment: Evidence from eight European countries, American Journal of Sociology 114: 1475–521.

Boudon, R. (1974). Education, opportunity, and social inequality. Changing prospects in Western society. New York et al.: John Wiley & Sons.

Burchinal, M., N. Vandergrift, R. Pianta und A. Mashburn (2010). Threshold analysis of association between child care quality and child outcomes for low income children in pre-kindergarten programs, Early Childhood Research Quarterly 25: 166–176.

Camilli, G., S. Vargas, S. Ryan und W. S. Barnett (2010). Meta-analysis of the effects of early education interventions on cognitive and social development, Teachers College Record 112: 579–620 (http://www.tcrecord.org/Content.asp?ContentID=15440).

Dearing, E., K. McCartney und B. A. Taylor (2009). Does higher quality in early child care promote low-income children's math and reading achievement in middle childhood?, Child Development 80: 1329–1349.

Deutsches PISA-Konsortium (Hrsg.) (2001). PISA 2000. Basiskompetenzen von Schülerinnen und Schülern im internationalen Vergleich, Opladen: Leske + Budrich.

Erikson, R., J. H. Goldthorpe, M. Jackson, M. Yaish & D. R. Cox (2005). On class differentials in educational attainment, PNAS 102: 9730–9733.

Erikson, R. & J. O. Jonsson (1996). Can education be equalized? The Swedish case in comparative perspective. Oxford: Westview Press

Esser, H. (1999). Soziologie – Spezielle Grundlagen. Band 1: Situationslogik und Handeln. Frankfurt a. M. und New York: Campus Verlag.

Esser, H. (2006). Sprache und Integration: Die sozialen Bedingungen und Folgen des Spracherwerbs von Migranten. Frankfurt a. M. und New York: Campus Verlag

Faust, G., K. Kluczniok & S. Pohlmann (2007). Eltern vor der Entscheidung über vorzeitige Einschulung, Zeitschrift für Pädagogik 53: 462–476.

Fend, H. F., F. Berger & U. Grob (2009). Lebensverläufe, Lebensbewältigung, Lebensglück. Die Längsschnittstudie LIFE. Wiesbaden: VS Verlag für Sozialwissenschaften.

Gambetta, D. (1996). Were they pushed or did they jump? Individual decision mechanisms in education, Boulder (CO): Westview Press.

Hadjar, A. & R. Becker (2009). Educational expansion: Expected and unexpected consequences. In Hadjar, A. und R. Becker (Hg.): Expected and unexpected consequences of the educational expansion in Europe and the US, Bern: Verlag Haupt, S. 9–23.

Hall, J., K. Sylva, E. Melhuish, P. Sammons, I. Siraj-Blatchford & B. Taggart (2009). The role of pre-school quality in promoting resilience in the cognitive development of young children, Oxford Review of Education 35: 331–352.

Harms, T., R. M. Clifford & D. Cryer (1998). Early Childhood Environment Rating Scale. Revised Edition. New York: Teachers College Press.

Heckman, J.J., S. H. Moon, R. Pinto, P. Savelyev & A. Yavitz (2010). A new cost-benefit and rate of return analysis for the Perry Preschool Program: A summary. IZA Policy Paper No. 17.

Hillmert, S. (2008). Soziale Ungleichheit im Bildungsverlauf: zum Verhältnis von Bildungsinstitutionen und Entscheidungen. In R. Becker & W. Lauterbach (Hrsg.). Bildung als Privileg? Erklärungen und Befunde zu den Ursachen der Bildungsungleichheit. (3. Aufl.), Wiesbaden: VS Verlag für Sozialwissenschaften, S. 73–102.

Kuger S. & K. Kluczniok (2008). Prozessqualität im Kindergarten – Konzept, Umsetzung und Befunde, Zeitschrift für Erziehungswissenschaft, Sonderheft 11, S. 159–178.

Kurz, K., J. Kratzmann & J. von Maurice (2007). Die BiKS-Studie. Methodenbericht zur Stichprobenziehung. Universität Bamberg: Unveröffentlichtes Manuskript.

Leseman, P.P.M (2009). Die Wirkung qualitativ hochwertiger Betreuungs-, Bildungs- und Erziehungsangebote auf die frühkindliche Entwicklung. Zusammenfassung der Forschungsergebnisse. In EACEA und Eurydice (Hrsg.): Frühkindliche Betreuung, Bildung und Erziehung in Europa: Ein Mittel zur Verringerung sozialer und kultureller Ungleichheiten, Brüssel: Exekutivagentur für Bildung, Audiovisuelles und Kultur, S. 17–50.

Müller, W. & D. Haun (1994). Bildungsungleichheit im sozialen Wandel, Kölner Zeitschrift für Soziologie und Sozialpsychologie 46: 1–42.

OECD (2011). PISA 2009 at a Glance, April 2011, Paris: OECD Publishing.

PISA-Konsortium Deutschland (Hrsg.) (2007). PiSA '06. Die Ergebnisse der dritten internationalen Vergleichsstudie, Münster et al. : Waxmann.

Roßbach, H.G. (2004). Kognitiv anregende Lernumwelten im Kindergarten. In Zeitschrift für Erziehungswissenschaft 7: 9–24.

Roßbach, H.G. (2008). Vorschulische Erziehung. In Cortina, K.S., J. Baumert, A. Leschinsky, K. U. Mayer & L. Trommer (Hrsg.): Das Bildungswesen in der Bundesrepublik Deutschland. Strukturen und Entwicklungen im Überblick. Völlig überarbeitete Neuausgabe. Reinbek bei Hamburg: Rowohlt, S. 283–323.

Sammons, P., Y. Anders, K. Sylva, E. Melhuish, I. Siraj-Blatchford, B. Taggart & S. Barreau (2008). Children's cognitive attainment and progress in English primary schools during key stage 2: Investigating the potential continuing influences of pre-school education, Zeitschrift für Erziehungswissenschaft, Sonderheft 11, S. 179–198.

Shavit, Y. & H.-P. Blossfeld (Hg.) (1993). Persistent inequality. Changing educational attainment in thirteen countries. Boulder u.a.: Westview Press.

Sewell, W. H., A. O. Haller & G. W. Ohlendorf (1970). The educational and early occupational status attainment process: Replication and revision, American Sociological Review 35: 1014–1027.

Sewell, W. H., A. O. Haller & A. Portes (1969). The educational and early occupational attainment process, American Sociological Review 34: 82–92.

Terman, L. M. &M. A. Merrill (1960). Stanford-Binet Intelligence Scale: Manual fort he Third Revision, From L-M, Boston: Houghton Mifflin.

Chancenungleichheit in schulischen Laufbahnen

Hartmut Ditton

1 Einleitung

Im wissenschaftlichen Diskurs besteht weitgehend Konsens, dass für ungleiche Bildungsteilhabe Übergänge im Bildungswesen und somit Entscheidungen, welche Laufbahn gewählt bzw. ob eine Laufbahn fortgesetzt oder beendet wird, eine herausgehobene Bedeutung haben. Im vorliegenden Beitrag wird zuerst auf Grundlagen und Erklärungsansätze für Bildungsentscheidungen eingegangen. Obwohl inzwischen wichtige Erkenntnisse vorliegen, gibt es auch Lücken in den Erklärungsansätzen und eine ganze Reihe offener Fragen für die Forschung. Darauf folgt ein Überblick zu den damit verbundenen Herausforderungen an Chancengleichheit. Im Mittelpunkt der Ausführungen steht jeweils der Übergang auf die weiterführenden Schulen nach der Grundschule, da diesem Übergang im deutschen Bildungssystem ein besonders hoher Stellenwert zukommt. Den Abschluss des Beitrags bilden die Diskussion der behandelten Befunde und ein Ausblick.

2 Grundlagen und Erklärungsansätze

Bildungslaufbahnen ergeben sich aus einer Abfolge von Entscheidungen für oder gegen Bildungsangebote. Von daher werden in der Forschung zur Erklärung von Bildungsverläufen weit überwiegend Rational-Choice-Modelle verwendet (Baumert, Maaz & Trautwein, 2009; Becker, 2000; Ditton & Maaz, 2011). Von diesen Modellen gibt es zwar unterschiedliche Varianten, in den wesentlichen Grundlagen stimmen sie jedoch überein. Angenommen wird jeweils, dass die Akteure bei der Wahl einer Alternative die Erfolgswahrscheinlichkeit, die entstehenden Kosten und die erwarteten Erträge gegeneinander abwägen. Ziel der Akteure ist es, die bestmögliche oder jedenfalls eine als befriedigend empfundene Entscheidung zu treffen (Simon, 1978). Bisher vorliegende Forschungsergebnisse bestätigen durchgängig, dass Rational-Choice-Modelle einen bedeutsamen Beitrag zur Erklärung des Bildungsverhaltens in den unterschiedlichen Phasen des Lebenslaufs leisten. Dennoch laufen Erklärungen, die sich zu sehr auf das Entschei-

dungsverhalten fixieren, Gefahr, die Perspektive allzu sehr zu verengen. Bildungsentscheidungen müssen zwar zu einem bestimmten Zeitpunkt getroffen werden.
Trotzdem können sie nicht als punktuelle Ereignisse aufgefasst werden, sondern
sind als das Ergebnis eines längerfristigen Prozesses zu verstehen (Simon, 1955).
Dabei kann angenommen werden, dass einige der für die Entscheidung wichtigen
Faktoren über die Zeit konstant sind, während sich andere im Zeitverlauf verändern. Oftmals sind aber schon erhebliche Zeit vor der tatsächlichen Entscheidung
wichtige Vorentscheidungen gefallen, die von erheblicher Bedeutung für das weitere Bildungsverhalten sein können. Für den Übergang auf die weiterführenden
Schulen nach der Grundschule zeigen unsere Daten für Bayern und Sachsen, dass
bei mehr als 50% der Kinder der Bildungsweg spätestens am Ende der zweiten
Jahrgangsstufe bereits feststeht (Ditton & Krüsken, 2009a). Diese Zeitperspektive
spielt in RC-Modellen bisher kaum eine Rolle. Zudem sind die Modelle in erster
Linie zur Erklärung der Entscheidung eines einzelnen Akteurs konzipiert. Entscheidungen über Bildungswege sind aber in aller Regel durch die Beteiligung
mehrerer Akteure bzw. Instanzen charakterisiert. Dies ist wichtig, weil von den
beteiligten Akteuren unterschiedliche Faktoren als relevant angesehen werden
können und auch den übereinstimmend als wichtig erachteten Faktoren von den
Beteiligten bei der Entscheidungsfindung ein unterschiedliches Gewicht beigemessen werden kann. Für den Grundschulübergang lässt sich diesbezüglich zeigen, dass die Lehrkräfte den schulischen Leistungen und Noten für den Übertritt
an die weiterführenden Schulen ein deutlich höheres Gewicht beimessen als dies
bei den Eltern der Fall ist. Für die Eltern hat das Bemühen um den Erhalt des sozialen Status eine größere Bedeutung (Ditton & Krüsken, 2006; Ditton, Krüsken
& Schauenberg, 2005).

Um Bildungswege genauer zu erklären wäre es also wichtig, den Beitrag der
verschiedenen Instanzen und deren Zusammenwirken über die Zeit zu berücksichtigen. Der Übergang nach der Grundschule hängt z.B. nicht allein von der
Entscheidung oder dem Willen der Eltern ab, sondern auch von den Bildungs-
empfehlungen seitens der abgebenden Schule und ggf. von Aufnahmeverfahren
der aufnehmenden Schulen. Außer dem Elternwille kommen somit auch institutionelle Regelungen des Übergangsverfahrens ins Spiel.

Bildungsverläufe entstehen aus den Interaktionen mehrerer Akteure über die
Zeit und aus dem Zusammenspiel zahlreicher Faktoren, die ein komplexes Ent-
scheidungsfeld aufspannen. Welcher Weg letztlich eingeschlagen wird, ist abhän-
gig vom Gesamtgefüge der sozialen Lebensbedingungen und den Lebens- und
Handlungskontexten der beteiligten Akteure (Becker, 1998; Meulemann, 1985).
Die Komplexität und Details dieser Strukturen bilden die bisher vorliegenden
Erklärungsansätze und empirischen Untersuchungen nur ansatzweise ab. Von

daher ist es auch keineswegs verwunderlich, dass an der Anwendung von Rational-Choice-Modellen in der Bildungsforschung immer wieder Kritik geübt wird (Coleman & Fararo, 1992). Die Palette reicht von einer völligen Ablehnung bis hin zu Vorschlägen eher moderater Modifikationen. Angesichts der vorliegenden Forschungsergebnisse dürfte allerdings weitgehend unstrittig sein, dass sowohl erwartete Kosten und Erträge als auch die Erfolgserwartung bei der Wahl einer Bildungslaufbahn eine erhebliche Rolle spielen, unabhängig davon, welche Art der Modellierung gewählt wird. Dies muss keineswegs bedeuten, dass Bildungsentscheidungen als numerische Kalkulation bzw. eine mehr oder wenige exakte „Verrechnung" zur Ermittlung einer quantifizierbaren Gesamtbilanz zu charakterisieren sind. Ein exaktes Kalkulationsmodell würde schon daran scheitern, dass Bildungsentscheidungen unter erheblicher Unsicherheit getroffen werden. Eindeutig quantifizierbare Koeffizienten sind weder für die Erfolgserwartung noch für die Kosten und Erträge verfügbar. Zudem existiert für die einzelnen Faktoren keine einheitliche Metrik.[1] Vor einer endgültigen Berechnung müssten die relevanten Faktoren also vereinheitlicht und ggf. auch noch mit einer spezifischen Gewichtung versehen werden. Es gibt gute Gründe dafür, daran zu zweifeln, dass Menschen in realen Lebenssituationen ihre (Bildungs-)Entscheidungen so treffen oder dazu überhaupt in der Lage wären, wenn sie es denn wollten. Da die Wahl eines Bildungsweges für den weiteren Lebenslauf von erheblicher Bedeutung ist, können Bildungsentscheidungen eher als Teil der Lebensplanung im Hinblick auf gewünschte Lebensperspektiven angesehen werden (Meulemann, 1985). Von daher bilden Lebensziele ein übergeordnetes Orientierungsraster (*frames*) und engen das Spektrum der in die Entscheidungsfindung einbezogenen Alternativen häufig schon deutlich ein. Ebenso ist es plausibel davon auszugehen, dass bislang bewährte Routinen (*habits*) zu einer Eingrenzung der in Erwägung gezogenen Optionen führen, weil es ziemlich irrational erscheinen würde, ohne zwingenden Grund von bislang erfolgreich angewandten Mustern abzuweichen (Esser, 1990). Insofern ist es vermutlich gerechtfertigt zu unterstellen, dass häufig vergleichsweise globale und einfache Regeln angewandt werden, um Entscheidungen über die weitere Bildungslaufbahn zu treffen. Häufig ergeben sich Entscheidungen schon dadurch, dass bei Laufbahnwahlen im Bildungs- und beruflichen Bereich Opportunitäten (welches Angebot gibt es?) und Restriktionen (was sind die Zugangsbedingungen?) zu berücksichtigen sind und von daher das wählbare Angebot begrenzt ist. Bildungsentscheidungen finden eben nicht auf einem un-

---

1 An diesem Problem ändert auch der Übergang zu „subjektiven" Einschätzungen durch die Akteure nichts. Auch dafür gibt es keine einheitlich anwendbare Metrik der Faktoren.

begrenzten freien Markt statt, sondern im Kontext institutioneller Angebote und Regulierungen, besonders der Regulierung von Zugangsvoraussetzungen.

Insgesamt würde das dafür sprechen, sich nicht zu eng an einem Kalkulationsmodell ($U = p*B - C$)[2] zu orientieren, sondern eher nach Entscheidungsprioritäten und Entscheidungssequenzen zu suchen (Gigerenzer, 2008). Leitend dafür könnten eine Reihe oftmals recht einfach zu beantwortender Fragen sein, z.B.: Welches Bildungsangebot ist gewünscht? Welche Angebote sind verfügbar? Sind die Voraussetzungen erfüllt, um das gewünschte Angebot wahrzunehmen? Ist es realistisch davon auszugehen, dass die in diesem Bildungsangebot gestellten Anforderungen erfüllt werden können oder ist das Risiko des Scheiterns erheblich? Es geht bei der Beantwortung dieser und ähnlicher Fragen nicht darum, eine Gleichung zu optimieren, sondern es sind Prioritäten zu setzen und Bedingungen zu überprüfen, die gegeben sein müssen, um sich für einen bestimmten Weg entscheiden zu können. Aus der Beantwortung derartiger Fragen ergeben sich Fälle, bei denen die Entscheidung eindeutig und einfach ist und andere Fälle, in denen der Entscheidungsprozess kompliziert erscheint. Z.B. ist die Entscheidung für einen Gymnasialbesuch nach der Grundschule dann sehr einfach, wenn sowohl die Eltern als auch das Kind dies wünschen, die Schule eine entsprechende Empfehlung ausspricht, ein Gymnasium gut erreichbar ist und keine Zweifel an den künftigen Leistungen des Kindes bestehen. Dagegen wird es dann schwierig, wenn Eltern und Kind einen Hauptschulbesuch vermeiden wollen, die Noten oder die Übertrittsempfehlung aber nicht für den Besuch einer anderen Schulform ausreichend sind. Vermutlich muss bei den komplizierten Fällen erheblich mehr „kalkuliert" bzw. mehr an Argumenten gegeneinander abgewogen werden als bei den eindeutigen Fällen.

Unabhängig davon, wie das Bildungsverhalten modelliert und analysiert wird, besteht doch auf Grund der eindeutigen Forschungsergebnisse Einigkeit darin, dass Kinder und Jugendliche aus höheren Schichten bzw. bildungsnäheren Milieus bei Bildungsübergängen erheblich im Vorteil sind (Breen & Goldthorpe, 1997; Erikson & Goldthorpe, 1993). Dies trifft in mehrfacher Hinsicht zu. Zum einen kommt ihnen zu Gute, dass sie in der Regel ein höheres Leistungsniveau erreichen. Somit ist auch ihre Erfolgswahrscheinlichkeit auf anspruchsvolleren Bildungsgängen größer und sie werden von den Lehrkräften eher dafür empfohlen und von ihren Eltern eher dorthin geschickt als Kinder oder Jugendliche aus bildungsferneren Milieus. Entsprechend der Terminologie Boudons (1974) handelt es sich dabei um *primäre Effekte*. Der Leistungsvorteil ist in erster Linie auf bessere Möglichkeiten der Förderung in der Familie bzw. eine bessere Ausstattung

---

2   Utility = Probability of Success * Benefits − Costs.

mit ökonomischem, kulturellem und sozialem Kapital sowie einen spezifischen (Bildungs-)Habitus der Herkunftsfamilie im Sinne Bourdieus zurückzuführen (Bourdieu, 1983). Zum anderen bestehen darüber hinaus sozialspezifische Differenzen im Entscheidungsverhalten bei der Wahl von Bildungswegen. Mit diesen *sekundären Effekten* nach Boudon kommt zum Ausdruck, dass abhängig von der sozialen Position unterschiedlich riskante Entscheidungen getroffen werden können und die Bemühungen um den Erhalt des sozialen Status der Herkunftsfamilie eine unterschiedliche Bedeutung haben. Angehörige der höheren sozialen Positionen werden daher auch bei gleichen Leistungen eher einen anspruchsvolleren Bildungsweg wählen als Angehörige einer niedrigeren sozialen Position. Sekundäre Effekte finden sich aber auch bei Empfehlungen für Bildungslaufbahnen, die von den Lehrkräften ausgesprochen werden. Diese lassen sich am ehesten über die von den Lehrkräften antizipierten Möglichkeiten der Förderung bei der Wahl einer anspruchsvolleren Bildungslaufbahn durch die Familie erklären. Ebenso kann aber auch die unterschiedliche Erwartungshaltung der Eltern eine Rolle spielen bzw. der größere Nachdruck, mit dem Eltern höherer Schichten der Lehrkraft gegenüber einen Gymnasialwunsch für ihr Kind artikulieren (Ditton & Krüsken, 2010).

Trotz mehrerer Untersuchungen zu Bildungsentscheidungen in den letzten Jahren bestehen noch deutliche Lücken sowohl in den Erklärungsmodellen als auch in den empirischen Befunden. Eindeutig ist allerdings, dass zwar nominell Chancengleichheit besteht, faktisch allerdings die oberen Schichten auch unabhängig von erreichten Leistungen mehr Chancen auf anspruchsvollere Bildungswege erhalten und wahrnehmen. Auf spezifische Problembereiche und offene Fragen, die bislang eher weniger in den Blick kommen, wird nachfolgend eingegangen.

3 Bildungslaufbahnen: Eine Frage von Leistungen?

Bildungsentscheidungen beruhen auf unsicheren, nicht einfach zu treffenden Prognosen und stützen sich dabei auf Informationen, die nach Einschätzung der Akteure aussagekräftig sind, um den Erfolg in der weiteren Bildungslaufbahn vorherzusagen. Für die Einschätzung des erwarteten Bildungserfolgs spielen nicht ausschließlich kognitive Fähigkeiten und fachliche Leistungen eine Rolle. So werden auch in einer Vereinbarung der Konferenz der Kultusminister zum Wechsel von der Primar- in die Sekundarstufe zahlreiche Kriterien genannt, die für diese Übergangsentscheidung berücksichtigt werden sollten: Explizit aufgeführt sind *Kenntnisse und Fertigkeiten*, die *Eignung* und *Neigung* sowie der *Wille des Kindes zu geistiger Arbeit insgesamt*. Weiter heißt es, dass neben den fachlichen Leistungen *die für den Schulerfolg wichtigen allgemeinen Fähigkeiten* und *das jeweilige Umfeld*, die *Lernausgangslagen* und die *Lernmöglichkeiten* der Schülerinnen und Schüler mit in die Entscheidung einzubeziehen sind (Sekretariat der Ständigen Konferenz der Kultusminister der Länder in der BRD, 2003). Diese Auflistung erlaubt womöglich eine gewisse Orientierung, lässt dabei aber doch erhebliche Interpretationsspielräume.

Eine genauere Bestimmung der relevanten Faktoren, die beim Schulübertritt berücksichtigt werden sollten, ist schon deshalb schwierig, weil zu den Erfolgsbedingungen auf den weiterführenden Schulen empirische Informationen fast völlig fehlen. Zum Übergang nach der Grundschule selbst liegen dagegen inzwischen mehrere umfangreiche Erhebungen vor. Übereinstimmend zeigen die Befunde dieser Studien, dass für den Schulübertritt die erzielten schulischen Leistungen die größte Bedeutung haben, darüber hinaus aber auch die soziale Herkunft einen wichtigen Einflussfaktor darstellt (Ditton, 2010; Maaz, Baumert, Gresch & McElvany, 2010). Bezüglich der Herkunftseffekte haben wiederum Leistungsaspekte und Einschätzungen der Erfolgswahrscheinlichkeiten in der weiteren Schullaufbahn (*primäre Effekte*), aber auch Differenzen im Entscheidungsverhalten der sozialen Gruppen (*sekundäre Effekte*) eine signifikante Bedeutung. Einflüsse auf das Anmeldeverhalten an den weiterführenden Schulen lassen sich ebenfalls für die Peerbeziehungen (Schuleinstellungen und Schulformbesuch der Freunde) sowie für die schulischen Interessen und Persönlichkeitsmerkmale des Kindes (z.B. Schüchternheit) nachweisen. Auf die Schulformempfehlungen der Lehrkräfte haben nachweislich neben den schulischen Leistungen auch der Schulformwunsch des Kindes, die Bildungsaspirationen der Eltern sowie Einschätzungen der fachlichen Begabung und der familialen Lernumwelt des Kindes einen Einfluss (Ditton & Krüsken, 2009a, 2010).

In diesem Zusammenhang spielt eine erhebliche Rolle, dass es unterschiedlich schwierig ist, die Entscheidungen über die weitere schulische Laufbahn zu treffen. Einfach zu treffen ist die Übergangsentscheidung dann, wenn das Leistungsniveau und die Leistungsentwicklung des Kindes eindeutig auf die Eignung für eine der schulischen Laufbahnen hinweisen, also z.B. bei besonders guten Leistungen eindeutig für eine Gymnasiallaufbahn sprechen. Dies ist jedoch nicht immer der Fall. Besonders bei einem mittleren Leistungsniveau ist oft unklar, welche Laufbahnoption als am ehesten angemessen erscheint. Gerade in diesen Fällen spielen die genannten weiteren Faktoren eine erhebliche Rolle. Dies dürfte bei der gegebenen Schulstruktur auch kaum vermeidbar sein, da die Entscheidung über den weiteren Schulbesuch nicht offen bleiben kann, sondern definitiv getroffen werden muss. Vor diesem Hintergrund ist auch das vieldiskutierte Ergebnis zu sehen, dass die Überschneidungen der Leistungsniveaus von Kindern mit Übergangsempfehlungen für die Haupt-, Realschulen und Gymnasien sehr erheblich sind (Arnold, Bos, Richert & Stubbe, 2007). Dieser vielfach nachweisbare Befund, dass Kinder trotz gleicher schulischer Leistungen für unterschiedliche Schulformen empfohlen werden, lässt nicht zwingend den oftmals gezogenen Schluss auf mangelnde diagnostische Fähigkeiten der Lehrkräfte zu. Ebenso plausibel ist die Interpretation, dass im Übergangssystem Entscheidungen am Ende der Grundschulzeit abverlangt werden, die gar nicht eindeutig getroffen werden können, jedenfalls nicht allein auf Grund der Leistungsprofile der Kinder.

4   Regelungen zur Wahl schulischer Laufbahnen

Das Verfahren zum Übertritt in die weiterführenden Schulen nach der Grundschule ist im Vergleich der Länder unterschiedlich geregelt. In allen Ländern zielt das Verfahren zwar auf das Zusammenwirken von Eltern und Schule ab und sind Beratungsgespräche bezüglich des Übertritts vorgesehen. Die Einflussmöglichkeiten der Eltern auf die Wahl der Schulform sind jedoch unterschiedlich (Dietze, 2011). In der Mehrzahl der Länder liegt die endgültige Entscheidung über die Wahl der Schulform bei den Eltern, teils hat aber auch (wie in Baden-Württemberg und Bayern) die Übertrittsempfehlung durch die Schule einen hohen Grad an Verbindlichkeit und bedeutet eine substantielle Einschränkung des freien Elternwillens. Auch im Fall bindender Übertrittsempfehlungen durch die Schule gibt es allerdings über Aufnahmeprüfungen an den weiterführenden Schulen die Möglichkeit, einen höheren Schulformwunsch eventuell doch noch zu verwirklichen. Da es sich hierbei um ein aufwendiges Aufnahmeverfahren handelt, bei dem jeder Einzelfall geprüft und entschieden werden muss, resultiert nicht nur für die Eltern und Kinder, sondern auch für die beteiligten schulischen Vertreter eine erhebliche Belastung. Sowohl in Baden-Württemberg als auch in Bayern kommt es besonders häufig dann zu Teilnahmen an diesem Verfahren (*Probeunterricht*) und somit zu einem Widerspruch durch die Eltern, wenn seitens der Schule eine Empfehlung für die Hauptschullaufbahn ausgesprochen worden ist. Der Stellenwert des Aufnahmeverfahrens wird nachfolgend an Hand zentraler Daten für Bayern verdeutlicht.

Insgesamt haben im Schuljahr 2007/2008 in Bayern 23.500 Schüler am Probeunterricht teilgenommen (Staatsinstitut für Schulqualität und Bildungsforschung – Qualitätsagentur, 2009). Am häufigsten handelt es sich dabei um Teilnahmen am Probeunterricht zur Aufnahme an einer Realschule (über 17.000 Fälle). Die

Fallzahlen an den Gymnasien (ca. 3.400) und Wirtschaftsschulen[3] (ca. 3.000) sind deutlich geringer. Rechnet man allerdings die Fallzahlen auf die einzelnen Schulen um, dann zeigt sich, dass lediglich die Gymnasien mit durchschnittlich 9 Probeschülern vergleichsweise wenig beansprucht sind, die beiden mittleren Schulformen jedoch erheblich (Wirtschaftsschulen: 44; Realschulen 50 Fälle pro Schule). Die Erfolgsquoten des Probeunterrichts variieren zwischen den Schulformen und über die Zeit, wie ein Vergleich der Schuljahre von 2002 bis 2007 zeigt: Der Anteil erfolgreicher Schüler betrug an den Gymnasien in diesem Zeitraum zunächst ca. 50%, erreichte dann in 2006 mit 58% einen Höhepunkt und ist anschließend auf 41% zurück gegangen. An den Wirtschaftsschulen ist die Erfolgsquote über die Zeit mit nur geringen Schwankungen am stabilsten geblieben und variiert zwischen 40 und 45%. An den Realschulen variierte der Anteil erfolgreicher Probeschüler im Zeitvergleich zwischen 35 und 43%, bevor er dann in Schuljahr 2007 auf nur noch 24% zurück gegangen ist. Im Gesamttrend hat sich damit der Anteil der Probeunterrichtsschüler an der Gesamtzahl aller Übertritte reduziert.[4] Während er bis 2004 bei den Realschulen noch bei ca. 36% der aufgenommenen Schülern lag, betrug der Anteil seit 2005 nur noch ca. 18% und im Schuljahr 2007 dann nur noch 14%. Auch an den Wirtschaftsschulen zeigt der Anteil der Schüler, die nach erfolgreichem Probeunterricht aufgenommen werden, einen Rückgang von 47 auf 37%. Ein ähnlicher Trend trifft auch für die Gymnasien zu, allerdings fallen dort die mit Probeunterricht aufgenommenen Schüler ohnehin weit weniger ins Gewicht (Rückgang von 4,5 auf 2,9%). Im Hinblick auf den weiteren Schulerfolg ist interessant, dass fast alle Schüler, denen durch die Teilnahme am Probeunterricht doch noch der Übertritt in die gewünschte Schulform gelingt, zumindest die fünfte Jahrgangsstufe erfolgreich absolvieren. Die Anteile der erfolgreichen Schüler mit Probeunterricht betragen durchweg über 95% und unterscheiden sich faktisch nicht von den Erfolgsanteilen der Schüler, die ohne das Aufnahmeverfahren den Zugang direkt erreicht haben (Staatsinstitut für Schulqualität und Bildungsforschung – Qualitätsagentur, 2009, S. 88).

Ergänzend festzuhalten bleibt noch, dass die Schulanmeldungen, die in allen Ländern natürlich durch die Eltern erfolgen, in den weitaus meisten Fällen (min. ca. 80%) den Empfehlungen durch die Schule bzw. Lehrkraft folgen, unabhängig davon, ob die Empfehlung einen bindenden Charakter hat oder nicht (Dietze,

---

3   Die Wirtschaftsschulen in Bayern beginnen mit der siebten Jahrgangstufe und bieten auch eine Aufstiegsmöglichkeit für Hauptschüler, die einen mittleren Abschluss erreichen möchten.

4   Für die variierenden Quoten dürften Änderungen des Übergangsverfahrens eine Rolle spielen. Analysen dazu liegen nicht vor.

2011). Außerdem zeigen sich im Hinblick auf Abweichungen von den Empfehlungen markante sozialspezifische Muster. Für Familien aus höheren sozialen Schichten ist eher eine Abweichung nach oben typisch, für untere Schichten dagegen eher eine Abweichung nach unten (Ditton & Krüsken, 2010). Eine besondere Bedeutung kommt hierbei dem Bildungsstatus der Eltern zu. Eine Gymnasialanmeldung ohne die entsprechende Empfehlung riskieren eher Eltern, die selbst das Abitur erworben haben. Dagegen verzichten Eltern, die selbst nur einen Hauptschulabschluss erreicht haben, häufig auf eine Gymnasialanmeldung, selbst wenn das Kind eine Empfehlung für die gymnasiale Laufbahn erhalten hat.

5 Bildungswege und Durchlässigkeit in der Sekundarstufe

Dass die Möglichkeit des Probeunterrichts besonders häufig an Schulen, die einen mittleren schulischen Abschluss ermöglichen (Realschulen und Wirtschaftsschulen in Bayern), in Anspruch genommen wird, ist in Zusammenhang mit der schwindenden Akzeptanz der Hauptschule in der Öffentlichkeit zu sehen. Bezogen auf die nach der Grundschule anstehende Entscheidung scheint sich die weit überwiegende Mehrheit der Eltern an einer vergleichsweise einfachen Maxime zu orientieren, die ohne eine differenzierte Kosten-Nutzen-Kalkulation auskommt: *Versuche zu vermeiden, dass Dein Kind eine Schulform besuchen wird, der hinsichtlich des späteren beruflichen Wegs ungünstige Perspektiven zugeschrieben werden.*

Sowohl in der Wissenschaft als auch in der Bildungspolitik und in den Medien ist die Abkehr von der Hauptschule ein immer wieder strittig diskutiertes Thema, wobei das Ende der Hauptschule schon seit Längerem immer wieder prophezeit wird (Rösner, 1989). Dabei kommt das negative Image dieser Schulform nicht von ungefähr. Im Zuge der Bildungsexpansion ist ein mittlerer allgemeinbildender Schulabschluss zur faktischen Mindestnorm geworden. Darunter zu bleiben birgt die Gefahr, einen erschwerten Zugang zu beruflicher Ausbildung und wenig Perspektiven hinsichtlich einer langfristig gesicherten oder attraktiven Erwerbstätigkeit zu haben. Dahinter wiederum stehen gestiegene Qualifikationserwartungen der Arbeitgeberseite, die im Zusammenhang mit der Verlagerung der Tätigkeiten weg von einfachen Arbeiten, hin zu komplexeren Dienstleistungen zu sehen sind. Wer in dem sich beschleunigenden Wettbewerb um Arbeitsplätze noch mithalten will, kann sich vom Besuch der Hauptschule nicht allzu viel versprechen, selbst wenn es bezüglich der Beschäftigungschancen mit einem Hauptschulabschluss (noch) regionale Differenzen gibt. Insgesamt betrachtet ist jedoch von den Hauptschulabsolventen auch nach längerer Zeit ein erheblicher Teil nicht in ein Ausbildungs- oder Beschäftigungsverhältnis eingemündet, sondern nicht erwerbstätig bzw. im sog. Übergangssystem verblieben (Autorengruppe Bildungsberichterstattung, 2008). Da Übergänge auf die Hauptschule insofern eine gewisse Brisanz in sich bergen, ist die Zurückhaltung der Eltern gegenüber dieser Schulform nachvollziehbar. Bedauerlicherweise fehlt es bisher in der Forschung an Analysen, in denen die Besonderheiten der Übergänge auf Hauptschulen differenziert in den Blick genommen werden. Die Mehrzahl der Studien konzentriert sich stattdessen auf den Zugang zum Gymnasium. Insofern können nachfolgend nur allgemeine Kenndaten angeführt werden.

Im Zuge der Bildungsexpansion in der Nachkriegszeit ist der Anteil der Schülerinnen und Schüler, die eine Hauptschule besuchen, kontinuierlich zurückgegangen. Bundesweit beträgt der Anteil der Hauptschüler in der achten Jahrgangsstufe noch ca. 20% (Autorengruppe Bildungsberichterstattung, 2010, S. 62). In Bayern ist die Quote der Übergänge in Hauptschulen nach der vierten Grundschulklasse noch vergleichsweise hoch. Aber auch hier ist ein kontinuierlicher Rückgang zu verzeichnen. So betrug der Anteil der Hauptschulübertritte in 2003 noch 45,9%, im Jahr 2007 dagegen nur noch 39,4%. Im gleichen Zeitraum angestiegen ist dagegen die Quote des Gymnasialbesuchs (von 32,7 auf 37,1%). Ebenfalls angestiegen, aber in geringerem Maße (von 20,1 auf 22,3%) ist die Quote der Übertritte auf die Realschulen (Staatsinstitut für Schulqualität und Bildungsforschung – Qualitätsagentur, 2009, S. 72). Auf die Hauptschulen treten häufiger Jungen als Mädchen über (40,9 vs. 37,7%) und eher Kinder mit einem Ausländerstatus[5] als deutsche Kinder (66,4 vs. 36,8%). Dabei bestehen große Differenzen nach den jeweiligen Herkunftsländern. Die höchsten Hauptschulquoten finden sich für Kinder aus der Türkei (77,5%) und Serbien-Montenegro (78%), die niedrigsten Quoten für Kinder aus Vietnam (23,2%). Zudem sind Übergänge auf die Hauptschule weit eher bei einem niedrigen sozialen Status der Herkunftsfamilie typisch, wobei vor allem ein niedriger Bildungsstatus der Eltern bedeutsam ist. Nur die wenigsten Eltern und Kinder haben den Besuch einer Hauptschule wirklich gewollt, fast alle hatten stattdessen zumindest eine Realschullaufbahn erhofft (Ditton, 2007).

Auch wenn die verbreitete Reserviertheit der Hauptschule gegenüber verständlich ist, bleibt doch auch festzuhalten, dass der Übertritt an eine Hauptschule nicht bedeutet, keine Optionen zum Erwerb höherer Bildungsabschlüsse mehr zu haben. Nach dem Erwerb eines Hauptschulabschlusses und einer beruflichen Ausbildung besteht über mehrere Wege (Berufsober- und Fachoberschulen) selbst

---

5   Zum Migrationsstatus werden im Bildungsbericht für Bayern bislang keine Angaben gemacht.

noch die Möglichkeit zum Erwerb einer Hochschulzugangsberechtigung. Außerdem wird der Hochschulzugang inzwischen auch zunehmend für beruflich qualifizierte Personen geöffnet, ohne dass eigens eine spezifische Berechtigung erworben werden muss. Schließlich sind auch schon in der Sekundarstufe Wechsel auf höhere Schulformen möglich. Diesbezüglich haben in Baden-Württemberg die Wirtschaftsgymnasien und in Bayern die Wirtschaftsschulen einen hohen Stellenwert. Daten zu Übergängen in der Sekundarstufe werden nachfolgend wiederum exemplarisch für Bayern vorgestellt.

Nach der fünften Jahrgangsstufe treten in Bayern ca. 5,5% der Hauptschüler an eine Realschule über (Staatsinstitut für Schulqualität und Bildungsforschung – Qualitätsagentur, 2009, S. 81). In den höheren Jahrgangsstufen erfolgen Wechsel seltener (maximal 1%). Noch seltener und nur in Einzelfällen kommen Übergänge von der Hauptschule an ein Gymnasium vor. Einen hohen Anteil haben dagegen die Aufstiege an eine Wirtschaftsschule. Diesen Übergang vollziehen nach der sechsten Jahrgangsstufe ca. 5% und nach der siebten Jahrgangsstufe 2% der Hauptschüler. Überdies bietet ein Teil der Hauptschulen ab der siebten Jahrgangsstufe einen sog. *M-Zweig* an, auf dem ebenfalls ein mittlerer Schulabschluss erworben werden kann. Diese Option nutzen 39% der Hauptschüler. Nach der neunten Jahrgangsstufe wird von ca. 5% der Schüler die Möglichkeit zum Übergang an eine Realschule genutzt und 20,5% verbleiben an der Hauptschule um durch den Besuch der zehnten Klasse dort einen mittleren Abschluss zu erwerben. Für den weiteren Bildungsweg nach der zehnten Jahrgangsstufe hat für Hauptschüler der prinzipiell mögliche Besuch eines Gymnasiums faktisch keine Bedeutung. Stattdessen erfolgt zu 16,3% der Übergang an eine Fachoberschule. Auch an den Besuch der Wirtschaftsschule schließt sich in nur sehr wenigen Fällen ein Gymnasialbesuch an, bedeutsam sind demgegenüber wiederum die Übergänge auf Fachoberschulen (12,9%). Zu den Veränderungen im Zuge des noch laufenden Prozesses der Umwandlung der Hauptschulen in Bayern zu sog. *Mittelschulen*, in denen auch ein mittlerer Abschluss erworben werden kann, können derzeit noch keine Angaben gemacht werden.

Wechsel der Schulform bzw. des Bildungsgangs im Verlauf der Sekundarstufe sind somit keine Seltenheit, besonders auch Aufstiege aus der Hauptschule. Natürlich kommt es aber auch zu Abstiegen aus den mittleren Schulen in die Hauptschule (Staatsinstitut für Schulqualität und Bildungsforschung – Qualitätsagentur, 2009, S. 89ff.). Aus einer Wirtschaftsschule wechseln in der siebten Jahrgangsstufe 4,5% und in der achten Jahrgangsstufe 5,1% der Schüler an eine Hauptschule zurück, aus einer Realschule sind es in der sechsten bis achten Jahrgangsstufe zwischen 1,4 und 3,4%. Eine Gesamtbilanz der Auf- und Abstiege zu ziehen, ist angesichts der zahlreichen Wechselmöglichkeiten nicht einfach. Werden Wechsel nur auf die Übergänge zwischen *Schulformen* bezogen, so zeichnen sich größere Anteile an Abstiegen ab. Bei Berücksichtigung der Wechsel von *Bildungsgängen*, d.h., des Verbleibs an einer Schulform bei veränderter Abschlussoption (z.b.: Besuch des M-Zweiges einer Hauptschule), sieht das Verhältnis der Auf- und Abstiege weit positiver aus. Noch nicht veröffentlichte Analysen aus einer Zusatzerhebung bei der bayerischen Teilstichprobe unserer KOALA-Längsschnittstudie führen zu dem Ergebnis, dass bei den Schulformwechseln in der Sekundarstufe zwar die Abstiege, bei den Bildungsgangwechseln aber die Aufstiege überwiegen. Zugleich zeigt sich allerdings auch, dass von den Aufstiegen Kinder bzw. Jugendliche aus bildungsnäheren Milieus mehr profitieren, wohingegen Abstiege – besonders aus dem Gymnasium – die bildungsferneren Milieus mehr treffen. Schulformwechsel scheinen so die soziale Selektivität nicht zu reduzieren, sondern eher weiter zu vergrößern. Zu einer vergleichbaren Einschätzung führen auch die Ergebnisse anderer Studien (Hillmert & Jacob, 2005). Für definitive Aussagen ist jedoch bislang die Datenbasis zu gering, es fehlt an Längsschnittstudien mit größeren Stichproben, um die Bedeutung von Wechseln im Verlauf der Sekundarstufe zuverlässig einschätzen zu können.

6   Bilanz der erreichten schulischen Abschlüsse

Die Vielfalt der wählbaren Wege und Übergänge im differenzierten deutschen Schulsystem macht es schwer, einen Gesamtüberblick zu gewinnen. Eine bessere Orientierung erlaubt hier die Betrachtung der erreichten schulischen Abschlüsse, die im Folgenden wieder exemplarisch für Bayern gegeben wird. Im Schuljahr 2006/2007 haben 7% der Schüler in Bayern ihre Schulzeit beendet, ohne zumindest einen Hauptschulabschluss erreicht zu haben (keinen Abschluss: 4%; Abschluss einer Förderschule: 3%). Den Hauptschulabschluss haben 10% erworben und weitere 20% den qualifizierenden Hauptschulabschluss. Auf den Realschulabschluss entfallen 41% der Abgänger und schließlich 21% auf die Hochschulreife (Staatsinstitut für Schulqualität und Bildungsforschung – Qualitätsagentur, 2009, S. 98ff.). Mit Abstand am häufigsten erreicht wird damit ein mittlerer Abschluss, gefolgt von der Hochschulreife und dem qualifizierten Hauptschulabschluss. Der Anteil der Absolventen mit einem *klassischen* Abschluss der Hauptschule geht dabei seit Jahren zurück, seit 2002/2003 um ca. 5%. Damit stellt sich die Frage, wie der qualifizierende Hauptschulabschluss in der Hierarchie der Abschlüsse einzuordnen ist. Um diesen Abschluss zu erwerben, ist eine *besondere Leistungsfeststellung* zu absolvieren, an der außer den Hauptschülern auch externe Schüler der anderen Schulformen teilnehmen können. Die Ergebnisse der Prüfungen zeigen, dass Gymnasiasten und Schüler aus den M-Zweigen der Hauptschulen die Leistungsfeststellung zu 90 bis 95% erfolgreich bestehen. Für Schüler aus Realschulen liegt die Erfolgsquote bei ca. 70%. Schüler aus Hauptschulen, die nicht den M-Zweig besuchen, haben eine etwa genauso hohe Erfolgsquote (65–70%). Man kann insofern davon ausgehen, dass mit dem qualifizierenden Hauptschulabschluss ein anspruchsvolles Leistungsniveau attestiert wird, das weitgehend den Anforderungen genügt, die an einen mittleren Abschluss gestellt werden. Für das hohe Leistungsniveau sprechen auch die Ergebnisse aus den Vergleichsarbeiten in der achten Jahrgangsstufe (VERA8), die allerdings nur für Mathematik verfügbar sind. Hier erreichen selbst in den regulären Hauptschulen die besten 25% der Schüler ein Leistungsniveau, das dem mittleren Niveau an Realschulen entspricht. Die Leistungsverteilung in den M-Zügen der Hauptschulen deckt sich sogar mit der Verteilung an den Realschulen (Staatsinstitut für Schulqualität und Bildungsforschung – Qualitätsagentur, 2009, S. 184). Zusammenfassend lässt sich daraus folgern, dass der weitaus überwiegende Teil der Schüler letztlich einen Abschluss erreicht, der vom Niveau her trotz der unterschiedlichen Benennung als mittlerer Abschluss gewertet werden kann.

Mit den bisherigen Ausführungen ist implizit schon die sog. *Entkopplungsthese* mit angesprochen (Baumert, Trautwein & Artelt, 2003). Damit ist die Entwicklung gemeint, dass schulische Abschlüsse immer weniger an den Besuch einer bestimmten Schulform oder eines spezifischen Bildungsgangs gekoppelt sind, sondern auf unterschiedlichen Wegen erreicht werden können. Im Schuljahr 2002/2003 wurden in Bayern von 56.814 Schulabgängern mittlere schulische Abschlüsse erworben. Bis 2006 war diese Zahl auf 65.269 Fälle angestiegen, was einer Zunahme um 15% entspricht (Staatsinstitut für Schulqualität und Bildungsforschung – Qualitätsagentur, 2009, S. 135). Der Anstieg resultiert einerseits aus dem größeren Zulauf zu den Realschulen und der größeren Zahl der Schüler, die den mittleren Abschluss über diese Laufbahn erreichen (32.917 vs. 34.413). Stark angestiegen ist aber auch die Zahl der Schüler, die den mittleren Abschluss durch den Besuch der Hauptschule erwerben (6.975 vs. 11.825). Mittlere Abschlüsse wurden damit 2006 nur noch zu 53% über die Realschule erreicht, im Vergleich zu einem Anteil von 58% im Jahr 2002. Inzwischen entfallen 18% der mittleren Abschlüsse auf Absolventen der Hauptschulen (2002 waren es 12%), 11% auf Schüler der Wirtschaftsschulen und ebenfalls 11% auf Schüler aus beruflichen Schulen. Zusammengenommen werden damit 37% der mittleren Abschlüsse nicht an den damit assoziierten Realschulen erworben.

Wichtig ist in diesem Zusammenhang auch ein Hinweis auf die hohe Bedeutung der mittleren schulischen Abschlüsse und der beruflichen Bildungswege für den Hochschulzugang. Nach wie vor rekrutieren sich die Studienanfänger an den

Universitäten zwar nahezu ausschließlich aus den Absolventen eines gymnasialen Bildungswegs (2005: 86%), wohingegen Zugänge über berufliche Schulen und den zweiten Bildungsweg nur eine geringe Bedeutung haben. An den *Fachhochschulen* stellt sich die Situation jedoch ganz anders dar. Hier liegt der Anteil der Studienanfänger aus Fachoberschulen und sonstigen beruflichen Schulen bei ca. 40% (Heine, Spangenberg, Schreiber & Sommer, 2005). Für die Einmündung in ein Hochschulstudium haben somit die Alternativen zum Gymnasium schon heute einen hohen Stellenwert.

7   Diskussion und Ausblick

Erklärungen für Bildungsentscheidungen und die damit einhergehende ungleiche Bildungsteilhabe liefern in erster Linie die Theorien von Raymond Boudon und Pierre Bourdieu. Beide stellen primäre, über Leistungen vermittelte Effekte und darüber hinausgehende sekundäre Effekte, also ein sozialspezifisches Entscheidungsverhalten, als die zentralen Einflussfaktoren auf Bildungslaufbahnen heraus. Von daher besteht eine enge Verbindung zu Rational-Choice-Modellen, die Bildungsentscheidungen als Abwägung von Kosten, Nutzen und Erfolgswahrscheinlichkeit bei der Wahl einer Laufbahn verstehen. Rationales Entscheiden muss hierbei nicht als Kostenrechnung mit einer eindeutig errechenbaren Bilanzsumme verstanden werden, sondern ist wohl eher als ein Abwägen im Hinblick auf die Lebensplanung zu charakterisieren, wobei auch auf vergleichsweise einfache Heuristiken der Entscheidungsfindung zurückgriffen werden kann. Angehörige höherer sozialer Schichten bzw. bildungsnähere Gruppen sind bei Entscheidungen über Bildungslaufbahnen in mehrfacher Hinsicht im Vorteil. Da ihre Kinder höhere schulische Leistungen erzielen ist die Erfolgserwartung größer, es werden anspruchsvollere Bildungsziele gesetzt und auf Grund der besseren Kapitalausstattung können riskantere Entscheidungen getroffen werden. Zudem verfügen Eltern und Kinder eher über einen Habitus, der als geeignet für anspruchsvollere Bildungslaufbahnen angesehen wird. Daneben sind für Bildungsverläufe aber auch institutionelle Einflüsse relevant. Bourdieu hat diesbezüglich das Bildungssystem als Teil eines ausgeklügelten Gesamtsystems der Reproduktion von Ungleichheit in einer Gesellschaft verstanden, das seine immanente Reproduktionsfunktion mit der Ideologie der Chancengleichheit zu verschleiern versucht (Bourdieu & Passeron, 1971). Ohne diese Einschätzung teilen zu müssen, ist festzuhalten, dass es sich bei Bildungsungleichheit um ein international universelles und hoch persistentes Phänomen handelt, dem offensichtlich nicht leicht oder mit einfachen Mitteln beizukommen ist. Auch wenn bemerkenswerte Unterschiede in der Enge des Zusammenhangs bestehen, sind soziale Herkunft und schulisches Leistungsniveau sowie erreichter Bildungsstatus in keinem Land der Welt völlig entkoppelt. Internationale Vergleichsstudien verweisen zudem darauf, dass selbst tiefgreifende Reformen im Bildungssystem nicht garantieren, dass Bildungsungleichheit reduziert wird (Blossfeld & Shavit, 1993; Shavit & Blossfeld, 1993). Auch schon Coleman und Jencks haben auf Grund ihrer Untersuchungen bezweifelt, dass über Reformen im Bildungssystem das Ausmaß der sozialen Ungleichheit in einer Gesellschaft nennenswert beeinflusst werden kann. Dazu sei der Einfluss von Faktoren außerhalb des institutionell regelbaren Bildungsangebots, besonders der Einfluss der Familien, zu bedeutsam (Coleman et al., 1966; Jencks et al., 1973).

Eine solche Skepsis bezüglich der Wirksamkeit von Bildungsreformen zur Reduzierung von Bildungsungleichheit oder sozialer Ungleichheit ist als Warnung vor überzogenen Hoffnungen zu verstehen, aber nicht als Appell, die Hände in den Schoß zu legen. Für Deutschland stellen sich vielmehr entscheidende Herausforderungen, die Reformmaßnahmen nötig erscheinen lassen, selbst wenn nur begrenzte Effekte zu erwarten sein sollten. Zum einen handelt es sich um die Sicherung des Bedarfs an hochqualifizierten Fachkräften. Es geht von daher um die seit Jahrzehnten immer wieder beschworene Ausschöpfung der Begabungsreserven, um breite Zugangsmöglichkeiten zu höherer Bildung, vor allem auch zu Hochschullaufbahnen, für alle geeigneten Personen zu gewährleisten (Dahrendorf, 1965). Die noch größere Herausforderung dürfte aber darin bestehen, das Unterschreiten eines soliden Basisniveaus an Bildung beim Abschluss der Pflichtschulzeit zu vermeiden. Faktisch bedeutet dies, das Erreichen zumindest eines mittleren Abschlusses als Regelfall des Abgangs aus dem Schulsystem vorzusehen, um eine anschließend erfolgreiche Einmündung in berufliche Ausbildung und Berufslaufbahnen bestmöglich zu gewährleisten. Daran gemessen ist gegenwärtig der Anteil der Abgänger, die ihre Schulzeit ohne bzw. mit wenig aussichtsreichen Bildungsabschlüssen und zu geringer Qualifikation verlassen, entschieden zu hoch. Betroffen sind davon nicht nur, aber doch vorrangig Kinder aus Familien mit niedrigem sozialem und vor allem mit niedrigem Bildungsstatus sowie mit einem spezifischem Migrationshintergrund. Ungenügender schulischer Erfolg trifft also insbesondere Kinder aus den bildungsfernen Milieus. Ihre Bildungslaufbahnen lassen sich zusammenfassend so skizzieren, dass schon beim Eintritt in das Schulsystem Leistungsnachteile bestehen, die dann im Verlauf der Grundschulzeit eher zunehmen oder gleich bleiben, jedenfalls aber nicht abnehmen (Ditton & Krüsken, 2009b). Daher steht auch schon frühzeitig (implizit) fest, welche weiterführende Schulform die Kinder besuchen werden. Diese über die schulischen Leistungen vermittelten sozialen Differenzen werden durch sozial selektive Übertrittsempfehlungen seitens der Schulen und noch mehr durch ein sozial spezifisches Entscheidungsverhalten der Eltern bei der Wahl der weiterführenden Schulen verstärkt.

Wodurch und inwieweit diese Strukturen beeinflusst werden können, ist weitgehend unbekannt, zumindest fehlen empirische Daten bzw. Erfahrungswerte. Da der Anspruch der (Grund-)Schulen ist, *alle* Schüler und nicht nur die schwächeren entsprechend ihren Fähigkeiten bestmöglich zu fördern, erscheint die hohe Stabilität der Leistungsrangreihen als systemimmanent angelegt und nicht ohne Weiteres veränderbar. Allerdings besteht wohl Konsens, dass schon in der vorschulischen Phase durch eine frühe Förderung besser gewährleistet werden soll, dass alle Kinder zumindest über die grundlegenden sprachlichen und weiteren Voraussetzungen verfügen, um aussichtsreich in die Schule einzutreten. Eine Flexibilisierung der Grundschulzeit könnte dann weiter dafür sorgen, dass wiederum (nahezu) alle Kinder ein Niveau in den Basiskompetenzen erreichen – die einen früher, die anderen später –, dass ein erfolgreiches Durchlaufen der Sekundarstufe zumindest sehr wahrscheinlich macht. Entsprechende Reformen bzw. Modellversuche sind inzwischen auf den Weg gebracht, wie sie sich bewähren ist noch abzuwarten. Über zu erwartende Auswirkungen bei Veränderungen an den Übergangsregelungen und Übergangsverfahren (Anforderungen an Noten für den Übergang; differenziertere Diagnostik; Einbezug von Testergebnissen; umfangreichere Beratungs- und bei Bedarf Unterstützungsangebote) kann ebenfalls nur spekuliert werden. Ein wichtiger Hinweis dürfte dennoch sein, dass die Eltern aus bildungsferneren Milieus häufig davor zurückschrecken, sich für eine gymnasiale Laufbahn ihres Kindes zu entscheiden, selbst wenn das Kind dafür befähigt ist. Hier spielen weniger die erwarteten materiellen Kosten, sondern vor allem die ungenügende Vertrautheit mit den Erwartungen und Anforderungen im Gymnasium und Zweifel, ob das Kind die Laufbahn erfolgreich bewältigen kann, eine zentrale Rolle. Um dem zu begegnen wäre an eine früh einsetzende und umfassende Beratung sowie eine systematische Kooperation von Grundschulen und weiterführenden Schulen zu denken. Vor allem wäre aber sicher zu stellen, dass der Schulerfolg in den höheren Schulen, besonders im Gymnasium, nicht von der Unterstützungsleistung der Familie abhängt. Hier könnten intensivierte Förderangebote, wohl vor allem im Kontext eines schulischen Ganztagsbetriebs, einen hohen Stellenwert haben – auch das ist bislang allerdings nicht mehr als eine plausible Spekulation.

Unübersehbar ist neuerdings die lange Zeit verpönte und leidige Debatte um die Struktur unseres Schulsystems wieder aufgelebt. Dies nicht zuletzt vor dem Hintergrund des schwindenden Ansehens und der nicht mehr gegebenen Akzeptanz der Hauptschule in weiten Kreisen der Öffentlichkeit. Hinzu kommen rückläufige Schülerzahlen, die es in Zukunft immer schwieriger bis unmöglich machen werden, eine vielgliedrige wohnortnahe Versorgung mit schulischen Angeboten zu gewährleisten. Dabei muss das Negativimage der Hauptschule nicht einmal unbedingt gerechtfertigt erscheinen. Ein Übergang in die Hauptschule bedeutet nicht zwangsweise, in einer Sackgasse zu landen, jedenfalls nicht für einen Großteil der Schüler und Schülerinnen. Ein erheblicher Anteil derer, die zunächst eine Hauptschule besuchen, erreicht letztlich dennoch einen mittleren Abschluss, entweder in der (aufgewerteten) Hauptschule selbst oder durch einen späteren Wechsel des Bildungsgangs bzw. über einen beruflichen Bildungsweg. Die Bildungs- und vor allem die schulischen Laufbahnen in Deutschland weisen insofern spezifische Eigentümlichkeiten auf. Zunächst wird nach der Grundschule ein je nach Land mehr oder weniger großer Teil der Kinder auf eine Hauptschule geschickt, ohne dass die Kinder oder ihre Eltern das gewollt hätten. Nach dieser ersten Trennung erfolgen zu einem bemerkenswerten Teil Wechsel der Laufbahn. Mit Blick auf die erreichten Schulabschlüsse bleibt von einem Schülerjahrgang letztlich ein vergleichsweise geringer Teil unter einem mittleren oder dazu äquivalenten Abschluss – abgesehen von dem nicht zu vernachlässigenden Anteil derer, die zwischenzeitlich komplett aus dem System heraus selektiert worden sind. Auf den differenzierten und verschlungenen Wege durch die Sekundarstufe trifft man immer wieder auf komplizierte Regelungen zu Übergangsmöglichkeiten, Zulassungsvoraussetzungen, Aufnahmeprüfungen und Verfahren zur Anrechenbarkeit von Leistungen. Schon innerhalb eines Landes sind die Optionen und das jeweils gültige Regelwerk selbst für Kenner nur schwer zu durchschauen. Im Vergleich der sechzehn Länder ist es geradezu unmöglich, überhaupt nur ansatzweise einen Überblick zu behalten. Mit der starken Differenzierung der Strukturen geht nicht nur die schwere Überschaubarkeit einher, sondern auch die Schwierigkeit, in dieser Vielfalt eine regional gute Versorgung mit Angeboten und deren Gleichwertigkeit zu sichern. Schließlich deutet bislang auch wenig darauf hin, dass die Vielfalt der schulischen Angebote und der Korrekturmöglichkeiten für Laufbahnen geeignet sind, die soziale Selektivität zu reduzieren, eher scheint das Gegenteil der Fall zu sein.

Trotz der oben skizzierten breiten und bunten Palette der schulischen Laufbahnen im Sekundarbereich sind zwei Hauptschienen deutlich zu erkennen. Die erste ist die gymnasiale Laufbahn. Sie einzuschlagen ist vorraussetzungsreich und ein beachtlicher Teil der Schüler muss, obwohl der Übergang geschafft war, die Laufbahn wieder verlassen. Viele Angehörige bildungsfernerer Gruppen scheuen diesen Weg von Anfang an, selbst wenn das Kind die Eignung und eine explizite Empfehlung dafür hat. Eine zweite Hauptschiene führt, selbst wenn sie in der Hauptschule beginnt, zu einem mittleren Abschluss und nicht selten auch zu einer Berechtigung für den Hochschulzugang. Hier sind die Ausrichtung des Bildungsangebots und das curriculare Profil anders als beim Gymnasium. Dies ist u.a. daran abzulesen, dass nur wenige Absolventen dieses Weges einen Wechsel zu einem Gymnasium vollziehen, obwohl er in der Regel an mehreren Stellen möglich wäre. Die zentralen Anschlussstellen sind hier vorwiegend berufliche Bildungswege. Von den beiden Hauptschienen durch die Sekundarstufe ist die gymnasiale übersichtlich, die zweite Schiene stellt sich dagegen wie ein bunt gemischtes Potpourri dar. In der angebotenen Vielfalt keine Option zu verpassen, dürfte nicht einfach sein. Vermutlich begünstigt das die bildungsnäheren Gruppen, da sie eher in der Lage und bereit dazu sind, Informationen zu sammeln und Investitionen zu tätigen, um keine Chance zu versäumen.

Ein Überdenken der Vielgliedrigkeit des Sekundarschulsystems erscheint nicht nur wegen der Unübersichtlichkeit, sondern auch unter einer entscheidungstheoretischen Perspektive als sinnvoll. Bei der in Deutschland schon am Ende der Grundschule geforderten Entscheidung über den weiteren Bildungsweg halten sich nahezu alle Eltern (und Kinder) an eine simple, aber wichtige Regel: Wähle nur eine Schulform, über die mit ausreichender Sicherheit zumindest ein mittlerer Abschluss erreicht wird. Am stärksten vereinfacht würde die Entscheidung über den weiteren Bildungsweg daher dann, wenn auf allen wählbaren Wegen in einer überschaubaren Struktur alle Abschlüsse und Anschlüsse gewährleistet wären. Eine solche Offenheit der Bildungswege würde erheblich dazu beitragen, den Entscheidungsdruck am Ende der Primarstufe zu reduzieren. Die sich damit abzeichnende Option eines (bundesweit ähnlich aufgebauten) zweigliedrigen Systems ist längst keine Utopie mehr, auch nicht mehr im westlichen Teil Deutschlands. Das Zukunftsmodell für die Sekundarstufe wird daher vermutlich so aussehen, dass neben dem Gymnasium eine wie auch immer bezeichnete Sekundarschule besteht, die im Regelfall zu einem mittleren Abschluss führt und als Option den Erwerb einer Hochschulzugangsberechtigung beinhaltet. Außer einer Reduzierung des Entscheidungsdrucks nach der Grundschule ist in einem solchen Modell auch ein Rückgang der „Fehlzuweisungen" und der im Verlauf der Schulzeit erforderlichen Korrekturen von Laufbahnen zu erwarten. Besser vermieden werden könnte in einem weniger differenzierten System schließlich auch eine hohe Konzentration von Schülern mit ungünstigen Lernbiographien an einzelnen Schulen. Wie Analysen mit Daten aus PISA 2000 zeigen, finden sich diese für das Lernen ungünstigen Entwicklungsmilieus besonders häufig für Hauptschulen im Westteil Deutschlands, bei den Mittel- bzw. Sekundarschulen des zweigliedrigen Systems im Osten ist eine solche schwierige schulische Konstellation weitaus seltener gegeben (Baumert, Stanat & Watermann, 2006).

Natürlich geben Strukturen bzw. Strukturveränderungen nur einen Rahmen vor und noch keine Sicherheit für den Erfolg von Reformmaßnahmen. Erfolg und Misserfolg im Bildungssystem hängen in erster Linie von erbrachten Leistungen ab. Auch in einem weniger differenzierten System ist mit einem Anteil von ca. 10% eines Jahrgangs zu rechnen, der sich schwer tun wird, ein ausreichend hohes Leistungsniveau zu erreichen. Das betrifft in erster Linie Kinder und Jugendliche, die bezüglich ihrer Chancen des Leistungserwerbs beeinträchtigt sind, sei es durch die soziale, kulturelle Herkunft, ihre Lernbiographie oder durch körperliche Beeinträchtigungen. Nicht nur, aber ganz besonders in der zweiten Hauptschiene, neben der gymnasialen, muss daher eine sehr gezielte Förderung der Leistungsschwächeren erfolgen. Hierzu ist eine gezielte Diagnose von Auffälligkeiten ebenso wichtig wie der differentielle Einsatz von Ressourcen, um das Erreichen von Mindestniveaus selbst bei ungünstigsten Lernvoraussetzungen soweit wie irgend möglich zu gewährleisten. Nicht nur in den Grundschulen, sondern ebenso in den Sekundarschulen könnte daher auch eine Flexibilisierung der Durchgangszeiten angezeigt sein, also ein Fortschreiten entsprechend der Leistungsentwicklung statt primär nach Alter oder Jahrgangszugehörigkeit.

Literatur

Arnold, K.-H., Bos, W., Richert, P. & Stubbe, T. C. (2007). Schullaufbahnpräferenzen am Ende der vierten Klassenstufe. In: W. Bos & S. Hornberg & K.-H. Arnold & L. Fried & E.-M. Lankes & K. Schwippert & R. Valtin (Hrsg.), *IGLU 2006 - Lesekompetenzen von Grundschulkindern in Deutschland im internationalen Vergleich* (S. 271-298). Münster: Waxmann Verlag.

Autorengruppe Bildungsberichterstattung. (2008). *Bildung in Deutschland 2008. Ein indikatorengestützter Bericht mit einer Analyse zu Übergängen im Anschluss an den Sekundarbereich I.* Bielefeld: Bertelsmann.

Autorengruppe Bildungsberichterstattung. (2010). *Bildung in Deutschland 2010. Ein indikatorengestützter Bericht mit einer Analyse zu Perspektiven des Bildungswesens im demografischen Wandel.* Bielefeld: Bertelsmann.

Baumert, J., Maaz, K. & Trautwein, U. (Hrsg.). (2009). *Bildungsentscheidungen. (Sonderheft 12-2009 der Zeitschrift für Erziehungswissenschaft).* Wiesbaden: VS Verlag für Sozialwissenschaften.

Baumert, J., Stanat, P. & Watermann, R. (2006). Schulstruktur und die Entstehung differenzieller Lern- und Entwicklungsmilieus. In: J. Baumert & P. Stanat & R. Watermann (Hrsg.), *Herkunftsbedingte Disparitäten im Bildungswesen: Differenzielle Bildungsprozesse und Probleme der Verteilungsgerechtigkeit. Vertiefende Analysen im Rahmen von PISA 2000* (S. 95-188). Wiesbaden: VS Verlag für Sozialwissenschaften.

Baumert, J., Trautwein, U. & Artelt, C. (2003). Schulumwelten - institutionelle Bedingungen des Lehrens und Lernens. In: J. Baumert & C. Artelt & E. Klieme & M. Neubrand & M. Prenzel & U. Schiefele & W. Schneider & K.-J. Tillmann & M. Weiß (Hrsg.), *PISA*

2000 – Ein differenzierter Blick auf die Länder der Bundesrepublik Deutschland (S. 261–333). Opladen: Leske + Budrich.

Becker, R. (1998). Dynamik rationaler Bildungsentscheidungen im Familien- und Haushaltskontext. *Zeitschrift für Familienforschung, 3,* 5–28.

Becker, R. (2000). Klassenlage und Bildungsentscheidungen. *Kölner Zeitschrift für Soziologie und Sozialpsychologie, 3,* 450–474.

Blossfeld, H.-P. & Shavit, Y. (1993). Dauerhafte Ungleichheiten. Zur Veränderung des Einflusses der sozialen Herkunft auf die Bildungschancen in dreizehn industrialsierten Ländern. *Zeitschrift für Pädagogik, 39,* 25–52.

Boudon, R. (1974). *Education, Opportunity, and Social Inequality.* New York: Wiley & Sons.

Bourdieu, P. (1983). Ökonomisches Kapital, kulturelles Kapital, soziales Kapital. In: R. Kreckel (Ed.), *Soziale Ungleichheiten* (S. 183–198). Göttingen: Schwartz & Co.

Bourdieu, P. & Passeron, J.-C. (1971). *Die Illusion der Chancengleichheit.* Stuttgart: Klett.

Breen, R. & Goldthorpe, J. H. (1997). Explaining Educational Differentials. Towards a Formal Rational Action Theory. *Rationality and Society, 9,* 275–305.

Coleman, J. S., Campbell, E. Q., Hobson, C. J., McPartland, J., Mood, A. M., Weinfeld, F. D. & York, R. L. (1966). *Equality of educational Opportunity.* Washington, D.C.: U.S. Department of Health, Education, and Welfare.

Coleman, J. S. & Fararo, T. J. (1992). *Rational Choice Theory. Advocacy and Critique.* Newbury Park: Sage.

Dahrendorf, R. (1965). *Bildung ist Bürgerrecht. Plädoyer für eine aktive Bildungspolitik.* Osnabrück.

Dietze, T. (2011). *Zum Übergang auf weiterführende Schulen – Auswertung schulstatistischer Daten aus 10 Bundesländern* (Vol. Band 27). Frankfurt: DIPF – Materialien zur Bildungsforschung.

Ditton, H. (2010). Schullaufbahnen und soziale Herkunft – eine Frage von Leistung oder Diskriminierung? In: S. Aufenanger & F. Hamburger & L. Ludwig & R. Tippelt (Hrsg.), *Bildung in der Demokratie* (S. 79–99). Opladen: Barbara Budrich.

Ditton, H. (Hrsg.) (2007). *Kompetenzaufbau und Laufbahnen im Schulsystem. Eine Längsschnittuntersuchung an Grundschulen.* Münster: Waxmann.

Ditton, H. & Krüsken, J. (2006). Der Übergang von der Grundschule in die Sekundarstufe. *Zeitschrift für Erziehungswissenschaft, 9*(3), 348–372.

Ditton, H. & Krüsken, J. (2009a). Bildungslaufbahnen im differenzierten Schulsystem. Entwicklungsverläufe von Bildungsaspirationen und Laufbahnempfehlungen in der Grundschulzeit. In: J. Baumert & K. Maaz & U. Trautwein (Hrsg.), *Bildungsentscheidungen. Sonderheft 12-2009 der Zeitschrift für Erziehungswissenschaft* (S. 74–102). Wiesbaden: VS Verlag für Sozialwissenschaften.

Ditton, H. & Krüsken, J. (2009b). Denn wer hat, dem wird gegeben werden? Eine Längsschnittstudie zur Entwicklung schulischer Leistungen und den Effekten der sozialen Herkunft in der Grundschulzeit. *Journal für Bildungswissenschaft, 1*(1), 33–61.

Ditton, H. & Krüsken, J. (2010). Effekte der sozialen Herkunft auf die Schulformwahl beim Übergang von der Primar- in die Sekundarstufe. In: M. Neuenschwander & H.-U. Grunder (Hrsg.), *Schulübergang und Selektion* (S. 35–59). Zürich: Rüegger.

Ditton, H., Krüsken, J. & Schauenberg, M. (2005). Bildungsungleichheit – der Beitrag von Familie und Schule. *Zeitschrift für Erziehungswissenschaft, 8*(2), 285–304.

Ditton, H. & Maaz, K. (2011). Sozioökonomischer Status. In: H. Reinders & H. Ditton & C. Gräsel & B. Gniewosz (Hrsg.), *Lehrbuch Empirische Bildungsforschung – Gegenstandsbereiche* (S. 193–209). Wiesbaden: Verlag für Sozialwissenschaften.

Erikson, R. & Goldthorpe, J. (1993). *The Constant Flux*. Oxford: Clarendon Press.

Esser, H. (1990). "Habits", "Frames" und "Rational Choice". Die Reichweite von Theorien der rationalen Wahl. *Zeitschrift für Soziologie, 19*, 231–247.

Gigerenzer, G. (2008). *Rationality for mortals – How people cope with uncertainty*. New York: Oxford University Press, Inc.

Heine, C., Spangenberg, H., Schreiber, J. & Sommer, D. (2005). *Studienanfänger in den Wintersemestern 2003/04 und 2004/05. Wege zum Studium, Studien- und Hochschulwahl, Situation bei Studienbeginn*. Hannover: HIS GmbH.

Hillmert, S. & Jacob, M. (2005). Zweite Chance im Schulsystem? Zur sozialen Selektivität bei "späteren" Bildungsentscheidungen. In: P. A. Berger & H. Kahlert (Hrsg.), *Institutionalisierte Ungleichheiten - Wie das Bildungswesen Chancen blockiert* (S. 155–176). Weinheim, München: Juventa Verlag.

Jencks, C., Smith, M., Acland, H., Bane, M. J., Cohen, D., Gintis, H., Heyns, B. & Michelson, S. (1973). *Chancengleichheit*. Hamburg: Rowohlt.

Maaz, K., Baumert, J., Gresch, C. & McElvany, N. (Hrsg.). (2010). *Der Übergang von der Grundschule in die weiterführende Schule – Leistungsgerechtigkeit und regionale, soziale und ethnisch-kulturelle Disparitäten*. Bonn, Berlin: BMBF.

Meulemann, H. (1985). *Bildung und Lebensplanung. Die Sozialbeziehung zwischen Elternhaus und Schule*. Frankfurt: Campus.

Rösner, E. (1989). *Abschied von der Hauptschule. Folgen einer verfehlten Schulpolitik*. Frankfurt: Fischer.

Sekretariat der Ständigen Konferenz der Kultusminister der Länder in der BRD. (2003). *Übergang von der Grundschule in Schulen des Sekundarbereichs I*. Bonn: KMK.

Shavit, Y. & Blossfeld, H. P. (Hrsg.). (1993). *Persistent Inequality: Changing educational stratification in thirteen countries*. Boulder: Westview.

Simon, H. A. (1955). A Behavioral Model of rational choice. *Quarterly Journal of Economics*, 99–118.

Simon, H. A. (1978). Rationality as Process and as Product of Thought. *American Economic Review, 68*, 1–16.

Staatsinstitut für Schulqualität und Bildungsforschung – Qualitätsagentur. (2009). *Bildungsbericht Bayern 2009*. Wolnzach: Kastner.

Sprachförderung als Voraussetzung für die Sicherung von Mindeststandards im Bildungssystem: Ansatzpunkte und Herausforderungen

Petra Stanat & Anja Felbrich

1 Einleitung

Der sogenannte „PISA Schock", der 2001 durch die Veröffentlichung von ersten Ergebnissen des *Programme for International Student Assessment* ausgelöst wurde, hat die Diskussion über Fragen der Bildungsgerechtigkeit in Deutschland belebt. Die Ergebnisse wiesen darauf hin, dass die von 15-Jährigen in deutschen Schulen erreichten Kompetenzen in den Bereichen Lesen, Mathematik und Naturwissenschaften im internationalen Vergleich nicht nur insgesamt unterdurchschnittlich waren, sondern auch besonders stark streuten (vgl. Baumert et al., 2001). Unter den OECD Staaten war 2000 der Abstand zwischen den leistungsschwächsten und den leistungsstärksten Schülerinnen und Schülern in keinem Land größer als in Deutschland. Dieses Muster ließ sich vor allem darauf zurückführen, dass die von den leistungsschwächsten Jugendlichen erreichten Kompetenzniveaus in Deutschland deutlich niedriger lagen als die der leistungsschwächsten Jugendlichen in anderen Staaten. Die PISA 2000 Ergebnisse wiesen somit darauf hin, dass insbesondere in Bezug auf die Förderung von Schülerinnen und Schülern im unteren Leistungsbereich Handlungsbedarf bestand.

Das in PISA 2000 identifizierte Befundmuster zeigte weiterhin, dass Jugendliche aus sozial schwachen und aus zugewanderten Familien in der Gruppe derjenigen Schülerinnen und Schüler, die über die niedrigsten Kompetenzstufen nicht hinauskamen, deutlich überrepräsentiert waren (Baumert & Schümer, 2001). Entsprechend erwies sich die Kopplung zwischen Merkmalen der familiären Herkunft der Schülerinnen und Schüler und den von ihnen erreichten Kompetenzniveaus in Deutschland als besonders eng. Das deutsche Bildungssystem schien also weniger gerecht zu sein als die Bildungssysteme anderer Staaten. Dies warf die Frage auf, wie es besser gelingen kann, die mit der sozialen Herkunft und dem Migrationshintergrund der Schülerinnen und Schüler verbundenen Disparitäten zu reduzieren.

Wie die Befunde aus den folgenden PISA Erhebungen der Jahre 2003, 2006 und 2009 zeigen, hat sich die Lage in den letzten 10 Jahren deutlich gebessert (vgl. Klieme, Jude, Baumert & Prenzel, 2010). In allen drei Kompetenzbereichen konnten über diesen Zeitraum hinweg für Schülerinnen und Schüler in Deutschland signifikante Leistungssteigerungen nachgewiesen werden. Insbesondere im unteren Bereich der Kompetenzverteilung war der Anstieg bedeutsam, womit zugleich eine Reduktion der Kopplung zwischen familiären Herkunftsmerkmalen und Kompetenzen einherging. Auch wenn die Veränderungen teilweise auf Verschiebungen in der Zusammensetzung der Schülerschaft zurückzuführen sein dürften, kann das Befundmuster insgesamt als Hinweis darauf gewertet werden, dass sich die Maßnahmen, die im Nachgang zu PISA 2000 umgesetzt worden sind, in der Summe ausgezahlt haben (vgl. zusammenfassend Klieme, Jude, Baumert & Prenzel, 2010). Welche der zahlreichen Reformen dabei besonders effektiv waren, lässt sich anhand der PISA Daten allerdings nicht bestimmen.

Trotz des positiven Trends bestehen weiterhin Herausforderungen im deutschen Bildungssystem, denen auch in Zukunft besondere Aufmerksamkeit zu widmen sein wird. So erreichten in PISA 2009 insgesamt 18,5% der 15-Jährigen nicht die Kompetenzstufe II. Schülerinnen und Schüler, die über die Kompetenzstufe I nicht hinauskommen, sind zwar in der Lage, Informationen auf der Textoberfläche herauszusuchen und zwischen im Text explizit gegebenen Informationen und Alltagswissen einfache Verknüpfungen herzustellen, dies allerdings nur, wenn konkrete Hinweise auf die relevanten Textinformationen gegeben werden. Die Integration von Informationen, die im Text an verschiedenen Stellen zu finden sind, bereitet ihnen bereits Probleme (Naumann, Artelt, Schneider & Stanat, 2010). Es ist davon auszugehen, dass diese Jugendlichen Schwierigkeiten haben werden, basale Anforderungen an das Leseverständnis, die sich ihnen in Alltags- und Ausbildungssituationen stellen, zu bewältigen. Der Anteil schwacher Leserinnen und Leser an der Gesamtpopulation war in Deutschland 2009 zwar nicht größer als im OECD-Durchschnitt, aber eine Quote von fast 20% ist bei weitem nicht zufriedenstellend.

Insbesondere die Situation von Jugendlichen aus zugewanderten Familien ist weiterhin in hohem Maße unbefriedigend. Auch wenn sich ihre Lage zwischen 2000 und 2009 besonders stark verbessert hat, liegt das von ihnen erreichte Kompetenzniveau deutlich unter dem der Jugendlichen ohne Migrationshintergrund (Stanat, Rauch & Segeritz, 2010). Im Bereich Lesen etwa betrug der Leistungsnachteil auf der PISA-Kompetenzskala 62 Punkte für die erste Generation (Schülerin bzw. Schüler und Eltern zugewandert) und 57 Punkte für die zweite Generation (Schülerin bzw. Schüler in Deutschland geboren, Eltern zugewandert).

Diese Differenz entspricht in etwa dem Lernfortschritt, der durchschnittlich in eineinhalb Jahren erreicht wird.

Der Kompetenznachteil von Jugendlichen mit Migrationshintergrund lässt sich zu einem großen Teil darauf zurückführen, dass diese Schülerinnen und Schüler häufig aus sozial schwachen Familien stammen. Kontrolliert man Indikatoren für den sozioökonomischen Status der Familie, das Bildungsniveau der Eltern und den Besitz von Kulturgütern (klassische Literatur, Gedichtbände, Kunstwerke), so reduziert sich der Rückstand in der Lesekompetenz um 18 (erste Generation) bzw. 26 (zweite Generation) Punkte, er bleibt jedoch weiterhin bedeutsam (Stanat, Rauch & Segeritz, 2010). Eine weitere Reduktion geht mit Kontrolle der in der Familie gesprochenen Sprache einher, mit der ein signifikanter Effekt auf die erreichten Kompetenzen verbunden ist: Jugendliche, die in der Familie eine andere Sprache als Deutsch sprechen, erreichten 2009 etwa 25 Punkte weniger auf der Lesekompetenzskala als Jugendliche mit deutscher Familiensprache. Dieser Effekt, der auch schon in der Grundschule nachzuweisen ist (z.B. Kristen, 2008), kann als Indikator für einen Mangel an Lerngelegenheiten zum Kompetenzerwerb in der Verkehrssprache interpretiert werden, der sich auf die Lernentwicklung in allen Fächern auswirkt.

Will man den Leistungsnachteil von Kindern und Jugendlichen aus zugewanderten Familien reduzieren, so muss man diesen Mangel an Lerngelegenheiten durch institutionelle Förderung ausgleichen. Wie der vom Land Baden-Württemberg eingesetzte Expertenrat „Herkunft und Bildungserfolg" (2011) in seiner Expertise betont, ist aufgrund des demographischen Wandels damit zu rechnen, dass der Anteil von Kindern und Jugendlichen mit Migrationshintergrund an der Gesamtpopulation im nächsten Jahrzehnt zunehmen wird und dass sich der positive PISA-Trend nur dann fortsetzen lässt, wenn diese Gruppe von Heranwachsenden angemessen gefördert wird.

Das Anliegen, Leistungsnachteile von bestimmten Kindern und Jugendlichen zu reduzieren, impliziert eine Förderung, die kompensatorisch wirkt, die also das Kompetenzniveau vor allem der schwächsten Heranwachsenden steigert. Dabei muss das Hauptaugenmerk auf die Sicherung von Mindeststandards in zentralen Kompetenzbereichen gerichtet werden, um Entwicklungen zu verhindern, die zu Chancenlosigkeit im gesellschaftlichen Leben führen. Kompensatorisch wirkende Förderung wird im Allgemeinen auch eine Verringerung von Disparitäten, etwa in Bezug auf die soziale Herkunft oder den Migrationshintergrund, nach sich ziehen. Es ist jedoch weder realistisch noch wünschenswert, die Schere komplett schließen zu wollen. Im Gegenteil: Bei optimaler individueller Förderung wird die Schere eher auseinander gehen, da die Lernkurven von leistungsstärkeren Kindern und Jugendlichen tendenziell steiler verlaufen. Die Kompetenzverteilung sollte jedoch durch ein solides Mindestniveau gekennzeichnet sein, das allen Kindern und Jugendlichen gute Entwicklungschancen bietet.

Bei Mindeststandards handelt es sich um Minimalanforderungen, von denen angenommen wird, dass alle Schülerinnen und Schüler in einer Domäne sie erreichen müssen, um auf dieser Grundlage erfolgreich weiterlernen bzw. den Übergang in eine Berufsausbildung meistern zu können. In Deutschland werden Mindeststandards derzeit allerdings weitgehend sozialnormorientiert festgelegt. Inhaltlich definiert werden Regelstandards, die von der jeweiligen Schülerpopulation „in der Regel" erreicht werden sollen (z.b. KMK, 2003). Anhand von empirisch vorgefundenen Leistungsverteilungen wird anschließend bestimmt, in welchem Bereich der jeweilige Regelstandard zu lokalisieren ist (sog. „cut-offs"). Dieser Bereich wird als Kompetenzstufe III bezeichnet. Davon ausgehend werden die Grenzen von vier weiteren Kompetenzstufen (zwei unterhalb und zwei oberhalb der Kompetenzstufe III) fixiert, die jeweils gleich breit sein sollen und die somit im Grunde festgelegt sind. Der Mindeststandard gilt als erreicht, wenn eine Leistung mindestens auf Kompetenzstufe II vorliegt. Ob es dabei inhaltlich sinnvoll ist, die mit dieser Stufe verbundenen Kompetenzen als Minimalanforderungen zu definieren, die von allen Jugendlichen erfüllt werden sollten, ist allerdings ungeklärt. Perspektivisch wäre es daher wünschenswert, nicht nur die Regelstandards, sondern vor allem auch die Mindeststandards stärker inhaltlich zu fundieren und in Längsschnittstudien zu prüfen, inwieweit ihr Erreichen tatsächlich eine wichtige Grundlage für den weiteren Bildungs- und Ausbildungserfolg der Schülerinnen und Schüler bildet.

Im Folgenden wird der Frage nachgegangen, welche Maßnahmen geeignet sind, um Mindeststandards zu sichern und um herkunftsbezogene Disparitäten zu reduzieren.[1] Ausgehend von der Annahme, dass die Beherrschung der Verkehrssprache eine zentrale Voraussetzung für die Sicherung von Mindeststandards auch in anderen bildungsbezogenen Domänen spielt, wird dabei ein Hauptaugenmerk auf der Sprachförderung liegen. Zunächst werden im Folgenden verschiedene Strategien diskutiert, die allgemein zur Verbesserung von institutioneller Förderung und zur Sicherung von Mindeststandards verfolgt werden können. Anschließend wird spezifischer darauf eingegangen, was über die Effekte von institutioneller Förderung auf die sprachliche Kompetenzentwicklung von Kindern und Jugendlichen bekannt ist.

---

1   Der vorliegende Beitrag beschäftigt sich primär mit dem Aspekt der Kompetenzentwicklung, der für die Entstehung und Verringerung von herkunftsbezogenen Disparitäten eine zentrale Rolle spielt. Der ebenfalls zentrale Aspekt der Bildungsentscheidungen wird in anderen Beiträgen in diesem Band ausführlich behandelt.

2 Ansatzpunkte für die Sicherung von Mindeststandards

Maßnahmen, die darauf abzielen, die Förderung von Kindern und Jugendlichen zu verbessern und Mindeststandards zu sichern, lassen sich nach unterschiedlichen Gesichtspunkten differenzieren. Ein Gesichtspunkt ist die Ebene, auf der die Maßnahmen angesiedelt sind (Systemebene, Schul- und Klassenebene, individuelle Ebene, vgl. z.b. OECD, 2004; Stanat, 2006). Da Bildungspolitik nur in Bezug auf Parameter des Systems unmittelbare Veränderungen erwirken kann, beziehen sich Reformen häufig auf diese Ebene. So steuern derzeit die meisten Länder in der Bundesrepublik faktisch auf eine Zweigliedrigkeit der Sekundarstufe I zu, in der neben dem Gymnasium nur noch eine zweite, je nach Land unterschiedlich bezeichnete und organisierte Schulform existiert. Dies könnte sich in solchen Fällen positiv auf die Sicherung von Mindeststandards auswirken, in denen die Reform dazu beiträgt, die Konzentration von Schülerinnen und Schülern mit sehr ungünstigen Eingangsvoraussetzungen abzuschwächen. So haben Analysen zu Kompositionseffekten wiederholt gezeigt, dass in Schulen bzw. Klassen, in denen ein hoher Anteil von Heranwachsenden aus sozial schwachen Familien stammt (unabhängig davon, ob diese zugewandert sind oder nicht) und über ein geringes Vorwissensniveau verfügt, die Kompetenzentwicklung der einzelnen Schülerinnen und Schüler ungünstiger verläuft als in Schulen bzw. Klassen, die von Heranwachsenden mit günstigerer Ausgangslage besucht werden (z.B. Baumert, Stanat & Watermann, 2006; Stanat, Schwippert & Gröhlich, 2010). Sofern die aktuellen Strukturreformen dazu beitragen, die Kumulation von verschiedenen Aspekten der Benachteiligung abzumildern, könnte dies also die Sicherung von Mindeststandards erleichtern.

Die Übersetzung von strukturellen Reformen in verbesserte Kompetenzerträge ist jedoch kein Automatismus. Bei jeder Maßnahme, die auf eine optimierte Förderung von Schülerinnen und Schülern abzielt, ist zu fragen, warum erwartet wird, dass sie sich letztlich auf die Lehr-Lernprozesse in Schulen auswirken wird. So dürfte die mit den aktuellen Strukturreformen verbundene Erhöhung der Heterogenität der Schülerschaft innerhalb von Schulen *an sich* kaum positive Effekte auf ihre Kompetenzentwicklung haben, wenn nicht gleichzeitig auch der Unterricht an die neue Situation angepasst wird. Dies gilt auch für die Einführung nationaler Bildungsstandards, die wirkungslos bleibt, wenn Lehrkräfte ihren Unterricht nicht daran orientieren. Mit anderen Worten: Unabhängig davon, auf welcher Ebene eine Maßnahme ansetzt, die auf eine verbesserte Förderung von Schülerinnen und Schülern und auf die Sicherung von Mindeststandards abzielt, muss sie sich letztlich auf die Lehr-Lernprozesse (ihre Quantität und/oder ihre

Qualität, s.u.) auswirken, um erfolgreich sein zu können. Je weiter die Maßnahme von der Ebene des Lernens entfernt ist, desto schwieriger wird es im Allgemeinen sein, entsprechende Effekte zu gewährleisten.

Ein weiterer Gesichtspunkt, nach dem sich verschiedene Maßnahmen zur Verbesserung der Förderung von Kindern und Jugendlichen unterscheiden lassen, ist die Zielgruppe, an die sich die Maßnahme primär richtet. In Anlehnung an Willms (2006) lassen sich unter anderem drei Interventionsstrategien differenzieren, die unterschiedliche Zielgruppen in den Blick nehmen. *Universelle Interventionen* zielen darauf ab, die Bildungsqualität für alle Kinder und Jugendlichen zu verbessern. Hierzu gehören unter anderem solche Maßnahmen wie die allgemeine Verlängerung von Lernzeiten, etwa durch Einführung von Ganztagsschulen, die Verbesserung der Aus- und Weiterbildung pädagogischen Personals, die Einführung und Überprüfung von Bildungsstandards oder die Einrichtung von *Accountability* Systemen. Solche Maßnahmen führen jedoch nicht zwangsläufig dazu, dass sich die Leistungsunterschiede zwischen Heranwachsenden mit günstiger Ausgangslage und solchen mit weniger günstigen Eingangsvoraussetzungen reduzieren. Sofern universelle Interventionen effektiv sind, werden nicht zuletzt auch die leistungsstärkeren Kinder und Jugendlichen davon profitieren, so dass die Schere entweder konstant bleibt oder sogar weiter auseinander geht. Zur Sicherung von Mindeststandards können sie jedoch durchaus substanziell beitragen.

Will man also gewährleisten, dass sich die Leistungsstreuung und die mit dem familiären Hintergrund verbundenen Disparitäten reduzieren, so werden zusätzlich zu universellen Interventionen immer auch zielgruppenspezifische Interventionen notwendig sein. Hier lassen sich in Anlehnung an Willms (2006) wiederum zwei Strategien unterscheiden. *Herkunftsgruppenbezogene Interventionen* richten sich an Kinder und Jugendliche mit bestimmten Hintergrundmerkmalen (z.B. geringer sozioökonomischer Status der Familie, Migrationshintergrund, nichtdeutsche Herkunftssprache). Sie können sich auf Individuen beziehen (z.B. die *Head Start* Programme in den USA oder Sprachförderangebote für Migranten) oder auf pädagogische Einrichtungen mit einem hohen Anteil von Personen der jeweiligen Gruppe (z.B. Zuteilung zusätzlicher Ressourcen an Einrichtungen mit einem hohen Anteil an Schülerinnen und Schülern aus zugewanderten oder sozial schwachen Familien). Ein Problem mit diesem Ansatz besteht darin, dass die Zuschreibung von Förderbedarf auf der Grundlage von askriptiven Merkmalen (wie z.B. sozioökonomischer Status, Migrationshintergrund) erfolgt, die keineswegs deterministisch mit dem erreichten Kompetenzniveau verknüpft sind. So hat selbstverständlich nicht jedes Kind mit Migrationshintergrund einen Sprachförderbedarf, während durchaus auch viele Kinder aus deutschsprachigen Familien einer sprachlichen Förderung bedürften. Herkunftsgruppenbezogene Interventionen erreichen unter Umständen also auch Personen, die keinen besonderen Förderbedarf aufweisen, gleichzeitig aber möglicherweise nicht alle Personen, die eine besondere Förderung benötigten. Zudem kann die Zuschreibung von Förderbedarf anhand von Hintergrundmerkmalen als stigmatisierend erlebt werden. Es müssen bei dieser Art der Intervention also Vorkehrungen getroffen werden, die einer solchen Wahrnehmung entgegenwirken.

Leistungsgruppenbezogene Interventionen hingegen richten sich an Kinder und Jugendliche, die ein geringes Kompetenzniveau aufweisen. Anstelle von askriptiven Merkmalen wird also der Förderbedarf auf der Grundlage des erreichten Leistungsstands bestimmt. Dieses Ziel wird zum Beispiel mit den diversen Sprachstandserhebungen verfolgt, die in Kitas vielfach zum Einsatz kommen, um den Sprachförderbedarf der Kinder zu bestimmen. Mit dieser Strategie kann im Idealfall gewährleistet werden, dass die Förderung die richtigen Personen erreicht. Dies setzt jedoch eine präzise Diagnostik der relevanten Kompetenzen voraus, für die oft geeignete Instrumente fehlen (vgl. Redder et al., 2011). Zudem können auch leistungsgruppenbezogene Interventionen als stigmatisierend wahrgenommen werden, was bei ihrer Umsetzung ebenfalls beachtet werden muss.

Unabhängig von der Ebene und der Zielgruppe der Interventionsstrategie können sich Maßnahmen zur verbesserten Förderung und zur Sicherung von Mindeststandards auf die Quantität oder auf die Qualität von Lerngelegenheiten beziehen. Wie in der folgenden Zusammenfassung des Forschungsstands gezeigt wird, ist insbesondere die Frage, wie eine Förderung qualitativ gestaltet werden sollte, um kompensatorische Effekte zu erzielen, oft schwer zu beantworten.

3   Förderung sprachlicher Voraussetzungen für die Sicherung von Mindeststandards im frühkindlichen und elementarpädagogischen Bereich

Die Sicherung von Mindeststandards in zentralen Bereichen schulischer Bildung setzt sprachliche Kompetenzen voraus, die es Schülerinnen und Schülern ermöglichen, aktiv am Unterricht und den damit verbundenen Aktivitäten teilnehmen zu können. Der Spracherwerb beginnt spätestens mit der Geburt, ansatzweise sogar bereits vor der Geburt, und wird in hohem Maße durch die Quantität und die Qualität der Lerngelegenheiten in der Umwelt beeinflusst. So konnten Hart und Risley (1995) in einer Langschnittstudie mit 42 Familien unterschiedlicher sozialer Lage zeigen, dass Kinder aus Familien mit niedrigem sozioökonomischen Status (SES) im Alter von 13 Monaten bis 3 Jahren sehr viel anregungsärmere Interaktionen mit ihren Müttern erlebten als Kinder aus Familien mit einem hohen sozioökonomischen Status. So sprachen Mütter mit hohem SES pro Stunde beinahe viermal so viele Wörter, wenn sie mit ihren Kindern interagierten, als Mütter mit niedrigem SES (2100 vs. 600 Wörter). Zudem war in Familien mit hohem SES ein größerer Variantenreichtum in den verwendeten Wörtern und Phrasen zu beobachten. Weiterhin zeigten sich bedeutsame Unterschiede im Erziehungsverhalten der Mütter mit geringem und hohem SES. Während Mütter mit hohem Sozialstatus ihre Kinder überwiegend lobten und positiv verstärkten, wurde bei Müttern mit geringem Sozialstatus überwiegend tadelndes und steuerndes Verhalten beobachtet. Diese Unterschiede im Interaktionsstil der Mütter korrelierten mit den sprachlichen Kompetenzen der Kinder im Alter von 3 Jahren. Bereits im Alter von 2 Jahren konnten bei Kindern aus Familien mit hohem SES deutlich weiter entwickelte Kompetenzen im Bereich des Wortschatzes und der grammatischen Strukturen nachgewiesen werden als bei Kindern aus sozial schwachen Familien (Hart & Risley, 1995).

Trotz der teilweise wenig überzeugenden statistischen Analysestrategie von Hart und Risley (1995) weisen ihre Ergebnisse, wie auch die Befunde anderer Autorinnen und Autoren (für einen Überblick vgl. Roßbach & Weinert, 2008) darauf hin, dass sowohl die Menge als auch die Qualität des sprachlichen Inputs einen erheblichen Einfluss auf die sprachliche Entwicklung von Kindern hat. Diese Merkmale sprachlicher Lerngelegenheiten wiederum sind mit dem familiären Hintergrund der Kinder korreliert. Dabei ist zudem die sprachliche Entwicklung eng mit der kognitiven Entwicklung verwoben: Wörter bezeichnen Konzepte, die über die Sprache erworben werden. Ein Konzept wird in der Regel also nur dann erworben, wenn es von der Umwelt auch benannt wird. Kinder aus sozial schwachen Familien sind daher nicht nur in ihrer sprachlichen, sondern auch in ihrer kognitiven Entwicklung benachteiligt (vgl. Weinert, Doil & Frevert, 2008).

Maßnahmen, die kompensatorisch wirken sollen, müssen also darauf abzielen, den sprachlichen und konzeptuellen Input, dem Kinder aus sozial schwachen Familien ausgesetzt sind, zu optimieren. Wie etwa das *Perry Preschool Project* gezeigt hat, kann eine früh einsetzende, intensive Förderung erhebliche und nachhaltige kompensatorische Effekte haben. In diesem Projekt wurden sozial benachteiligte Kinder afroamerikanischer Herkunft im Alter von 3 bis 4 Jahren für die Dauer von ca. 2 Jahren täglich 2,5 Stunden lang gefördert. Ziel dieser Förderung war die gezielte Unterstützung der Entwicklung der Kinder. Dies beinhaltete neben der vorschulischen Förderung in Kleingruppen auch eine intensive Fortbildung der Erzieherinnen sowie eine Einbindung der Eltern in das Programm. Im Vergleich zu einer Kontrollgruppe von Kindern, die nicht am Programm teilnahmen, konnten für die geförderten Kinder bis ins Alter von 40 Jahren positivere kognitive Entwicklungen, bessere Schulleistungen und Schulabschlüsse, geringere Kriminalitätsraten, höheres Einkommen sowie seltenere Inanspruchnahme staatlicher Transferleistungen und ein insgesamt höherer sozioökonomischer Status nachgewiesen werden (z.B. Schweinhart et al., 2005).

Auch der Besuch von frühkindlichen und elementarpädagogischen Betreuungseinrichtungen scheint positive Wirkungen auf die sprachliche und allgemeine Kompetenzentwicklung zu haben (z.B. Becker & Biedinger, 2006; Becker, 2010; Roßbach, Kluczniok & Kuger, 2008). Die Effekte fallen dabei umso größer aus, je früher der Besuch einer Einrichtung beginnt. Inwieweit damit auch Disparitäten in der Kompetenzentwicklung reduziert werden, ist dagegen weniger klar. In seinem Überblick des internationalen Forschungsstands kommt Burger (2010) zu der Schlussfolgerung, dass kompensatorische Effekte von Kindertageseinrichtungen zwar nachweisbar, aber nur wenig ausgeprägt sind. Dabei wurden jedoch sprachliche Kompetenzen und andere Aspekte der kognitiven Entwicklung nicht differenziert. Becker (2010) hingegen untersuchte die Effekte eines Kindergartenbesuchs speziell für Kompetenzen im sprachlichen Bereich und fand, dass Kinder türkischstämmiger Herkunft im Alter von 3 bis 5 Jahren zwar einen deutlich geringeren Wortschatz aufwiesen als Kinder deutscher Herkunft, von einem Kindergartenbesuch jedoch mehr profitierten. Dieser Effekt war umso stärker ausgeprägt, je länger der Kindergartenbesuch andauerte. Auch die Wahrscheinlichkeit eines Sprachförderbedarfs von Kindern türkischer Herkunft verringerte sich mit steigender Dauer des Kitabesuchs. Allerdings blieben die sprachlichen Leistungen der Kinder mit türkischem Hintergrund im Vergleich zu Kindern ohne Migrationshintergrund deutlich schwächer. Demnach scheint die Erhöhung der Quantität des sprachlichen Inputs, wie er derzeit in frühkindlichen und elementarpädagogischen Einrichtungen angeboten wird, nicht auszureichen, um ein Sockelniveau zu sichern, und es stellt sich die Frage, wie man die Qualität der potenziellen Lernzeit in diesen Einrichtungen optimieren kann, um substanzielle Kompensationseffekte zu erzielen.

In deutschen Kitas werden inzwischen zahlreiche Maßnahmen der Sprachförderung umgesetzt, die vielfach erst im Jahr vor dem Übergang in die Schule einsetzen (für einen Überblick vgl. Lisker, 2011; Redder et al., 2011). Die Vielfalt dieser Maßnahmen kann anhand von drei Dimensionen kategorisiert und beschrieben werden. Je nach der *Zielgruppe der Förderung* setzen Programme auf eine kompensatorische Förderung von bestimmten Kindern (z.B. Kinder mit Sprachauffälligkeiten oder aus Risikogruppen) oder auf eine gemeinsame Förderung aller Kinder einer Gruppe (vgl.: herkunftsgruppenbezogene bzw. leistungsgruppenbezogene Intervention vs. universelle Intervention nach Willms, 2006). Weiterhin können bezogen auf den *Inhalt der Förderung* Programme unterschieden werden, die entweder auf die gezielte Förderung bestimmter sprachlicher Komponenten (wie z.b. Wortschatz oder spezifische grammatische Strukturen) abzielen oder aber allgemein sprachanregend wirken sollen, etwa durch das Angebot eines reichen Sprachinputs durch handlungsbegleitendes Sprechen und durch die Erweiterung und Korrektur kindlicher Äußerungen. Eine weitere inhaltliche Kategorie der Förderung stellen wichtige Vorläuferfähigkeiten und -erfahrungen für den Schriftspracherwerb dar (sog. *emergent literacy activities*, wie z.b. phonologische Bewusstheit oder dialogisches Lesen), die gezielt gefördert werden. Die dritte Beschreibungsdimension schließlich betrifft den *Grad der Strukturiertheit* der Programme, der zwischen beiläufiger Integration in den Alltag der Kita und strukturierter Einzelförderung nach vorgegebenem Ablaufplan variieren kann.

Die Wirksamkeit der verschiedenen Maßnahmen der Sprachförderung in Kitas ist in der Regel ungeprüft. Es wurden bislang nur wenige systematische Effektivitätsprüfungen durchgeführt, die sich vor allem auf hochstrukturierte, auf Sprachkomponenten gerichtete Förderprogramme bezogen. Die Ergebnisse dieser Studien waren enttäuschend. So konnten im Rahmen großangelegter Evaluationsstudien in Baden-Württemberg weder für die sprachliche Entwicklung von Vorschulkindern direkt nach der Förderung im letzten Kindergartenjahr, noch für den Schriftspracherwerb in den ersten beiden Jahren der Grundschule Wirkungen von verschiedenen Ansätzen der Förderung identifiziert werden (Gasteiger-Klicpera, Knapp & Kucharz, 2010; Roos, Polotzek & Schöler, 2010; vgl. auch Wolf, Felbrich, Stanat & Wendt, 2011; Wolf, Stanat & Wendt, 2010a, 2010b).

Aufgrund solcher Ergebnisse setzt sich inzwischen allgemein die Erkenntnis durch, dass es in hohem Maße anspruchsvoll ist, die sprachliche Kompetenzentwicklung von Kindern kompensatorisch zu fördern bzw. Erzieherinnen und Erzieher in die Lage zu versetzen, entsprechende Wirkungen zu erzielen. Fördermaßnahmen, die erst im letzten Kindergartenjahr einsetzen und sich teilweise nur über wenige Wochen erstrecken, reichen nicht aus, um nachweisbare und nachhaltige Effekte zu erreichen. Vielmehr sollte die Förderung so früh wie möglich beginnen und in einer Weise intensiv und gezielt erfolgen, dass die Chance besteht, unzureichende Lerngelegenheiten im Elternhaus in substanziellem Maße auszugleichen. Hierzu ist es zunächst erforderlich, dass insbesondere sozial schwache und zugewanderte Familien ihre Kinder möglichst früh in Kindertageseinrichtungen schicken. Wie die differenziellen Besuchsquoten von Kindern unter drei Jahren mit Migrationshintergrund (11%) und ohne Migrationshintergrund (25%) zeigen, ist dies bislang nur bedingt der Fall (Konsortium Bildungsberichterstattung, 2010).

Weiterhin ist es notwendig, die Quantität und die Qualität sprachlicher Kommunikation im Alltag der Kitas allgemein zu optimieren und dabei dafür zu sorgen, dass Kinder mit besonderem Förderbedarf davon profitieren. Insbesondere in Kindertageseinrichtungen, die von einem hohen Anteil potenziell förderbedürftiger Kinder besucht werden, muss durch entsprechende Rahmenbedingungen gesichert werden, dass eine optimale Förderung erfolgen kann. Für die frühe Förderung ist eine intensive Unterstützung des natürlichen Spracherwerbs durch „relevanten Input" erforderlich, der nach Hopp, Thoma und Tracy (2010) vor allem durch Variations- und Kontrastreichtum, die Verwendung von Sprache in sprachhandlungsbezogenen, authentischen Interaktionen sowie die Abstimmung auf den jeweiligen Sprachstand und kommunikativen Interessen der Kinder gekennzeichnet ist. Weiterhin sind sogenannte „literacy activities", wie etwa das dialogische Lesen (Kraus, 2005; Lonigan & Whitehurst, 1998), von zentraler Bedeutung, die frühkindliche Erfahrungen mit Erzähl-, Buch- und Schriftkultur eröffnen und damit wichtige Grundlagen für den späteren Schriftspracherwerb legen. Es ist jedoch fraglich, ob solche alltagsintegrierten Interventionen ausreichen, um allen Kindern einen erfolgreichen Übergang in das schulische Lernen zu ermöglichen. Für besonders leistungsschwache Kinder, bei denen die Gefahr besteht, dass sie den Anschluss verlieren könnten, dürfte vielmehr zusätzliche Förderung erforderlich sein, die auf die Kompensation von sprachlichen Entwicklungsdefiziten abzielt.

Angesichts der zentralen Rolle, die der Schriftspracherwerb für den Bildungserfolg von Kindern und Jugendlichen spielt, sollte in der kompensatorischen Förderung ein Hauptaugenmerk auf die Vorläuferkompetenzen des Schriftspracherwerbs gerichtet werden. Einzelne Maßnahmen, insbesondere für die Förderung phonologischer Bewusstheit, also die Fähigkeit, die Lautstruktur von Sprache zu erkennen und zu nutzen, haben sich sowohl allgemein als auch spezifisch für Kinder mit Migrationshintergrund bereits als effektiv erwiesen und lassen sich in Kitas umsetzen (Schneider & Näslund, 1999; Weber, Marx & Schneider, 2007). Phonologische Bewusstheit allein reicht jedoch nicht aus, um später das Lesen und das Schreiben lernen zu können. Gefördert werden müssen ebenso semantische und morpho-syntaktische Fähigkeiten sowie integrativ die Hörverstehens- und Kommunikationsfähigkeiten der Kinder. Die Fördermaßnahmen und -aktivitäten, die dabei zum Einsatz kommen, sollten nicht unverbunden nebeneinander stehen, wie es derzeit häufig der Fall ist, sondern auf der Grundlage eines kohärenten Sprachförderkonzepts aufeinander bezogen sein. Hierfür ist eine Fokussierung notwendig, wie sie etwa mit dem Ziel der Vorbereitung des Schriftspracherwerbs verbunden wäre.

Bei der Entwicklung und Implementierung eines solchen Förderkonzepts wird allerdings in Betracht zu ziehen sein, wie Träger von frühkindlichen und elementarpädagogischen Betreuungseinrichtungen sowie Erzieherinnen und Erzieher dafür gewonnen werden können, dieses tatsächlich auch umzusetzen. Insbesondere die Vorstellung einer gezielten Förderung von Kompetenzen, die zur Vorbereitung der Kinder auf das schulische Lernen dienen, stößt im Elementarbereich häufig auf Ablehnung (Hasselhorn, 2010). Zudem müssen die Konzepte so angelegt sein, dass Erzieherinnen und Erzieher mit realistischem Aufwand so qualifiziert bzw. weiterqualifiziert werden können, dass sie in der Lage sind, die Förderung effektiv durchzuführen. Konzepte, die davon ausgehen, dass Erzieherinnen und Erzieher über vertiefte und umfassende linguistische Kenntnisse verfügen und diese im Kitaalltag wirksam umsetzen können, dürften nur schwer zu realisieren sein (vgl. z.b. Hopp, Thoma & Tracy, 2010).

4   Sprachförderung in Schulen[2]

4.1   Relative Wirksamkeit ein- und mehrsprachiger Ansätze

Es ist weitgehend unumstritten, dass die Beherrschung der Instruktionssprache für schulischen Erfolg entscheidend ist. Diese ist insbesondere bei Kindern und Jugendlichen aus zugewanderten Familien jedoch auch noch im Schulalter häufig eingeschränkt.[3] Selbst bei intensiver Förderung im frühkindlichen und elementarpädagogischen Bereich wird es nicht immer gelingen, die mangelnden Lerngelegenheiten für den Erwerb der Instruktionssprache im familiären Umfeld auszugleichen. Für den Erwerb von Englisch als Zweitsprache in den USA etwa schätzt Hakuta (2011) auf der Basis von Längsschnittdaten, dass nach etwa 4–7 Jahren die meisten (80%) der „English Language Learners" das sprachliche Kompetenzniveau von Gleichaltrigen erreicht haben, deren Erstsprache Englisch ist. Die verbleibenden 20% benötigen auch nach diesem Zeitraum besondere Unterstützung.

---

2   Dieses Teilkapitel basiert in weiten Teilen auf einer Expertise von Paetsch, Wolf und Stanat (2010).

3   Zwar besteht auch bei vielen Heranwachsenden ohne Migrationshintergrund sprachlicher Förderbedarf, es ist derzeit jedoch ungeklärt, inwieweit ihre Probleme ähnlich gelagert sind wie bei Heranwachsenden mit Migrationshintergrund und inwieweit die beiden Gruppen von denselben Fördermaßnahmen profitieren würden. Da das Hauptaugenmerk der Forschung wie auch der pädagogischen Praxis bislang weitgehend auf Kindern und Jugendlichen lag, deren Erst- bzw. Familiensprache eine andere ist als die schulische Instruktionssprache, wird auch im Folgenden vor allem die Förderung dieser Gruppe in den Blick genommen. Welche Maßnahmen für Heranwachsende mit Förderbedarf geeignet sind, die Deutsch als Erstsprache gelernt haben, muss in zukünftiger Forschung geklärt werden.

Entsprechend ist es notwendig, auch in Schulen durchgängig Sprachförderung anzubieten.

In Bezug auf die Frage, welche Art der Sprachförderung effektiv ist, besteht jedoch wenig Einigkeit. Die schulische Förderung von Kindern und Jugendlichen, deren Erst- bzw. Familiensprache eine andere ist als die Instruktionssprache, erfolgt mit einer Vielzahl von Ansätzen, die oft nicht gut beschrieben sind und daher nur anhand von Oberflächenmerkmalen klassifiziert werden können (vgl. z.b. Bundesamt für Migration und Flüchtlinge, 2007; Redder et al., 2011). Eine zentrale Unterscheidung, die auch in der internationalen Literatur zur Zweitsprachförderung von Schülerinnen und Schülern verwendet wird, ist die zwischen einsprachigen und zweisprachigen Programmen (Übersichten finden sich z.b. bei Hakuta, 1999 und bei Reich & Roth, 2002). Zweisprachige Ansätze beziehen eine Förderung der Herkunftssprache der Kinder in ihr Konzept mit ein, während einsprachige Modelle durch die ausschließliche Verwendung der Instruktionssprache des jeweiligen Landes im Unterricht gekennzeichnet sind.

Häufig wird angenommen, dass zweisprachige Ansätze besser als einsprachige dazu geeignet sind, bei mehrsprachigen Kindern und Jugendlichen die Beherrschung der Zweitsprache zu fördern. Den theoretischen Ausgangspunkt dieser Annahme bildet die sogenannte Interdependenzhypothese, die vor allem von Cummins (1981) vertreten wird und wechselseitige Einflüsse zwischen den Kompetenzen in der Erst- und in der Zweitsprache postuliert. Demnach besteht die Interdependenz darin, dass allgemeine kognitive und linguistische Kompetenzen von einer auf die andere Sprache transferiert werden. Entsprechend wird erwartet, dass sich die Vermittlung von Kompetenzen in der Erstsprache positiv auf den Erwerb der Zweitsprache auswirken sollte. Nach Cummins (1981) kann ein Transfer aber nur erfolgen, wenn eine ausreichende Motivation zum Erlernen der Zweitsprache und genügend sprachliche Anregungen in der Zweitsprache vorhanden sind: "To the extent that instruction in Lx is effective in promoting proficiency in Lx, transfer of this proficiency to Ly will occur provided there is adequate exposure to Ly (either in school or environment) and adequate motivation to learn Ly" (Cummins, 1981, S. 29).

Wie auf der Grundlage der Interdependenzannahme zu erwarten ist, konnten verschiedene Studien tatsächlich Kovariationen zwischen Kompetenzen in Erst- und Zweitsprachen feststellen (z.B. Portes & Rumbaut, 2001; Lesemann, Scheel, Mayo & Messer, 2009). Dies lässt sich jedoch nicht als Beleg für die Gültigkeit der Interdependenzhypothese interpretieren. Die in den vorliegenden Studien beobachteten Zusammenhänge könnten auf Drittvariablen zurückzuführen sein, die in den Analysen nicht kontrolliert wurden (Verhoeven, 1987, 1994; Hopf, 2005; Esser, 2006, 2009). Zudem lässt sich anhand von Korrelationen keine Schlussfolgerung darüber ziehen, wie Schülerinnen und Schüler sprachlich am besten gefördert werden können. Hierzu sind Studien erforderlich, die Effekte unterschiedlicher Ansätze der Förderung prüfen.

Vor allem in den USA wurden zahlreiche Untersuchungen zur Effektivität bilingualer Förderung durchgeführt. Dabei handelte es sich überwiegend um bilinguale Transitionsprogramme, bei denen die Schülerinnen und Schüler zunächst sowohl in ihrer Herkunftssprache als auch in ihrer Zweitsprache unterrichtet werden. Mit diesen „Übergangsprogrammen" wird allerdings nicht die Entwicklung von Bilingualität angestrebt, sondern ihr primäres Ziel besteht darin, die Lernenden beim Erwerb von Kompetenzen im Fachunterricht zu unterstützen und den Übergang in den Regelunterricht möglichst reibungslos zu vollziehen. Der Anteil des in der Herkunftssprache abgehaltenen Unterrichts wird dabei schrittweise reduziert, bis schließlich nur noch in der Zweitsprache unterrichtet wird.

Die vorliegenden empirischen Untersuchungen zur relativen Wirksamkeit der untersuchten zweisprachigen Fördermaßnahmen im Vergleich zu einsprachigen Ansätzen ergeben kein eindeutiges Befundmuster (vgl. z.B. Greene, 1997; Hopf, 2005; Limbird & Stanat, 2006; Rossell & Baker, 1996; Söhn, 2005; Willig, 1985). Die Mehrzahl der Untersuchungen weist erhebliche methodische Mängel auf, die ihre Interpretierbarkeit stark beeinträchtigen. Aufgrund unterschiedlicher Populationsdefinitionen, Konzeptionen und Methoden der Studien sind verallgemeinernde Schlussfolgerungen kaum möglich (Fitzgerald, 1995). Ein besonderes Problem stellt die in der Regel unzulängliche Auswahl und Beschreibung der Vergleichsgruppen dar. Auch wurde in kaum einer Untersuchung in angemessener Weise dokumentiert, welche Art des Unterrichts die jeweiligen Kontrollgruppen erhalten haben. Insgesamt lässt sich anhand der aktuellen Befundlage lediglich feststellen, dass mehrsprachige Ansätze nicht zu schaden scheinen. Ob sich der Zweitspracherwerb mit ihnen besonders gut fördern lässt, ist unklar.

Trotz der erheblichen Schwächen der Studien und der nicht eindeutigen Befunde wurden die Ergebnisse aus den USA häufig als Nachweis für die Überlegenheit bilingualer Programme angeführt (z.B. Gogolin, 2008). Durch die über lange Zeit nahezu ausschließliche Fokussierung des Vergleichs einsprachiger und mehrsprachiger Förderung scheint fast vollständig aus dem Blick geraten zu sein, dass es in Deutschland und anderen Ländern immer auch notwendig sein wird, einsprachige Modelle umzusetzen. Selbst wenn sich zeigen sollte, dass mit bilingualen Modellen auch für die Entwicklung der Zweitsprache bessere Ergebnisse erzielt werden können, wäre es kaum möglich, bilingualen Unterricht flächendeckend anzubieten. Aufgrund der Sprachenvielfalt, die in vielen Schulen besteht, ist die Forderung unrealistisch, für jede Sprachgruppe einen bilingualen, mit dem allgemeinen Curriculum verzahnten Unterricht zu organisieren. Umso wichtiger ist es, sich verstärkt auch mit der Wirksamkeit von einsprachigen Maßnahmen der Förderung von Schülerinnen und Schülern mit Migrationshintergrund zu beschäftigen.

Für eine Förderung von Herkunftssprachen in Schulen lassen sich angesichts der bestehenden Befundlage also keine Nützlichkeitsargumente anführen (Esser, 2009). Dies bedeutet jedoch nicht zwangsläufig, dass darauf gänzlich verzichtet werden sollte. Auch die Existenz des Musik- und Kunstunterrichts wird man kaum mit Belegen für seine Nützlichkeit rechtfertigen können, dennoch würde wohl kaum jemand auf die Idee kommen, diese Fächer abzuschaffen. Die schriftsprachliche Beherrschung der Herkunftssprache der Familie eines Kindes kann ebenfalls als einen Wert an sich betrachtet werden. In einem Bildungssystem, das ein „Sich-Bilden" der Persönlichkeit zum Ziel hat, wäre es durchaus zu rechtfertigen, Heranwachsenden mit Migrationshintergrund die Möglichkeit eines intellektuellen Zugangs zu ihren kulturellen Wurzeln eröffnen zu wollen. Dies wäre allerdings eine rein normative Entscheidung.

Wissenschaftlich untersucht werden kann dagegen die Annahme, dass die Förderung herkunftssprachlicher Kompetenzen für die Identitäts- und Persönlichkeitsentwicklung von Heranwachsenden mit Migrationshintergrund von Bedeutung ist (Berry, Phinney, Sam & Vedder, 2006). Schülerinnen und Schüler mit Migrationshintergrund sind in ihrer Identitätsentwicklung dem Einfluss von mehreren Kulturen ausgesetzt und stehen vor der Herausforderung, mit kulturspezifischen Identitätsaspekten, die teilweise auch widersprüchlich sein können, umzugehen. Einige Studien weisen darauf hin, dass Personen, die Identitätsaspekte sowohl ihres Herkunftslandes als auch des Aufnahmelandes integrieren, psychosozial und soziokulturell am besten angepasst sind (Berry et al., 2006; Oysermann, 2008). Dabei kann Sprache eine wichtige Rolle spielen, da diese nicht nur Medium zur Kommunikation ist, sondern auch identitätsstiftende Funktionen hat (Wolfgramm, Rau, Zander-Music, Neuhaus & Hannover, 2010). Die Ergebnisse einer internationalen Studie zur Akkulturation und Adaption von zugewanderten Jugendlichen (Berry et al., 2006) deuten darauf hin, dass Jugendliche mit einem Integrationsprofil tendenziell die günstigsten Ergebnisse in Bezug auf sowohl die psychische Anpassung als auch die schulische und soziale Anpassung (operationalisiert durch Selbsteinschätzungsskalen zu „behavior problems" und „school adjustment") aufweisen. Jugendliche mit Integrationsprofil zeichnen sich dabei unter anderem durch gute Sprachkenntnisse des Aufnahmelandes und durchschnittliche herkunftssprachliche Fähigkeiten aus. Weiterhin berichten diese Jugendlichen, dass sie beide Sprachen regelmäßig benutzen. Berry et al. (2006) ziehen aus ihren Ergebnissen den Schluss, dass Jugendliche mit Migrationshintergrund ermutigt werden sollten, sich in die Aufnahmekultur zu integrieren und gleichzeitig einen Bezug zu ihrer Herkunftskultur aufrecht zu erhalten. Inwieweit jedoch eine Wertschätzung und Förderung der Herkunftssprachen und -kulturen auch positive Effekte auf den Schulerfolg nach sich zieht, ist allerdings unklar.

4.2   Wirksamkeit einsprachiger Ansätze

Um den Bedarf an Sprachförderung decken zu können, sind wirksame einsprachige Ansätze erforderlich, die sich in Schulen umsetzen lassen. In Deutschland kommen derzeit vor allem in Grundschulen vielfältige Fördermaßnahmen zum Einsatz. Über deren Effektivität und die ihnen zugrundeliegenden Wirkprozesse ist jedoch noch weniger bekannt als über die Effekte von Sprachförderung im Elementarbereich (Redder et al., 2011). Auch in der Sekundarstufe wird in Schulen vereinzelt Sprachförderung betrieben, allerdings scheint das Angebot in Deutschland deutlich weniger Schülerinnen und Schüler zu erreichen als in den meisten anderen PISA Teilnehmerstaaten. So besuchten 2009 in Deutschland nur 33% der 15-jährigen Jugendlichen mit Migrationshintergrund eine Schule, in der Förderunterricht in der Landessprache Deutsch angeboten wird, während die entsprechenden Quoten im OECD-Durchschnitt bei knapp 62%, in den Nachbarstaaten Österreich und Schweiz bei 58% und 75% lagen (Hertel, Hochweber, Steinert & Klieme, 2010).

Bislang wurden kaum systematische Interventionsstudien durchgeführt, um die Effekte einsprachiger Ansätze der Sprachförderung in Schulen zu überprüfen. Eine Ausnahme bildet das Projekt „Bedeutung und Form: Sprachsystematische und fachbezogene Förderung in der Zweitsprache", das derzeit an Berliner Grundschulen durchgeführt wird (Rösch & Stanat, 2011). Ziel des Projekts ist es, mit Hilfe eines feld-experimentellen Designs belastbare und generalisierbare Daten zur Wirksamkeit von zwei theoriebasierten Ansätzen der Zweitsprachförderung für Kinder mit Migrationshintergrund zu gewinnen. Den untersuchten Förderansätzen liegt dabei die theoretische Unterscheidung zwischen *Focus on Form* (z.B. Long, 1991) und *Focus on Meaning* (z.B. Krashen & Terell, 1983) zugrunde. Während nach dem *Focus on Form*-Ansatz die Strukturen der deutschen Sprache entdeckt und vermittelt werden, stehen bei der Sprachförderung nach dem *Focus on Meaning*-Ansatz die inhaltlichen Themen des vorfachlichen Unterrichts in den Lernbereichen Mathematik und Sachunterricht der Grundschule im Zentrum der Förderung. Die Wirksamkeit der beiden Ansätze wird dabei nicht nur anhand der sprachlichen Fähigkeiten der Kinder in Deutsch untersucht, sondern es wird auch geprüft, inwieweit sich die Zweitsprachförderung positiv auf die Leistungen in den Sachfächern Mathematik und Sachunterricht auswirkt. Das Projekt wird daher wichtige Hinweise darauf geben, welche Rolle die beiden Ansätze der Sprachförderung für die schulische Entwicklung von Kindern mit Migrationshintergrund in der Grundschule spielen können. Erste Ergebnisse des Projekts werden voraussichtlich Anfang 2013 vorliegen.

5   Fazit

Zusammenfassend lässt sich aus dem dargestellten Forschungsstand das Fazit ableiten, dass es deutlich schwieriger ist als häufig angenommen, sprachliche Kompetenzen von Kindern und Jugendlichen mit ungünstigen Ausgangsvoraussetzungen kompensatorisch zu fördern. So wird eine auch noch so systematische und gezielte Sprachförderung im Jahr vor der Einschulung bei weitem nicht ausreichen, um zu gewährleisten, dass die schwächsten Kinder den Anschluss finden. Es braucht Zeit, um die sprachlichen Kompetenzen zu entwickeln, die für erfolgreiches schulisches Lernen erforderlich sind. Die Förderung muss so früh wie möglich beginnen, um das ausgeprägte sprachliche Lernpotenzial von Kindern im Kleinkindalter und in der frühen Kindheit zu nutzen. Aufgrund der steigenden sprachlichen Anforderungen, mit denen Heranwachsende im Bildungsverlauf konfrontiert werden, wird die frühe Förderung allein jedoch oft nicht ausreichen, um die erforderlichen Basiskompetenzen zu sichern. Dies ist zum Beispiel in Schweden erkannt worden wo das Fach „Schwedisch als Zweitsprache" durchgängig nicht nur in der Grundschule, sondern auch noch in der Sekundarschule angeboten wird (Stanat & Christensen, 2006). In Deutschland konzentriert sich die Förderung dagegen fast ausschließlich auf den Elementar- und den Primarbereich.

Während es in den frühen Jahren der Förderung primär darum gehen muss, eine sprachförderliche Umgebung zu schaffen und Kindern vielfältige Erfahrungen mit der Erzähl-, Buch- und Schriftkultur zu ermöglichen, wird es mit zunehmendem Alter darüber hinaus erforderlich sein, systematischere Lerngelegenheiten und Förderaktivitäten bereitzustellen, die auf die Entwicklung bildungssprachlicher Kompetenzen abzielen. Hierfür existieren bereits zahlreiche Ansätze, die in der Praxis zum Einsatz kommen. Über die Effektivität dieser Maßnahmen ist jedoch im Allgemeinen nichts bekannt.

Zudem sind die Förderaktivitäten und Fördermaßnahmen innerhalb und zwischen den Bildungsetappen in der Regel kaum aufeinander bezogen. Ziel sollte daher sein, ein kohärentes, wissenschaftlich fundiertes Konzept der Sprachförderung zu entwickeln und dieses möglichst flächendeckend (z.B. innerhalb eines Bundeslandes) zu implementieren. Dies würde sicherstellen, dass alle Beteiligten

(Schulen, Lehrkräfte, Einrichtungen der Lehreraus- und Lehrerweiterbildung etc.) wissen, worum es geht, wenn über Sprachförderung gesprochen wird und das Konzept im Laufe der Zeit systematisch weiterentwickelt und optimiert werden kann. Auch für die gezielte Entwicklung von diagnostischen Instrumenten und die Gestaltung der Aus- und Weiterbildung von pädagogischem Personal ist es wichtig zu wissen, auf welche Art der Förderung sie ausgerichtet sein sollen.

Der vorliegende Beitrag konzentrierte sich überwiegend auf Fragen der Sprachförderung, wobei in Teilen vor allem die Zweitsprachförderung im Vordergrund stand. Es sollte dabei jedoch nicht aus dem Blick geraten, dass auch viele Kinder und Jugendlich ohne Migrationshintergrund Sprachförderbedarf aufweisen. Zudem wird die Förderung von sprachlicher Kompetenz in Bildungseinrichtungen allein nicht alle Probleme lösen können, die dazu führen, dass ein Teil der Kinder und Jugendliche gefährdet ist, den Anschluss im Bildungswesen zu verlieren. Zur Verbesserung der Lage von Heranwachsenden aus zugewanderten und sozial schwachen Familien ist es vielmehr notwendig, ihre gesamten Sozialisationsbedingungen in den Blick zu nehmen. Hierzu gehören kulturelle Hintergrundmerkmale ebenso wie der sozioökonomische und soziale Kontext, in dem sie aufwachsen. Dies lässt sich nicht allein durch Sprachförderung kompensieren, sondern bedarf deutlich breiter angelegter Förderkonzepte, die früh ansetzen und die Familien mit einbeziehen.

Literatur

Baumert, J., Klieme, E., Neubrand, M., Prenzel, M., Schiefele, U., Schneider, W., Stanat, P., Tillmann, K.-J., & Weiß, M. (2001). *PISA 2000: Basiskompetenzen von Schülerinnen und Schülern im internationalen Vergleich*. Opladen: Leske + Budrich.

Baumert, J. & Schümer, G. (2001). Familiäre Lebensverhältnisse, Bildungsbeteiligung und Kompetenzerwerb. In Deutsches PISA-Konsortium (Hrsg.), *PISA 2000. Basiskompetenzen von Schülerinnen und Schülern im internationalen Vergleich* (S. 323–407). Opladen: Leske + Budrich.

Baumert, J., Stanat, P. & Watermann, R. (2006). Schulstruktur und die Entstehung differentieller Lern- und Entwicklungsmilieus. In J. Baumert, P. Stanat & R. Watermann (Hrsg.), *Herkunftsbedingte Disparitäten im Bildungswesen: Differenzielle Bildungsprozesse und Probleme der Verteilungsgerechtigkeit* (S. 95–188). Wiesbaden: Verlag für Sozialwissenschaften.

Becker, B. (2010). Wer profitiert mehr vom Kindergarten? Die Wirkung der Kindergartenbesuchsdauer und Ausstattungsqualität auf die Entwicklung des deutschen Wortschatzes bei deutschen und türkischen Kindern. *Kölner Zeitschrift für Soziologie und Sozialpsychologie, 62*, 139–163.

Becker, B. & Biedinger, N. (2006). Ethnische Bildungsungleichheit zu Schulbeginn. *Kölner Zeitschrift für Soziologie und Sozialpsychologie, 58*, 660–684.

Berry, J., Phinney, J., Sam, D. & Vedder, P. (2006). Immigration youth: Acculturation, identity, and adaptation. *Applied Psychology: An International Review, 55*, 303–332.

Bundesamt für Migration und Flüchtlinge (2007). *Bundesweites Integrationsprogramm (§ 45 Aufenthaltsgesetz): Feststellung der Sprachförderangebote des Bundes und der Länder. Dokumentation.* Nürnberg: Bundesamt für Migration und Flüchtlinge (BaMF).

Burger, K. (2010). How does childhood care and education affect cognitive development? An international review of the effects of early interventions for children from different social backgrounds. *Early Childhood Research Quarterly, 25*, 140–165.

Cummins, J. (1981). The role of primary language development in promoting educational success for language minority students. In Office of Bilingual Bicultural Education (Hrsg.), *Schooling and language minority students: A theoretical framework* (S. 3–49). Los Angeles, CA: California State Department of Education.

Esser, H. (2006). *Sprache und Integration. Die sozialen Bedingungen und Folgen des Spracherwerbs von Migranten.* Frankfurt am Main: Campus Verlag.

Esser, H. (2009). Der Streit um die Zweisprachigkeit: Was bringt die Bilingualität? In I. Gogolin & U. Neumann (Hrsg.), *Streitfall Zweisprachigkeit – The bilingualism controversy* (S. 69–88). Wiesbaden: VS Verlag für Sozialwissenschaften.

Expertenrat "Herkunft und Bildungserfolg" (2011). *Empfehlungen für Bildungspolitische Weichenstellungen in der Perspektive auf das Jahr 2020 (BW 2020).* Baden-Württemberg: Ministerium für Kultur, Jugend und Sport

Fitzgerald, J. (1995). English-as-a-second-language learners' cognitive reading processes: A review of research in the United States. *Review of Educational Research, 65*, 145–190.

Gasteiger-Klicpera, B., Knapp, W. & Kucharz, D. (2010). *Abschlussbericht der wissenschaftlichen Begleitung des Programms „Sag' mal was – Sprachförderung für Vorschulkinder".* Weingarten: Pädagogische Hochschule Weingarten.

Gogolin, I. (2008). Erziehungsziel Mehrsprachigkeit. In C. Röhner (Hrsg.), *Erziehungsziel Mehrsprachigkeit. Diagnose von Sprachentwicklung und Förderung von Deutsch als Zweitsprache* (S. 13–22). Weinheim: Juventa.

Greene, J. P. (1997). A meta-analysis of the Rossell and Baker review of bilingual education research. *Bilingual Research Journal, 21*, 103–122.

Hakuta, K. (1999). The debate on bilingual education. *Developmental and Behavioral Pediatrics, 20*, 36–37.

Hakuta, K. (2011). Educating language minority students and affirming their equal rights: Research and practical implications. *Educational Researcher, 40*, 163–174.

Hart, B. & Risley, T. (1995). *Meaningful differences in the everyday experience of young American children.* Baltimore: Paul H. Brookes Publishing.

Hasselhorn, M. (2010). *Wirksamkeit vorschulischer Fördermaßnahmen. Expertise für den Expertenrat „Herkunft und Bildungserfolg" im Auftrag des Ministeriums für Kultus, Jugend und Sport des Landes Baden-Württemberg.* Unveröffentlichtes Manuskript.

Hertel, S., Hochweber, J., Steinert, B. & Klieme, E. (2010). Schulische Rahmenbedingungen und Lerngelegenheiten im Deutschunterricht. In E. Klieme, C. Artelt, J. Hartig, N. Jude, O. Köller, M. Prenzel, W. Schneider & P. Stanat (Hrsg.), *PISA 2009. Bilanz nach einem Jahrzehnt* (S. 113–151). Münster: Waxmann.

Hopf, D. (2005). Zweisprachigkeit und Schulleistung bei Migrantenkindern. *Zeitschrift für Pädagogik, 51*, 236–251.

Hopp, H., Thoma, D. & Tracy, R. (2010). Sprachförderkompetenz pädagogischer Fach-kräfte: Ein sprachwissenschaftliches Modell. *Zeitschrift für Erziehungswissenschaft, 13,* 609–629.

Klieme, E., Jude, N., Baumert, J. & Prenzel, M. (2010). PISA 2000–2009: Bilanz der Ver-änderungen im Schulsystem. In E. Klieme, C. Artelt, J. Hartig, N. Jude, O. Köller, M. Prenzel, W. Schneider & P. Stanat (Hrsg.), *PISA 2009. Bilanz nach einem Jahrzehnt* (S. 277–300). Münster: Waxmann.

Konsortium Bildungsberichterstattung (2010). *Bildung in Deutschland 2010. Ein indikato-rengestützter Bericht mit einer Analyse zu Perspektiven des Bildungswesens im demogra-fischen Wandel.* Bielefeld: Bertelsmann Verlag.

Krashen, S. & Terrell, T. (1983). *The Natural Approach: Language acquisition in the class-room.* Oxford, San Francisco: Pergamon, Alemany.

Kraus, K. (2005). Dialogisches Lesen – neue Wege der Sprachförderung in Kindergarten und Familie. In S. Roux (Hrsg.), *PISA und die Folgen: Sprache und Sprachförderung im Kindergarten* (S. 109–129). Landau: Verlag Empirische Pädagogik.

Kristen, C. (2008). Schulische Leistungen von Kindern aus türkischen Familien am Ende der Grundschulzeit. Befunde aus der IGLU-Studie. *Kölner Zeitschrift für Soziologie und Sozialpsychologie,* 48, 230–251.

Kultusministerkonferenz (2003). *Bildungsstandards im Fach Deutsch für den mittleren Schulabschluss. Beschluss vom 04.12.2003.* München, Neuwied: Wolters-Kluwer, Lucht-erhand Verlag.

Leseman, P., Scheel, A. F., Mayo, A. Y. & Messer, M. H. (2009). Bilingual development in early childhood and the languages used at home: Competition for scarce resources? In I. Gogolin & U. Neumann (Hrsg.), *Streitfall Zweisprachigkeit – The bilingual controversy* (S. 289–316). Wiesbaden: VS Verlag für Sozialwissenschaften.

Limbird, C. & Stanat, P. (2006). Sprachförderung bei Schülerinnen und Schülern mit Migrationshintergrund: Ansätze und ihre Wirksamkeit. In J. Baumert, P. Stanat & R. Watermann (Hrsg.), *Herkunftsbedingte Disparitäten im Bildungswesen: Differenzielle Bildungsprozesse und Probleme der Verteilungsgerechtigkeit; vertiefende Analysen im Rahmen von PISA 2000* (S. 257–307). Wiesbaden: VS Verlag.

Lisker, A. (2011). *Additive Maßnahmen zur Sprachförderung im Kindergarten – Eine Be-standsaufnahme in den Bundesländern: Expertise im Auftrag des Deutschen Jugendinsti-tuts.* München: Verlag Deutsches Jugendinstitut.

Long, M. H. (1991). Focus on Form: A design feature in language teaching methodology. In K. De Bot, R. B. Ginsberg & C. Kramsch (Hrsg.), *Foreign language research in cross-cultural perspective* (S. 39–52). Amsterdam, Philadelphia: John Benjamins.

Lonigan, C. J. & Whitehurst, G. J. (1998). Relative efficacy of parent and teacher involve-ment in a shared-reading intervention for preschool children from low-income back-grounds. *Early Childhood Research Quarterly, 13,* 163–290.

Naumann, J., Artelt, C., Schneider, W. & Stanat, P. (2010). Lesekompetenz. In E. Klieme, C. Artelt, J. Hartig, N. Jude, O. Köller, M. Prenzel, W. Schneider & P. Stanat (Hrsg.). PISA 2009. Bilanz nach einem Jahrzehnt (S. 23–71). Münster: Waxmann.

OECD (2004). *Education at a glance: OECD indicators 2004.* Paris: OECD.

Oysermann, D. (2008). Racial-ethnic self-schemas: Multidimensional identity-based moti-vation. *Journal of Research in Personality, 42,* 1186–1198.

Paetsch, J., Wolf, K. M., & Stanat, P. (2010). *Förderung von Kindern und Jugendlichen aus Zuwandererfamilien. Expertise für den Expertenrat „Herkunft und Bildungserfolg" im*

Auftrag des Ministeriums für Kultus, Jugend und Sport des Landes Baden-Württemberg. Unveröffentlichtes Manuskript.

Portes, A. & Rumbaut, R. G. (2001). *Legacies. The story of the immigrant second generation.* Berkeley: University of California Press.

Redder, A., Schwippert, K., Hasselhorn, M., Forschner, S., Fickermann, D. & Ehlich, K. (2011). *Bilanz und Konzeptualisierung von strukturierter Forschung zu „Sprachdiagnostik und Sprachförderung" (ZUSE-Berichte, Band 2).* Hamburg: Hamburger Zentrum zur Unterstützung der wissenschaftlichen Begleitung und Erforschung schulischer Entwicklungsprozesse (ZUSE).

Reich, H. H. & Roth, H. J. (2002). *Spracherwerb zweisprachig aufwachsender Kinder und Jugendlicher. Ein Überblick über den Stand der nationalen und internationalen Forschung.* Hamburg: Behörde für Bildung und Sport.

Roos, J., Polotzek, S. & Schöler, H. (2010). *EVAS – Evaluationsstudie zur Sprachförderung von Vorschulkindern: Abschlussbericht.* Heidelberg: Pädagogische Hochschule.

Rösch. R. & Stanat, P. (2011). Bedeutung und Form (BeFo): Formfokussierte und bedeutungsfokussierte Förderung in Deutsch als Zweitsprache. In N. Hahn & T. Roelcke (Hrsg.), *Grenzen überwinden mit Deutsch. Beiträge der 37. Jahrestagung DaF an der PH Freiburg* (S. 149–161). Göttingen: Universitätsverlag.

Roßbach, H.-G., Kluczniok, K. & Kuger, S. (2008). Auswirkungen eines Kindergartenbesuchs auf den kognitiv-leistungsbezogenen Entwicklungsstand von Kindern – Ein Forschungsüberblick. *Zeitschrift für Erziehungswissenschaft, Sonderheft 11,* 139–158.

Roßbach, H.-G. & Weinert, S. (2008). Kindliche Kompetenzen im Elementarbereich: Förderbarkeit, Bedeutung, Messung. Berlin: Bundesministerium für Bildung und Forschung.

Rossell, C. H. & Baker, K. (1996). The educational effectiveness of bilingual education. *Research in the Teaching of English, 30,* 7–74.

Schneider, W. & Näslund, J. (1999). The impact of early metalinguistic competencies and memory capacity on reading and spelling in elementary school: Results of the Munich Longitudinal Study on the genesis of individual competencies (LOGIC), *European Journal of Psychology of Education,* 8, 273–288.

Schweinhart, L. J., Montie, J., Xiang, Z., Barnett, W. S., Belfield, C. R., & Nores, M. (2005). *Lifetime effects: The HighScope Perry Preschool study through age 40.* Ypsilanti, MI: HighScope Press.

Söhn, J. (2005). *Zweisprachiger Schulunterricht für Migrantenkinder. Ergebnisse der Evaluationsforschung zu seinen Auswirkungen auf Zweitspracherwerb und Schulerfolg.* Berlin: Arbeitsstelle Interkulturelle Konflikte und gesellschaftliche Integration (AKI), Wissenschaftszentrum Berlin für Sozialforschung (WZB).

Stanat, P. & Christensen, G. S. (2006). *Where immigrant students succeed: A comparative review of performances and engagement in PISA 2003.* Paris: OECD.

Stanat, P. (2006). Schulleistungen von Jugendlichen mit Migrationshintergrund: Die Rolle der Zusammensetzung der Schülerschaft. In J. Baumert, P. Stanat & R. Watermann (Hrsg.), Herkunftsbedingte Disparitäten im Bildungswesen: Differenzielle Bildungsprozesse und Probleme der Verteilungsgerechtigkeit (S. 189–219). Wiesbaden: VS Verlag für Sozialwissenschaften.

Stanat, P., Rauch, D. & Segeritz, M. (2010). Schülerinnen und Schüler mit Migrationshintergrund. In E. Klieme, C. Artelt, J. Hartig, N. Jude, O. Köller, M. Prenzel, W. Schneider & P. Stanat (Hrsg.), *PISA 2009. Bilanz nach einem Jahrzehnt* (S. 200–230). Münster: Waxmann.

Stanat, P., Schwippert, K. & Gröhlich, C. (2010). Der Einfluss des Migrantenanteils in Schulklassen auf den Kompetenzerwerb: Längsschnittliche Überprüfung eines umstrittenen Effekts. In C. Allemann-Ghionda, P. Stanat, K. Göbel & C. Röhner (Hrsg.), Migration, Identität, Sprache und Bildungserfolg. 55. Beiheft der Zeitschrift für Pädagogik (S. 147–164). Weinheim: Beltz.

Verhoeven, L. (1987). *Ethnic minority children acquiring literacy.* Dordrecht: Foris Publication.

Verhoeven, L. (1994). Transfer in bilingual development: The linguistic interdependence hypothesis revisited. *Language Learning, 44,* 381–415.

Weber, J., Marx, P. & Schneider, W. (2007). Die Prävention von Lese-Rechtschreibschwierigkeiten bei Kindern mit nichtdeutscher Herkunftssprache durch ein Training der phonologischen Bewusstheit, *Zeitschrift für Pädagogische Psychologie, 21,* 65–75.

Weinert, S., Doil, H. & Frevert, S. (2008). Kompetenzmessungen im Vorschulalter: Eine Analyse vorliegender Verfahren. In H.-G. Roßbach & S. Weinert (Hrsg.), Kindliche Kompetenzen im Elementarbereich: Förderbarkeit, Bedeutung, Messung (S. 89–209). Berlin: Bundesministerium für Bildung und Forschung.

Willig, A. C. (1985). A meta-analysis of selected studies on the effectiveness of bilingual education. *Review of Educational Research, 55,* 269–317.

Willms, J. D. (2006). *Learning divides: Ten policy questions about the performance and equity of schools and schooling systems.* Montreal, Quebec: UNESCO Institute for Statistics.

Wolf, K. M., Felbrich, A., Stanat, P. & Wendt, W. (eingereicht). Evaluation der kompensatorischen Sprachförderung in Brandenburger Kindertagesstätten.

Wolf, K. M., Stanat, P. & Wendt, W. (2010a). *EkoS – Evaluation der kompensatorischen Sprachförderung: Erster Zwischenbericht.* Berlin, AB Empirische Bildungsforschung der Freien Universität. Verfügbar unter http://www.isq-bb.de/uploads/media/ekos-bericht-1-endfassung.pdf [September 2010].

Wolf, K. M., Stanat, P. & Wendt, W. (2010b). *EkoS – Evaluation der kompensatorischen Sprachförderung: Zweiter Zwischenbericht.* Berlin, AB Empirische Bildungsforschung der Freien Universität. Verfügbar unter http://www.isq-bb.de/uploads/media/ekos-bericht-2-endfassung.pdf [Juli 2011].

Wolfgramm, C., Rau, M., Zander-Musić, L., Neuhaus, J. & Hannover, B. (2010). Zum Zusammenhang zwischen kollektivem Selbstwert und der Motivation, Deutsch zu lernen: Eine Untersuchung von Schülerinnen und Schülern mit Migrationshintergrund in Deutschland und der Schweiz. In C. Allemann-Ghionda, P. Stanat, K. Göbel & C. Röhner (Hrsg.), Migration, Identität, Sprache und Bildungserfolg. 55. Beiheft der Zeitschrift für Pädagogik (S. 59–77). Weinheim: Beltz.

Institutional change and social class inequalities in educational attainment: the British experience since 1945

John H. Goldthorpe & Erzsébet Bukodi

The British case is chiefly of interest in the present context on account of the two following facts. First, since 1945, the state educational system has been substantially expanded, while, at the same time, extensive institutional changes have been made, a leading aim of which has been to create a greater equality of educational opportunity. Second, there is available in Britain an extensive database that allows one to examine how far, concomitantly with this institutional change, any reduction has occurred in social inequalities in actual educational attainment. Of particular importance are three birth-cohort studies that have followed through their life-courses children born in Britain in one week in 1946, 1958 and 1970.

In what follows, we briefly note the more important of the institutional changes referred to, and we then present evidence, from ongoing research, concerning trends in one particular form of social inequality in educational attainment: that is, inequality in relation to children's *social class* backgrounds – in our view, the most serious form.[1] Finally, we turn to questions of the interpretation of the findings we have reported.

The principle of 'secondary education for all' – free and compulsory – was established in Britain by the Butler Education Act of 1944. Initially, however, this principle was realised in a highly selective way through the so-called 'tripartite system'. While still in primary school, children were required, or rather allowed, to take an examination, known as the 'eleven-plus', which was largely a test of their cognitive abilities. Those who passed – the proportion varied locally between 10 and 25% – could attend academically-oriented grammar schools. Those who failed, or who did not take the examination, were then to be allocated to either technical secondary schools or to schools known as 'secondary moderns'.

---

1   There has been much discussion in Britain of the 'educational penalty' suffered by children from ethnic minorities. However, if one controls for children's social class backgrounds, one finds that this penalty is much reduced and that in some cases, as, for example, among children of Chinese or Indian ethnicity, the supposed penalty actually turns into an advantage.

In fact, technical schools were poorly developed and the large majority of those who did not gain access to grammar schools went to the secondary moderns. This selective system prevailed until 1965 when a programme of 'comprehensivisation' was started. This entailed the abolition of the 'eleven-plus' and the progression of all children from primary school to comprehensive, mixed-ability secondary schools. By the late 1970s, the programme was completed, although a few local authorities managed to preserve the tripartite – or in effect bipartite – system. And one should also remember that about 7% of all children continued – as they do to the present day – to attend fee-charging secondary schools outside the state sector.

As regards tertiary education, provision in Britain was very limited up to the 1960s, with less than 10% of young people attending institutions of higher education of any kind. However, following the Robbins Report of 1963, a major expansion of universities occurred. All those who qualified for university entry received free tuition and were eligible for maintenance grants on a sliding scale related to parental income. Expansion also occurred in other tertiary institutions, mainly the 'polytechnics' – specialising in higher vocational education – which were under local authority control. In 1992 this 'binary' system of higher education, which was thought to be unduly divisive, was ended, and all polytechnics were converted into universities. By this time, the proportion of 18-19 year-olds attending universities was over 20% and has since continued to rise, despite the introduction of tuition fees and the replacement, for most students, of grants by loans.

As a result of the expansion of the state system, there has been a general rise in the educational level of the population as a whole. More young people, from all social backgrounds alike, have achieved higher levels of educational qualification. Human, or 'cultural', capital has been substantially increased. However, what remains very much open to question is how far there has at the same time been a reduction in social inequalities in educational attainment, and, in particular, in inequalities associated with social class. We turn now to preliminary evidence from our current research that is based on the three birth-cohort studies we previously referred to.

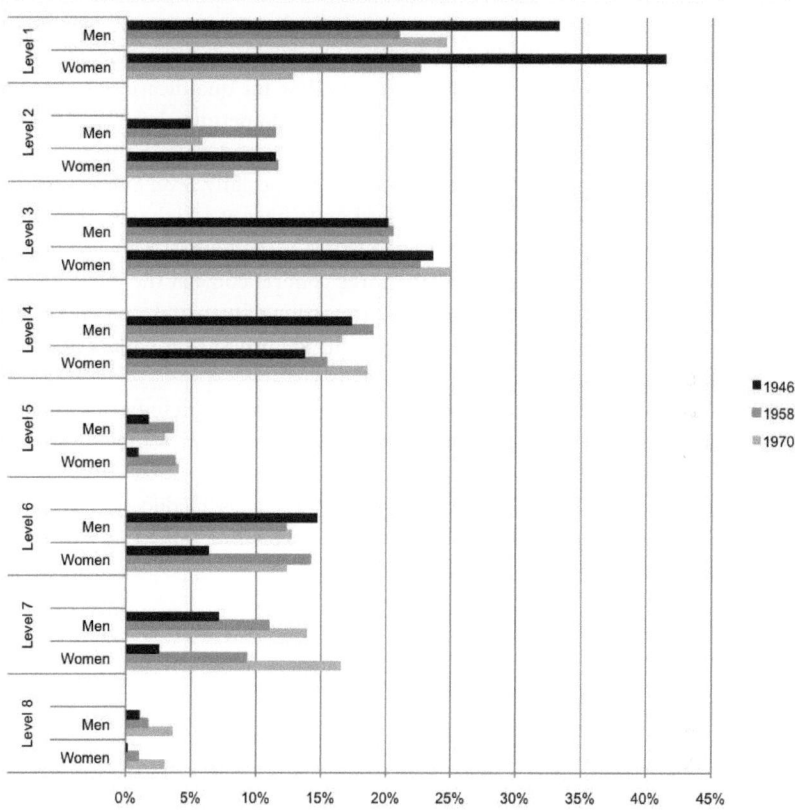

Figure 1: Highest level of qualification achieved by age 34, men and women in three birth cohorts
Level 1: None
Level 2: Below O/GCSE, NVQ 1
Level 3: 1-4 O/GCSE, NVQ 2
Level 4: 5+ O/GCSE, and/or 1 A, NVQ 3
Level 5: 2+ A
Level 6: Tertiary sub-degree, NVQ 4
Level 7: Degree, NVQ 5 or 6
Level 8: Higher degree

First, Figure 1 gives some descriptive results. It shows for men and women in each of the three cohorts *the highest level of educational qualification they had achieved by age 34*. We take this age so as to allow for qualifications achieved relatively late in life which in earlier research have sometimes been neglected.[2] Eight levels of educational qualification are distinguished, ranging from 'none' to 'higher university degree'. Note that level 4 and, especially, level 5 represent essentially 'transitional' qualifications that lead on to ones at a higher level, so that these qualifications themselves do not often figure as the highest achieved. It can be seen that the main changes across the three cohorts come at the lower and at the higher levels of the scale: that is, in the proportion of men and women having no qualifications, which tends to decline, and in the proportion having degrees, which steadily rises.

It may also be noted that while in the 1946 cohort men tend to have generally higher levels of qualification than do women, this gender difference in attainment disappears and is, if anything, reversed by the 1970 cohort.

Turning now to the main issue of social class differences in educational attainment, we work with a five-class schema which, as shown in Table 1, is a collapse of the seven-class Socio-economic Classification of the British Office of National Statistics.

Table 1: The class schema

ONS Socio-economic Classification	Five-class collapse
1 Higher professional and managerial	1
2 Lower professional and managerial	2
3 Intermediate	
4 Small employers and own account workers	3
5 Lower supervisory and technical	
6 Semi-routine	4
7 Routine	5

---

2   Many of these later life qualifications are of a vocational kind. We do not here attempt to describe the changing institutional structure of the British vocational educational system on account of its very complex - in part, because highly fragmented – nature; but in this case too changes were often introduced with the aim of widening opportunity and providing 'second chances'.

We use this schema to code children in the three cohorts according to their father's class at the time of their early adolescence. We then estimate a statistical model (a generalised ordered logistic regression model) in which highest level of qualification attained is the dependent variable and the two explanatory variables are father's social class and birth cohort.

Table 2: Changes in the strength of class effects at seven thresholds on the qualification scale across three birth cohorts

	Threshold						
	1 vs 2-8	1-2 vs 3-8	1-3 vs 4-8	1-4 vs 5-8	1-5 vs 6-8	1-6 vs 7-8	1-7 vs 8
Men	–	–	0	0	0	–/0	0
Women	–/+	–/0	–/0	–/0	–/0	–/0	0

–	weakening effect
0	no change
+	strengthening effect

Table 2 provides a summary of the results we obtain under our model when, in order to identify any changes in social class inequalities, we look at the interaction of class and cohort effects for each of the seven 'thresholds' that are implied by the eight levels of our qualifications scale. Minus or plus signs indicate a significant weakening or a strengthening of class effects across the cohorts while zeroes indicate no change. Where only one symbol is shown, this applies both to the comparison between the 1946 and 1958 cohorts and to that between the 1958 and 1970 cohorts; where two symbols are shown these apply to the first and to the second of these comparisons, respectively.

The overall impression created by the table is that across the three birth cohorts some decline has occurred in the effects of class origin on educational attainment but not one of a very consistent kind. In the case of men, a reduction in class effects is clearest at the two lowest thresholds, relating to whether they achieve some qualification rather than none or some higher qualification rather than none or only the lowest level. There is also a reduction at the sixth threshold – relating to whether men achieve a degree as opposed to some lower qualification but this is significant only as between the 1946 and 1958 cohorts. In the case of women, the situation is more straightforward. There is a fairly general decline in class effects as between the 1946 and 1958 cohorts but this does not continue between the 1958 and 1970 cohorts.

These results cannot, therefore, be seen as all that encouraging as regards the potential of institutional reform to narrow class inequalities in educational attainment. The provision of secondary education for all plus later comprehensivisation could be supposed to play some part in the reduction of class effects at the lower levels of the qualification scale – although it is unclear why then this reduction has not continued in the case of women. And other instances of a weakening in class effects that are apparent between the 1946 and 1958 cohorts tend to fade out with the 1970 cohort: that is, with the cohort whose members would have the fullest experience of comprehensivisation and also of the expansion of tertiary education on relatively favourable terms for students.

The question that rather obviously arises is, then, that of why it should be that institutional reforms aimed at creating a greater equality of educational opportunity should have been associated with only such quite modest and uncertain reductions in social class differences in actual educational attainment.

In one kind of response to this question, the emphasis is placed on variation in children's cognitive abilities. It is argued that children from more advantaged class backgrounds are, on average, more able than those from less advantaged backgrounds and will therefore do better educationally, regardless to a large extent of the institutional context. If variation in ability is then seen as being in large part genetically determined, what is maintained amounts to a form of Social Darwinism that leaves little room for effective reform of any kind. If, alternatively – and, in our view, with a far more secure scientific grounding – variation in ability is seen as resulting from a complex interaction of genetic and environmental, including of course sociocultural, factors, possibilities for reducing its variance can be recognised. However, in this case the relevant evidence would indicate that the focus of policy needs to be on 'pre-school' programmes, targeted on children from less advantaged backgrounds, rather than on institutional changes in the school system in itself. Or, in other words, the aim of policy must be to provide some form of 'compensation' for these children, in order to offset the effects of their disadvantage, by extending educational and wider socialisation processes back into the early years of their lives before they first enter the school system.

At the same time, though – and without in any way seeking to diminish the actual or potential importance of pre-school programmes – it can still be asked just how important *are* differences in cognitive ability, whatever its determinants might be, in creating existing differences in educational attainment? And further results from our research would indicate that to give ability a quite overriding importance is mistaken.

Figure 2: Cognitive ability and continuation to A-levels, 1958 birth cohort

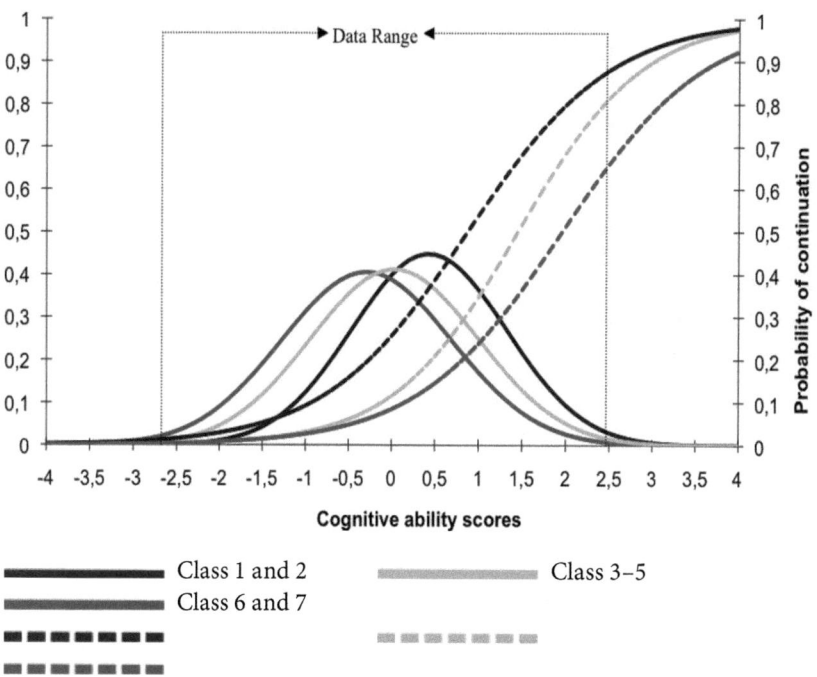

Figure 2 relates only to the 1958 birth cohort but essentially similar results are obtained for the 1946 and 1970 cohorts.[3] For the purposes of this figure, we divide children in the 1958 cohort according to the class of their fathers, using now a threefold collapse of our class schema, as indicated. We then estimate a statistical model (in this case, a binomial logistic regression model) that treats children's scores on tests of cognitive ability at age 10 – represented for each class by the three bell-curves – as a predictor of their probabilities of taking A-level examinations, crucial for university entrance, at around age 18 – represented for each class by the three S-curves.

As the positioning of the bell-curves on the ability axis reveals, an advantaged class background has a positive association with ability. But what has then also

---

3　The main differences are that for the 1946 cohort the S-curves lie to the left, and for the 1970 cohort to the right, of those for the 1958 cohort – reflecting the trend over time for children at all levels of ability to be more likely to go on to take A-levels.

to be noted is that *at all levels of ability* the S-curves show a *further* association between children's class backgrounds and their probability of taking A-levels. The curve for children of Class 1 and 2 origins lies always above that for children of Class 3–5 origins, which in turn lies always above that of children of Class 6 and 7 origins. Thus, at the average level of ability – the 0-point on the ability axis – children of Class 1 and 2 origins still have well over a 20% probability of taking A-levels while children of Class 3–5 origins have only a little over a 10% probability and those of Class 6 and 7 origins, less than a 10% probability.

It would therefore appear that there is a good deal more to class inequalities in educational attainment than simply class differences in ability. And indeed this line of argument can be taken a step further if we go on to consider not just the part played by ability in educational attainment but also the part played by *actual performance* at one stage in the educational system in individuals' subsequent educational careers and attainment.

Figure 3: O-level grades and continuation to A-levels, 1958 birth cohort

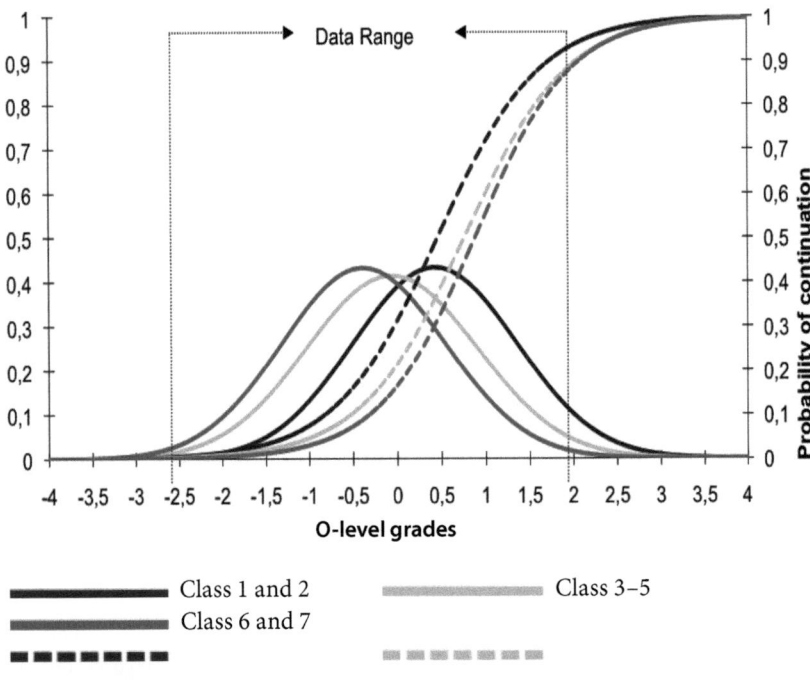

Figure 3 again relates to the 1958 cohort, and has the same form as Figure 2. The difference is that the bell-curves here relate not to children's ability scores but to the grades they actually obtained in public examinations (General Certificate of Secondary Education or equivalents) taken at around age 16. Like ability scores, these grades show an association with class background; children from more advantaged backgrounds do better. But, again, the S-curves plotting the probability of going on to take A-levels are also associated with class background at *all levels of previous examination performance*. Thus, at the average level of performance – the 0-point on the performance axis – children of Class 1 and 2 background have over a 30% probability of going on to A-levels as compared with a 20% probability for children of Class 3–5 background, and around a 15% probability for children of Class 6 and 7 background.[4]

Of late, sociologists studying educational inequalities have in fact given increasing importance to the distinction between 'primary effects' in the social determination of children's educational careers – i.e. the effects of previous attainment; and 'secondary effects' – i.e. the effects of the educational choices that children make, although of course always choices under greater or lesser degrees of constraint.

The conclusion to which we are led is, then, that if we want an explanation of why institutional reforms within the educational system appear of only rather limited effectiveness in reducing class inequalities in educational attainment, we need to look beyond class differences in cognitive ability *and also* beyond class differences in actual performance over the earlier, compulsory period of education.

We do not doubt that much can in fact be done to reduce differences of both these kinds – that is, to make the bell-curves of both Figures 2 and 3 overlap more closely – through intervention in the early years that can help children from disadvantaged social backgrounds to develop their cognitive abilities, although it needs to be recognised that this will entail fairly radical, and costly, institutional innovation rather than simply institutional reform. However, over and above this, we need also to address the issue of class differences in the educational careers that children pursue even when their levels of basic ability and their levels of previous educational performance are the same. Or, that is, we need also to reduce the gaps that lie between the S-curves of Figures 2 and 3.

---

4 Graphs for the 1946 and 1970 birth cohorts corresponding to those of Figure 3 for the 1958 cohort are on essentially the same lines, except again for the differences with the S-curves referred to in footnote 2: i.e. over time more children at all levels of previous performance as well as of ability have tended to take A-levels.

From research already undertaken, it is, we believe, clear enough that the factors that are crucially involved here are ones grounded in the realities of different social class positions, from which then stem differences in *motivation*, in *information* and – still most important, we would argue – in *economic resources*: in their level, in their security, and in their dynamics over the life course. These class-linked differences strongly condition educational choices and the educational careers that follow from them. From a political standpoint, it is no doubt easier to seek to change the form of educational institutions than to change more basic social structures. But it may well be that any substantial and lasting reduction in class inequalities of educational opportunity *and* attainment will be possible only through the reduction of prevailing class inequalities of condition.

Educational institutions and social selection in education

Robert Erikson

1 Introduction

Does the institutional setup of the national educational system have consequences for social selection in schools and thus for inequality of educational opportunity? It is probable that this is the case, but we lack firm knowledge about which aspects of the educational system that may have such effects. To complicate the question we must take notice of societal factors outside the educational system which influence the degree of social selection in schools.

Educational systems differ much among the industrialised nations, mainly due to historical circumstances. Even so, we find in all nations a clear association between children's social origins and their success at school. There are some differences between nations in the strength of this association, but I think that one should put more emphasis on the similarity than on the differences. This fundamental similarity implies that the background to inequality of educational opportunity should mainly be sought outside the educational system.

Differences between nations in the rate of success for children of varying backgrounds could, thus, not only depend on differences between them in the organisation of education but also on other national characteristics. To establish whether a difference in social selection in schools is due to specific factors in the organisation of national educational institutions is accordingly, to say the least, difficult. We can formulate hypotheses about effects, but the causal connections are in most cases unclear.

The possible effects of varying ways of organising schooling that I will take up must be regarded as hypotheses and the eventual effects of introducing one reform or another must be judged as possibilities rather than as certain consequences. However, policies must be developed also in areas where no firm knowledge is available and it is better to act on existing knowledge than on mere speculation.

I will first take up the classification of educational systems that I think is best suited for understanding why nations differ in terms of social selection in educational attainment and then try to establish how a few nations differ according to this classification. Next, I will discuss what we know, or in most cases just believe, of how the characteristics of national systems are related to educational outcomes. Before discussing possible policy alternatives I will mention some aspects of the process of social selection in schools.

2   Standardisation, stratification and vocational specificity

National forms of education differ in a large number of respects, but the classification of educational systems that, in my view, is best suited for understanding why nations differ in terms of social selection in education is based on Allmendinger's influential paper from 1989. She there takes up two bases for classifying educational system: the degree of standardisation and the degree of stratification.

Standardisation refers to the extent to which equal educational standards are upheld throughout a nation. In a highly standardised system the results and grades from different schools on the same level are fully comparable. Employers and higher educational institutions can rely on that grades are comparable all through the country; from which school a pupil received the grades is not relevant. If standardisation is low on the other hand, grades cannot be easily compared, the value of a certain grade will be highly dependent on from which school the grade was issued. Selecting organisations – institutions of higher education or employers – can in a highly standardised system rely on grades, while they in a less standardised system may have to resort to further information on the students' qualifications, e.g. in the form of entrance tests.

Stratification refers to the degree to which students at a certain level at school follow similar or different curricula. In an unstratified system all students follow the same study plan while those in a stratified system follow different educational tracks in which they may be taught according to quite different plans. Thus, students leaving schools in an unstratified system should be expected to have about the same competencies – although varying of course according to grades – while those leaving schools in a stratified system may have their competencies in widely differing areas.

Neither standardisation nor stratification can be expected to characterise the whole educational system of a nation. The elementary school system may be highly standardised while, say, institutions of higher education may differ widely in terms of excellence and standards. Tracking, which is related to the degree of stratification, will occur at some level of schooling, that is, in all countries children are at some age diverted to separate tracks at school (or do just leave it). Tracks may be distinguished by abilities of the students, academic content, degree of vocational training or some other aspect. The crucial question is not whether to introduce tracks or not but at what age tracking should start, what the characteristics of the different tracks should be, and according to which criteria students should be selected to tracks.

A further characteristic of importance is the vocational specificity of the tracks in a stratified system (curricula in an unstratified system cannot differ according varying vocational specificity). In some tracks students are provided with general vocational training, in other ones students are trained for employment in specific occupations, while, of course, there are also tracks where students get academic training for continuation to higher education. The degree of vocational specificity of a certain track will obviously have consequences for the breadth and depth of the competence of the students who leave the track and consequently for their options for taking up various positions in the labour market.

3   National differences in standardisation and stratification

To what extent can we then classify nations according to this typology? The early years of primary school seem in most nations to be standardised and unstratified. That is, all children are in similar ways taught the basic skills of reading and writing and there are hardly any great differences between schools in these respects (Müller & Kogan, 2010).

However, already in the later years of compulsory school we find some differences. Germany seems, in spite of the differences between the federal states, to have a standardised school system also at this stage, but it is clearly stratified given the different choices children have to make already at ages 10 to 12.

In contrast Swedish education at this stage is unstratified, with the same curriculum for all pupils. Swedish education is also meant to be standardised, but the recent development, where the responsibility for schools was moved from the state to municipalities and where publicly funded private schools were introduced, puts the expectation of an equal standard in some doubt. Competition between schools increased and this seems to have lead to an inflation in grades, resulting in grades from different schools becoming less comparable (Gustafsson & Yang-Hansen, 2009). However, primary schooling in Sweden is clearly unstratified as in principle all pupils follow the same study plan.

In the later years of primary education, pupils in the UK move to comprehensive secondary schools with similar curricula overall. Thus, British secondary education generally is standardised and unstratified, with the exception that around seven percent of the pupils go to public schools rather than to comprehensive secondary ones.

The United States seems to be the prime example of a country with an unstandardised and unstratified schooling system.

Education at the upper secondary level is typically stratified in European nations. Thus there are general tracks, which above all prepare the students for higher levels of education, and vocational tracks, in which students are trained for jobs in the labour market. However, nations differ in terms of the specificity of the vocational training and the extent to which this training wholly takes place in the schools or to some degree in the labour market in association with employers and firms. Germany is, of course, the prime case of a system with high vocational specificity, while the degree of vocational specificity is much lower in Sweden, where, furthermore, most or all of the vocational training takes place at school.

4   What can be believed –
and is in some cases known – about outcomes

1. A standardised system may be beneficial for overall results and to a slight advantage to pupils from less resourceful backgrounds. A system in which the state puts stricter demands on schools and develops some system for checking the results at individual schools may imply demands that lead to a better outcome on average, even if the restrictions may hinder successful experiments at a few innovative schools. Horn (2008) finds a slight positive effect of accountability on school effectiveness. A high degree of standardisation ought to give high resource parents less opportunities to act in support of their (less talented) children and thereby to less inequality of opportunity.
2. Stratification in primary or lower secondary school in the sense of early selection to different tracks is probably to the disadvantage of pupils from weaker backgrounds and hardly or only weakly to the advantage of those with better resources at home.

We know that the earlier in the school career children are differentiated into different tracks, the higher is the association between the children's choice of track and parental social class. The younger the children, the less accurately is it possible to assess their academic capabilities and the more important will parental aspiration be. With increasing age, the students' own interests and wants will have greater influence on the choices. Successful performance in lower secondary school may strengthen the belief of students from less resourceful social origins –

and that of their parents – that they have the capacity and interest to continue to academic tracks in upper secondary school.

A central question regarding early selection to general, i.e. more academic, tracks is whether there is an association between performance and tracking. Do students who are not separated according to ability on average have less good results than those in schools, where pupils are sorted according to assumed academic talent? Otherwise formulated, it could be the case that a separation of more and less talented pupils is to the advantage of both groups in that the teachers could choose a pedagogical level which is better adapted to the expected academic level of the students. However, it is well established that this in itself rather reasonable assumption is incorrect. The results of the negatively selected group becomes worse while those of positively selected does not seem to improve, all compared to the situation of unselected classes (Hanushek & Wössmann, 2006). The explanation could be that children who otherwise would go in negatively selected classes are influenced in their school work by their more talented peers. If differentiation of the pupils should result in better results for all, teachers would have to adapt their teaching to the circumstances of the pupils. However, in an overview article Hattie (2002) refers to evidence suggesting that teachers actually do not change their style of teaching in selected school classes. It could also be that the pupils in the positively selected classes are not all that talented, the selection at early ages is highly dependent upon the social background of the pupils – parents in higher social classes are eager to get their children into academic tracks, and often have the necessary resources to make this happen.

While it is thus probable that early introduction of different tracks – say in lower secondary school – leads to greater social selection, tracking has to start at some age. It is not obvious which the age is where on the one hand the influence of the social background on educational choices is reduced to a minimum, while students are given maximum opportunity to develop their potentials. If we can believe in the wisdom behind European educational policies, this age is less than seventeen, since in all European nations tracking starts below that age (Müller & Kogan, 2010).

The Swedish experience can illustrate the problems with extending the demands on academic contents in upper secondary school to all students. In 1994 the curricula of the vocational tracks in Swedish upper secondary school were changed to include more theoretical elements in order to give all students eligibility to university education after graduating from the gymnasium. The length of the vocational tracks increased in connection to this reform from two to three years and demands increased also in these tracks in subjects like mathematics and foreign languages. The results were overall negative. The dropout rate increased, that is, fewer passed though the upper secondary school and few of those who graduated from vocational tracks actually continued to university. The Government is now in process of changing the system again. This Swedish experience could give support to the view that tracking should start no later than at age seventeen.

3. Vocational specificity makes for a smoother transition from school to work, but may lead to less opportunities later in life. (An unstratified system cannot be vocationally specific).

It seems quite clear that vocational specificity in secondary school is conducive to a smooth transition from school to work, particularly when there is a link between the school and employers (Müller & Shavit, 1998; Breen, 2005). Youth unemployment rates in countries like Germany and Switzerland are clearly lower than in those, like Sweden, where vocational training in secondary school is more general. On the other hand it may be that more elaborate vocational specificity is connected to less career mobility, that the specific vocational training tends to confine the trainees to the specific area of work in which they were trained. Lower intergenerational mobility could follow, given the fairly strong association between social origin and educational attainment (Breen & Luijkx, 2004).

5   Selection mechanisms

Successful interventions demand knowledge of the process of selection and we know that social selection is due to two separate though related processes (Boudon, 1974):

1. Children from more advantaged backgrounds perform better at school. In all countries we find that they get better results on various measures of achievement. This is in the literature called the primary effects of social selection.
2. At points of transition from one educational level to another, say from primary school to secondary or from upper secondary school to university, children from different backgrounds tend to make different choices. Thus, children, with a more advantaged background, more often than others choose to continue to further education and more often choose academic rather than vocational tracks, also when compared to children from lower social classes who have performed equally well at school. This is in the literature called the secondary effects of social selection.

The causal mechanisms behind primary and secondary effects can at least partly be assumed to differ, which emphasises the importance to take notice of both processes when considering policies to reduce social selection in schools. While primary effects may mostly depend on the early environment, secondary effects may be best understood as the consequence of rational action by children and parents.

More in detail, primary effects – that upper class children perform better than children from the working class – are presumably grounded in early interaction within the family. We know, for instance, that children in more educated families are exposed to more words and a more elaborate vocabulary already in their first years (Härnqvist, 2002). From the start these children know many more words than children in less educated families and are consequently in a better position to learn to read and write and generally better prepared for the primary school. It has also been shown that early advances in reading ability have long term effects on performance in school. All this presumably contributes to the better performance of higher class children later on. Differences in language acquisition can thus be one mechanism leading to primary effects.

While thus primary effects are due to children's early years, secondary effects – different continuation choices given performance – are based on forward looking at the time of the transitions. That is, decisions are based on expectations of the consequences of different educational choices. Children and their parents may consider the costs of various forms of continued education and of how certain they are that they will succeed in different tracks. The subjective value of a certain education varies with the situation of the parents, partly connected to whether a certain choice would lead to the children receiving less education than their parents. Children from higher classes risk experiencing social demotion if they choose vocational rather than theoretical programmes in upper secondary school. It would seem as a major accomplishment if the daughter of supermarket cashier becomes a registered nurse. The same accomplishment by the son of a medical professor may be regarded as a major social failure. Vocational schooling is, on the other hand, a safe alternative for children from the working class, it could lead to a good job and the connected economic risk is small (Erikson & Jonsson, 1996; Breen & Goldthorpe, 1997).

The importance of both primary and secondary effects for the transition from primary to secondary school is now well established by studies in several countries (Jackson et al., 2007; Erikson & Rudolphi, 2010; Neugebauer, 2010), while we know less about their role for the attainment of a university education. In Figure 1, the two effects are illustrated for the step from completed secondary academic education to an advanced university exam (demanding at least four years of study). The bell shaped curves show the distribution of grade point averages from upper secondary school for two social groups and the s-shaped curves the probability of an exam given grade. Group I consist of children where at least one of the parents had a university exam *and* a higher managerial or professional job. The parents of group II had either only compulsory education and at most a routine non-manual job *or* lower vocational training and a working class job.[1]

Figure 1: Grade point averages from upper secondary school and probabilities to take an exam from advanced university studies for children of two social origins. Only boys and girls born 1972 who had graduated from academic upper secondary school

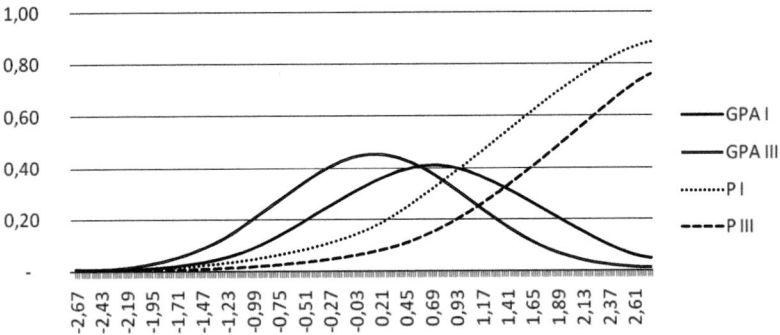

Figure 2: Test results and probabilities to take an exam from advanced university programmes for children of two social origins. Boys and girls born 1972

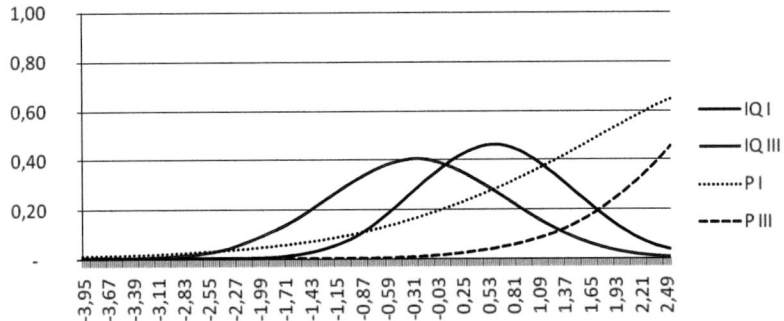

1   The figures are based on longitudinal data from the Cohort-sequential longitudinal database Evaluation through follow-up (ETF) for a 10 percent national representative sample of the birth cohort of 1972. The data are administrated by the Department of

Figure 3: Test results and probabilities to take an exam from advanced university programmes for children of two social origins. Only boys and girls born 1972 who had graduated from academic upper secondary school.

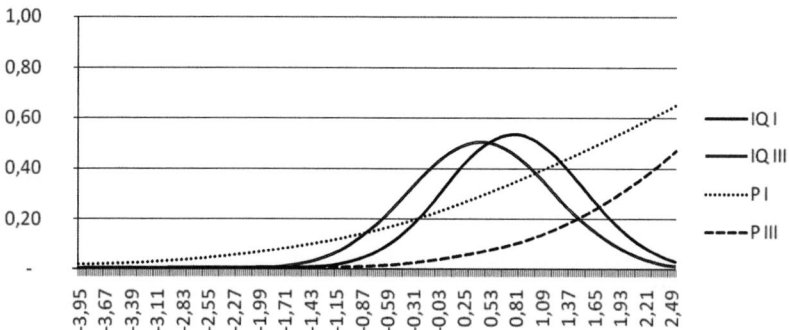

The two groups of students are obviously positively selected from all pupils in primary school. This selection was presumably greater for children from less privileged homes with the consequence that the difference is relatively small (at least compared to the situation after primary school) – slightly less than 0.6 standard deviation units. This difference in performance between the two social groups is the primary effect of selection to an advanced university exam.

However, the difference in the proportion taking a university exam among students who have done equally well at upper secondary school is rather substantial, as is indicated by the difference between the two s-shaped curves. For a large part of the performance distribution this difference amounts to more than 20 percentage points.

The primary and secondary effects account for around 50 percent each of the association between the social origins of the students and attainment of an advanced university degree.

Figure 1 is based on the theoretically most relevant comparison, where only students who after secondary school are eligible to enter universities are compared. However, as already mentioned, this group is in terms of ability and diligence a positive selection from all primary school pupils. So how large are the

Education and Educational Research at Gothenburg University in close cooperation with Statistics Sweden (Härnqvist, 2000). Cognitive tests were administered at school when the pupils were around age 13 and grade point averages (GPA) refer to those given in the final year of upper secondary school.

differences among all children from the two origin groups? To get a picture of the association between social origin, cognitive ability and university degrees, we can look at the results for all children and instead of a measure of performance use the results from a cognitive test given when they were 13 years old.

Figure 2 shows, in a similar way as Figure 1, the difference in test results and probability of an advanced university exam, but now for all children who left primary school around 1988. The differences in both test results and probability of an advanced university exam are rather substantial. The average difference in test result between the two groups amounts to close to one standard deviation (0.89). The differences in exam probability are between 20 and 30 percentage points among those with more than average test results. Only a few talented children from less advantaged social backgrounds have continued to an advanced university exam – for example only about seven percent of those with an IQ-value of one standard deviation above the general mean have taken such an exam.

The large differences between the transition curves in Figure 2 are presumably due to the substantial differences in the proportions that followed academic tracks in upper secondary school. Figure 3 is similar to Figure 2, except that in this case we only include those who graduated from academic upper secondary school. What is first obvious is that the two test distributions now are much closer to each other due to the stricter selection of children from the lower class. The two transition curves are slightly closer to each other than in Figure 2, but the difference is still substantial – close to 20 percent also among the most talented children. There seems to be an obvious case to encourage talented young men and women from lower social classes to enter advanced forms of university education.

6   Social conditions are most important for educational selection

The degree of social selection in schools is much the same in industrial societies, suggesting that the variation between national educational institutions account for fairly little of the association between social origins and educational attainment. Of more importance are the resources of families in different social classes relative to each other. If the differences in the distribution of relative advantages of social classes do not change, the degree of social selection in education will overall remain unchanged and interventions in the educational system will only have minor effects – unless they in some way affect the influence of parental resources.

Differences in at least one kind of parental resources have actually become smaller in the last fifty years, that is, variation in parents' education has been reduced, thanks to the general increase of compulsory education. This development could be one factor contributing to an explanation of why social selection in education has decreased in Germany and Sweden (Breen et al., 2009, 2010).

Another form of parental resources has in Sweden been connected to a decrease in social selection in education. It was shown to decrease during a long period of low levels of unemployment and with decreased income inequality (Erikson, 1996). This result suggests that economic security is important for young boys and girls to take the risk of continuing to higher education. That is, stable incomes and a permanent low risk of unemployment seem to have given working class parents economic security enough to support their children's education.

While social selection overall only has changed slightly in Europe, what could called 'gender selection' has changed dramatically. While girls not so long ago did receive clearly less education than boys, they now have surpassed boys in terms of educational attainment. Why this has happened is not clearly understood, but it seems probable that it rather is due to changes in the use of family resources than to changes in the educational systems. That is, the remarkable decrease – and actually reversal – of the association between gender and education could be the consequence of parents earlier finding little reason to support their daughters' educational careers, while they now may support sons and daughters to an equal extent. If this is the case, it again points at the importance of family resources for differences in educational attainment.

7   Considerations on policy

While I want to emphasise that social selection in education to a large extent is due to factors outside the educational system and that differences in such selection between the industrialised countries are small, I still would claim that there is evidence for the institutional setup of schools having an effect on this association, even if perhaps only minor one. Some of the observations made above could therefore be considered in attempts to reduce the effect of social background on educational attainment.

There is fairly good evidence that children, who attend high quality crèches, kindergartens or other pre-schools gain in cognitive skills. This effect may be stronger for children from less advantaged backgrounds (Carneiro & Heckman, 2003). A policy resulting in all children, or nearly all children, attending high quality pre-schools may thus improve children's learning later on, and would reduce primary effects, if the improvements are greater for children from the working class. Actually, even if children regardless of social background gain equally much from the attendance in high quality pre-schools, a general gain in cognitive and social skills must be regarded as positive. The activity in the kindergartens does not have to be of school character, children's cognitive and social development are supported by qualified play environments and of the experience of having to adapt to other children, which may otherwise be less common in these days of smaller sibling groups (Sammons et al., 2008).

Special support could be given to children, who have difficulties during the first school years. In Finland a large proportion of the children in primary school get such extra support. This could be one of the reasons for the on average very good results by Finnish pupils in the PISA and TIMSS studies and likewise for the relatively small variation among Finnish pupils in this respect.

Attempts to reduce secondary effects should consider what children and their parents take into account when they make decisions on future education. The younger the child is when a decision is taken, the less is known about the child's cognitive resources and general ability for school work. Parents from higher social classes have greater trust in their children's academic abilities and better knowledge of what is needed to succeed in higher education. Before less educated parents believe that a more academic track is a good choice, they may need to be convinced that their children have the necessary abilities, a conviction that they could receive by their children's performance in the later years of primary school. The lower the age when a decision is taken the more can we assume that the choice is dependent on the parents' aspirations for the child and the less on the child's abilities and interests.

Separation of children into different educational tracks already in the ages of 10 to 12 will then be particularly influenced by parental social class and education. Later separation can be expected to reduce the degree of social selection. The age at which children are sent to different tracks will influence how important secondary effects are.

A standardisation of the educational system, leading to the results in different schools being more comparable and more accountable for the educational outcomes, could have a slight effect both on average results and on social selection.

Parents and children presumably also consider the costs related to different varieties of continued education and less well off families can be expected to steer away from varieties that will lead to great costs. Support to the costs of university education was in Sweden shown to contribute to reduced social selection (Erikson, 1996). Reduction of the costs of higher education – both in terms of direct and indirect ones – could then be expected to reduce the degree of social selection on this level. The effects will probably be rather small, however, since most of the selection happens in the early school years. It is much more difficult to affect choices to tertiary education at ages 18–20 than choices to upper secondary education. Even so, the cost of a university education may look more formidable to children, whose parents cannot give them financial support, than to children who will get such support in one kind or another. Reductions in the cost of a university education may thus increase the number of talented young persons acquiring a university certificate.

There are in some educational systems dead ends, meaning that those who did choose a vocational track in practice have no opportunity to get back into an academic one, while other systems are open in this respect. The open variety increases the possibility for young students to compensate for earlier mistakes and will thus increase the extent to which talented youngsters can find the most appropriate schooling. However, open systems seems not to decrease the degree of social selection as evidence suggest that ways 'back' are mostly taken by children from the upper middle class (Erikson & Jonsson, 1993).

To summarise, social selection in education is mostly dependent on factors outside the educational system, and can hardly be eliminated, while possible to reduce. Characteristics of the educational system that are related to a relatively smaller association between children's social background and their educational attainment include early intervention to support children's cognitive and social development, avoiding early selection of pupils into different school tracks and reduction of the costs related to a university education.

References

Allmendinger, J. (1989). Educational systems and labor market outcomes. *European Sociological Review*. 5: 231–250.

Boudon, R. (1974). *Education, Opportunity, and Social Inequality. Changing Prospects in Western Society*. New York: John Wiley & Sons.

Breen, R. (2005). "Explaining Cross-national Variation in Youth Unemployment: Market and Institutional Factors," *European Sociological Review*, 21 (2): 125–134.

Breen, R. & Goldthorpe, J. (1997). Explaining Educational Differentials: Towards a Formal Rational Action Theory. *Rationality and Society*, 9, 275–305.

Breen, R. & Luijkx, R. (2004). 'Social Mobility in Europe Between 1970 and 2000', in R. Breen *(ed.), Social Mobility in Europe*. Oxford: Oxford University Press: 37–75.

Breen, R., Luijkx, R., Müller, W. & Pollak, R. (2009). Non-Persistent Inequality in Educational Attainment: Evidence from Eight European Countries. *American Journal of Sociology*, 114, 1475–1521.

Breen, R., Luijkx, R., Müller, W. & Pollak, R. (2010). Long term-trends in educational inequality in Europe: class inequalities and gender differences, *European Sociological Review*. 26: 31–48.

Carneiro, P. & Heckman, J. (2003). Human capital policy, Working Paper 9495 http://www.nber.org/papers/w9495

Erikson, R. & Jonsson, J. O. (1993). *Ursprung och utbildning. - Social snedrekrytering till högre studier.* SOU 1993:85.

Erikson, R. (1996). "Explaining Change in Educational Inequality - Economic Security and School Reforms", in R. Erikson & J. O. Jonsson (eds.), *Can Education be Equalized? Sweden in Comparative Perspective.* Boulder, Col.: Westview: 95–112.

Erikson, R. & Jonsson, J O. (1996). Introduction. Explaining class inequality in education: The Swedish test case, in Erikson, R. & Jonsson, J. O. (eds.), *Can Education be Equalized? Sweden in Comparative Perspective.* Boulder, Co.: Westview Press: 1–63.

Erikson, R. & Rudolphi, F. (2010). "Change in Social Selection to Upper Secondary School - Primary and Secondary Effects in Sweden", *European Sociological Review*, 26: 291–305.

Gustafsson J-E. & Yang-Hansen, K. (2009). Resultatförändringar i svensk grundskola, in Vad påverkar resultaten i svensk grundskola? Kunskapsöversikt om betydelsen av olika faktorer. Stockholm: Skolverket: 40–82.

Hanushek, E. A. & Wößmann, L. (2006): Does educational tracking affect performance and inequality? Differences in differences evidence across countries. *The Economic Journal*, 116, C63–C76.

Härnqvist, K. (2000). Evaluation through follow-up. A longitudinal program for studying education and career development, in Janson, C.-G. (ed.), *Seven Swedish longitudinal studies in behavioral science.* Stockholm: Forskningsrådsnämnden.

Härnqvist, K. (2002). Det talade språket i ett longitudinellt perspektiv. *Pedagogisk Forskning i Sverige* 7: 176–182.

Hattie, J. A. C. (2002): Classroom composition and peer effects, *International Journal of Educational Research* 37: 449–481.

Horn, D. (2008): Age of selection counts: a cross-country comparison of educational institutions. MZES: Working Paper 107.

Jackson, M., Erikson, R., Goldthorpe, J. H. & Yaish, M. (2007). "Primary and Secondary Effects in Class Differentials in Educational Attainment: the Transition to A-level Courses in England and Wales", *Acta Sociologica* 50: 211–229.

Müller, W. & Kogan, I. (2010). Education, in S. Immerfall, G. Therborn, eds. *Handbook of European Societies: Social Transformation in the 21st Century.* New York: Springer, 217–289.

Müller, W. & Shavit, Y. (1998). "The Institutional Embeddedness of the Stratification Process: A Comparative Study of Qualifications and Occupations in Thirteen Countries", in Y. Shavit & W. Muller (eds) *From School to Work: A Comparative Study of Educational Qualifications and Occupational Destinations.* Oxford, England: Clarendon Press: 1–48.

Neugebauer, M. (2010). Bildungsungleichheit und Grundschulempfehlung beim Übergang auf das Gymnasium: Eine Dekomposition primärer und sekundärer Herkunftseffekte *Zeitschrift für Soziologie*, 39: 202–214.

Sammons, P. K., Sylva, E., Melhuish, I., Siraj-Blatchford, B., Taggart, S., Hunt, H. & Jelicic, R. (2008): Effective pre-school and primary education 3–11 project (eppe 3–11): Influences on children's cognitive and social development in year 6. Department for children, schools and families.

Starke und schwache Instrumente zur Beförderung von Chancengleichheit im Bildungswesen

Helmut Fend

1 Einleitung

Verfassungsrechtlich und institutionsgeschichtlich ist die Beteiligung an schulischen Bildungsprozessen vom Gebot der Nicht-Benachteiligung geprägt. Drei Artikel des Grundgesetzes suchen die Gleichheit im Bildungswesen zu schützen. Art 3 (3) lautet: „Niemand darf wegen seines Geschlechtes, seiner Abstammung, seiner Rasse, seiner Sprache, seiner Heimat und Herkunft, seines Glaubens, seiner religiösen oder politischen Anschauungen benachteiligt oder bevorzugt werden. Niemand darf wegen seiner Behinderung benachteiligt werden." Artikel 6 (2) wiederum besagt: „Pflege und Erziehung der Kinder sind das natürliche Recht der Eltern und die zuvörderst ihnen obliegende Pflicht." Schließlich heißt es in Art. 7 (1) „Das gesamte Schulwesen steht unter der Aufsicht des Staates."

Von den normativen Grundlagen her besteht somit eine Nicht-Diskriminierungspflicht des Staates im Bildungswesen, da es unter seiner Aufsicht steht. Gleichzeitig haben Eltern das primäre Recht, über die Erziehung ihrer Kinder, und damit auch über ihre Schullaufbahn, zu entscheiden. Im Prinzip werden damit Eltern rechtlich befugt, das Bildungswesen für ihre Bildungsziele zu nutzen und alle Ressourcen zu aktivieren, um die gewünschten Bildungswege ihrer Kinder sicher zu stellen. Dass dieses Recht nicht immer gegolten hat, zeigten die Verhältnisse in der ehemaligen DDR. Hier wurden Kinder der Arbeiter- und Bauernschicht per Gesetz systematisch bevorzugt und der Staat übernahm weitgehend das Recht zu entscheiden, in welche Bildungslaufbahnen Kinder eintreten können.

Die Eingriffsrechte des Staates beschränken sich auf dem Hintergrund der bestehenden Rechtslage heute darauf, Kinder von Bildungswegen auszuschließen, wenn sie Leistungskriterien nicht entsprechen. Um dies jeweils tun zu können, ist ein umfangreicher Regelapparat nötig und einzuhalten (Einspruchsrechte, Wiederholungsprüfungen, Wahl von privaten Schulen usw.).

Der Maßstab für „Nichtdiskriminierung" im Bildungswesen müsste dann darin bestehen, dass unter Beachtung der Leistungskriterien niemand wegen seines Geschlechts, seiner Herkunft bzw. seiner Weltanschauung benachteiligt ist.

Dieser normativen Gestalt des Bildungswesens steht eine Empirie der faktischen Bildungsbeteiligung gegenüber, die die Bildungssoziologie im Detail beschrieben hat. Spätestens seit den Studien aus den 60er Jahren wissen wir, dass hohe und stabile Zusammenhänge zwischen der Bildungsbeteiligung und askriptiven Merkmalen von Personen bestehen. In den 60er Jahren wurde manifest, dass Mädchen, Kinder vom Lande, katholische Kinder und Arbeiterkinder deutlich benachteiligt sind (Peisert, 1967). In der Zwischenzeit haben sind alle Benachteiligungen, mit Ausnahe jener nach der sozialen Herkunft, ausgeglichen. Die Bildungsexpansion der letzten Jahrzehnte, die Verbesserung eines ortsnahen Schulangebotes und der Abbau ökonomischer Hürden (Schulgeld, Schulkosten) hat dazu beigetragen, den Verfassungsauftrag zu verwirklichen.

Besonders seit den PISA-Studien hat sich erneut erhärtet, wie groß die Benachteiligung nach sozialer Herkunft im Bildungswesen faktisch tatsächlich ist. Die neuesten Ergebnisse zeigen weiterhin große Probleme der Bildungsgerechtigkeit, etwa die Folgenden:

- Die Chancen, eine Gymnasial*empfehlung* der Lehrperson nach der 4. Klasse zu erhalten – unter Kontrolle der Lesekompetenz und kognitiven Grundfähigkeit) – sind für die Obere Dienstklasse im Vergleich zu Facharbeiterkindern 2,6 mal höher. Facharbeiterkinder brauchen ca. 50 Punkte mehr als Kinder der oberen Dienstklasse, um eine Gymnasialempfehlung zu bekommen (Bos, Hornberg et al., 2007).
- Die relativen Chancen des Gymnasial*besuchs* der *oberen bzw. unteren Dienstklasse* (definiert nach Goldthorpe, 2000) im Vergleich zu *Facharbeitern* sind bei *gleichen kognitiven Grundfähigkeiten*, je nach Bundesland, zwischen 2mal und 6mal höher (Baumert & Schümer, 2002, S. 163 ff.)
- Kinder von Eltern mit Hochschulreife brauchen bei Leistungstests für die Gymnasialempfehlung 65 Punkte, Kinder von Eltern mit Hauptschulabschluss 82 Punkte und Kinder von Eltern ohne Schulabschluss 98 Punkte. (Allmendinger & Aisenbrey, 2002; Ditton & Krüsken, 2006; Bos, Hornberg et al., 2007).

Unterschiedlichen Bildungschancen bei gleichem intellektuellem Ausgangsniveau zeigten schon die Gesamtschulstudien der 70er Jahre. Plastisch kommt dies in Tab. 1 zum Ausdruck, in der die Schüler der 9. Schulstufe des traditionellen Bildungswesens (Erhebung 1978/79 in Nordrhein-Westfalen und Niedersachsen) in drei Intelligenzgruppen (nach CFT 2) eingeteilt sind. Gleichzeitig sind dort diese Intelligenzgruppen nach dem sozialen Hintergrund in Ober- bzw. Mittelschicht und in Arbeiterschichten untergliedert.

Tabelle 1: Besuchte Schulform in der 9. Schulstufe nach Intelligenzgruppen und sozialer Herkunft

Zeilenprozente | Gesamtschulstudie 1978/79 (Fend, 1982)

Intelligenzgruppen (1-26/27-31/32-45)	Soziale Herkunft SES Kleining&Moore (1-4/5-7)	*BESUCHTE SCHULFORM*			
		N	HAUPT-SCHULE	REAL-SCHULE	GYM-NASIUM
UNTERES INTELLIGENZ-DRITTEL	Ober-Mittelschicht	54	24	33	43
	Arbeiterschicht	277	75	21	5
MITTLERES INTELLIGENZ-DRITTEL	Ober-Mittelschicht	49	8	27	65
	Arbeiterschicht	243	65	21	14
OBERES INTELLIGENZ-DRITTEL	Ober-Mittelschicht	92	4	20	76
	Arbeiterschicht	192	46	35	19

Die Wahrscheinlichkeit, im Gymnasium zu sein, ist unübersehbar von der sozialen Herkunft abhängig, und dies auch bei Konstanthaltung der „Begabung" – hier gemessen als sprachfreie Intelligenz nach dem Culture-fair-Test von Cattell (Cattell, 1971). Während aus dem *unteren* Intelligenzdrittel noch 43% auf dem Gymnasium sind, wenn sie aus der Ober- und Mittelschicht stammen, sind es nur 19% der Kinder aus der Arbeiterschicht, die im *oberen* Intelligenzdrittel sind.

In der LifE-Studie, in der die Bildungsverläufe vom 6. Schuljahr bis zum 35. Lebensjahr längsschnittlich untersucht wurden, zeigt sich ein analoges Phänomen. Hier stand die Bildungsherkunft im Mittelpunkt, insbesondere die Unterscheidung von Eltern mit gymnasialem Hintergrund und nicht-gymnasialem Hintergrund. Die Wahrscheinlichkeit, dass die Kinder aus diesen verschiedenen Elternhäusern wieder im Gymnasium sind, ist in Tabelle 2 (S. 128) festgehalten. Dabei wird wiederum nach „Begabungsgruppen" unterschieden, diesmal gemessen anhand eines Kurztests zur verbalen Kompetenz.

Tabelle 2: Bildungsaufstieg und Bildungsabstieg nach Kompetenzgruppen (Verbale Kompetenz, gemessen im Alter von 13, 14 und 15 Jahren, Summenwert über drei Jahre) Terzile (Wertebereich 30-42/43-47/48-60)

	UNTERES KOMPETENZ-DRITTEL[a])		MITTLERES KOMPETENZ-DRITTEL		OBERES KOMPETENZ-DRITTEL	
	BILDUNGSNIVEAU DER KINDER		BILDUNGSNIVEAU DER KINDER		BILDUNGSNIVEAU DER KINDER	
BILDUNGS-NIVEAU DER ELTERN	Ohne Abitur	Mit Abitur	Ohne Abitur	Mit Abitur	Ohne Abitur	Mit Abitur
Eltern ohne Abitur	89%	11%	84%	16%	45%	55%
Eltern mit Abitur	74%	26%	42%	58%	18%	82%
Odds-ratios	2,91		7,02		3,73	

a: Kompetenzen, gemessen durch einen Kurztest des Wortverständnisses der IEA (International Association for the Evaluation of Educational Achievement) adaptiert. Dieser Test wurde über drei Jahre, im Alter von 13, 14 und 15 eingesetzt und die Werte summiert.

Tabelle 2 zeigt ein klares Bild: Es ist die mittlere Kompetenzgruppe, in der sich der Bildungshintergrund der Eltern besonders stark auswirkt. Hier betragen die Odds-ratios etwa 1:7, im Vergleich zu etwa 1:3 in den anderen Gruppen. Der Vorteil des Elternhauses wirkt sich also bei einer durchschnittlichen Begabung der Kinder besonders stark aus. Bei diesem Kompetenzniveau kommt es besonders auf die Entscheidungsstärke des Elternhauses an.

In der Summe ist unübersehbar, dass Verfassungsnorm und Verfassungswirklichkeit bei der Bildungsbeteiligung stark auseinanderklaffen. Sie ist jedoch teilweise selber durch die Verfassung mitbedingt, da in ihr das Erziehungsrecht der Eltern und damit auch die Investitionsfreiheit in Bildungslaufbahnen sowie das Recht der Schulwahl bei entsprechenden Leistungsvoraussetzungen garantiert ist.

Auch angesichts des Wertes der Elternrechte erscheint es wünschenswert, diese Verhältnisse zu ändern. Viel ist seit den 60er Jahre denn auch geschehen. Im Vordergrund der Veränderungen in den letzten fünfzig Jahren steht die *Expansion* des Bildungswesens. Sie sollte die Opportunitätsstrukturen für weiterführende Bildungswege positiv beeinflusst haben. Die Literatur dazu ist jedoch kontrovers. Blossfeld und Shavit (1993) kamen zum Schluss, dass sich in der Struktur der Bildungsbeteiligung in den letzten 50 Jahren wenig geändert habe. Auf der Grundlage der SOEP-Daten glauben Heineck und Riphahn (2007), zu gleichen Schlussfolgerungen kommen zu müssen. Müller hingegen belegt, dass die Bildungsexpansion auch zu einer Erhöhung der Chancen bislang benachteiligter sozialer Schichten geführt hat (Breen, Luijkx et al., 2009).

Um einen Vergleich mit den obigen Daten aus den Gesamtschulstudien zu ermöglichen, wäre eine Replikation der entsprechenden Studien notwendig (Fend, 1982). Eine solche hat leider nie stattgefunden.

Auf diesem Hintergrund ist die Frage nach wie vor von großer Bedeutung, wie es gelingen kann, den Verfassungsauftrag zu realisieren und eine Verfassungswirklichkeit zu befördern, die von größerer Chancengerechtigkeit gekennzeichnet ist.

2 Gestaltungsinstrumente

Chancenungleichheit wird in der Literatur nicht nur als Ergebnis der größeren Ressourcen von Familien interpretiert, sondern auch die Schule als Akteur kommt ins Blickfeld. Da der Staat hier gestalten kann, liegt es nahe, ihn zur Verantwortung zu ziehen und ihm Maßnahmen nahe zu legen. Wir kennen in der Zwischenzeit auch viele Instrumente, die hier helfen sollen. Dazu zählen z.B.

- der Aufbau eines *ortsnahen Angebotes* an Ausbildungswegen,
- die Reduzierung bzw. die Aufhebung der ökonomischen Barrieren durch Abschaffung oder Milderung von *Schulkosten* (Reduzierung der Bedeutung ökonomischen Kapitals),
- die Stärkung der *Förderverantwortung der Schule*, um die unterschiedlichen Förderchancen des Elternhauses zu kompensieren (Reduzierung der Bedeutung kulturellen Kapitals bei primären Effekten),
- die Reduzierung von Risikoentscheidungen, die das soziale Kapital der Eltern zum Tragen kommen lassen, wie z.B. eine *frühe Festlegung von Bildungswegen* (Müller-Benedict, 2007; Berger & Kahlert, 2008), durch eine teilweise Übertragung der Entscheidung über Aufstiege und Abstiege bei Bildungswegen auf die Schule (Reduzierung von Ungleichheiten sozialen Kapitals bei Entscheidungen und damit Reduzierung sekundärer Effekte). Das Offenhalten von Bildungswegen im Sinne optimaler *Durchlässigkeit* an verschiedenen Schwellen der Bildungslaufbahnen (nach der Sekundarstufe I, Berufsbildungswege, Übergänge in die Hochschule).

Unter den obigen Instrumenten nimmt die Thematik der Verlängerung gemeinsamen Lernens in Gemeinschaftsschulen eine Schlüsselstellung ein.

Um die Wirksamkeit dieses Instruments soll es im Folgenden gehen. Zwei Quellen aus dem eigenen Forschungsumkreis können dazu herangezogen werden: Die „alten" Gesamtschulstudien und die neueren Daten über Bildungsverläufe vom 12. zum 35. Lebensjahr im Kontext der LifE-Studie.

In den Gesamtschulstudien der 1970er Jahre (Fend, 1982) konnte fünfmal an grossen Stichproben geprüft werden, wie groß die *repräsentative Chancengleichheit* (gleiche Vertretung aller Bevölkerungsgruppen in den entsprechenden Schulformen der Sekundarstufe I) im herkömmlichen Bildungswesen ist, und fünfmal vergleichen, ob die Chancenungleichheit in Gesamtschulen geringer wird, ob also die zentrale Gesamtschulerwartung, die der Reduktion von Chancenungleichheit, erfüllt wird. Das Ergebnis war eindeutig: Bei allen Vergleichen zeigte sich, dass die Verzerrung nach sozialer Herkunft in Gesamtschulen geringer ist, wenn man als Vergleichskriterium zur Schulformzugehörigkeit im dreigliedrigen Bildungswesen einen Kursindex in Gesamtschulen zugrunde legt, der *in Grenzen* mit der Schulformzugehörigkeit vergleichbar ist. Besonders deutlich fiel die grössere Chancengleichheit bei den Angebotsschulen (Modellschulen neben herkömmlichen Schulen) ins Auge. Beim Regelangebot im Sinne einer *flächendeckenden* Einführung der Gesamtschule (Kreis Wetzlar in Hessen) fand sich ebenfalls eine Reduktion der Chancenungleichheit, sie hatte jedoch nicht jenes Ausmaß wie z.B. bei Modellschulen. Der Prozentsatz der Kinder aus der Arbeiterschicht, die auf ein hohes Schulniveau kamen, war aber um mindestens 10% größer als im herkömmlichen Bildungswesen. Darin bestand der Minimalwert für die Verbesserung der Bildungschancen von Kindern der Arbeiterschicht im integrierten Schulsystem.

Um dies zu fundamentieren, entwickelten wir ein Maß, welches den Grad der relativen Verzerrung in der Bildungsbeteiligung verschiedener Bevölkerungsgruppen an verschiedenen Bildungswegen anzeigt. Es handelt sich um das CUG-Mass (Chancen-Ungleichheitsmaß), das zwischen 0 und 100 variiert, wobei 0 die geringste und 100 die größte Chancenungleichheit bedeutet. Der jeweilige Wert ist dabei interpretierbar als Prozentsatz realisierter Chancenungleichheit an der maximal möglichen Chancenungleichheit. Ein Wert von 50 bedeutet also, dass 50% der maximal möglichen Chancenungleichheit realisiert sind (vgl. Nagl, 1976, S. 214–218).

Abbildung 1 illustriert die Unterschiede in der Chancenungleichheit zwischen dem herkömmlichen Bildungswesen und dem Gesamtschulsystem.

Es hat in Gesamtschulen aber keine Chancenumverteilung etwa in dem Sinne stattgefunden, dass Kinder aus der Obersicht zugunsten von Kindern der Grundschicht schlechtere Chancen hatten. Die Reduktion der Chancenungleichheit ging vielmehr auf einen Chancenzuwachs von Kindern der Arbeiterschicht zurück und zwar bei gleich bleibenden Chancen der Kinder aus der Oberschicht. Technisch gesprochen führt dies dazu, dass wir in der Regel nur bei den Kindern der Arbeiterschicht schulsystemspezifische Unterschiede in der Chancengleichheit finden. Gleichzeitig bedeutet dies, dass der Chancenzuwachs der Kinder der Arbeiterschaft mit einer Expansion höherer Abschlüsse verbunden sein muss. Die Schule hat die Einstufung in Leistungsgruppen weitgehend in Eigenregie durchgeführt, was zu größeren Chancen von bislang benachteiligten sozialen Schichten geführt hat.

Die größere Chancengleichheit zeigte sich dabei auch dann noch, wenn die „Begabung" konstant gehalten wurde, bzw. wenn berücksichtigt wird, dass der Einfluss der sozialen Herkunft bei Konstanthaltung der Leistungen gering sein sollte *(bedingte Chancengleichheit)* (Fend, 2009).

Abbildung 1: Chancenungleichheit in verschiedenen Bildungssystemen (Fend, 1982, S. 140)

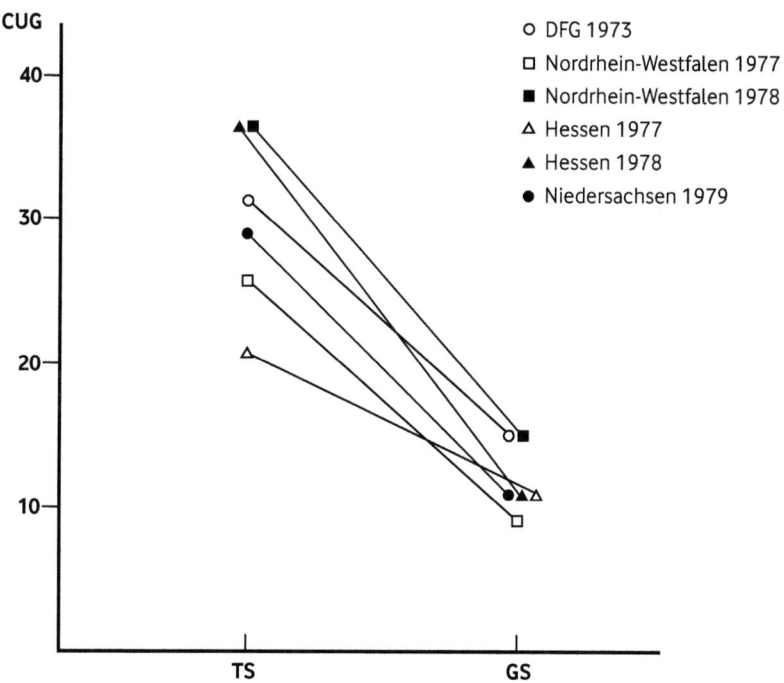

In der LifE-Studie, in der ca. 1600 Personen von der 6. Klasse bis zum 35. Lebensjahr in Hessen längsschnittlich untersucht wurden (Fend, Berger et al., 2009) konnte diese Altersphase ebenfalls abgebildet werden. Hier war es zudem möglich, längeres oder kürzeres gemeinsames Lernen durch den Vergleich von *herkömmlichen Schulformen*, von *Förderstufen* (gemeinsames Lernen bis zum 6. Schuljahr) und *Gesamtschulen* (gemeinsames Lernen bis zum 10. Schuljahr) abzubilden. Gleichzeitig konnten *Kurzzeiteffekte* auf die Chancengleichheit (6. bis 9. Schuljahr) und *Langzeiteffekte* (endgültig erreichter Schulabschluss bzw. endgültig erreichte Berufsausbildung bzw. Berufspositionen bis zum 35. Lebensjahr) unterschieden werden.

Die Untersuchung der Kurzzeiteffekte erbrachte für den Vergleich von Gesamtschulen und herkömmlichen Schulen den gleichen Effekt wie in den oben zitieren Gesamtschulstudien. Lediglich die Förderstufen (sechs Jahre gemeinsamen Lernens) zeigten keine größere Chancengleichheit.

Die Daten zeigen also in der Tat (Fend, 2009), dass Gesamtschulen *während der Sekundarstufe I* sozial weniger selektiv waren und eine engere Bindung der Laufbahnen an Begabungsvoraussetzungen erreichten.

Die LifE-Studie ermöglichte zusätzlich, die Langzeiteffekte der sozialen Herkunft in verschiedenen Schulsystemen zu untersuchen. Werden die positiven Effekte der größeren Chancengleichheit in Gesamtschulen stabil gehalten? Diese Hoffnung hat sich nicht erfüllt. In lebensgeschichtlicher Sicht haben sich die Effekte der sozialen Herkunft in verschiedenen Schulsystemen wieder angeglichen. Bei den 35-Jährigen waren die Einflüsse der sozialen Herkunft auf Bildungsabschluss, Berufsbildung und Beruf gleich, also nicht vom besuchten Schulsystem abhängig. In Abbildung 3 ist dies für die Berufsausbildung im dualen bzw. vollzeitschulischen Bereich im Gegensatz zum Hochschulabschluss dargestellt. Die Verlängerung gemeinsamen Lernens *allein* erwies sich *hier* nicht als nachhaltig genug, um substanziell die Chancengleichheit zu erhöhen. Analog zu den Ergebnissen der früheren Gesamtschulstudien (Fend, 1982) war dies für den Zeitraum des Schulbesuchs der Fall, aber nicht in der Lebensverlaufsperspektive.

Abbildung 2: CASMIN-Kriterien der Bildungs- und Berufslaufbahnen, soziale Herkunft und Durchlauf durch unterschiedliche Schulsysteme in der SekundarstufeN = 847

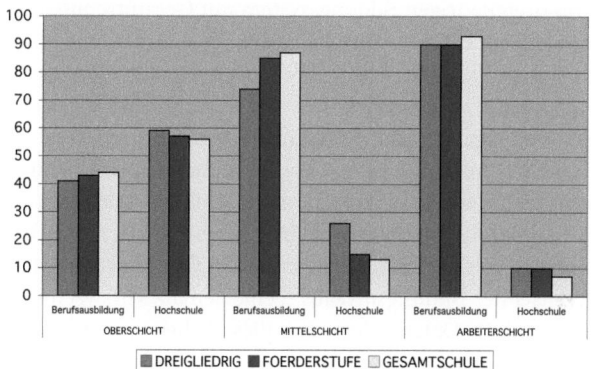

Methodisch zeigt sich dies darin, dass es keine Interaktionen zwischen der sozialen Herkunft und dem besuchten Schulsystem, mehrebenentstatistisch abgesichert, gibt. In Abbildung 2 kommt dies in gleichen sozialen Gradienten in verschiedenen Schulsystemen zum Ausdruck.

Abbildung 3: Soziale Gradienten beim höchsten Abschluss der Berufsausbildung nach unterschiedlichen in der Schulzeit durchlaufenen Bildungssystemen.

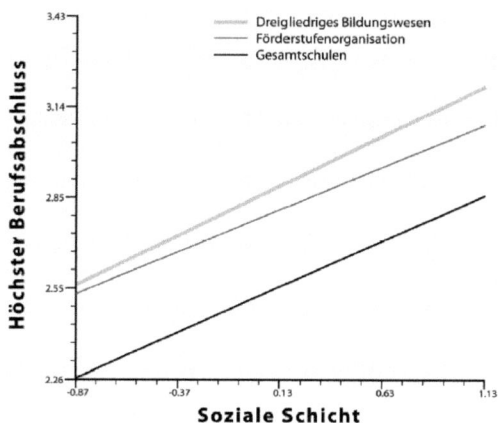

Die LifE-Daten bieten zudem die Möglichkeit, das Verhältnis von Erwartungen (ab dem 12. Lebensjahr) und erreichten Bildungszielen (bis zum 35. Lebensjahr) in unterschiedlichen Bildungssystemen zu untersuchen. Der Vergleich von Schülerschaften im dreigliedrigen Bildungssystem mit Gesamtschulen ist deshalb bedeutsam, weil letztere u.a. mit dem Ziel gegründet wurden, die Bildungslaufbahnen länger offen zu halten und damit besser an die sich entwickelnden Schüler anzupassen. So wäre zu erwarten, dass die Zusammenhänge zwischen frühen Erwartungen, von eigenen und insbesondere von Bildungserwartungen der Eltern und erreichten Abschlüssen in Gesamtschulen deutlich niedriger ausfallen, da bei gemeinsamen Lernen bis zum zehnten Schuljahr mehr Zeit für die Veränderung von Laufbahnerwartungen bleibt. Frühere Studien hatten gezeigt, dass in der Tat gerade in den Schuljahren zwischen fünf und zehn in Gesamtschulen mehr Wechsel der Bildungsniveaus (gemessen an Kurswechseln) stattfinden (Fend, 1982). Die LifE-Daten gehen über diese Lebensspanne vom fünften zum zehnten Schuljahr hinaus und ermöglichen es, das endgültig erreichte Bildungsniveau zu untersuchen.

Den Ausgangspunkt bilden hier die von Schülern in der 6. Klasse wahrgenommenen Erwartungen der Eltern. Diese spannen den Horizont auf, an dem sich dann Erfolg oder Enttäuschung messen. Vor einem Vergleich ist jedoch zu berücksichtigen, dass die Schülerschaften im dreigliedrigen Bildungswesen und in Gesamtschulen nicht gleich sind. Das Kompetenzniveau in Gesamtschulen ist signifikant niedriger (Kompetenzscore, summiert über drei Jahre: TS: 45,6, GS: 44,09 ***). Realistischerweise nehmen auch deutlich weniger Schüler in Gesamtschulen mit 12 Jahren wahr, dass die Eltern von ihnen eine Hochschulreife erwarten (52% vs. 31%). Innerhalb dieser Grenzen interessiert hier, ob in herkömmlichen Schulen bzw. in den ehemaligen Gesamtschulen unterschiedliche Muster von Erwartung und Zielerreichung bestehen, ob also deutlich mehr Veränderungen in Gesamtschulen zu beobachten sind. Auch diese Hoffnung erfüllt sich nicht. Tab. 3 zeigt deutlich, dass eine gleich hohe Stabilität von Bildungserwartungen in der 6. Schulstufe und endgültig erreichten Schulabschlüssen in beiden Bildungssystemen besteht (Chi2 der Differenz: 8,9, p = 0,18). Es ergeben sich bei eigene und bei Elternerwartungen keine Unterschiede in den Differenzen zwischen Wünschen und Realisierungen. Sie liegen im gegliederten Bildungswesen bei 32%, im Gesamtschulsystem bei 36%. Dabei überwiegen die „Enttäuschungen" jeweils die Erfolge. Die Verlängerung der Zeiträume gemeinsamen Lernens allein hat somit für unsere Kohorte keine fundamentalen Veränderungen des Zusammenhanges von Bildungsaspirationen der Eltern und Kinder mit deren Einlösung erbracht.

Tabelle 3: Erwarteter Schulabschluss mit 12 Jahren und höchster Bildungsabschluss mit 35 Jahren, aufgegliedert nach dreigliedrigem Bildungssystem und Gesamtschulsystem

Zeilenprozente | DREIGLIEDRIGES BILDUNGSSYSTEM

		Höchster Schulabschluss mit 35		
Wahrgenomm. Schulabschlusserwartungen der Eltern mit 12	N	Kein Abschluss/ Hauptschule	Realschulabschluss	Fachhochschulreife, Abitur
Hauptschulabschluss	22	60	23	18
Realschulabschluss	101	14	67	19
Abitur	231	3	28	69

C= .534 | GESAMTSCHULSYSTEM

		Höchster Schulabschluss mit 35		
Wahrgenomm. Schulabschlusserwartungen der Eltern mit 12	N	Kein Abschluss/ Hauptschule	Realschulabschluss	Fachhochschulreife, Abitur
Hauptschulabschluss	49	59	37	4
Realschulabschluss	131	16	72	12
Abitur	123	2	37	61

C= .569

In der Summe ergibt sich aus diesen Daten, dass in der Langzeitperspektive von Bildungsgängen das Elternhaus stärker zu sein scheint als die Schule. Eltern werden immer dann bedeutsam, wenn Entscheidungen anstehen, insbesondere Übergangsentscheidungen. Bildungslaufbahnen setzen sich aus einer Abfolge von Übergängen zusammen. Dabei werden Aspirationen und Ressourcen bedeutsam, von ökonomischen Mitteln, über bildungsorientierte Werte bis hin zu sozialen Netzwerken, um Entscheidungen abzusichern und durchzusetzen. Die Bildungssoziologie spricht dabei von sekundären Effekten, im Gegensatz zu den primären, die bei der besseren Förderung in bildungsnahen Elternhäusern zum Tragen kommt. Die sekundären Effekte zeigen sich hier, wenn das *Verhältnis von Bildungserwartungen und erreichten Schulabschlüssen* in verschiedenen Bildungssystemen analysiert wird und sie zeigt sich, wenn die *Langzeitbedeutung der sozialen Herkunft* ins Auge gefasst wird. Die Bemühungen der Eltern um die optimale Bildungslaufbahn für ihre Kinder ändern sich nicht, wenn sich die Regeln des sozialen Aufstiegs im Bildungswesen ändern. Sie nutzen offensichtlich – die LifE-Daten weisen zumindest darauf hin – auch Schulen mit längerem gemeinsamem Lernen so, dass ihre Bildungserwartungen realisiert werden können.

3   Bildungspolitische Konsequenzen

Die obigen Ergebnisse legen die Einschätzung nahe, dass die Verlängerung gemeinsamen Lernens unter den damaligen historischen und institutionellen Umständen ein zu schwaches Instrument war, um nachhaltig mehr Chancengleichheit zu befördern. Die Investitionsmöglichkeiten und Investitionsbereitschaften der Eltern in die Bildungslaufbahn der Kinder, erwiesen sich langfristig als bedeutsamer.

Dies ist kein grundsätzliches Argument gegen die Stärkung und Verlängerung gemeinsamen Lernens; es kann aus vielerlei Gründen sinnvoll sein, etwas um ein besseres ortsnahes Bildungsangebot zu sichern, um die Stigmatisierung schwächerer Schülergruppen in ausgliedernden Schulformen (Hauptschulen, Förderschulen) unnötig zu machen, um die soziale Integration eines Volkes zu stärken bzw. soziale Spaltungen zu verhindern und um die ethisch fragliche weil lebensgeschichtlich zu frühe Bestimmung über Menschen zu vermeiden. Bei einer staatlich legitimierten Entscheidung über Schullaufbahnen im zehnten Lebensjahr, also im Kindesalter, sind diese unzureichend in der Lage, über ihr Leben selbst zu bestimmen. Die hier berichteten Ergebnisse zum langfristig schwachen Erfolg gemeinsamen Lernens, gemessen am Kriterium der Chancengleichheit, weisen lediglich darauf hin, dass die untersuchte Verlängerung gemeinsamen Lernens als *zweckrationales* Instrument zu *nachhaltigen* Stärkung der Chancengleichheit zu schwach war. Nachhaltig meint hier den Horizont der Lebenszeitperspektive.

Gleichzeitig gilt es zu beachten, dass es zu längerem gemeinsamem Lernen mehrere funktionale Äquivalente gibt, z.B. das Offenhalten von Bildungslaufbahnen und die gezielte Organisation von Anschlussmöglichkeiten. Eine hohe

Durchlässigkeit lohnt sich. In der LifE-Studie erhielten ca. 30% nach der 6. Schulstufe andere Bildungsabschlüsse als zu diesem Zeitpunkt erwartet und prognostiziert wurde. Insbesondere die Übergänge nach der Sekundarstufe I und der Sekundarstufe II gilt es zu gestalten.

Es können daraus aber auch weitergehende Schlussfolgerungen gezogen werden:

1. Sich bei Interventionen und Maßnahmen auf eine Lebensspanne zu beschränken, ist nicht nachhaltig.

2. Interventionen im Bildungswesen können erfolgreich sein, es ist nicht beliebig, was getan wird.

3. Das Ziel der völligen Chancengleichheit ist im Rahmen eines verfassungsrechtlichen Rahmens, der das Erziehungsrecht der Eltern und die freie Berufswahl schützt, nicht realistisch. Aktive Behinderung der Bemühungen von Eltern, möglichst viel in die Förderung ihrer Kinder zu investieren oder gar über Quoten den sozialen Aufstieg zu regulieren ist weder wünschenswert noch politisch akzeptabel.

4. Im Rahmen der gegebenen verfassungsrechtlichen Grundlagen verschieben sich die Zielprioritäten. Sie legen sich nun auf die Förderung jener Schülergruppen, die in Gefahr sind, das Basisqualifikationsniveau zu verfehlen, das für die berufliche Integration und die soziale Inklusion unerlässlich ist. Verallgemeinert bedeutet dies, dass das wohlfahrtsstaatliche Ziel nun jenes wird, allen heranwachsenden Kindern und Jugendlichen zum bestmöglichen Performanzniveau in den Lernleistungen zu verhelfen und allen eine menschwürdige Integration in das berufliche und soziale Leben als Erwachsene zu ermöglichen.

5. Dieses Ziel erreicht sich nicht von selbst, ein Null-Modell von Interventionen, das etwa Bildung einem rein von monetären Bedingungen abhängigen Markt kaufbarer Angebote überließe, hätte massivere soziale Disparitäten in der Bildungsbeteiligung zu Folge als ein auf Chancenausgleich ausgerichtetes staatliches Förderangebot. Die Instrumente der öffentlichen Hand müssen dabei den Risiken und Chancen der jeweiligen Lebensphase von Kindern und Jugendlichen angepasst sein:
   • Während der Schwangerschaft und in den ersten drei Lebensjahren dürften niedrigschwellige Zugänge zur Elternberatung und Elternbildung, versehen mit Nutzungsanreizen, sehr bedeutsam sein.
   • Ergänzende Anreicherungen mit qualitativ hochwertigen Erfahrungen in Krippen und Horten könnten die gestärkten Elternkompetenzen wirkungsvoll begleiten.
   • In den Kindergartenjahren, in denen zurzeit beinahe alle Kinder in öffentlichen Einrichtungen erfasst sind, sollte die sprachliche Förderung und das Monitoring von Entwicklungsfortschritten den Kernpunkt bilden.

- Mit dem Eintritt in die Grundschule werden Übergangsentscheidungen bedeutsam, die in mehreren Stufen die Bildungslaufbahnen begleiten. An allen diesen Punkten wird die jeweilige Organisation der Entscheidungsprozesse bedeutsam. Sie sollte immer die Kooperation zwischen abgebenden und aufnehmenden Instanzen, Informationsnotwendigkeiten und Motivierungsanlässe für Chancennutzungen, betonen.
- Schulische Lernphasen, etwa die in der Grundschule und der Sekundarstufe, können immer Angebote enthalten, die spezifisch auf sozial indizierte, also auf benachteiligte Gruppen ausgerichtet sind. Dies kann besonders im Ganztagsbereich geschehen. Entsprechende Anreize und Ressourcen, fokussiert auf sozial indizierte Gruppen, dürften dem Ausgleich von Lernchancen förderlich sein. Gut ausgebaute Ganztagsschulen könnten als qualitativ hochwertige Lern- und Erfahrungsfelder gerade für jene Schülergruppen bedeutsam werden, die ansonsten im außerschulischen Bereich ungeschützt dem „Zivilisationsmüll" von gehaltlosem Fernsehen, zeitverschwendenden Computerspielen und ziellosen Freizeitaktivitäten ausgesetzt sind.
- Die Gestaltung von Bildungsgängen dürfte weiterhin bedeutsam bleiben. Die Hauptforderung würde sich dabei darauf richten, Bildungsgänge durchlässig zu gestalten und übersichtliche alternative Wege zu jeweils höheren beruflichen und schulischen Abschlüssen zu ermöglichen. Diese Prinzipien müssten sich besonders beim Übergang in den Beruf und den Wegen von Berufen in weiterführende Bildungswege bewähren.
- Wenngleich ökonomische Faktoren in frühen Bildungsgangentscheidungen weniger bedeutsam sein dürften, weist die Forschung darauf hin, dass sie bei Übergangsentscheidungen in Hochschulen wieder sehr wichtig werden. An dieser Schwelle des Bildungs- und Lebenslaufs gilt es, die politischen Chancen von sozialindizierten ökonomischen Unterstützungen auszuloten und zu stärken.

Zwei Bereiche gilt es also politisch zu gestalten: Übergänge und Laufbahnen sowie Lernumwelten und Erfahrungsangebote. Zwei Akteurgruppen sind dabei jeweils angesprochen: Eltern und Kinder als Consumers of Education (Nutzern) und die öffentlichen bzw. privaten Einrichtungen (Angebotsgestalter).

Die Bildungslaufbahnen über die Lebenszeit ergeben sich aus dem Nutzungsverhalten von Eltern sowie ihrer Kinder angesichts bestimmter Regelungen und Vorgaben des Bildungswesens. Die öffentliche Hand kann diese Regelungen jeweils gestalten und so ein bestimmtes Nutzungsverhalten regulieren. Die Grundregel der Nutzung ist die, dass Eltern eine Optimierung durch Förderung und Entscheidungsverhalten anstreben und dies in allen Lebensphasen der Kinder tun. Wenn die vorgegebenen Regeln Zugangsbedingungen erleichtern, etwa beim Eintritt in weiterführende Schulformen die freie Elternwahl ausschlaggebend machen oder die Zielerreichung durch die Zusage des Verbleibs in einer Schulform und zusätzliche Förderanstrengungen der Schule erleichtern, dann profitieren davon – oft gegen die gerechtigkeitsorientierten Absichten ihrer Befürworter – diejenigen Gruppen, denen Bildungsziele sehr wichtig sind und die dabei viel investieren. Diese sozial asymmetrische Nutzung ergibt sich bei allen universalen Regelungen, die alle beachten müssen und nutzen können. Sie enthalten dort auch ein wichtiges Element der Gerechtigkeit, wo gleichen Berechtigungen, etwa beim Abitur, auch gleiche Leistungen entsprechen.

Eine solche Politik der institutionellen Regelungen könnte eine *liberal demokratische* genannt werden, da sie *allen* gleichermaßen zur *freien* Nutzung zur Verfügung stehen, gleiche Anforderungen stellen und damit mit Freiheitsrechten vereinbar sind. Zur Reduktion von Chancenungleichheit sind diese im Spannungsfeld von Freiheit und Gerechtigkeit stehenden liberalen Regelungen eher schwache Instrumente. Dass unterschiedliche Bildungssysteme, also unterschiedlich lange Phasen gemeinsamen Lernens, in unserer Kohorte keinen nachhaltigen Effekt auf das Zielkriterium der Chancengleichheit hatten, kann auf diesem Hintergrund interpretiert werden.

Auf dieser Folie liegt es nahe, ergänzende zu den obigen Reglungen nach stärkeren Instrumenten zu suchen. Sie sollen hier *sozialstaatliche* genannt werden. Sie orientieren sich nicht an *allgemeinen* Nutzungsrechten, sondern an *sozial fokussierten* Förderanstrengungen. Die Interventionen würden sich hier nicht an *alle* richten, sondern auf jene Gruppen konzentrieren, deren Ressourcen so schwach sind, um eine produktive Teilhabe im Beschäftigungssystem und gesellschaftlichen Leben zu sichern. Dazu zählen die Konzepte der gezielten Frühförderung, der fokussierten Förderung von Ganztagsschulen in sozial belasteten Schulformen und Wohnvierteln sowie die Förderung der Grundkompetenzen der 20% Risikokinder. Auch die gezielte Schaffung von zweiten und dritten Wegen zu höherer Bildung könnte zu dieser Gruppe gezählt werden. Das Kernanliegen ist hier dies, sozial gestaffelt zusätzliche Lern*zeiten*, Lern*wege* und produktive Lern*welten* für Schülergruppen zu organisieren und zu finanzieren, um die Grundrechte auf Teilhabe und Chancengerechtigkeit einzulösen. Solche Maßnahmen haben dann auch stärker *aufsuchenden* als *anbietenden* Charakter.

Beide Klassen von Instrumenten erscheinen mir wichtig. Von beiden ist aber nicht zu erwarten, dass Gleichheit geschaffen wird, wohl aber Ungleichheit gemildert wird. Von letzterer ist zu hoffen, dass sie dazu beitragen, über Bildungsprozesse das Basisniveau an Qualifikationen so zu verbessern, dass für alle eine menschenwürdige Teilhabe am gesellschaftlichen Leben gefördert wird.

Literatur

Allmendinger, J. & S. Aisenbrey (2002). Soziologische Bildungsforschung. Handbuch der Bildungsforschung. R. Tippelt. Opladen, Leske + Budrich: 41–60.

Baumert, J. & G. Schümer (2002). Familäre Lebensverhältnisse, Bildungsbeteiligung und Kompetenzerwerb im nationalen Vergleich. PISA 2000 – Die Länder der Bundesrepublik Deutschland im Vergleich. PISA-Konsortium Deutschland. Opladen, Leske + Budrich: 159–202.

Berger, A. P. & H. Kahlert, Eds. (2008). Institutionalisierte Ungleichheiten: Wie das Bildungswesen Chancen blockiert. Weinheim, Juventa.

Blossfeld, H.-P. & Y. Shavit (1993). „Dauerhafte Ungleichheiten. Zur Veränderung des Einflusses der sozialen Herkunft auf die Bildungschancen in dreizehn industrialisierten Ländern." Zeitschrift für Pädagogik 39(1): 25–52.

Bos, W., S. Hornberg, et al., Eds. (2007). IGLU 2006. Lesekompetenzen von Grundschulkindern im Deutschland im internationalen Vergleich. Münster, Waxmann.

Breen, R., R. Luijkx, et al. (2009). „Non-Persistent Inequality in Educational Attainment: Evidence from Eight European Countries." American Journal of Sociology(submitted).

Cattell, R. B. (1971). Abilities: Their structure, growth, and action. Boston, MA, Houghton Mifflin.

Ditton, H. & J. Krüsken (2006). „Der Übergang von der Grundschule in die Sekundarstufe I." Zeitschrift für Erziehungswissenschaft 9(3): 348–372.

Fend, H. (1982). Gesamtschule im Vergleich. Weinheim, Beltz.

Fend, H. (2009). Chancengleichheit im Lebenslauf – Kurz- und Langzeitwirkungen von Schulstrukturen. Lebensverläufe, Lebensbewältigung, Lebensglück. H. Fend, F. Berger & U. Grob. Wiesbaden, VS Verlag für Sozialwissenschaften: 37–72.

Fend, H., F. Berger, et al., Eds. (2009). Lebensverläufe, Lebensbewältigung, Lebensglück. Die Längsschnittstudie LifE. Wiesbaden, VS Verlag für Sozialwissenschaften.

Fend, H., W. Knörzer, et al. (1976). Gesamtschule und dreigliedriges Schulsystem – eine Vergleichsstudie über Chancengleichheit und Durchlässigkeit. Gutachten und Studien der Bildungskommission, Bd. 55. Deutscher Bildungsrat. Stuttgart, Klett.

Goldthorpe, J. H. (2000). On sociology. Numbers, narratives, and the integration of research and theory. Oxford, Oxford University Press.

Heineck, G. & R. T. Riphahn (2007). „Intergenerational transmission of educational attainment in Germany – the last five decades." SOEP-papers on Multidisciplinary Panel Data Research 37.

Müller-Benedict, V. (2007). „Wodurch kann die soziale Ungleichheit des Schulerfolges am stärksten verringert werden?" Kölner Zeitschrift für Soziologie und Sozialpsychologie 59(4): 615–639.

Peisert, H. (1967). Soziale Lage und Bildungschancen in Deutschland. München, Piper.

Die niederländische Netzwerkschule – Eine Schulreform um Chancengerechtigkeit zu erhöhen?

Manuela du Bois-Reymond

1 Einleitung

In europäischen Gegenwartsgesellschaften hat das Bildungsschicksal der nachwachsenden Generation, von Kindern und Jugendlichen, neue Dringlichkeit. Das hängt mit vier Entwicklungen zusammen, die auf Bildung und Erziehung einwirken: erstens die stetige Wandlung hin zu Wissensgesellschaften, zweitens das Aufsteigen von Dienstleistungsgesellschaften, drittens der Verlust alter Sicherheiten zugunsten neuer Risiken und neuer Chancen und viertens eine zunehmende Heterogenisierung der Nationalgesellschaften durch Zuwanderung aus anderen Ländern und Kontinenten.

Auf diese Entwicklungen müssen europäische Bildungssysteme reagieren, und das erfordert Reformen. Wie immer man den Begriff „Wissensgesellschaft" interpretiert, ob mit Skepsis ob seiner Ungenauigkeit und Widersprüchlichkeit oder mit Optimismus ob seines Versprechens auf Rendite in Bildungsinvestitionen (Sachs, 2008), klar ist, dass heutige Schüler- und Studentengenerationen andere Lernleistungen erbringen müssen als noch ihre Eltern oder gar Großeltern. Durch Globalisierung bewirkte veränderte Produktionsverhältnisse transformieren die industrielle Arbeitsgesellschaft aus der Früh- und Hochzeit der Moderne schubweise in einen neuen Gesellschaftstypus, in dem Dienstleistungsberufe in allen Bereichen, und auf allen Niveaus, hohen und niederen, zunehmen und eine wachsende Anzahl neuer Berufe und damit Berufsausbildungen hervorbringen. Heute gehen alle zukünftigen Arbeitnehmer mit einer geringeren Schulbildung als minimal mittlerer Berufsschulreife das Risiko ein, den Übergang auf den gewandelten Arbeitsmarkt nicht erfolgreich zu bewältigen, denn auch Berufe auf niedrigem Niveau erfordern aufgrund zunehmender Informations- und anderer Technologien mehr und andere Qualifikationen als frühere Routinejobs in Industrie und Landwirtschaft (Blossfeld u.a., 2005; Walther, 2006). Hierbei geht es vor allem um sprachliche und kommunikative Kompetenz, um sich an einen ständig im Wandel befindlichen Arbeitsmarkt anzupassen; eine Anforderung, der insbesondere, aber keineswegs ausschließlich, Schüler mit Migrationshintergrund nicht ausreichend gewachsen sind.[1]

Diese Wandlungen – hier nur skizzenhaft angegeben – erfordern schon von jungen Schülern eine andere Einstellung zu lernen und zum Wissenserwerb. Und nicht nur von ihnen, auch von ihren Lehrern, Eltern und Bildungspolitikern; sie alle müssen umdenken. Bei zunehmender Unsicherheit über die weitere Berufskarriere ihrer Kinder, investieren Eltern soviel wie möglich in deren Bildungskarriere. Damit hat sich das Verhältnis zwischen Elternhaus und Schule gegenüber früheren Generationen grundlegend geändert: Eltern können nicht mehr umstandslos darauf vertrauen, dass die Schule ihre Aufgabe – eine gute Vorbereitung auf weiterführende Bildung oder Eintritt in den Arbeitsmarkt – zufriedenstellend erfüllt. Heute muss die Schule das Vertrauen der Eltern durch sicht- und messbare Beweise ihrer Effizienz erwerben.[2]

Damit geraten auch die Lehrer unter Druck: sie sind heute viel weniger autonome Gestalter des Lernprozesses und Wissenserwerbs der ihnen anvertrauten Schüler als zu vergangenen Zeiten: immer früher im Leben des Schulkindes sollen objektive und generell anzuwendende Tests ermitteln, was in den Schülern „drin" ist und der Lehrer aus ihnen „rausholen" können muss. Tests kontrollieren nicht nur die Leistungen der Schüler, sondern auch die der Lehrer; Testlernen und Testlehren ist zu einem festen Curriculumbestandteil schon in der Grundschule geworden.[3]

Nationale Bildungspolitiker in allen europäischen Gesellschaften sind darum bemüht, den Qualifikationsspiegel ihrer Schülerschaft zu erhöhen; sie orientieren sich dabei zunehmend an internationalen Leistungsmessungen, von denen PISA eine der umfassendsten ist. Dabei geht es ihnen weniger um ein Konzept von Chancengleichheit, wie dieses in den großen Reformbewegungen der 1970er Jah-

---

1   Vgl. Hierzu den informativen Übersichtsband Reconciling migrants' well-being, 2008.

2   In den Niederlanden geben Schulen tausende, einige sogar bis zu 80.000 Euro pro Schuljahr aus an Werbungskosten, um ein attraktives Schulimage auszutragen und Eltern und Schüler bei der Schulwahl von ihrer Qualität zu überzeugen; diese Gelder werden dem eigentlichen pädagogischen Auftrag entzogen, da die Schulen bzw. die Schulvorstände und Gemeinden über die Anwendung der ihnen zur Verfügung stehenden Gelder selbst entscheiden können (vgl. NRC Handelsblad 5.2.2011).

3   Die Schulpflicht beginnt in den Niederlanden mit 5 Jahren, aber 98% aller Vierjährigen gehen bereits in die Vorschulklassen; mit 11/12 Jahren gehen die Schüler auf die weiterführenden sekundären Schulen. Bereits in der zweiten Hälfte der Grundschulzeit werden die Schüler einem Vortest unterworfen, auf dessen Ergebnissen zu einem großen Teil das Lehrerurteil für die Empfehlung zu weiterführenden Schulen aufbaut. Dieses Test- und Lehrerurteil wird komplettiert durch einen Abschlusstest nach der 8. Klasse, den sogenannten CITO Test.

re propagiert (und von kritischen Bildungspolitikern wie Bourdieu und Passeron 1971 als Ideologie entlarvt wurde), sondern mehr und vor allem um einen guten Rangplatz auf der internationalen Leistungsskala. Die Umdeutung der Chancengleichheitsideologie in eine Individualideologie – jeder ist seines Glücks eigener Schmied – ist Teil der neoliberalen Marktideologie, in dem staatlich zu tragende Leistungen und Risiken auf die Individuen abgewälzt werden. Gleichwohl zwingen die internationalen Schulvergleiche die Nationalstaaten zu Schulreformen, und was die Niederlande betrifft, enthalten die anvisierten Schulreformen ein Potential, das genutzt werden kann, um die Bildungsbiographien der Schüler positiv zu beeinflussen.

In meinen weiteren Ausführungen will ich am Beispiel der niederländischen „brede school" die Chancen und Risiken beleuchten, die mit dieser Reform verbunden sind.

2   Die „brede school" als Netzwerkschule[4]

Ähnlich wie das deutsche, gehört auch das niederländische zu den am stärksten segregierten Schulsystemen in Europa, bedingt durch eine sehr frühe Selektion der Schüler nach der Grundschule. Im Kontext der in der Einleitung skizzierten globalen Entwicklungen ist eine solche Frühselektion nicht nur subjektiv für Eltern und Schüler (und für die Lehrer) belastend, sondern auch für die Reproduktion der Arbeitskräfte im internationalen wirtschaftlichen Konkurrenzkampf kontraproduktiv, da sie die Schüler zu früh auf eine Berufslaufbahn festlegt, die nicht unbedingt ihren Begabungen entspricht, zu aufwendigem Umweglernen oder frühzeitigem Abbruch von Schullaufbahnen führt.

Das niederländische Bildungswesen sucht nun aber die Lösung nicht in einer Neuauflage der Gesamtschuldebatte, die hier ebenso wie in Deutschland in den 1970er Jahren geführt wurde und aus ähnlichen Gründen ohne Konsequenz blieb, sondern im Modell der Ganztagsschule. Sie soll dazu beitragen, Schülern mehr Lern- und damit Lebenschancen zu eröffnen. Zwei Gedanken tragen diesen Schultypus: ersten soll das formale Curriculum durch informelle und außerschulische Lernangebote und Projekte aufgelockert werden und auf diese Weise neue Lernmotivation schaffen.[5] Zweitens soll die Schule besser im Nahraum verankert

---

4 Die folgenden Ausführungen beruhen z.T. auf du Bois-Reymond (2010); vgl auch du Bois-Reymond (2013).

5 2008 betrug der Prozentsatz niederländischer Schulabgänger im Altern von 18–24 aus dem untersten Bildungszweig und ohne weiterführende Schul- oder Berufsausbildung

werden, also in dem Umfeld, aus dem die Schüler kommen und in dem sie mit ihren Familien leben. Dieser zweite Pfeiler der Schulreform soll die „brede school" zu einer Netzwerkschule machen. „Brede school" – wörtlich breite Schule – soll also die Lernzeit erhöhen, indem auch in den Nachmittagsstunden Lernangebote gemacht werden, und sie soll räumlich in die Breite wirken, indem sie die Tore zum Viertel und Stadtraum hin öffnet und dort durch Kooperation mit außerschulischen Instanzen und Personen neue Lernanreize schafft. Es soll dadurch zu einem Lernverbund zwischen formalem und außerschulischem Lernen kommen.

Für die Niederlande muss zwischen der „brede school" im Grundschul- und im Sekundarschulbereich unterschieden werden, denn die Bedingungen sind für die Realisierung einer Netzwerkschule sehr verschieden.

Im Grundschulbereich begann die Reform in den frühen 1990er Jahren und bezog sich auf die Integration von Kita, Vor- und Grundschule. Sie sollte zwei Probleme lösen: erstens sollten mehr weibliche Arbeitskräfte freigesetzt werden, die durch eine völlig ungenügende Ausstattung im vorschulischen Bereich dem Arbeitsmarkt, insbesondere in den Dienstleistungsberufen, nicht in ausreichender Zahl zur Verfügung standen; die Vollzeithausfrau und Mutter für jüngere Kinder war bis zur Einführung der „brede school" eher die Regel als die Ausnahme. Nun sollten Kita und Vorschule-Grundschule zu einer Erziehungseinheit zusammengefügt werden und einen durchgängig betreuten Schultag garantieren. Dieses Modell ist inzwischen zu einem flächendeckenden Schultypus geworden: es gibt in der Regel keine Grundschule mehr, die nicht mit einer Kita und einer überbrückenden Mittagsbetreuung sowie einem außerschulischen Angebotscurriculum verbunden ist. Damit ist Müttern der Weg in die (Wieder-)Aufnahme ihrer Berufstätigkeit geebnet.

Zum zweiten soll die „brede school" die Schwelle zwischen Kindergarten/Vorschule und Schuleintritt niedriger machen, also einen gleitenden Übergang von der Kindergartenpädagogik in die Grundschulpädagogik ermöglichen. Dies gelingt dort besonders gut, wo beide Institutionen – Kita und Grundschule – in einem Gebäude untergebracht sind und die ErzieherInnen mit den GrundschullehrerInnen eng kooperieren. Dem stehen allerdings Hindernisse im Weg: erstens ist die physische Integration beider Institutionen aufgrund der Nutzung bestehender Gebäude zumeist nicht gegeben, wodurch Kontakte zwischen Kita- und Schulpersonal erschwert werden und zweitens, weitaus wichtiger, wird die Kooperation zwischen beiden pädagogischen Berufsgruppen von Faktoren beeinflusst, die nur

---

für die männlichen Jugendlichen und jungen Erwachsenen 14% und für die weiblichen Jugendlichen und jungen Erwachsenen 8,8% (Eurostat, 2010). Insgesamt ist der Anteil vorzeitiger Schulabgänger zwischen 2000 und 2009 mit 30% auf 10,9% gesunken

schwer zu verändern sind: verschiedene Ausbildungen, unterschiedliche Besoldung, kein gleichwertiges Berufsprestige, verschiedene pädagogische Traditionen und verschiedene Personal- und Sachausstattungen. All diese Bedingungen haben die Kluft zwischen beiden Bereichen nicht geschlossen, im günstigen Fall allerdings verkleinert. Eine gelungene Frühförderung von Kindern aus bildungsfernen Milieus hängt ganz wesentlich von einer kompetenten Kooperation der beiden Einrichtungen und des dort tätigen Personals ab.[6]

Die tragende Idee der „brede school" im Primarbereich ist die *Netzwerkschule*. Der neue Schultypus soll, wie eine Spinne im Netz, das Zentrum bilden und alle Ressourcen des Viertels und des erweiterten Stadtraums zu pädagogischen Zwecken nutzen; im Idealfall also soll sich die „brede school" vernetzen mit der Stadtbibliothek, mit vorhandenen kulturellen Einrichtungen am Ort und in der Stadt, mit Kinder- und Jugendclubs, den Gesundheitsdiensten, Interessenvertretern verschiedener Bevölkerungsgruppen, wie z.B. Migrantenvereinen, mit Künstlern, die zu Projekten in und außerhalb der Schule eingeladen werden, mit Sozialarbeitern, mit Viertelpolizisten und vielen anderen Akteuren mehr.

Die Netzwerkschule soll nicht nur vorhandene Ressourcen für pädagogische Zwecke nutzen, sondern darüber hinaus eine stimulierende Rolle bei der Aktivierung der Viertelbewohner und ihrer Identifizierung mit ihrer unmittelbaren Wohn- und Lebensumgebung spielen. Die Schulräume sollen von den Viertelbewohnern auch für außerschulische Zwecke benutzt werden können, die Schule kann Elternabende mit einer breiten Themenpalette gestalten und hierzu mit anderen Akteuren kooperieren, etc. Es würde, so die Hoffnung, hierdurch auch zu einer engeren Zusammenarbeit zwischen Eltern und Schule kommen. Dies ist insbesondere in Vierteln mit einem hohen Anteil an Migrantenfamilien wichtig, für die der Abstand zur Schule oft groß ist.

Alle Schulen haben die Freiheit, selbst ihre Form der „brede school" zu finden, es gibt von der Kommune und dem Staat hierzu nur globale Vorgaben. Sie beziehen sich auf die Finanzierung, die Qualifikation des Personals und curriculare Eckdaten. Wie stark die Schule von ihrer Gestaltungsfreiheit Gebrauch macht, wie stark sich die Eltern in diese Gestaltung einbringen, welche Kooperations-

---

6 Seit 1985 sind die Ausbildungen von KindergärtnerInnen und GrundschullehrerInnen in Pädagogischen Akademien in einer gemeinsamen Ausbildung vereinigt, wobei ein Schwerpunkt gewählt werden kann, der mehr auf den jüngeren Altersgruppen liegt. Gleichwohl bleibt noch viel zu tun, um in die gesamte Ausbildung neuere wissenschaftliche Erkenntnisse aus der Frühpädagogik einzuführen.

verabredungen getroffen werden etc., ist der Einzelschule bzw. dem Schulvor-
stand überlassen.[7]

Die Idee einer Netzwerkschule als klopfendes Herz im Körper eines leben-
digen Viertels, in dem sich die Bewohner in vielfältigem Bezug in und um die
Netzwerkschule herum begegnen, ist weitgehend Papier geblieben. Bis auf wenige, allerdings eindrucksvolle Ausnahmen, die sich diesem Idealbild annähern,
ist der Alltag der „brede school" grauer: die weitaus größte Zahl belässt es bei der
formalen Integration mit dem Kita- und Vorschulbereich (Oberon, 2007). Das
Nachmittagsprogramm kaufen die Schulen bei städtischen und kommerziellen
Anbietern ein, den Eltern steht es frei, es gegen Gebühren zur Betreuung ihrer
Kinder zu benutzen oder aber ihre Kinder an andere, selbstgewählte Angebote
anzukoppeln; auch die Anzahl der Nachmittage zur Nutzung ist variabel.[8]

Unter bildungpolitischen und pädagogischen Gesichtspunkten, insbesondere
dem der Chancenerweiterung für bildungsbenachteiligte Kinder, und hier wiederum der Schüler mit Migrationshintergrund, ist die „brede school" eine Verbesserung gegenüber der traditionellen Grundschule. Der Sprachförderung wird
erhöhte Aufmerksamkeit geschenkt, besonders in den ersten Schuljahren, die für
die überwiegende Mehrzahl aller Kinder mit 4 Jahren beginnt. Die beiden ersten
Schuljahre sind jahrgangsklassenübergreifend organisiert, es werden hier also 4
bis knapp 6jährige in Lerngruppen zusammengefasst und gefördert. Für die weitere Förderung lernschwacher Schüler steht sozial- und medizinisch-psychologisch
sowie ev. sonderschulpädagogisch geschultes Personal zur Verfügung, das mit der
Konzeption der Netzwerkschule an sich nichts zu tun hat, allerdings im günstigen
Fall von ihr profitiert, wenn enge Kooperationsbeziehungen aufgebaut sind.

Für die Sekundarstufen wirft das Konzept der Netzwerkschule Probleme auf.
Die nachbarschaftliche Einbettung der Schule stößt hier auf die Schwierigkeit,
dass die Sekundarschulen zumeist in großen Schulverbänden zusammenge-
schlossen sind, die ihre Schülerschaft aus der ganzen Stadt beziehen. Dadurch
wird Quartiersarbeit und die Vernetzung der verschiedenen Akteure erschwert.
Der schiere Umfang der Schulgemeinschaften von oft mehreren tausend Schülern

---

7   In den letzten Jahren mehrt sich die Kritik von bildungspolitischen Akteuren an der
    Macht der Schulvorstände, die immer tiefer in die pädagogischen Kompetenzen der
    ihnen unterstellten Einzelschulen eingreifen und auch immer mehr finanzielle Res-
    sourcen für sich beanspruchen und damit dem pädagogischen Prozess entziehen; in
    die Skandalsphäre rückten die horrenden Gehälter, die sich die Topmanager dieser
    Vorstände auszahlen (s. z.B. den kritischen Beitrag des international reputierten Bil-
    dungsforschers Jaap Dronkers im NRC Handelsblad vom 11.1.2011).

8   Die Kosten für die außerschulische Kita- und Nachmittagsbetreuung sind einkom-
    mensabhängig; sie sind im Vergleich zu Deutschland hoch.

und einem spezialisierten Lehrer- und Coachingteam erfordert eine aufwendige Planung und bürokratische Prozeduren, die basisorientierte und spontane Projekte und Aktivitäten behindern. Der tägliche Kontakt zwischen Lehrern, Eltern und Sozialpädagogen im Kleinkind- und Grundschulbereich ist im Sekundarschulbereich nicht gegeben. Informelles und außerschulisches Lernen ist weitgehend abgekoppelt vom formalen Curriculum und trägt insofern nichts zu einer Erneuerung der Schule im Sinne erweiterter und integrierter Lernformen bei. Hinzu kommt (wie auch in Deutschland) eine latente Konkurrenz und Abneigung der beiden hauptsächlichen Berufsgruppen, der Lehrer einerseits, der Sozialarbeiter und Betreuer andererseits. Verschiedene Professionalisierungskulturen, Arbeitszeiten und Besoldungen tragen hierzu bei (Coelen & Otto, 2008).

Insgesamt ist die Anzahl der „brede scholen" im Sekundarbereich wesentlich geringer als im Primarbereich. Anders gesagt: es ist hier nicht klar definierbar, was eine „brede school" von einer traditionellen unterscheidet. Denn da der Unterricht ohnehin bis in den frühen Nachmittag geht, bleibt für eine Ausdehnung der Schulzeit kaum Raum. Und auch die Beaufsichtigung der Schüler ist für die Älteren nicht mehr gegeben. Als Konzept betrifft die „brede school" nur die Sekundarstufe I; ab dem 14. Lebensjahr wollen Schüler ihre Freizeit selbst gestalten und nutzen außerschulische Angebote nur, wenn diese ihren Interessen entsprechen. Hier noch viel weniger als im Grundschulbereich ist das außerschulische mit dem schulischen Lerncurriculum verbunden.

Gleichwohl gibt es auch im Sekundarschulbereich eindrucksvolle Schulexperimente, die ihren Schülern eine breite Aktivitätenpalette außerhalb des formalen Curriculums anbieten und wo es gelingt, Akteure aus anderen Bereichen einzubeziehen. Am wichtigsten sind hier Initiativen, die sich auf lernschwache Schüler konzentrieren und ihnen Hilfen bei der Berufsfindung durch Praxiserfahrungen eröffnen.

Nur in Einzelfällen gibt es gebundene Ganztagsschulen, in denen die Teilnahme am außerschulischen Nachmittagsprogramm Pflicht ist.

Gymnasien nehmen an der Entwicklung „brede school" nicht teil, bieten aber ihren Schülern ein reichhaltiges Nachmittagsprogramm.

Seit 2003 wurde die Eingliederung von Schülern mit Verhaltensproblemen, die ehemals in Sonderschulen mit Sonderschullehrern und in kleinen Klassen unterrichtet wurden, in die regulären Schulen durch zusätzliche Mittel ausgeglichen. Der Prozentsatz von Schülern, die Anspruch auf derartige zusätzliche Mittel machen kann, ist seither kontinuierlich gestiegen.[9] Man schätzt, dass im Sekundarbereich inzwischen 20% der Schüler dieser Gruppe zuzurechnen ist. Es ist nun das Vor-

---

9 Zudem sind 20% des Lehrkörpers ohne Lehrbefugnis.

nehmen der rechts-liberalen Regierung, diese Zusatzmittel zu streichen, zum Teil zu recht, da sich erwiesen hat, dass die Mittel nicht für die Zwecke verwendet werden, für die sie gedacht waren. Wie aber ErzieherInnen in Vorschulgruppen bzw. LehrerInnen in Klassen mit bis zu 30 Schülern unter diesen Umständen eine fortschrittliche Pädagogik betreiben sollen, wie dies die „brede school" sowohl für den Primar- wie den Sekundarbereich propagiert, ist unklar.

3   Integrationsdebatten

Angesichts zunehmender Spannungen zwischen den verschiedenen Bevölkerungsgruppen – nicht nur zwischen solchen mit und ohne Migrationshintergrund, sondern auch von Migrantengruppen untereinander – richten sich die Blicke der besorgten niederländischen Öffentlichkeit mit immer größerer Erwartung auf die Schule als den Ort, in dem Gemeinschaft hergestellt werden muss. Dort, in der Schule, sollen die zukünftigen Bürger zu Verantwortungsbewusstsein und bürgerschaftlichem Engagement erzogen werden.

Die „brede school", die Netzwerkschule, hat daher nicht nur einen innerschulischen Bildungsauftrag, sondern auch einen außerschulischen, verstanden als Außenraum von Schule, der sich auf die Nachbarschaft, das Viertel, die Stadt und im weiteren den Nationalstaat bezieht, wobei es nicht nur um die Erschließung verdeckter Bildungsressourcen durch die Förderung schwacher Lerner geht, für die ein erweitertes Lernangebot gemacht wird, sondern um die *Revitalisierung von Gemeinschaftsgeist* im Rahmen einer breiteren Quartiers- und Stadtentwicklung.

Die Netzwerkschule als „community school" ist das explizite Ziel einer neuen Sozialpolitik des Wohlfahrtsstaates-in-der-Krise. Diese Politik setzt auf Partizipation und Selbstverantwortung der Bürger, um dem drohenden Zerfall gemeinschaftsbindender Normen und Werte, den alltäglichen Verhaltensweisen von Gleichgültigkeit und „sinnloser Gewalt" (zinloos geweld) gegenzusteuern. Dies umso mehr, als die Segregation zwischen „nationals" und „non-nationals" im städtischen Raum zunimmt. Die einheimischen, zunehmend aber auch die zugewanderten Mittelschichten wandern aus den Innenvierteln ab, wenn dort der Anteil der Migranten auf über ein bestimmtes Maß steigt und sich der Stadtteil „verfärbt".

Die Debatten, wie eine solche Verfärbung, ein „Umkippen" von Stadtvierteln mit gemischter Bevölkerung, verhindert werden kann, betrifft auch die Schulpolitik. Während aber Integrationspolitik unter der vorherigen Regierung noch ein vorrangiges Ziel war und die Anstrengungen von Kommunen, Integration über Schulpolitik mit zu steuern honoriert wurden, hat die heutige rechts-liberale Regierung dieses Ziel verlassen und sich auf den Standpunkt zurückgezogen, es solle den Kommunen überlassen bleiben, ob sie der Segregation entgegenarbeiten wollen oder nicht. Dies führt zu einer Zersplitterung der Schullandschaft mit Kommunen, die an ihrer Integrationspolitik festhalten und anderen, die einer zunehmenden Segregation in „schwarze" und „weiße Schulen" nichts entgegenstellen. Dabei ergeben sich neue Trennungslinien: neben leistungsschwachen stehen leistungsstarke Schulen mit hohen Anteilen von Schülern aus Migrationsfamilien, und neben leistungsstarken finden sich leistungsschwache rein „weiße" Schulen.[10] Der bildungssoziologische und bildungspolitische Streit, ob segregierte Schulen zu besseren oder schlechteren Leistungen führt, dauert an, wobei die Integrationspolitiker und -pädagogen ins Feld führen, dass Erziehung und Bildung sich nicht nur auf messbare Leistungen beziehen sollte, sondern auf ein viel breiteres Spektrum von Fähigkeiten und Einstellungen.

Der sozialökonomische Status der Eltern ist immer noch entscheidend für den Schulerfolg. Dieser Status korreliert mit den je verschiedenen Einwanderungsgruppen verschieden, und das macht die Integrationsdebatte umso schwieriger.

Der Diskurs über Bildungserneuerung umfasst längst nicht mehr nur innerschulische Probleme. Bildungsdiskurse verschränken sich mit Migrationsdebatten und lokaler Sozialraumpolitik. So lässt sich auch die Netzwerkschule nicht isoliert betrachten, sondern ihre Realisierungschancen hängen von landes- und gemeindepolitischen Entscheidungen ebenso wie von schulinternen Faktoren und pädagogischen Traditionen ab.

4   Resümee

Geht man an die Anfänge der „brede school" Bewegung zurück (Oberon, 2009), so findet man dort neben vielen anderen pädagogischen Zielen eines, das hervorsticht: es sollte bei dem neuen Schultypus gewährleistet sein, dass die Schwellen sowohl am Anfang der Schulkarriere als innerhalb ihrer gesenkt werden und auf diese Weise ein *durchgängiges Lern- und Entwicklungstrajekts* entsteht, ohne einschneidende Zäsuren beim Schuleintritt mit 4/5 Jahren bis zum Ende der Sekundarstufe mit 15/16 Jahren.

Dieses Ziel ist nur partiell erreicht worden: zwar ist der Übergang vom Kindergarten in die Schule durch die Anbindung des Vorschulbereichs an die Grundschule gleitend geworden und ermöglicht eine Frühbeschulung und Frü-

---

10 So strebt etwa die Gemeinde Nijmegen eine Verteilung von 70%:30% leistungsstarke: leistungsschwache Schüler in ihren Schulen an und setzt damit ihre Integrationspolitik so weit wie möglich fort (NRC Handelsblad 12.2.2011).

herziehung, die insbesondere lernschwachen Kindern zugute kommt. Aber der so entscheidende Übergang in die Sekundarstufe ist nach wie vor an eine rigide Auswahl gekoppelt, durch die die Grundschüler mit 11/12 Jahren in die weitgehend voneinander getrennten Schulzweige des allgemein- und berufsbildenden Systems eingeführt und voneinander segregiert werden.

Ein durchgängiges Lern- und Entwicklungstrajekt würde erfordern, dass Grundschule und Sekundarschulen eng zusammenarbeiten, um diesen Übergang pädagogisch verantwortungsvoll zu gestalten. Hierzu müssten LehrerInnen aus beiden Bereichen nicht punktuell, sondern strukturell zusammenarbeiten, um insbesondere lernschwache Kinder am Anfang ihrer neuen Schulkarriere gemeinsam zu begleiten. Dies würde den ursprünglichen Zielsetzungen der „brede school" entsprechen; Vernetzung auch und gerade am Scharnier Grundschule – weiterführende Schulen.

Zunehmender Leistungsdruck, verstärkt durch Testdruck, bestimmt bereits das Lernen in der Grundschule und lässt für außerschulisches Lernen nur begrenzten Raum. Damit wird ein weiteres pädagogisches Ziel der „brede school" relativiert: einen neuen Lernverbund herzustellen zwischen dem formalen und dem nicht-formalen Curriculum. Gelingt ein solcher Verbund noch in den ersten Grundschuljahren, so zunehmend weniger in den höheren Klassen und erst recht nicht im Sekundarschulbereich, in dem der Leistungdruck im formalen Curriculum weiter zunimmt.

Auch in der Ausbildung der LehrerInnen, der SozialarbeiterInnen und der ErzieherInnen wird der Konzeption der „brede school", ihren Möglichkeiten der Chancenverbesserung für benachteiligte Kinder (und Eltern), ihrem Potential an Lernanregungen, sowie ihrer Integrationsaufgabe nicht ausreichend Rechnung getragen.

Bisher fehlen wissenschaftliche (Längsschnitt-)Studien, die verlässliche Auskunft über den Mehrwert von „brede scholen" gegenüber traditionellen Sekundarschulen geben. Zu befürchten ist, dass künftige Evaluationsstudien sich einseitig auf Leistungsmessungen richten und die viel breiteren Ziele der Schulreform vernachlässigen; diese sind, wie oben dargelegt, nicht nur auf das innere Schulleben gerichtet, sondern auch auf den Sozialraum, der die Schule als Institution umgibt. Unter einer solchen Perspektive sollte die Lebensqualität eines Stadtteilviertels und damit die Lebensqualität von Kindern und Familien nicht losgelöst von Schule und Erziehung gesehen werden.[11]

---

11 Aus einem Bericht des niederländischen Sozialkulturellen Büros, das die Regierung mit Expertisen berät, geht hervor, dass 273.000 Kinder in sozial isolierten Familien leben und dass die Exklusion von 61.000 Kindern und Jugendlichen zwischen 5 und 17

Literatur

Blossfeld, H.-P., Klijzing, E., Mills, M. & Kurz, K. (eds.) (2005): Globalization, Uncertainty and Youth in Society. London.

Bois-Reymond, M. du (2010): Chancen und Widerständiges in der Ganztagsbildung. Fallstudie Niederland. In H.-H. Krüger, U. Rabe-Kleberg, R.-T. Kramer & J. Budde (Hrsg.) Bildungsungleichheit revisited (203–220). Wiesbaden.

Bois-Remond, M. du (2013): The Dutch all-day school in European perspective. In J. Ecarius, E. Klieme, L. Stecher & J. Woods (eds.) Extended Education – an International Perspective. Opladen/Berlin/Toronto (53–74).

Bourdieu, P. & J.-C. Passeron (1971): Die Illusion der Chancengleichheit. Stuttgart.

Coelen, Th. C. & Otto, H.-U. (2008): Grundbegriffe Ganztagsbildung. Das Handbuch. VS-Verlag Wiesbaden.

Eurostat (2010): Europe in figures. Eurostat Yearbook 2010. Chapter 4 Education.

Oberon (2009): Brede scholen in Nederland. Jaarbericht 2009. Utrecht.

Reconciling migrants' well-being and the public interest. Welfare state, firms and citizenship in transition (2008). Council of Europe Publishing. Strasbourg.

Sachs, J. (2008): The knowledge society as a trigger for contemporary change in education policy and practice. In C. Sugrue (ed.) The future of Educational Change. London/New York (198–203).

Sociaal Cultureel Planbureau (SCP) (2010) Sociale uitsluiting bij kinderen. Den Haag.

Walther, A. (2006): Regimes of youth transitions. Choice, flexibility and security in young people's experiences across different European contexts. *YOUNG* 14(1), 119–141.

Jahren – das ist die die Altersgruppe, auf die sich die Netzwerkschule mit ihrem durchgängigen Lern- und Entwicklungstraject richtet! – noch extra durch Armut und dem Wohnen in unsicheren Stadtteilvierteln verstärkt wird (Sociale uitsluiting bei kinderen, 2010).

Verminderung sozialer Ungerechtigkeit bei Schulübergängen

Schaffts ein mehrkriteriales Übertrittsverfahren mit standardisiertem Leistungstest?

Franz Baeriswyl

1 Einleitung

Die Sorge der Bildungswissenschaft um die Teilhabe an Bildung der sozial und wirtschaftlich Benachteiligten ist nicht neu. Bereits Ende der sechziger und in den siebziger Jahren des letzten Jahrhunderts hat sich die aufstrebende Soziologie und die empirische Pädagogik dieser Problematik angenommen. Die Bildungssoziologie thematisierte Reproduktionsmechanismen der gesellschaftlichen Schichten, u.a. unterstützt durch Schulsystem und Selektionsmechanismen (vgl. Fend, 1974). Die Bildungsoffensive in Deutschland und Strukturreformen der Sekundarstufe I in der Schweiz waren Antworten auf die damals aufgezeigten Probleme bezüglich Chancengleichheit und Bildungsgerechtigkeit. Die PISA-Studien haben dreißig Jahre später aufgedeckt, dass die Problematik der wirtschaftlich und sozial bedingten Ungleichheit an der Bildungsbeteiligung und an Bildungsabschlüssen immer noch vorhanden und grundsätzlich dieselbe geblieben ist. Kinder von Eltern mit sozioökonomisch tieferen oder keinen Berufsabschlüssen und fremdsprachige Migrantenkinder sind bei vergleichbaren intellektuellen Fähigkeiten in anspruchsvollen „Schultypen" untervertreten.

Diese Herkunftseffekte werden in primäre und sekundäre unterteilt. Primäre Effekte sind tatsächliche schulische Leistungsunterschiede, die auf Herkunftsmerkmale wie sozioökonomischer Status, Bildungsnähe der Erziehungsverantwortlichen oder auf deren kulturelle Nähe zurückzuführen sind. Sekundäre Herkunftseffekte sind jene, die bei vergleichbaren, objektiv erfassten Leistungen gleichwohl noch die Schulnoten oder die Übertrittsentscheide beeinflussen. Zu den sekundären Herkunftseffekten sind auch die Bildungsambitionen der Eltern und ihre Wert-Nutzen-Berechnung bei Übertrittsentscheidungen zu zählen. So peilen Eltern aus ökonomischen Überlegungen für ihr Kind nicht den höchst möglichen Bildungsgang an, der meist etwas länger bis zur Erwerbstätigkeit dauert, sondern den weniger anspruchsvollen, dafür aber kürzeren. Diese Herkunftseffekte wurden von Boudon (1974) und Bourdieu (1983) beschrieben. Maaz und Nagy (2009) haben die Chronologie der Entstehung und die unterschiedlichen Anteile primärer und sekundärer Herkunftseffekte aufgezeigt und geschätzt. Dabei haben sie nicht nur einen beachtenswerten Einfluss der Herkunftseffekte generell, sondern auch teilweise einen gleich großen Anteil an primären und sekundären Effekten festgestellt. Dies ist insofern beachtenswert, als dass die sekundären Effekte durch Wahrnehmungs- und Interpretationsfehler der Lehrperson bei der Notenvergabe und bei der Übertrittsempfehlung zustande kommen und eigentlich leichter reduziert werden können als die primären.

Die Vielzahl der einschlägigen Untersuchungen zur sozialen Gerechtigkeit in schulischen Beurteilungs- und Übertrittssituationen zeigt, dass es methodisch zwar äußerst komplex und aufwendig ist die Effekte differenziert nachzuweisen, dass dies aber immer noch einfacher ist als wirksame Gegenmaßnahmen zu entwickeln und ihre Wirkung zu belegen. Selbst in Ländern mit einer schichtspezifisch ausgeglichenen Bildungsbeteiligung ist nur schwer nachzuweisen, welche Faktoren diesen Ausgleich bewirken. Ehmke und Jude (2010) konnten für Deutschland eine beachtliche Verbesserung der Quoten an Schülerinnen und Schülern aus unteren und mittleren Sozialschichten im Gymnasium berichten. Hierbei gilt es zu beachten, dass die soziale Schichtzugehörigkeit am Beruf der Eltern festgemacht wird (ISEI-Index). Innerhalb des über die Jahre hin gewachsenen gesamthaften Anteils der Gymnasiasten und Gymnasiastinnen (von 28% im Jahr 2000 auf 33% im Jahr 2009) hat sich der Anteil der un- und angelernten Arbeiter von 4% auf 15%, jener der Facharbeiter und Arbeiter mit Leitungsfunktion von 4% auf 20% und jener der Selbstständigerwerbenden von 6% auf 32% erhöht. In der gleichen Zeitspanne ist der der Anteil der Kinder aus den obersten beiden Sozialschichten um je 2% (auf 55%, resp. 45%) gewachsen. Erklärungen für diese, wenn auch bescheidene, aber doch beachtenswerte Korrektur sind nur schwer auszumachen. Insgesamt hat sich der Sozialgradient für Deutschland vom Jahr 2000 bis 2009 beachtlich verringert, was besagt, dass schichtspezifische Einflüsse auf Schulleistungen immer noch vorhanden, aber weniger ausgeprägt sind (Ehmke & Jude, 2010, S. 250). Als diesen Schichteffekt korrigierende Möglichkeiten empfehlen Ehmke und Jude (2010) eine möglichst früh angesetzte Förderung leistungsschwächerer Kinder und einen zeitlich späteren Wechsel von der Grundschule in die Sekundarstufe I.

Lehrpersonen zeigen zudem in Empfehlungssituationen vor Übertritten ein sozialselektives Beratungs- und Empfehlungsverhalten (Ditton, Krüsken & Schauenberg, 2005). Aus dem Wissen um diese Effekte sollten auch Möglichkeiten einer entsprechenden Intervention entwickelt werden können.

Sahlberg (2007) analysierte und beschrieb das Finnische Schulsystem und schrieb ihm u.a. folgende Ursachen für die sehr geringen schichtspezifischen Leistungseffekte zu: Eine selektionsfreie Grundschule von neun Jahren; spezifische Beachtung der Lernqualität, der Tiefenverarbeitung; offene schulspezifische Gestaltungsmöglichkeiten durch intensive Zusammenarbeit von Lehrpersonen, Schulleitung, Eltern und Schulbehörden. Becker und Schubert (2011) wiederum versprachen sich einen wirksamen Zugang zu den primären und sekundären Herkunftseffekten durch eine frühe und intensive Sprachförderung und eine kritische Hinterfragung der institutionellen Diskriminierung (Ditton & Aulinger, 2011). So werden beispielsweise fehlende Deutschkenntnisse bei Migrantenkindern eher mit fehlenden kognitiven Fähigkeiten erklärt als bei Nicht-Migranten. „Es scheint so zu sein, dass Fördermöglichkeiten, die einen Verbleib in der Regelschule erlauben würden, oft gar nicht erst in Betracht kommen" (Ditton & Aulinger, 2001, S. 103). Daraus entsteht eine institutionelle Diskriminierung, indem Migrantenkinder eher an einer Sonderschule angemeldet werden. Analog ist die Frage zu stellen, ob ähnliche institutionelle Diskriminierungen auch beim Übertritt in die Sekundarstufe I stattfinden. Beispielsweise kann die Lehrperson in Beratungsgesprächen die ohnehin höheren Bestehensängste der Unterschichteltern bestärken. Dadurch sinkt die Risikobereitschaft bei Unterschichteltern, das Kind für eine anspruchsvollere Schulart anzumelden (Becker & Schubert, 2011).

Grundsätzlich ist die Frage zu stellen, inwieweit in erster Linie das Schulsystem soziale Ungerechtigkeiten bei der Bildungsbeteiligung zu verantworten hat. Ditton und Aulinger (2011) vertreten prominent die Meinung, dass die Schule alleine die Verantwortung für ungleiche Bildungschancen und Bildungsgerechtigkeit nicht übernehmen könne. „Schaut man sich erfolgreich arbeitende Schulen an, zeigt sich schnell, dass die größten Erfolge die Zusammenarbeit zwischen Schule und Gesellschaft, bspw. in Form einer umfangreichen Vernetzung öffentlicher Einrichtungen, bringt" (Ditton & Aulinger, 2011, S. 114). Das könnte heißen, dass das Phänomen der Ungerechtigkeit bei der Bildungsbeteiligung auf mehreren Ebenen angegangen werden muss.

2 Beiträge zu Lösungsmöglichkeiten auf verschiedenen Systemebenen

Auf der Ebene „Gesellschaft – Bildung – Wirtschaft" ist die Frage zu stellen, ob sich das Bildungssystem nicht zu stark getrennt von der Wirtschaft entwickle. Vor allem der Übergang ins erwerbstätige Leben müsste diesbezüglich genauer untersucht werden. Länder mit hoher Bildungsgerechtigkeit weisen leider oft eine hohe Jugendarbeitslosigkeit auf (je für 2010: Finnland: 20%; Kanada: 15%), vergleichsweise zu Deutschland (10%) oder der Schweiz (7%) (vgl http://www.oecd.org/doc ument/17/0,3746,en_2649_39023495_43219217_1_1_1,00.html), deren Schulsysteme höhere soziale Bildungsdisparitäten aufweisen. Ein solcher Vergleich darf nicht zu einer Rechtfertigung von sozialen Bildungsungleichheiten herangezogen werden, sondern soll auf die Notwendigkeit einer Gesamtbetrachtung des Bildungssystems mit dem Wirtschaftssystem verweisen. Beispielsweise haben schulisch erfolgreiche Jugendliche nach der obligatorischen Schulzeit stets die Möglichkeit zwischen schulischer und beruflicher Bildung zu wählen, wobei für die schulische Bildung genügend Plätze sichergestellt werden. Die schulisch weniger Erfolgreichen hingegen haben nach der obligatorischen Schulzeit bloß die Wahl zwischen einer Berufsbildung und einer nicht weiter zertifizierenden Ausbildung. Im Gegensatz zur schulischen Karriere müssen sie für einen Ausbildungsplatz im Beruf und den daraus folgenden Werdegang selbst besorgt sein. Unsere Gesellschaft sichert genügend Schulbildungs- nicht aber Berufsbildungsplätze. Das Angebot von Berufsausbildungsplätzen wird größtenteils der Wirtschaft überlassen, welche ihr Angebot an Lehrstellen an der antizipierten zukünftigen Nachfrage an Fachkräften ausrichtet und somit auch die Chancen für eine spätere Beschäftigung stark erhöht. Durch diese marktwirtschaftliche Limitierung von gewissen Berufsausbildungen konkurrieren die Jugendlichen untereinander schon früh um die begehrteren Ausbildungsplätze (was im Endeffekt eine Vorselektion für zukünftige Arbeitsplätze bedeutet), bei deren Vergabe trotz breiteren Selektionskriterien die schulischen Leistungen auch wieder eine bedeutende Rolle spielen.

Auf der Ebene des Bildungssystems ist die Bedeutung seiner Offenheit und Flexibilität zu betonen. Frühe Selektionen im Schulsystem werden mannigfach als wichtiger Bedingungsfaktor sozialer Ungleichheiten bezeichnet. Aus der Entwicklungspsychologie ist bekannt, dass individuelle Entwicklungsverläufe zeitlich und inhaltlich verschoben sind. Schulische Strukturen tragen diesen Erkenntnissen noch zu wenig Rechnung, wenn sie die Übergänge mit Selektionsmerkmalen zu festgelegten Zeitpunkten verordnen. Eine Struktur, die Wechsel zwischen Bildungsgängen über eine ausgedehnte Zeitspanne hinweg zulässt, vermag sozialen Ungerechtigkeiten zu begegnen. So hat die Einführung der Berufsmaturität im dualen Berufsbildungssystem in der Schweiz die Bildungslandschaft außerordentlich belebt, indem sie vielen Jugendlichen neue Wege und Perspektiven der beruflichen Weiterqualifikation eröffnet hat.

Ebenfalls auf der Ebene des Bildungssystems sind Übertrittsverfahren und -entscheidungen auf der Grundlage von mehreren Kriterien anzuführen. Übergänge markieren soziale Gerechtigkeit in besonderer Weise. Im Zentrum der Diskussion, wer bei schulischen Übergängen Entscheidungsrecht hat, soll einzig das Recht des Kindes auf eine optimale schulische Bildung stehen. Je jünger das Kind zum Zeitpunkt des Übergangs ist, desto weniger kann es dieses Recht selber wahrnehmen. In diesem Fall müssen alle Bildungsbeteiligten, die die Stärken und Schwächen des Kindes kennen, gemeinsam Verantwortung übernehmen, um den Zuweisungsprozess fair zu gestalten. Dies verlangt mehrkriteriale Übertrittsverfahren, die möglichst nah an qualitativen Kompetenzbeschreibungen bleiben und möglichst wenige quantifizierte, inhaltsarme Leistungsdaten produzieren. Ziffernnoten müssen beispielsweise auf der Individualebene als inhaltsarm bezeichnet werden, weil sie eine Einschätzung mitteilen wie gut oder weniger gut ein Individuum in einem Fach ist. Sie haben jedoch keine Aussagekraft darüber, was ein Individuum kann oder nicht kann.

Bei einem mehrkriterialen Verfahren beruht der Zuweisungsentscheid auf einer möglichst individuellen Passung zwischen Kompetenzprofil des Individuums und Anforderungsprofil der künftigen Bildungsstätte. Ein solches multikriteriales Übertrittsmodell soll nachstehend ausführlicher dargestellt werden.

Auf der Ebene des Unterrichts und des Individuums ist das Anrecht des Kindes auf qualitative Leistungsausweise zu erwähnen. Die obligatorische Schule richtet sich immer noch zu sehr auf Ziffernnoten und Selektion aus. Dies haben alle am System Beteiligten zu verantworten. Weil die meisten Eltern keine Erfahrung mit qualitativeren Beurteilungssystemen haben, meinen sie, einer Ziffernnote eine Mitteilung über die Leistungsfähigkeit ihres Kindes entnehmen zu können. Eine Ziffernnote teilt aber lediglich eine Globalbewertung des Kindes in einem Fachbereich mit. Qualitative Aussagekraft über Stärken und Schwächen, über Kompetenzbereiche wie Wissen, Arbeitsstrategie, Anstrengungsbereitschaft und Motivation kommt ihr nicht zuteil. In einem Konzeptionswechsel muss die Lernqualität und der Lernzuwachs, sowie die Förderung in einem Kompetenzspektrum fokussiert werden. Statt in Ziffernnoten werden anhand von Kompetenzrastern Kompetenzentwicklungsstände mitgeteilt und attestiert. Dies erlaubt den Eltern eine differenziertere Wahrnehmung ihres Kindes bezüglich schulischer Eignung und dürfte ihre Bildungsambitionen bei Übertrittsentscheidungen relativieren.

Die Individualebene ist mit der gesellschaftlichen Ebene zu verbinden, wenn es darum geht, Lebenserfolg zu definieren. Studien zur sozialen Bildungsgerechtigkeit gehen davon aus, dass der für das Individuum höchst mögliche Bildungsabschluss das entscheidende Kriterium ist. Möglicherweise ist dieses Erfolgskriterium allgemeiner zu fassen und in künftigen Untersuchungen mit zu berücksichtigen. So könnte die selbstbestimmte autonome gesellschaftliche Teilhabe ein solch neutraleres Kriterium bilden. Selbstbestimmt definiert das Individuum, in welchem Ausmaß es am materiellen Erfolg wie Erwerbseinkommen, teilhaben möchte. Das minimale Erfolgskriterium wäre hier die autonome Lebensführung und die persönliche Zufriedenheit.

3   Ein mehrkriteriales Übertrittsverfahren als Versuch zur Verminderung sozialer Bildungsungerechtigkeit

Ähnlich wie Deutschland verfügt die Schweiz über ein föderales Schulsystem mit unterschiedlichen Differenzierungsformen. Die obligatorische Schulpflicht beträgt neun Jahre und umfasst die Primarschule und die Sekundarstufe I. Die Grundschule besteht zumeist aus den Jahrgangsstufen 1 bis 6. In der Mehrzahl der Kantone schließt sich die in zwei oder drei verschiedene Bildungsgänge („Schultypen") gegliederte Sekundarstufe I an. Sie differenziert sich in einen Bildungsgang mit Grundansprüchen, der zumeist als „Realschule" bezeichnet wird und auf einfache Berufslehren vorbereiten soll, sowie ein oder zwei Bildungsgänge mit erweiterten Ansprüchen („Sekundarschule" und „Progymnasium"), deren Absolventen anspruchsvollere Berufslehren aufnehmen, bzw. in eine Maturitätsschule (Gymnasium) oder in die Fachmittelschule übertreten. Die verschiedenen Bildungsgänge werden oft gemeinsam *innerhalb* sogenannter „Orientierungsschulen" geführt. Neben der fachübergreifenden Leistungsdifferenzierung in Form der verschiedenen „Schultypen" finden sich in einigen Kantonen aber auch integrative und kooperative Modelle mit Stammklassen und Niveauunterricht in den Hauptfächern (Deutsch, Fremdsprachen und Mathematik).

Für die deutschsprachigen Schulen im Kanton Freiburg wurde Mitte der 1990er-Jahre ein mehrkriteriales Übertrittsmodell von der Grundschule in die Sekundarschule entwickelt. Dessen Hauptmerkmale sind eine Standardisierung von Leistungsbeurteilungen durch zentrale Leistungstests, eine Berücksichtigung von Motivation und Arbeitsverhalten der Kinder bei der Übertrittsempfehlung, eine intensive Einbindung der Eltern bei der Übertrittsentscheidung durch eine obligatorische Beratung sowie eine vertikale Öffnung des Zugangs zur Sekundarstufe II.

Im Einzelnen umfasst der Übertrittsprozess drei Hauptelemente: Eine globale Übertrittsempfehlung durch die Lehrperson, die Übertrittsempfehlung durch die Eltern sowie die Leistungen der Schülerinnen und Schüler in einem standardisierten Leistungstest. Die *Übertrittsempfehlung der Primarlehrperson* berücksichtigt zum einen die Schülerleistungen anhand der Zeugnisnoten des ersten Semesters der sechsten Klasse, zum anderen Beobachtungs- und Beurteilungskriterien der kognitiven Fähigkeiten und des Lern- und Arbeitsverhalten des Kindes. Auf dieser Basis formuliert die Lehrperson eine Empfehlung für die Zuweisung zu einer der drei Abteilungen: dem Progymnasium, der Sekundarabteilung oder der Realabteilung mit Grundansprüchen. Die *Übertrittsempfehlung der Eltern* ist das Ergebnis des kommunikativen Prozesses zwischen Lehrperson und Eltern. In einem für die Lehrkraft verpflichtenden Gespräch wird den Eltern die Empfehlung der Schule offengelegt, woraufhin die Eltern formal ihre eigene Empfehlung einreichen. Den Eltern ist dabei freigestellt, bei ihrer Empfehlung von der Empfehlung der Lehrperson abzuweichen. Das dritte Element des Übertrittsverfahrens ist eine standardisierte *Vergleichsprüfung* in den Bereichen Deutsch und Mathematik, die von allen Schülerinnen und Schülern des Kantons am selben Tag bearbeitet wird. Die Prüfung wird von Lehrpersonen der Sekundarstufe I gemeinsam mit nicht am Übergang beteiligten Lehrpersonen der Grundschule ausgearbeitet und in einem anderen Kanton mit gleichen Lehrplänen getestet. Die Auswertung erfolgt durch neutrale Lehrkräfte aus dem Sekundarschulbereich. Für jede Schülerin und jeden Schüler wird das Gesamtprüfungsergebnis als Prozentrang festgehalten und mit der Lehrerempfehlung verglichen.

Die Ergebnisse der Vergleichsprüfung, die Übertrittsempfehlungen von Lehrperson und Eltern, die Noten und die Beobachtungsbögen zu kognitiven Fähigkeiten und Motivation werden zentral festgehalten.

Im ersten Zuweisungsprozess wird abschließend die Übereinstimmung von der Lehrerempfehlung und dem Prüfungsergebnis geprüft. Bei Übereinstimmung zwischen Lehrerempfehlung und Prüfungsleistung folgt eine direkte Zuweisung zu der von der Lehrperson empfohlenen Abteilung. Bei einer Diskrepanz zwischen Empfehlung und Prüfungsergebnis trifft der Schuldirektor der Orientierungsschule gemeinsam mit der Primarlehrperson und den Eltern auf der Basis von Beurteilungs- und Prüfungsdokumenten den definitiven Zuweisungsentscheid. Nach dem Übertritt in die Orientierungsschule kann zu jeder Zeit innerhalb des ersten Semesters des siebten Schuljahres auf Antrag der Eltern oder der Lehrpersonen der Sekundarstufe I ein Abteilungswechsel vorgenommen werden.

Mehrere Studien zum Deutschfreiburger Übertrittsverfahren haben gezeigt, dass auch bei diesem mehrkriterialen Verfahren der Einfluss des sozialen Herkunftseffektes nicht eliminiert, aber im Vergleich zu anderen Verfahren reduziert werden konnte (vgl. Baeriswyl et al., 2006; Trautwein & Baeriswyl, 2007; Maaz, Baeriswyl & Trautwein, 2011; Moser & Rhyn, 2000; Moser & Berweger, 2005; Ditton & Krüsken, 2010). Eine Replikation der Studie zum Übertrittsjahrgang 1999 (Baeriswyl et al., 2006) zehn Jahre später, 2009, ergab dieselben Ergebnisse: Lehrerempfehlung, Vergleichsprüfung und Elternempfehlung bilden die drei

signifikanten Prädiktoren für den Zuweisungsentscheid. Der soziale Herkunftseffekt ist denn auch in diesen drei Faktoren vermittelt und wirkt sich nicht noch
zusätzlich auf den Zuweisungsentscheid aus. Beim Zuweisungsentscheid konnte kein sekundärer Herkunftseffekt festgestellt werden. D.h. bei vergleichbaren
Empfehlungen und Leistungen in der Vergleichsprüfung wurden beim Fällen des
Zuweisungsentscheides keine zusätzlichen Einflüsse der sozialen Herkunft festgestellt. Hingegen waren primäre Herkunftseffekte bei der Prüfungsleistung und
bei der Lehrer- und Elternempfehlung wirksam. Maaz, Baeriswyl und Trautwein
(2011) berichteten beachtenswerte sekundäre Herkunftseffekte beim Übergang in
die Sekundarstufe I in Deutschland und ebenfalls in der Notengebung in Studien
aus Deutschland und der Schweiz. Die Verhinderung des sekundären Herkunftseffektes mit dem Deutschfreiburger Übertrittsverfahren kann bereits als beach-
tenswerter Erfolg gewertet werden.

Besonders umstritten an diesem multikriterialen Verfahren ist die standardisierte Vergleichsprüfung als Mitentscheidungselement (Vögeli-Mantovani,
1999), das seit 1990 in der Schweiz zunehmend durch die Lehrerempfehlung oder
durch die Elternempfehlung ersetzt wurde. Prüfungen wurden vielerorts höchstens noch als Begehrensmöglichkeit der Eltern angeboten. Es stellt sich die Frage,
warum einer standardisierten Leistungsüberprüfung für alle an einem Übertritt
beteiligten Kinder nicht mehr Beachtung geschenkt wird, zumal allseits verlangt
wird, dass Übertrittsentscheidungen aufgrund von schulischem Leistungsvermö-
gen, also meritokratisch, und möglichst unabhängig von Herkunft und sozialem
Status zu treffen seien (vgl. u.a. Kronig, 2007; Baumert et al., 2011).

Die Bedeutung der standardisierten Vergleichsprüfung beim Übertrittsverfahren
von der Grundschule in die Sekundarstufe I kann einerseits anhand von Vorhersage-
modellen des Schulerfolgs und andererseits anhand von Befragungen der betroffenen Schülerinnen und Schüler, der Eltern und der Lehrpersonen überprüft werden.

Baeriswyl et al. (2009) überprüften die Güte der einzelnen Übertrittselemente
am Ende der sechsten Klasse für die Vorhersage des Schulerfolgs gemessen an
den Abschlussnoten am Ende des neunten Schuljahres, d.h. am Ende der Sekundarstufe I. Dabei erwies sich die Testleistung, vor der Zeugnisnote als bester Prädiktor sowohl für die Mathematik- als auch für die Deutschleistung. Nach Kontrolle der Kriterien Prüfungsleistung und Noten erreichte die Vorhersagekraft der
globalen Übertrittsempfehlung der Lehrperson das statistische Signifikanzniveau
hingegen nicht. Über die Zeitspanne von drei Jahren enthielt die Lehrerempfehlung für die Aufklärung der Abschlussnoten keine zusätzliche Informationskraft.
Hingegen erwies sich die Lehrerempfehlung für kurzfristigere Vorhersagen des
Schulerfolgs als geeigneter.

Um stressauslösende Merkmale, Aspekte der Gerechtigkeit oder gezielten Vorbereitungsunterricht auf die Vergleichsprüfung festzustellen, wurden die Deutschfreiburger Übertrittsjahrgänge 2009 und 2010 spezifisch untersucht. Dazu wurden alle Schülerinnen und Schüler und ihre Lehrpersonen vor der Vergleichsprüfung mit einem Fragebogen schriftlich befragt. Nach der Vergleichsprüfung und nach Bekanntgabe des Zuweisungsentscheides fanden die Elternbefragung und die zweite Lehrerbefragung statt. Wegen der geografischen Überschaubarkeit konnten immer Gesamterhebungen durchgeführt werden. Insgesamt wurden 1.685 Schülerinnen und Schüler 1.511 Eltern und 99 Lehrpersonen (Klassen) befragt.

Standardisierte Leistungserfassungen lösen bei vielen Pädagogen Ängste vor dem „Teaching to the Test-Phänomen" (Wyne, 2007) aus. Danach würde sowohl der Unterricht wie auch die private Förderung des Kindes fast ausschließlich auf das Bestehen des Tests, sogar auf die Technik der Testbewältigung, ausgerichtet (Nichols & Berliner, 2007). Amrein, Berliner und Rideau (2010) untersuchten dieses Phänomen in den USA und stellten Anzeichen von Korruption fest (am Tag des Tests wurden überzufällig viele Kinder – namentlich schulschwächere – krank gemeldet oder für die Testtage suspendiert, Lehrpersonen haben Schülern während dem Test geholfen, Lehrpersonen oder Administrierende haben Antworten im Nachhinein geändert...), wenn die Testergebnisse einer Schule für die Zuweisung von finanziellen Mitteln verwendet wurden. Die Zürcher Längsschnittstudie (Moser, Buff, Anglone & Hollenweger, 2011) hat aufgezeigt, dass Vorbereitungskurse für die Aufnahme ins Langzeitgymnasium bei leistungsstärkeren Schülerinnen und Schülern mit privilegiertem Hintergrund am verbreitetsten sind: „Bei einer Deutschnote 5 (6 = beste Note) besuchten beispielsweise rund 21 Prozent der Schülerinnen und Schüler mit eher benachteiligter, rund 34 Prozent mit eher privilegierter und rund 48 Prozent mit privilegierter sozialer Herkunft einen Vorbereitungsunterricht (p. 76)." Weil es sich beim Deutschfreiburger Übertrittsverfahren nicht um eine Aufnahmeprüfung, sondern um die Vergleichsprüfung als eines von mehreren Entscheidungselementen handelt, wurde hier denn auch eine geringere Verbreitung von Vorbereitungskursen erwartet als beim hochselektiven zürcherischen Aufnahmeverfahren.

Tatsächlich berichten nur 13% aller Schülerinnen und Schüler, dass sie vor der Vergleichsprüfung gezielte Nachhilfe erhalten haben. 25% davon stammten aus dem untersten Quartil des ISEI-Indexes, 36% aus dem zweituntersten, 23% aus dem zweitobersten und 17% aus dem obersten Quartil. Bei diesem recht geringen Anteil an gezielter außerschulischer Testvorbereitung konnte kein statistisch relevanter Herkunftseffekt festgestellt werden.

„Teaching to the Test" wird jedoch insbesondere durch die Lehrperson betrieben, indem sie den Schulunterricht einseitig auf die geprüften Fächer Deutsch und Mathematik ausrichtet und gezielt Prüfungen der vorangegangenen Jahre trainiert (Wayne, 2007). Dabei ist eine pädagogisch erwünschte Vorbereitung der Kinder auf eine außerordentliche Herausforderung, wie die Testbewältigung, von einer gezielten Vorbereitung der Klasse aus kompetitiven Gründen der Lehrperson zu unterscheiden. Weil die zentrale Datenauswertung des Übertrittsverfahrens von Schulbehörden und Inspektoren nie herangezogen wurde, um die Leistungen von Klassen oder Lehrpersonen zu vergleichen, wurde diese zweite Vorbereitungsart (Teaching to the Test) der Lehrpersonen weniger oder nicht erwartet.

65% der Lehrpersonen gaben diesbezüglich an, den Unterricht nicht an die Vergleichsprüfung angepasst zu haben. 34% erteilten während den zwei Monaten vor der Prüfung mehr Hausaufgaben in Deutsch und Mathematik und weniger in den anderen Fächern. Von den 99 Lehrpersonen gaben nur zwei an, keine älteren Vergleichsprüfungen durchgeführt zu haben. Alle anderen führten eine bis zwei Prüfungen übungshalber durch und verwendeten einzelne Aufgaben aus früheren Prüfungen zu Übungszwecken.

Die Angaben der Lehrpersonen deckten sich weitgehend mit jenen der Schülerinnen und Schüler. 93% gaben an, mit einzelnen Vergleichsprüfungen auf die Prüfung vorbereitet worden zu sein. Diese Übungen fanden in der Schule statt, zudem waren die Lehrpersonen bereit, ihnen, sofern diese nachfragten, Prüfungsteile zum weiteren Lernen mit nach Hause zu geben. Aufgrund der Übung anhand von Prüfungsexemplaren aus den Vorjahren war das Wissen der Kinder betreffend den Aufgabentypen und des Ablaufs der Prüfungssituation ausgeprägt. 86% gaben an zu wissen, welche Aufgabentypen an der Vergleichsprüfung gestellt werden und 87% wussten, welche Inhaltsbereiche geprüft werden. Das Wissen um die geprüften Inhaltsbereiche ist erwünscht und ist Bestandteil einer pädagogisch wünschenswerten, strategischen Vorbereitung auf eine Prüfung.

98% der Kinder waren mit der Vorbereitungsarbeit ihrer Lehrperson sehr zufrieden. Ebenfalls nur 2% der Eltern waren unzufrieden und 2% nur „ein wenig unzufrieden". Ähnlich positive Zustimmung erhielten die Lehrpersonen von den Eltern auf die Aussage „Die Lehrperson bereitete mein Kind sehr gut auf die Prüfung vor" (2,7% „stimmt nicht" und 4% „stimmt ein wenig").

Dadurch, dass die standardisierte Vergleichsprüfung bloß eines von mehreren für den Übertrittsentscheid mitbestimmendes Element bildet, sind maßgebende Voraussetzungen für ein „Teaching to the Test-Verhalten" von Lehrpersonen und Eltern nicht gegeben. So konnten denn auch keine entsprechenden Vorbereitungen festgestellt werden.

Obwohl die Sekundarstufe I im Kanton Freiburg als offenes Bildungssystem bezeichnet werden kann (Trautwein et al., 2008), ist der Übertrittsentscheid bedeutsam und wird von allen Beteiligten sehr ernst genommen. So ist es auch wichtig, die Zufriedenheit der Eltern mit der Zuweisung ihres Kindes zu einer der drei Abteilungen zu erfragen. Differenziert wurde zwischen der Hoffnung auf einen anderen Zuweisungsentscheid, der Zufriedenheit damit und dem Mittragen des Entscheides. 9,3% der Eltern haben sich einen anderen Entscheid erhofft, 4,4% sind damit nicht zufrieden und 2,3% sind nicht bereit, den Entscheid mitzutragen. 64 Eltern waren mit dem Entscheid nicht zufrieden, davon tragen ihn 35 trotzdem mit. Von 34 Eltern, welche den Entscheid nicht mittragen wollten, haben vier ein Wiedererwägungsgesuch, jedoch niemand Rekurs dagegen eingereicht. Diese Angaben zeugen von einem differenzierten Umgang der Eltern mit dem Übertrittsentscheid. Sie wünschen sich eine bessere Einstufung ihres Kindes und akzeptieren den definitiven Entscheid trotzdem – möglicherweise aufgrund der erbrachten Leistung in der Vergleichsprüfung, die als „neutral" beurteilt wird.

4   Als wie gerecht wird das Übertrittsverfahren eingestuft?

Die wahrgenommene Gerechtigkeit von Zuweisungsverfahren spielt eine wichtige Rolle in der Bewertung der Gerechtigkeit des Bildungssystems insgesamt. Das Freiburger Übertrittsverfahren wurde auf die wahrgenommene Gerechtigkeit der Eltern, wie auch der Schülerinnen und Schüler untersucht. Mit der Aussage „Die berufliche Zukunft meines Kindes hängt sehr stark vom Übertritt ab" wurde die subjektive Bedeutsamkeit des Übertrittsverfahrens erfasst: Darauf antworteten 10,6% „stimmt gar nicht; 28% „stimmt ein wenig"; 40,5% „stimmt eher" und 21% „stimmt genau". Diese Antworten zeigen, dass sie die Zuweisung im Kontext der beruflichen Zukunft des Kindes als wichtig, aber nicht als schicksalshaft betrachten. Deshalb würde sie Ungerechtigkeit sicher nicht unberührt lassen. Den entsprechenden Aussagen zur Gerechtigkeit wurde in folgendem Ausmaß zugestimmt:

„Das Übertrittsverfahren im Allgemeinen ist gerecht" (82,6%),
„die Lehrperson erteilte gerechte Noten" (93%),
„die Lehrpersonen vergab gerechte Übertrittsempfehlungen" (81,1%),
„die Vergleichsprüfung ist gerecht" (80,2%),
„beim Übertrittsverfahren haben alle Schülerinnen und Schüler die gleiche Chance" (77,5%).

Die befragten Eltern vertrauten der Notengebung der Lehrperson am meisten und der sozialen Gerechtigkeit des gesamten Übertrittsverfahrens am wenigstens. Insgesamt wird es zu über 80% als ein gerechtes Verfahren eingestuft.

Eine Pfadanalyse hat gezeigt, dass die wahrgenommene Vorbereitungsgüte des eigenen Kindes und der Klasse auf die Vergleichsprüfung zentrale Faktoren für die wahrgenommene Gerechtigkeit des Übertrittsverfahrens durch die Eltern sind. Sie ist aber auch davon abhängig, ob das Kind den elterlichen Vorstellungen entsprechend eingeteilt wurde. Dies scheint ein Indikator dafür zu sein, dass die Gerechtigkeit größtenteils durch die persönliche Erfahrung geprägt wird.

Auf die Frage, ob das Übertrittsverfahren gerecht ist, geben 88% der Kinder an, dies stimme. Auch gehen die Schülerinnen und Schüler zu 84% davon aus, dass die Zuweisung für alle Schülerinnen und Schüler gerecht sein wird und die Vergleichsprüfung wird zu 89% als gerecht bezeichnet. Auch sind die Kinder zu 81% davon überzeugt, dass beim Übertrittsverfahren alle die gleiche Chance haben.

Von Seiten der Lehrpersonen geben 41% an, dass die Vergleichsprüfung für alle gerecht sei und 68% sagen, dass der definitive Zuweisungsentscheid jeweils für alle gerecht sei. Ihre eigene Übertrittsempfehlung bewerten 91,5% der Lehrpersonen als gerecht.

Wenn man die Gerechtigkeitseinschätzung der Eltern und Kinder miteinander vergleicht, sieht man, dass die Übereinstimmung relativ tief ist (Tab. 1) und Kinder die Gerechtigkeit in der Regel höher einschätzen (Abb. 1). Die Skala „Gerechtigkeitswahrnehmung" setzt sich aus den sieben Aussageitems zusammen „Unsere Lehrperson bemüht sich, zu allen Schülerinnen und Schülern gerecht zu sein"; „Das Übertrittsverfahren ist gerecht"; „Einige Schülerinnen und Schüler werden von unserer Lehrperson bevorzugt (rekodiert)"; „Die Lehrperson gibt gerechte Noten"; „Die Zuweisung wird für alle Schülerinnen und Schüler gerecht sein"; „Die Vergleichsprüfung ist gerecht"; „Beim Übertrittverfahren haben alle die gleiche Chance". Die Reliabilität dieser Skala ist mit Cronbach's Alpha von .74 angemessen gut. Die tiefen Korrelationen besagen, dass das Kind und seine Eltern die Aussagen selten übereinstimmend beurteilen. Die Kinder schätzen die Gerechtigkeit höher ein als die Eltern – wobei zu beachten ist, dass die Kinder vor der Vergleichsprüfung und die Eltern nach Bekanntgabe des Zuweisungsentscheides befragt worden sind. Trotzdem schätzen Eltern, deren Kinder der progymnasialen Abteilung zugeteilt wurden und Kinder, welche dem Progymnasium zugeteilt worden sind, die Gerechtigkeit höher ein als jene, die der Sekundarabteilung oder der Realabteilung zugewiesen worden sind. Mit einer tiefsten Einstufung auf der Skala von 3 (= stimmt ziemlich) kann die Gerechtigkeitsbeurteilung als hoch bezeichnet werden.

Tabelle 1: Korrelationen der Gerechtigkeitswahrnehmung der Eltern und der Schülerinnen und Schüler

		1	2	3	4	5
1	Eltern-1 Das Übertrittsverfahren ist gerecht.					
2	Eltern-2 Die Vergleichsprüfung ist gerecht.	0.70				
3	Eltern-3 Beim Übertrittsverfahren haben alle die gleichen Chancen.	0.64	0.65			
4	Kind-1 Das Übertrittsverfahren ist gerecht.	0.16	0.14	0.14		
5	Kind-2 Die Vergleichsprüfung ist gerecht.	0.15	0.14	0.12	0.63	
6	Kind-3 Beim Übertrittsverfahren haben alle die gleiche Chance.	0.08	0.03	0.12	0.26	0.32

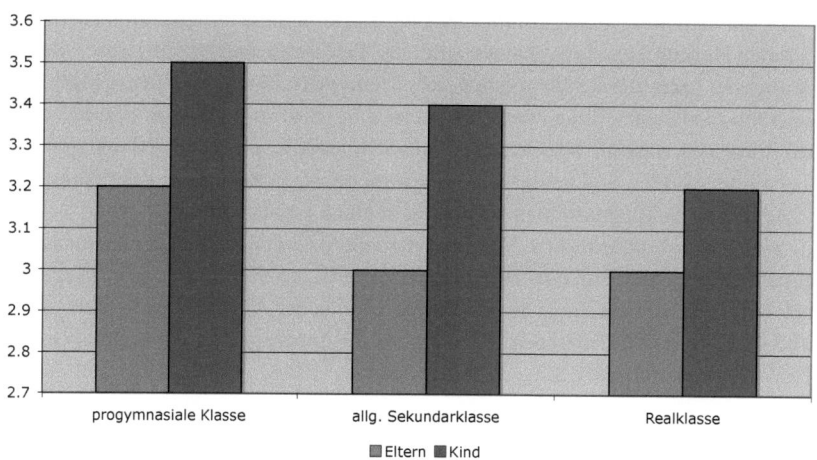

Abbildung 1: *Wahrgenommene Gerechtigkeit durch Eltern und Kind. Skala aus drei Items (1=stimmt nicht; 2= stimmt ein wenig; 3 = stimmt ziemlich; 4 = stimmt genau)*

5 Zusammenfassung

Frühförderung wird generell als erste Maßnahme zur Verminderung von sozialen Herkunftseffekten erwähnt. Hier wird zudem die These vertreten, dass der Zugang zu einer Berufslehre vergleichsweise zum gesicherten Studienplatz im Gymnasium verbesserungswürdig ist. Junge Menschen, denen sich ein Berufsabschluss als einzige Möglichkeit eröffnet, sollten dieselben Zugangsprivilegien genießen wie ein Gymnasiast. Ein Berufszertifikat kann für den jungen Menschen dieselben subjektiven Lebenschancen bedeuten wie ein Mittelschulabschluss. Ein solcher gesellschaftlicher Ausgleich würde trotzdem die festgestellten sozialen Ungleichheiten, bei vergleichbaren Leistungsfähigkeiten, niemals rechtfertigen. Deshalb ist jedes Bildungssystem auf Schnittstellen, an denen soziale Ungleichheiten entstehen oder verstärkt werden, zu überprüfen.

Als solche Schnittstellen haben sich Schulübergänge erwiesen. Hierzu wurde ein mehrkriteriales Verfahren für den Zuweisungsentscheid von der Grundschule in die Sekundarstufe I näher betrachtet. Analysen haben gezeigt, dass dadurch der sekundäre Herkunftseffekt, den vor allem das Schulsystem zu verantworten hat, eliminiert werden konnte. Unter Verwendung vergleichbarer Leistungsfähigkeiten in einem standardisierten Vergleichstest und Lehrer- und Elternempfehlungen war der Zuweisungsentscheid nicht noch zusätzlich durch die soziale Herkunft belastet.

Es hat sich auch gezeigt, dass sich Eltern und Schülerinnen und Schüler des sozialen Herkunftseffektes bewusst sind, das Verfahren aber trotzdem großmehrheitlich als gerecht oder „ziemlich gerecht" einstufen. Die Übereinstimmung der Gerechtigkeitsbeurteilung zwischen Eltern und Kind ist auffallend tief, was darauf hindeutet, dass die Schülerinnen und Schüler solche Urteile unabhängig von ihren Eltern bilden und beide wohl unterschiedliche Kriterien zur Bewertung anwenden oder Schulsituationen als unterschiedlich wahrnehmen.

Wenn der standardisierte Vergleichstest die sekundären Herkunftseffekte zu eliminieren vermag und das Übertrittsverfahren dadurch nicht unverantwortlich belastet, stellt sich die Frage grundsätzlich, ob sich der Aufwand nicht doch lohnt und sogar als neutralisierendes Bindeglied zu Kooperationen zwischen allen am Übertritt Beteiligten wird.

Literatur

Amrein, A., Berliner, D. & Rideau, S. (2010). Cheating in the first, second, and third degree: Educators' responses to high-stakes testing. *Education Policy Analysis Archives, 18(14)*, 36.

Baeriswyl, F., Wandeler, C., Trautwein, T. & Oswald, K. (2006). Leistungstest, Offenheit von Bildungsgängen und obligatorische Beratung der Eltern. Reduziert das Deutschfreiburger Übergangsmodell die Effekte des sozialen Hintergrunds bei Übergangsentscheidungen? *Zeitschrift für Erziehungswissenschaft, 9*, S. 373–392.

Baeriswyl, F., Trautwein, U., Wandeler, C. & Lüdtke, O. (2009). Wie gut prognostizieren subjektive Lehrerempfehlungen und schulische Testleistungen beim Übertritt die Mathematik- und Deutschleistung in der Sekundarstufe I? *Zeitschrift für Erziehungswissenschaft, Sonderheft 12 Bildungsentscheidungen*, S. 352–372.

Baumert, J., Artelt, C., Ditton, H., Fend, H., Hasselhorn, M., Macher, I., Rauschenbach, T., Solga, H., Trautwein, U., Horstmann, K. & Maechtle, G. (2011*). Empfehlungen des Expertenrats „Herkunft und Bildungserfolg"*. Stuttgart: Ministerium für Kultus, Jugend und Sport Baden-Württemberg.

Becker, R. & Schubert, F. (2011). Die Rolle von primären und sekundären Herkunftseffekten für Bildungschancen von Migranten im deutschen Bildungssystem. In R. Becker (Hrsg.). *Integration durch Bildung. Bildungserwerb von jungen Migranten in Deutschland* (S. 161–194). Wiesbaden: Westdeutscher Verlag.

Boudon, R. (1974). *Education, opportunity, and social inequality: Changing prospects in Western society.* New York: Wiley.

Bourdieu, P. (1983). Ökonomisches Kapital, kulturelles Kapital, soziales Kapital. In: R. Kreckel (Hrsg.). *Soziale Ungleichheiten* (S. 183–189). Göttingen: Schwarz.

Ditton, H. & Aulinger, J. (2011). Schuleffekte und institutionelle Diskriminierung – eine kritische Auseinandersetzung mit Mythen und Legenden in der Schulforschung. In R. Becker (Hrsg*.). Integration durch Bildung. Bildungserwerb von jungen Migranten in Deutschland.* Wiesbaden, S. 95–119.

Ditton, H., Krüsken, J. & Schauenberg, M. (2005). Bildungsungleichheit – der Beitrag von Familie und Schule. *Zeitschrift für Erziehungswissenschaft, 8*, S. 285–303.

Ditton, H. & Krüsken, J. (2010). Effekte der sozialen Herkunft auf die Schulformwahl beim Übergang von der Primar- in die Sekundarstufe. In: M. Neuenschwander & H.U. Grunder (Hrsg.). *Schulübergang und Selektion.* Chur: Rüegger. S. 35–60.

Ehmke, T. & Jude, N. (2010). Soziale Herkunft und Kompetenzerwerb. In: E. Klieme, C. Artelt, J. Hartig, N. Jude, O. Köller, M. Prenzel, W. Schneider & P. Stanat (Hrsg.). *PISA 2009. Bilanz nach einem Jahrzehnt.* Münster: Waxmann.

Fend, H. (1974). Gesellschaftliche Bedingungen schulischer Sozialisation. Weinheim und Basel: Beltz.

http://www.oecd.org/document/17/0,3746,en_2649_39023495_43219217_1_1_1,00.html

Kronig, W. (2007). *Die systematische Zufälligkeit des Bildungserfolgs.* Bern: Haupt.

Maaz, K., Baeriswyl, F. & Trautwein, U. (2011). *Herkunft zensiert. Leistungsdiagnostik und soziale Ungleichheiten in der Schule.* Vodafone Stiftung Deutschland.

Maaz, K. & Nagy, G. (2009). Der Übergang von der Grundschule in die weiterführenden Schulen des Sekundarschulsystems: Definition, Spezifikation und Quantifizierung primärer und sekundärer Herkunftseffekte. *Zeitschrift für Erziehungswissenschaft, Sonderheft 12.2009*, S. 153–182.

Moser, U. & Berweger, S. (2005). Soziale Herkunft und Mathematikleistung: Ein vertiefter Blick auf die Kantone. In Bundesamt für Statistik & Schweizerische Konferenz der kantonalen Erziehungsdirektoren (Hrsg.). *PISA 2003: Kompetenzen für die Zukunft. Zweiter nationaler Bericht* (S. 99–118). Neuchâtel: Bundesamt für Statistik.

Moser, U., Buff, A., Anglone, A. & Hollenweger, J. (2011). *Nach sechs Jahren Primarschule. Deutsch, Mathematik und motivational-emotionales Empfinden am Ende der 6. Klasse.* Zürich: Bildungsdirektion Kanton Zürich.

Moser, U. & Rhyn, H. (2000). *Lernerfolg in der Primarschule. Eine Evaluation der Leistungen am Ende der Primarschule.* Aarau: Sauerländer.

Nichols, S. L. & Berliner, D. C. (2007). *Collateral damage: How highstakes testing corrupts America's schools.* Cambridge, MA: Harvard Education Press.

Sahlberg, P. (2007). Education policies for raising student learning: The Finnish approach. *Journal of Education Policy, 22(2)*, S. 147–171.

Trautwein, U., Baeriswyl, F., Lüdtke, O. & Wandeler, C. (2008). Die Öffnung des Schulsystems: Fakt oder Fiktion? Empirische Befunde zum Zusammenhang von Grundschulübertritt und Übergang in die gymnasiale Oberstufe. *Zeitschrift für Erziehungswissenschaft, 11*, S. 648–665.

Vögeli-Manotvani, U. (1999). *Mehr fördern, weniger auslesen. Zur Entwicklung der schulischen Beurteilung in der Schweiz. Trendbericht der SKBF (Schweizerische Koordinationsstelle für Bildungsforschung).* Aarau: SKBF.

Wayne, A. (2007). High-Stakes Testing and Curricular Control: A Qualitative Metasynthesis. *Educational Reasearcher, 36*, 5 pp. 258–267.

Was wirkt?

Interventionen zum Abbau sozialer Effekte

Heike Solga

Der Zusammenhang von sozialer Herkunft und Bildungserfolg ist in Deutschland besonders stark ausgeprägt. Dies ist zudem besonders problematisch, da in Deutschland ein geringer(er) Schulerfolg auch langfristig die Erwerbschancen sowie den Zugang zu weiterführender Bildung (wie Ausbildung und Weiterbildung) im Lebensverlauf stark beschränkt (Solga, 2005). Damit beeinflusst die soziale Herkunft vermittelt über die Bildung auch langfristig die Lebenschancen. Zu den Personen mit geringer Schulbildung gehören in Deutschland heute alle Schulabgänger/innen mit maximal einem Hauptschulabschluss. Diese Schulabgänger/innen haben extrem schlechte Chancen auf dem Ausbildungsmarkt. Neu ins berufliche Bildungssystem einsteigende Jugendliche ohne Schulabschluss landen zu 80% im sogenannten Übergangssystem, bei jenen mit Hauptschulabschluss sind es ca. 50%. Letztlich bleiben ca. 15% eines Jahrgangs langfristig ohne abgeschlossene Berufsausbildung; das ist jede sechste junge Erwachsene. Dieser Anteil stagniert seit Jahrzehnten.

Ein fehlender Ausbildungsabschluss markiert in Deutschland nicht nur relative Bildungsarmut (d. h. deutlich schlechtere Arbeitsmarktchancen im Vergleich zu anderen), sondern inzwischen auch *absolute* Bildungsarmut (d. h. nahezu den Ausschluss aus Erwerbsarbeit, da zum einem immer weniger Arbeitsplätze auf diesem Bildungsniveau vorhanden sind und zu anderen selbst bei vorhandenen Stellen diesen Personen die „Beschäftigungsfähigkeit" abgesprochen wird).

Diese Zusammenhänge von Schul- und beruflicher Bildung sowie von Bildung und Arbeitsmarktposition sind in Deutschland deutlich stärker ausgeprägt als in anderen Ländern. Die Gründe dafür sind unter anderem die starke Bedeutung der beruflichen – insbesondere der betrieblichen, dualen – Ausbildung, die im Unterschied zu anderen Ländern (neben dem Studium) eine zentrale Eingangsbedingung für den Erwerbseinstieg darstellt, sowie die starke Berufszentrierung des deutschen Arbeitsmarktes, da v. a. berufsspezifische Zertifikate und weniger Allgemeinbildung und on-the-job-learning den Zugang zu beruflichen Positionen bestimmen. Und dieser Zusammenhang von Ausbildungs- bzw. Hochschulabschluss und Erwerbschancen ist mit der Bildungsexpansion, d. h. der Zunahme der Beteiligung an Aus- und Hochschulbildung, in Deutschland stärker geworden.

Von daher reicht der Blick auf die allgemein bildende Schule für eine adäquate Betrachtung des Zusammenhangs von Bildung und sozialer Herkunft sowie für die Suche nach Möglichkeiten, diesen zu verringern, nicht aus. In Deutschland ist dabei immer auch das Berufsbildungssystem mit zu berücksichtigen. Hier spielt das Berufsbildungssystem eine enorm wichtige Rolle für die Frage von Bildungsarmut und sozialer Ungleichheit im Bildungszugang und -erfolg.

Der Blick auf die Übergänge in Berufsausbildung eröffnet zudem einen etwas andere Perspektive auf die Frage von Chancengleichheit im Schulsystem. Da der Hauptschulabschluss in unserer heutigen Gesellschaft nicht mehr für eine Teilhabe an Erwerbsarbeit und Gesellschaft ausreicht (und damit Bildungsarmut markiert), ist es nicht die drängenste Frage, ob Arbeiter- und Akademikerkinder entsprechend ihrem Bevölkerungsanteil ein *gleiches* Risiko eines Hauptschulabschlusses oder geringer Kompetenzen (wie sie bei PISA gemessen werden) haben. Dies entspräche dem herkömmlichen Verständnis von Chancengleichheit: Unabhängig von der sozialen Herkunft sollten alle Kinder und Jugendlichen die gleichen Zugangschancen für ein Abitur haben sowie auch die gleichen Risiken für einen niedrigen Bildungsabschluss. Entsprechend den Befunden der PISA-Studie 2009 besuchten nur 9% der Kinder der oberen Dienstklasse, aber 30% der Kinder aus un-/angelernten Familien die Hauptschule. Entsprechend dem oben genannten Verständnis sind demzufolge 21% der Ersteren „zu wenig" oder 21% der Letzteren „zu viel" auf der Hauptschule. Insofern wäre das Ziel von Chancengleichheit auch dann erreicht, wenn aus allen Herkunftsgruppen 30% eine Hauptschule besuchen.

Mit Blick aus das Berufsbildungssystem und den Arbeitsmarkt stellt sich diese Frage deutlich anders. Hier ist Chancengleichheit definiert über den Zugang und Teilhabe an Ausbildung. Und dafür wäre das Ziel: Alle Kinder sollte die Chance haben, mindestens einen *mittleren* Bildungsabschluss zu erwerben, d. h. Abbau von Bildungsarmut. Wir müssen also unseren Blick vor allem auf das untere Ende der Bildungshierarchie richten. Die Beseitigung dieser lebenslangen Chancenungleichheit ist wichtiger und drängender als die Frage, wer hat Zugang zum Abitur und zur Hochschule. Denn wenn es um die Frage der Teilhabechancen im Arbeitsmarkt und der Gesellschaft geht, dann verläuft die Scheidelinie in Deutschland *nicht* zwischen Facharbeitern und Hochschulabsolventen – die soziale Teilhabe für einen KfZ-Facharbeiter ist ebenso gegeben wie für einen Ingenieur bei VW oder Mercedes und die Unterschiede hinsichtlich des Arbeitslosigkeitsrisikos, des Einkommens oder der Arbeitsbedingungen sind vergleichsweise gering –

die wirtschaftliche und soziale Teilhabe ist mit beiden Bildungsniveaus gleichermaßen gegeben. Fundamental anders sieht es hingegen hinsichtlich der Scheidelinie „ohne beruflichen Abschluss" vs. Facharbeiter- bzw. Hochschulabschluss aus. Personen „ohne abgeschlossene Berufs- oder Hochschulausbildung" sind von Beschäftigung auf dem deutschen Arbeitsmarkt weitgehend ausgeschlossen, sie haben ein enorm hohes Armutsrisiko, so dass auch in weiteren Bereichen des gesellschaftlichen Lebens ihre Teilhabemöglichkeiten massiv eingeschränkt sind.

Dies gilt insbesondere auch deshalb, weil wir selbst bei größerer Chancengleichheit in traditionellen Sinne (siehe oben) weiterhin ein „unteres Ende der Bildungshierarchie" haben werden – die Frage ist jedoch, wie „tief" dieses untere Ende ist, mit welchem Bildungsniveau und welchen Kompetenzen diese Personen ausgestattet sind. Das heißt, inwieweit diese Personen von absoluter Bildungsarmut und damit sozialem Ausschluss betroffen sind.

Mit diesem Blickwinkel auf Bildungsarmut und deren Kopplung an soziale Herkunft komme ich im Folgenden zu drei Thesen, in denen ich ausführen möchte, warum das Berufsbildungssystem in Deutschland von besonderer Bedeutung ist – und zwar in zweifacher Hinsicht: Einerseits wie es zu einem Abbau von Bildungsarmut beiträgt und andererseits wie es in seiner derzeitigen Verfasstheit zugleich zu einer Verschärfung sozialer Bildungsungleichheiten beträgt.

These 1:

Der Erfolg des deutschen Bildungssystems im internationalen Vergleich im Hinblick auf einen geringen Anteil an Personen ohne höheren Sekundarschulabschluss (oder bildungsarmer Personen) und einer geringen Jugendarbeitslosigkeitsquote ist vor allem das Verdienst des beruflichen Bildungssystems – und nicht der allgemein bildenden Schule.

Wieso? 2009 haben ca. 28% der Schulabgänger/innen die Schule mit maximal einem Hauptschulabschluss, d. h. einem Schulabschluss unterhalb des höheren Sekundarschulabschlusses, in Deutschland verlassen. Mit dem Durchlaufen des Berufsausbildungssystems halbiert sich dieser Anteil. Der Anteil der jungen Erwachsenen ohne abgeschlossene Berufsausbildung (die einem höheren Sekundarschulabschluss gleichwertig ist) beträgt in Deutschland ca. 15%. Damit steht Deutschland im internationalen Vergleich des Anteils an gering qualifizierten Personen sehr gut dar. Dieser Anteil beträgt im Vergleich dazu z. B. bei den PISA-Siegern Finnland 19% oder Korea 21%. Gleichwohl sei auch zu erwähnen, dass Kanada einen Anteil an gering Qualifizierten von 11% schafft – bei einem gleichzeitig deutlich schwächeren Zusammenhang von Herkunft und Bildung.

Gleiches ließe sich auch für die Jugendarbeitslosigkeit ausweisen. Sie ist in Deutschland dank des Berufsbildungssystems – und nicht dank der allgemein bildenden Schule – deutlich geringer als in vielen anderen westlichen Industrienationen. Der wesentliche Faktor dabei ist der längere Verbleib im Bildungssystems, sei es in einer Ausbildung oder in berufsvorbereitenden Maßnahmen und berufschulischen Bildungsgängen, so dass Jugendliche in geringerem Maße überhaupt dem Risiko von Arbeitslosigkeit ausgesetzt sind. Beim Vergleich der Arbeitslosigkeitsquoten der 25- bis 29-Jährigen steht Deutschland dann längst nicht mehr so gut im internationalen Vergleich dar.

Zusammenfassend für die 1. These zur Bedeutung des beruflichen Bildungssystems hinsichtlich der Frage von Bildungsgerechtigkeit kann daher formuliert werden: Der Abbau von Bildungsarmut findet in Deutschland derzeit vor allem im Ausbildungssystem statt. Das ist die positive Seite der Medaille.

Doch es gibt – derzeit – auch zwei negative Seiten der Medaille. Das heißt, das deutsche Ausbildungssystem biete nicht nur Möglichkeiten des Abbaus von Bildungsarmut, sondern ist selbst auch ein zentraler Ort der Produktion von Bildungsarmut ist (und verdient damit die gleiche Aufmerksamkeit wie derzeit die frühkindliche Bildung.)

These 2:

Wer das „Recht auf einen Hauptschulabschluss" fordert, tritt in Deutschland de facto für das „Recht auf Bildungsarmut" ein. Denn zum einen definiert sich in Deutschland Bildungsarmut und damit das kulturelle Mindestniveau an Bildung, das für gesellschaftliche Teilhabe erforderlich ist, nicht über den allgemein bildenden Schulabschluss, sondern über den Abschluss einer Berufsausbildung oder eines Studium. Wer Bildungsarmut abbauen will, muss also das „Recht auf einen Ausbildungsplatz" fordern. Zum anderen verliert das deutsche Ausbildungssystem zunehmend an seiner Integrationskraft von Jugendlichen mit geringeren Schulleistungen, so dass der Hauptschulabschluss heute alles andere gute Übergangschancen in eine Ausbildung gewährleistet und damit zu einer Determinante von Bildungsarmut bezogen auf den Ausbildungsabschluss wird.

Die Integrationskraft von Jugendlichen mit niedrigeren Schulabschlüssen hat das deutsche Berufsbildungssystem mehr und mehr verloren. Während 1970 noch ca. 80% der Auszubildenden im duale System maximal einen Hauptschulabschluss hatten – im Vergleich zu 66% an Schulabgänger/innen mit maximal einem

Hauptschulabschluss –, sind es heute *weniger* Auszubildende mit maximal einem Hauptschulabschluss, gemessen an ihrem Anteil unter den Schulabgänger/innen. Schulabgänger/innen mit maximal einem Hauptschulabschluss haben – wie eingangs ausgewiesen – extrem schlechte Chancen auf dem Ausbildungsmarkt. Viele von ihnen landen im sogenannten Übergangssystem. Etwa 50% dieser Jugendlichen gelingt es, in diesem Übergangssystem einen Hauptschulabschluss (der jedoch auf dem Ausbildungsmarkt kaum noch etwas wert ist) oder einen mittleren Abschluss nachzuholen. Letztlich bleiben – wie bereits erwähnt – ca. 15% eines Jahrgangs langfristig ohne abgeschlossene Berufsausbildung – und dieser Anteil stagniert seit Jahrzehnten. So erfolgreich dieser Anteil im internationalen Vergleich auch ist (siehe These 1), die Konsequenzen eines fehlenden Berufsabschlusses sind in Deutschland hingegen deutlich schwerwiegender als in anderen Ländern. Mit der hohen Bedeutung der beruflichen Erstausbildung *vor* dem Arbeitsmarkteinstieg ist die Gefahr einer Ausgrenzung vom Arbeitsmarkt und damit auch der sozialen Ausgrenzung derjenigen 15%, die keine abgeschlossene Berufs- oder Hochschulausbildung vorweisen können, in Deutschland deutlich höher als in anderen Ländern.

Diesen zentralen Bereich des Bildungssystems überlassen wir jedoch weitgehend der Wirtschaft – abgesehen von einigen eher „frauentypischen" Schulberufen im erzieherischen und pflegerischen Bereich. Damit unterliegt aber die Frage von Bildungsarmut stark den Angebots-Nachfrage-Schwankungen des Ausbildungs- bzw. Arbeitsmarktes. Fehlende Ausbildungsplätze werden derzeit in Deutschland nicht durch staatliche Ausbildungsplätze bereitgestellt – weder durch die Möglichkeit alternativer Bildungsgänge im Schulberufssystem noch durch Ausbildungen im öffentlichen Dienst (wobei zu erwähnen ist, dass der öffentliche Dienst eine deutlich schlechtere Ausbildungsquote aufweist als die Wirtschaft). Fehlende Ausbildungen werden derzeit allein durch den Puffer des Übergangssystems bzw. der berufsvorbereitenden Maßnahmen ausgeglichen – das jedoch, wie der stagnierende Anteil an Personen ohne Berufsausbildung zeigt, nicht zu neuen Ausbildungsplätzen und damit auch nicht zu einer Verringerung von Bildungsarmut beiträgt. Bestenfalls – und das ist natürlich keinesfalls zu unterschätzen – hilft es, die Jugendarbeitslosigkeit zu verringern.

Will man daher Bildungsarmut in Deutschland verringern, so ist das „Recht auf einen Ausbildungsplatz" erforderlich und damit einhergehend eine staatliche Garantie eines voll qualifizierenden Ausbildungsplatzes, selbst bei fehlenden Ausbildungsplätzen in der Wirtschaft.

Und diese Entkopplung von Ausbildungszugang und Marktgeschehen ist auch dann erforderlich, wenn all unsere Bemühungen in der frühkindlichen Bildung oder in der allgemein bildenden Schule zur Erhöhung des Kompetenz- und Bildungsniveaus in der Zukunft fruchten werden. Denn wenn wir weiterhin die Ausbildungschancen von dem Ausbildungsangebot der Wirtschaft abhängig machen, dann wird es (a) zukünftig eben auch mehr Jugendliche mit höheren Kompetenzen treffen, wenn das Angebot nicht ausreicht, und (b) müssen wir auch jenen einen Zugang zu Ausbildung bieten, die in der Schule nicht so erfolgreich sind – sei es aus genetischen, kulturellen Gründen oder weil in der Schulzeit schwierige Lebensereignisse oder längere Krankheiten die Schulleistungen beeinflusst haben.

Vorbilder könnten hier Dänemark mit seiner stärkeren Verzahnung von schulischer und betrieblicher Ausbildung (verbunden mit einer Flexibilisierung von Ausbildungszeiten) oder Österreich mit seiner starken Öffnung der schulischen Berufsausbildung als alternative Ausbildungswege sein.

These 3:

Der Ausbau des Übergangssystems – statt der Bereitstellung voll qualifizierender Ausbildungsgänge – und die interne Stratifizierung der Bildungsgänge des Übergangsystems tragen zu einer Verstärkung des Zusammenhangs von Bildungsarmut und sozialer Herkunft bei. Damit setzt das deutsche Berufsbildungssystem soziale Ungleichheiten im Schulsystem fort und verfestigt diese.

Dazu einige Zahlen, zunächst zur sozialen Herkunft von gering qualifizierten 25- bis 55-Jährigen im internationalen Vergleich (d. h. Personen ohne höheren Sekundarschulabschluss): In Deutschland kommen 98% der gering qualifizierten Erwachsenen aus Familien, in denen auch kein Elternteil über einen höheren Sekundarschulabschluss verfügt; in Finnland sind es deutlich weniger – nämlich 73%, in USA sind es 68% und in Dänemark gar „nur" 61%.

So stark ist der Zusammenhang von Bildungserfolg (Schulabschluss) und sozialer Herkunft in Deutschland vor der Berufsausbildung (noch) nicht. Jugendliche mit maximal einem Hauptschulabschluss kommen zwar häufig (und deutlich häufiger als andere Bildungsgruppen), aber bei weitem nicht nahezu ausschließlich aus Familien, in denen kein Elternteil über einen mittleren Bildungs- oder eine abgeschlossene Berausausbildung verfügt. Wie kommt es daher zu dieser Verstärkung des Zusammenhangs von Bildungsarmut und sozialer Herkunft zwischen dem Verlassen der allgemein bildenden Schule und dem Einstieg in den Arbeitsmarkt?

Zum einen ist die soziale Herkunft – über den Schulabschluss hinaus – ein wichtiger Faktor bei der Ausbildungsplatzsuche, sei es aufgrund der Unterstützung beim Suchverhalten oder der direkte Beschaffung eines Ausbildungsplatzes durch vorhandene Netzwerke. Das heißt, jene Schulabgänger/innen mit maximal einem

Hautschulabschluss, denen es gelingt, einen Ausbildungsplatz zu erhalten, kommen überproportional häufig aus den eher höheren sozialen Schichten. Damit ist die Gruppe der Jugendlichen, die ins Übergangssystem einsteigen, sozial selektiver als die Gruppe der Schulabgänger/innen mit maximal einem Hauptschulabschluss.

Im Übergangssystem wird der Zusammenhang von Herkunft und Ausbildungschancen dann nochmals dadurch verstärkt, dass individuell unterschiedliche Lernausgangslagen hinsichtlich der vorhandenen Kompetenzen oder Schulabschlüsse – die, wie wir wissen sehr stark von der sozialen Herkunft in Deutschland abhängen – wiederum mit stratifizierten statt inklusiven Bildungsangebote im Übergangssystem beantwortet werden. So kommen Schulabgänger/innen ohne Hauptschulabschluss (die zu fast 50% aus Sonderschulen kommen) und Schulabgänger/innen mit einem schlechten Hauptschulabschluss eher ins Berufsvorbereitungs-, Berufseinstiegsjahr oder Berufseinstiegsklassen, die weder zu einem mittleren Abschluss führen, noch anrechenbare Berufsbildungsinhalte vermitteln. Die Schulabgänger/innen mit guten Hauptschulabschlussnoten kommen in Bildungsgänge, die häufig den Erwerb eines mittleren Abschlusses ermöglichen (und zum Teil häufig anrechenbare Wissensinhalte des 1. Ausbildungsjahres vermitteln). Schulabgänger/innen mit einem mittleren Schulabschluss, die keine Ausbildung finden, wiederum werden häufig Bildungsgänge im Übergangssystem angeboten, in denen sie eine Fachhochschulreife erwerben können, sei es in Fachoberschulen oder Berufskolleg.

Diese unterschiedlichen Bildungsgänge im Übergangssystem eröffnen anschließend sehr ungleiche Chancen für den Übergang in eine Ausbildung, so dass sich mit dem anschließenden Erfolg dann noch mal der Zusammenhang von Herkunft und Bildungsarmut verstärkt.

Ferner setzt sich das gegliederte Schulsystem im Übergangssystem fort und führt dort erneut zu sozial differentiellen Lernmilieus. In den unteren Bildungsgängen des Übergangssystems (wie das BVJ) gibt es häufig dann eine noch mal deutlich schwierigere soziale Zusammensetzung der Klassen, als wir sie in Hauptschulen beobachten können. Hinzukommt, dass diese Schüler/innen zahlreiche Erfahrungen des Scheiterns gemacht haben, so dass eine hohe Frustration nicht selten zum Schulalltag dieser Jugendlichen gehört.

Um diese Verschärfung des Zusammenhangs von sozialer Herkunft und Bildungsarmut im Berufsbildungssystem zu verringern, bedarf es daher: (1) der Bereitstellung von Ausbildungsplätzen (und sei es staatlicher), (2) des Aufbrechens der hohen Standardisierung von Ausbildungszeiten, um auf individuelle Lernausgangslagen reagieren zu können, sowie (3) des Abbaus von Stratifizierungen im Ausbildungs- und Übergangssystem, insbesondere der Vermeidung sozialer „Ghettos" im Berufsbildungssystem (wie z. B. im BVJ).

New strategies for reaching social equality in education – an korean perspective

Jai Ok Shim

1 Introduction

I feel greatly honored to stand before such an accomplished international audience and speak about the Korean educational system.

My discussion today will be deeply rooted in personal experience, however, as I draw from my experience as a mother who raised three children in the Korean school system, my experience as a Fulbright administrator who has seen the challenges of higher education in Korea, and my experience as a member of Korean society who has witnessed the country's unquenchable thirst for better education. This thirst is an enigma to most Westerners, including U.S. President Barack Obama. (I am not quite sure about how German chancellor, Angela Merkel sees Korean education)

I will therefore divide presentation into two parts. First, I will try to offer an account for the historical and cultural realities that frame Korean educational expectations – an esoteric recipe for educational success, if you will. I will also briefly highlight how the late President Park's plan for economic growth hinged upon the educational development of a modern Korea. Second, I will address the organizing committee's questions with regard to Korea's educational progress and prospects for future achievement.

2 Historical and Cultural Context of Korean Educational Fervor

Widespread educational fervor and high academic aspirations among Korean people goes back more than 1,000 years ago to the Koryo Dynasty. At the time, the Koryo Dynasty adopted a unique recruiting system that selected government officials through the administration of written tests – a system which was originally invented by the Tang Dynasty in China during the 8th century. The system was called "Kwageo" in Korean and translates into "civil service exam" in English.

This civil service exam has been transmitted and modified for many centuries, and Korea remains one of the few countries (including China and Japan) that continue to select civil servants through a written examination process.

This system is significant because it has enabled young, bright students to achieve relative academic and professional success not through socio-economic status, but through hard work. Simultaneously, it has motivated parents to invest a great deal (and even make great sacrifices for) their children's education.

In a nutshell, the civic service exam has been a manifestation of meritocracy. People have come to believe that the most valued merit is their educational attainment, and that receiving a good education and excelling in school is the surest way to success.

Koreans' firm belief in education was further solidified during the period of Japanese colonial rule. This period, often considered the "Dark Age" of Korean history, saw the restriction of education to only a limited number of Koreans – a social device employed by the Japanese to further oppress Koreans and keep Koreans from political and social advancement.

The late Park Chung Hee, who served as President of Korea from 1963 to 1979, also made significant contributions to the Korean educational landscape. Although I will not attempt to make a historical critique of his capacity as a leader, he is in no way immune to criticism. Still, he was in many ways a visionary who created the foundation for the economic explosion that would occur during his term in office. Considering the scarcity of natural resources in South Korea, President Park began a national movement in the cultivation of human resources, and promoted education as the best avenue for both personal and collective welfare.

We have an old saying in Korea – that the son of a poor farmer can be a minister. We also have an expression that says a dragon, the Korean symbol for power and glory, can be born out of a small pond. Similarly, legend tells us that some parents in Northeastern Korea would finance their children's education by selling water – considered one of the most menial jobs from decades past. All of these explicitly reference just how deep Koreans' belief in education runs. In fact, education in South Korea plays an enormous role in the differentiation of people and their place on the social ladder.

Coincidentally, this over-reliance on education is perhaps one of the most idiosyncratic features of Korean society.

3   Realities of Contemporary Korean Education

Now, let me turn my attention to the main focus of this presentation. I hope to paint an accurate picture of today's Korean education system by answering the five questions posed by our host party.

1

Briefly paraphrased, the first question asks why Korean students perform so well according to PISA – the test for academic achievement of students in OECD countries. It also asks why the achievement gap between the rich and the poor is relatively small compared to other European countries.

In my opinion, the high level of academic achievement among Korean students can be attributed to several factors including strong student motivation, the availability of diverse off-school education programs, parental expectation, and unmatched societal pressure as I have already mentioned. To be honest, I do not believe that Korean schools and teachers are the ones that deserve credit for Korea's high PISA rank. Overall satisfaction of Korean parents and students with public schools and teachers is not high at all. Some schools are in a state of disrepair, and some teachers are deficient and undeserving of praise. Korea does have a unique system of supplementary education. This system is often called "shadow education" or off-school education. Close to 75% of all students attend the 80,000 cram schools currently operating in South Korea, and even though the government budget for public education is $32.5 billion, parents spend another $19 billion (60% of the government's total budget) on shadow education. The kinds of services available are so diverse that some economical programs cost only 50 euros a month and can be completed on-line, whereas others can cost several thousand euros a month. The common belief that "you get what you pay for" certainly does not apply here because inexpensive shadow education opportunities are not necessarily low quality. Cram schools provide customized or tailored programs for a smaller number of students. But a huge part of this industry market is test preparation for the national college entrance examination, and many families spend years and thousands of dollars to ensure their child's thorough preparation. This industry is not controlled by the government either. Competition for survival and prosperity is so fierce among those working in the supplemental education industry that many students and families have access to programs that are both high quality and low cost. However, the rapid expansion of shadow education fundamentally changes the culture of education and what people expect from it. This expansion is also directly related to various social changes currently taking place in Korea, including an increasing suicide rate and plummeting birth rates.

Despite the negative impact that it has had, off-school education has motivated schools and teachers to improve the quality of instruction as well. This is because parents and students constantly compare the quality of shadow education with that of normal schooling. Is shadow education better? Some argue that it is. But these supplemental programs should not serve as a replacement for regular schooling. These programs are intended to "shadow" a broader education, after all.

Still, overdependence of parents and students on off-school education and the ensuing economic burden it causes is one of the most significant problems associated with Korean education. I personally think that the improvement of schools and teachers – especially the strengthening of teachers' professionalism, competence, and sense of responsibility – is the only long-term solution for this problem.

Next, I believe that the relatively small PISA achievement gap that separates students with rich parents and those with poor parents can be explained by the fact that the average level of academic achievement in Korea is simply higher than most countries (a natural result of studying so many hours at school and cram school). Furthermore, even poor parents show a remarkable interest in education and will sacrifice a significant portion of their income to ensure the academic success of their children.

A recent study carried out by Korean Educational Development Institute found that the national correlation between top-notch achievers and their economic status is relatively low (0.43). The average correlation for OECD countries is 0.66; Denmark (0.94) and Germany (0.90) are the highest. This study reveals that more than half of Korea's high achievers do not originate from rich families, whereas in Denmark, roughly 94 percent of high achievers come from economically privileged circumstances. (At this point, a very cautious interpretation is needed – we cannot simply conclude that educational inequality is more significant in many advanced European societies. Low poverty rates in these countries may drive up the aforementioned correlation.)

2

The second question focuses on "strict" Korean teaching methods and how these practices translate into high international testing scores. Overall, I think some of the criticism is justified. Many educators and educational theorists in Korea have warned against the danger of teaching methods that place too much emphasis on test preparation. As a result, many leaders are currently engaged in an active discourse regarding the formulation of creative pedagogic strategies. Moreover, a number of new teaching methods including discussion and team-based projects are being integrated into conventional curriculums. But high academic achievement and strict methodology do not entirely account for student understanding. Despite excellent PISA scores, many students are trapped within a system that lacks opportunities for maturing creativity or any other aspect of human nature in addition to overlooking the importance of learning fundamentals and emphasizing the attainment of correct answers only. This problem is rarely acknowledged.

3

The committee's third question relates to the effect of familial socio-economic status on educational advancement. Many people assume that students from rich families have greater access to elite universities. Unfortunately (or fortunately), this has not yet been officially verified with empirical data although these suspicions are often perpetuated by leftist politicians in Korea. Recently, a study conducted by Seoul National University found that students admitted into Seoul National's social science program were 16 times more likely to have parents with lucrative or prestigious professional positions. Students whose parents graduated from college were four times more likely to receive admission. Although we cannot make generalizations about Korean education in its entirety using these statistics, it is clear that high school students spend a great deal of money securing instruction from the most qualified shadow education teachers available.

In order to equalize this gap in educational opportunity, a very limited number of Korean high schools, along with the top-ranked universities that determine enrollment on the basis of academic competence, do seek to offer special admission for students from disadvantaged families. For example, Seoul National University has a system that prioritizes the recruitment of students from rural areas. In short, there are equalizing mechanisms in place that reduce the impact of socio-economic status on educational access.

Up until the late 1970s, the Korean government put a great deal of emphasis on educational excellence. There were elite schools at every level of education – advanced elementary, middle, and high schools, not to mention elite universities. But access to these elite institutions was extremely limited. Since the early 1980s, policies have been retooled in an effort to promote access equality, however. Educational opportunities have been dramatically expanded and today, almost 90% of high school graduates receive higher education in Korea. This notable accomplishment is not all positive. The quality of formal education has been lowered, and the high unemployment rate among college graduates has created serious social problems.

It seems that in Korea's case, excellence limited equality while equality hindered excellence. This is the problem that society now faces – a dilemma even Korean education cannot solve completely.

4

I believe I already addressed the committee's fourth question with regard to the relationship between external pressure and personal educational aspiration in Korean society. Yes, education (especially good education) is the most cherished social attribute in Korean society. But Korean students receive a great deal of external pressure when it comes to academic achievement. This pressure comes from two sources – parents and peer groups. In general, the level of stress and anxiety that Korean students feel is very high. Although this excessive stress is not desirable, it is one of the most effective ways to drive students who lack internal motivation. Thus, the imposition of "motivational expectation" upon students by teachers and parents is a key element of academic success.

5

Contemporary political debate on education in Korea is quite intense. Some politicians, for example, argue against the national assessment of student academic achievement because they find standardized tests much too stressful. The same politicians also advocating the distribution of "free meals for all students from kindergartens to high schools" – a proposition that would require huge expenditures by the Korean government. A more recent proposition advocates the creation of a so-called "students' bill of rights." In my opinion, such changes can be quite misleading and often distort the international perception of Korean schooling.

Naturally, these politicizations have pros and cons. The opposition contends that the above is a manifestation of educational populism whereas leftist proponents accuse the right of being too conservative and reactionary when it comes to education reform.

By now, if you have me pegged as a conservative – you'd be right. It is simply too difficult to be liberal at my age. But these debates are real and primarily political in nature. They do not target the current system's structure or essential operations. Thus, I firmly believe that educational and political considerations should be kept quite separate.

4 Concluding Remarks

No system created by humans is perfect. Although Korean education serves as a role model and point of envy for many countries, it has both good and bad elements – Korea enjoys the benefit of high achievement while grappling with overheated competition and an overdependence on shadow education. The world has taken notice of the education miracle in Korea, and yet, many of the social and economic issues that accompany this reality often go unmentioned. I hope that my brief discussion of Korea's history and current educational practices has offered some insight into what it means to be high achieving in today's global society, and the costs that go hand-in-hand with that achievement.

Current developments in Korean education pose new and interesting questions that must be carefully considered in the coming years. For example, how are educators trying to nurture creativity in a system that still mainly rewards endurance and test taking skills? How is the Korean government attempting to limit the significant influence of private tutoring and high study abroad rate? Although these issues have yet to be fully addressed in Korea, they are quite important given the attention and international praise that Korean education currently receives.

II. Studie: „Herkunft zensiert?" Leistungsdiagnostik und soziale Ungleichheiten in der Schule

Kai Maaz, Franz Baeriswyl & Ulrich Trautwein

Einleitung

Kaum ein Thema bewegt Eltern und Kinder mehr als die Bewertung der Leistung der Schülerinnen und Schüler durch die Lehrkräfte. Es gibt eine Fülle von anekdotischen Belegen dafür, dass die Leistungsbewertung oftmals ungerecht ist, und die erlebte Ungerechtigkeit wirkt oft noch lange nach. Befragt man Studierende, so sind fast alle in der Lage, zumindest eine Begebenheit aus der Schule zu schildern, in denen eine „falsche" Note erteilt wurde.

Besonders relevant sind Leistungsbewertungen, wenn sie unmittelbare Konsequenzen für die weitere Schullaufbahn der Schülerinnen und Schüler haben. Dies ist beispielsweise dann der Fall, wenn die Versetzung in die nächste Klassenstufe gefährdet ist oder wenn mit der Leistungsbewertung grundlegende Entscheidungen über den weiteren Bildungsweg verbunden sind, wie es beispielsweise bei Übertrittsempfehlungen der Fall ist. Das letztgenannte Thema ist entsprechend auch von großem Interesse für die empirische Forschung, und diese Forschung hat, gerade in dem vergangenen Jahrzehnt, eine Fülle von Ergebnissen hervorgebracht. Dabei konnte immer wieder gezeigt werden, dass die Leistungsdiagnostik nicht frei von Fehlern ist. Das Zusammenwirken von so genannten systematischen und unsystematischen Fehlereinflüssen sorgt dafür, dass die Qualität von Noten und Übertrittsempfehlungen aus psychometrischer Sicht insgesamt nicht befriedigend ausfällt.

In der vorliegenden Expertise steht die Frage im Mittelpunkt, inwieweit bei der Leistungsdiagnostik auch Effekte des sozialen Hintergrunds der Schülerinnen und Schüler eine Rolle spielen, insbesondere in Bezug auf die kritische Phase beim Übertritt von der Grundschule in die Bildungsgänge der Sekundarstufe I. In anderen Worten: Wie stark hängt die Bewertung der Leistung einer Schülerin/ eines Schülers – auch – davon ab, welchen familiären Hintergrund sie/er besitzt? Werden Schülerinnen und Schüler mit eher ungünstigem sozialen Hintergrund bei vergleichbaren Leistungen ungünstiger bewertet als ihre Mitschülerinnen und Mitschüler mit günstigerem sozialen Hintergrund?

Die Expertise gliedert sich in zwei große Abschnitte. In einem ersten großen Abschnitt (Kapitel 2) wird ins Thema eingeführt, indem die wichtigsten Begriffe geklärt werden und die vorliegende Literatur aufbereitet wird. Da in Hinblick auf die generelle Rolle und psychometrische Qualität von Noten sowie in Bezug auf soziale Disparitäten bei Übertrittsentscheidungen bereits eine Fülle gut zugänglicher Original- und Übersichtsarbeiten vorliegen, sind die entsprechenden Passagen knapp gefasst. Im zweiten großen Abschnitt (Kapitel 3) werden dann neue bzw. ergänzte Analysen zu insgesamt zehn zentralen Fragen zu (sozialen) Ungleichheiten bei der Notenvergabe und den Übertrittsempfehlungen vorgestellt. Die Expertise schließt mit einem knappen Resümee.

Ein Teil der in dieser Expertise vorgestellten Befunde entstammen derzeit noch laufenden Forschungsarbeiten an den Universitäten Potsdam, Freiburg (Schweiz) und Tübingen, die maßgeblich von Christiane Fiege, Michaela Kropf, Marko Neumann und Christian Wandeler vorangetrieben werden und in wissenschaftliche Artikel münden sollen. Wir haben von dem intellektuellen Input unserer Mitarbeiterinnen und Mitarbeiter sehr profitiert und danken ihnen ausdrücklich dafür. Bei Katharina Konietzko möchten wir uns für die administrative Unterstützung bedanken. Jürgen Baumert danken wir herzlich für die vielen Gespräche über die Effekte des sozialen Hintergrunds, die einen Niederschlag in manchen der hier untersuchten Teilfragestellungen fanden. Wir danken ihm darüber hinaus für einen großzügigen Datenzugang. Abschließend möchten wir der Vodafone-Stiftung herzlich dafür danken, dass sie uns eine größtmögliche Freiheit bei der Schwerpunktsetzung der Expertise gegeben hat und die Durchführung ergänzender Analysen explizit begrüßt hat, auch auf die immer bestehende Gefahr hin, dass diese Analysen nur wenig zum Erkenntnisfortschritt beitragen. Dieses Vertrauen hat dazu geführt, dass – für eine Expertise ist diese Schwerpunktsetzung durchaus unüblich – das Verhältnis von „neuen" zu „alten" Erkenntnissen zugunsten der „neuen" Befunde ausfällt.

Theoretischer und empirischer Hintergrund

2

In diesem Kapitel wird der theoretische und empirische Hintergrund der Expertise erarbeitet. Dabei wird herausgearbeitet, was unter Leistungsbewertungen zu verstehen ist und welche Funktionen Noten haben. Anschließend werden wichtige Aspekte zur Beschreibung und Erfassung des sozialen Hintergrunds genannt. Da sich in den Analysen zum Einfluss der sozialen Herkunft auf den Bildungserwerb die Trennung zwischen primären und sekundären Herkunftseffekten als sehr nutzbringend erwiesen hat, werden die zentralen theoretischen Konzeptionen kurz beschrieben. Abschließend wird auf psychometrische Merkmale von Leistungsbewertungen eingegangen. In einem Exkurs soll beispielhaft für die Schweiz thematisiert werden, welche Konsequenzen die Befunde wissenschaftlicher Studien für die Qualität Leistungsdiagnostik haben.

2.1 Leistungsbewertungen

Unter dem Begriff „Schulleistung" (eigentlich besser: „Schülerleistung") eines Kindes können alle Leistungs- und Verhaltensaspekte subsumiert werden, denen unter den jeweiligen Rahmenbedingungen ein positiver Wert zugeschrieben wird. Zu den Schulleistungen gehört damit ein breites Spektrum von Verhaltensweisen und Leistungen wie beispielsweise das Rechnen, Lesen und Schreiben, aber auch motivationale Merkmale wie die Mitarbeit im Unterricht bzw. die sorgfältige Erledigung der Hausaufgaben sowie das soziale Verhalten.

Schulnoten (auch „Zensuren" genannt) sind Variablen, mit denen diese Leistungs- und Verhaltensaspekte in Bewertungen/Zahlen überführt werden. In der Regel sind Lehrkräfte für diese Bewertung zuständig; sie erteilen die Noten nach einem mehr oder weniger expliziten und strukturierten Bewertungsprozess. In die Noten fließen – je nach Funktion der jeweiligen Note, der Vorgabe durch die zuständigen Behörden sowie der persönlichen Präferenz der Lehrkräfte – unterschiedliche Verhaltens- und Leistungsaspekte mit unterschiedlicher Gewichtung ein.

Schulnoten haben mehrere Funktionen. Tent (2006) unterscheidet zwischen einer pädagogischen Funktion und einer gesellschaftlichen Funktion. Im Sinne der pädagogischen Funktion erfolgt (1) eine Sozialisation durch Noten, da die Schülerinnen und Schüler mit Normen und Leistungsvergleichen vertraut gemacht werden, liefern (2) Noten wichtige Rückmeldungen für die Betroffenen, die u.a. als Hinweise für Handlungsnotwendigkeiten wirken und (3) motivieren und disziplinieren Noten, indem sie Lernanreize bieten. Um ihrer pädagogischen Funktion gerecht zu werden, müssen Noten nicht zwingend ein objektives Abbild der Wirklichkeit darstellen. Anders sieht es in Hinblick auf die zweite Funktion der Noten, der gesellschaftlichen Funktion, aus. Noten besitzen in dieser Hinsicht Berechtigungsfunktionen, sie sollen die Verteilung attraktiver Güter (z.B. Studienplätze, Ausbildungsplätze) nach Leistungskriterien ermöglichen und damit meritokratische Verteilungsmechanismen erlauben (Klassifikations-, Allokations- und Selektionsfunktion). Noten haben darüber hinaus eine Kontrollfunktion, beispielsweise indem sie strukturelle oder pädagogische Veränderungen in den Schulen reflektieren.

Schulnoten fließen ganz wesentlich in die zum Ende der Grundschule erteilten Übertrittsempfehlungen (auch Schulformempfehlungen, Übertrittsgutachten o.ä. genannt) ein. In manchen Bundesländern bzw. entsprechenden Gebietseinheiten in der Schweiz und Österreich sind die Übertrittsempfehlungen eine direkte Funktion der Schulnoten in als besonders relevant betrachteten Schulfächern, in anderen werden sie ergänzt um weitere Beurteilungsaspekte (Maaz, Neumann, Trautwein, Wendt, Lehmann & Baumert, 2008; Baeriswyl et al., 2006).

Auch wenn sich durch die voranschreitende Entkopplung von Bildungsgang und Bildungsabschluss Korrekturmöglichkeiten auftun (vgl. Köller, Baumert & Schnabel, 1999; Baumert, Trautwein & Artelt, 2003; Köller, Watermann, Trautwein & Lüdtke, 2004; Trautwein, Baeriswyl, Lüdtke & Wandeler, 2008) und bestehende flexible Anschlussoptionen für Bildungslaufbahnen einen späteren Erwerb von angestrebten Abschlüssen ermöglichen, handelt es sich bei dem Übergang von der Grundschule in die weiterführende Schule noch immer um eine Weichenstellung, deren Bedeutung für die Bildungsbiografien von Schülerinnen und Schülern nicht unterschätzt werden sollte (Baumert, Maaz & Trautwein, 2009; Ditton & Krüsken, 2006; Schnabel, Alfeld, Eccles, Köller & Baumert, 2002).

Dies erklärt, warum der Übertrittsempfehlung eine sehr hohe Bedeutung zukommt. Eine Besonderheit ist der Verbindlichkeitsgrad der Empfehlung, der sich erheblich zwischen den Ländern unterscheiden kann. Ein Teil der Länder (Bremen, Hamburg, Hessen, Niedersachsen, Rheinland-Pfalz, Schleswig-Holstein) gibt nach Abschluss des vorgesehenen Beratungsprozesses den Elternwillen frei: Eltern können ihr Kind an der Schulform ihrer Wahl anmelden, auch wenn die Grundschule – abweichend vom Elternwunsch – eine weniger anspruchsvolle Schulform empfiehlt. Andere Länder (Baden-Württemberg, Bayern, Nordrhein-Westfalen, Saarland, Sachsen, Sachsen-Anhalt) sehen für den Fall, dass sich Eltern für eine anspruchsvollere Schulform als von der Grundschule empfohlen entscheiden, eine formelle Eignungsüberprüfung in Form von Probeunterricht oder Tests vor, die bei Misserfolg zur Abweisung des Schülers oder der Schülerin führt – wir bezeichnen die Übertrittsempfehlung in diesen Bundesländern deshalb (etwas vereinfachend) als „bindend" (vgl. Füssel, Gresch, Baumert & Maaz, 2010). Der Verbindlichkeitsgrad der Übergangsempfehlung wird immer dann potenziell handlungsbedeutsam, wenn die Empfehlung hinter den Schullaufbahnwünschen der Eltern zurückbleibt oder Eltern diese Diskrepanz befürchten. Besteht unabhängig von der Empfehlung letztlich Schulformwahlfreiheit der Eltern, können sie ihren Bildungswunsch ohne zusätzliche Eignungsüberprüfung erfüllen. Die Bedeutung der Übertrittsempfehlung ist folglich besonders groß in solchen Bundesländern, in denen die Übertrittsempfehlung eine bindende Wirkung hat.

Leistungsbewertungen können auch durch standardisierte Schulleistungstests erfolgen. Hiermit sind in der Regel Tests gemeint, denen ein aufwändiger Konstruktionsprozess vorangeht, der eine hohe psychometrische Qualität (siehe unten) gewährleistet, und die für eine Bewertung der Schulleistung nach einer für alle Schülerinnen und Schüler (auch über unterschiedliche Klassen hinweg) gleichen Bewertungsgrundlage sorgen. Besonders bekannt sind die Schulleistungstests aus Studien wie PISA oder TIMSS. Zu nennen sind darüber hinaus auch speziell für den Einsatz beim Übertritt in die Sekundarstufe konstruierte Leistungstests sowie kommerziell angebotene Tests, die u.a. zur Identifikation von Leistungsproblemen eingesetzt werden. Oftmals wird standardisierten Leistungstests zugesprochen, dass sie die Leistungsfähigkeit von Schülerinnen und Schüler besonders „objektiv" erfassen und deshalb besonders „gerecht" seien. Dies ist jedoch nur in dem Maße der Fall, wie sie eine hohe psychometrische Qualität aufweisen und tatsächlich diejenigen Leistungs- und Verhaltensmerkmale erfassen, die für die Notengebung bzw. Übertrittsentscheidung relevant sind; man spricht hier auch von der „Validität" eines Tests. Diese Validität ist sicherlich nur in beschränktem Maße gegeben, da Schulleistungstests in aller Regel nur die kognitiven Leistungsaspekte erfassen.

Einen Spezialfall von standardisierten Schulleistungstests stellen Tests dar, die die kognitiven Grundfähigkeiten bzw. Teilaspekte der psychometrischen Intelligenz erfassen. Im engeren Sinne sind sie keine Schulleistungstests, da sie gerade auch darauf abzielen, solche Begabungsaspekte zu messen, die relativ wenig von der Qualität und Quantität der Beschulung abhängig sind. Je stärker die Schulleistungen von Kindern in unterschiedlichen Klassen durch Unterschiede in der Qualität des Unterrichts beeinflusst sind, desto wichtiger kann der Einsatz von Tests zur Erfassung der kognitiven Grundfähigkeit als ein Regulativ sein, das dafür sorgt, vorhandenes Begabungspotenzial nicht zu übersehen. Da die Bearbeitung von Tests zur Erfassung kognitiver Grundfähigkeiten in aller Regel nur geringe sprachliche Kompetenzen erfordern, können sie darüber hinaus helfen, solche Schülerinnen und Schüler zu identifizieren, bei denen sprachliche Defizite höheren Leistungen im Wege stehen. Dies betrifft vor allem – aber nicht nur – Schülerinnen und Schüler mit Migrationshintergrund. Allerdings muss einschränkend bemerkt werden, dass es eine Reihe von Hinweisen darauf gibt, dass auch Tests zur Erfassung der kognitiven Grundfähigkeit von der Quantität und Qualität der Beschulung beeinflusst werden (vgl. Becker, 2009; Ceci, 1991), so dass auch beim Einsatz dieser Tests kein „objektiver" Wert für das Leistungspotenzial resultiert.

Klassenarbeiten (auch Klausuren genannt) sind schriftliche Leistungsprüfungen, die in der Regel von der jeweiligen Lehrkraft konstruiert und ausgewertet werden. Sie weisen eine hohe curriculare Passung auf, da sie sich auf den Unterrichtsstoff der zurückliegenden Wochen beziehen. Ihre psychometrische Qualität wird in der Regel nicht geprüft.

Zur Schulleistung von Schülerinnen und Schülern gehört neben den Leistungen, die die Schülerinnen und Schüler in Klassenarbeiten oder standardisierten Leistungstest zeigen, eine Reihe weiterer Leistungs- und Verhaltensaspekte, die ebenfalls in die Noten einfließen und oftmals als „mündliche Note" bezeichnet werden. Hierzu gehören u.a. die Mitarbeit im Unterricht, die Erledigung der Hausaufgaben sowie das unterrichtsbezogene und soziale Verhalten in der Schule. Welche dieser Aspekte in welcher Weise notenwirksam werden, bleibt oftmals der jeweiligen Lehrkraft überlassen.

2.2   Sozialer Hintergrund

In den vergangenen Jahren hat sich in der Bildungs- und Sozialforschung eine zunehmend differenzierte Erfassung des sozialen Hintergrunds durchgesetzt. Möchte man die Effekte der sozialen Herkunft umfassend und adäquat erfassen, sollte dies nach Möglichkeit nicht anhand nur einer Variable, sondern über mehrere Dimensionen erfolgen, da nur dadurch die relative Bedeutung der einzelnen

Dimensionen sowie der Gesamteffekt des sozialen Hintergrunds abgeschätzt werden können. Dies trifft sowohl für den Kompetenzerwerb (vgl. Baumert, Watermann & Schümer, 2003; Jungbauer-Gans, 2004, 2006) als auch die Notengebung und Übertrittsempfehlungen zu. In der folgenden Beschreibung wichtiger Indikatoren der sozialen Herkunft folgen wir eng der Darstellung in Maaz (2006), Maaz, Baumert und Cortina (2008) sowie Maaz, Trautwein und Dumont (2011).

Die soziale Herkunft von Schülerinnen und Schülern wird üblicherweise mithilfe der sozioökonomischen Stellung ihrer Familien bestimmt, das heißt mithilfe von Daten zur relativen Position ihrer Eltern in einer sozialen Hierarchie, deren Ordnungsprinzipien in der Verfügung über finanzielle Mittel, Macht oder Prestige bestehen. Da Informationen über Einkommensverhältnisse, Macht und soziale Anerkennung von Individuen nicht einfach zu erhalten sind, wird die sozioökonomische Stellung in aller Regel über die Berufstätigkeit erfasst, die Hinweise auf jeden der drei Aspekte ihrer Stellung in der sozialen Hierarchie geben kann (Ganzeboom, De Graaf, Treiman & De Leeuw, 1992). Erst seit einigen Jahren werden – im Anschluss an die Arbeiten von Bourdieu (1983) und Coleman (1988, 1996) – zuweilen auch das „kulturelle" und das „soziale" Kapital der Familien mitberücksichtigt, wodurch ein etwas differenzierteres Bild des sozialen Hintergrunds entsteht. Die Begriffe kulturelles bzw. soziales Kapital werden für alle kulturellen und sozialen Ressourcen benutzt, die die Handlungsmöglichkeiten von Personen erweitern und folglich auch ihre sozioökonomische Stellung positiv beeinflussen können.

Coleman geht davon aus, dass Bildungseinrichtungen nur dann erfolgreich arbeiten können, wenn die Kinder und Jugendlichen soziales Kapital besitzen, das heißt, wenn sie in einem Netzwerk sozialer Beziehungen groß geworden sind, das die Übernahme sozial anerkannter Ziele, Werte und Einstellungen fördert und unterstützt. Normalerweise wird soziales Kapital in der Familie gebildet, in Verwandtschafts- und Nachbarschaftsgruppen, in religiösen oder ethnischen Gruppen, in Vereinen, Betrieben oder politischen Parteien. Durch die Struktur der sozialen Beziehungen in diesen Gemeinschaften wird ein Netz aus wechselseitigen Erwartungen und Verpflichtungen erzeugt, das Vertrauen bildet und Zusammenarbeit ermöglicht. Bourdieu (1983) definiert das soziale Kapital als die „Gesamtheit der aktuellen und potenziellen Ressourcen, die mit dem Besitz eines dauerhaften Netzes von mehr oder weniger institutionalisierten Beziehungen gegenseitigen Kennens oder Anerkennens verbunden sind" (S. 190). Es handelt sich dabei also um Ressourcen, die zur Akkumulation von ökonomischem Kapital beitragen können. Da das soziale Kapital – zumindest bei den gängigen Operationalisierungen – nur einen schwachen Zusammenhang mit Schulleistungen aufweist, wird es in den meisten Schulleistungsstudien nicht näher analysiert (Maaz, Trautwein, Gresch & Lüdtke, 2009).

Unter kulturellem Kapital subsumiert Bourdieu alle Kulturgüter und kulturellen Ressourcen, die – als symbolische Machtmittel – dazu beitragen, dass in einem sozialen System die Qualifikationen, Einstellungen und Wertorientierungen vermittelt werden, die das System zu seiner Bestandserhaltung braucht. Bei Kulturgütern und kulturellen Ressourcen handelt es sich keineswegs nur um Sachgüter wie Kunstwerke oder Literatur, sondern auch um institutionalisierte Formen potenzieller Macht wie zum Beispiel Bildungszertifikate oder Titel. Insbesondere gehören zu den kulturellen Ressourcen die Wahrnehmungs-, Denk- und Handlungsschemata, die eine Person verinnerlicht hat. Das kulturelle Kapital kann in drei Formen auftreten: (1) als verinnerlichtes bzw. inkorporiertes Kapital (was von Bourdieu auch als „Habitus" bezeichnet wird), (2) als Besitztum von kulturellen Gütern wie z.B. Bücher und (3) in institutionalisiertem Zustand z.B. in Form von Bildungszertifikaten.

Um die Stellung von Personen in der sozialen Hierarchie einer Gesellschaft zu bestimmen, wurde eine Reihe von Maßen entwickelt (Berufsrangskalen und Kategoriensysteme). Berufsprestigemaße beruhen auf einer empirisch gewonnenen Einschätzung der gesellschaftlichen Anerkennung von Berufen. Heute gehören Prestigemaße zum Standardrepertoire sozialwissenschaftlicher Umfragen (Ganzeboom, de Graaf & Treiman, 1992). Der wohl bekannteste international vergleichbare Index für das Berufsprestige ist der Treiman-Index (Treiman, 1977), der auf einer Berufsklassifikation von 1968 (ISCO-68) beruht und zum Standard Index of Occupational Prestige Scale (SIOPS) weiterentwickelt wurde (Ganzeboom & Treiman, 1996).

Neben dem Prestigemaß haben Ganzeboom und Mitarbeiter (1992) ein weiteres international vergleichbares Messinstrument entwickelt, das den sozioökonomischen Status der beruflichen Tätigkeit misst. Der International Socio-Economic Index of Occupational Status (ISEI) hat den Vorzug, dass er die ökonomische Stellung vom Berufsprestige trennt. Dem liegt die Annahme zugrunde, dass Schul- und Berufsbildung über Berufe in Einkommen und in Chancen zur Teilhabe an Macht umgesetzt werden; da Berufe bestimmte Qualifikationen voraussetzen und zu bestimmten Einkommen führen, sind sie als Vermittler zwischen Bildungsabschlüssen und Einkommenslagen zu betrachten.

Während die Prestigemaße und die sozioökonomischen Indizes von relativ feinen quantifizierbaren Unterschieden zwischen Berufen ausgehen, betonen andere Ansätze zur Erfassung der sozioökonomischen Stellung die qualitativen Differenzen zwischen sozialen Klassen. In der soziologischen Forschung hat sich das von Erikson, Goldthorpe und Portocarero (1979) entwickelte Kategoriensystem durchgesetzt (sog. EGP-Klassen) (Erikson & Goldthorpe, 1992). Für den internationalen Vergleich liegt mit der European Socio-economic Classification (ESeC) ein weiteres Kategoriensystem vor, das auf dem EGP-Klassenschema basiert (vgl. Hausen, Jungblut, Müller, Pollak & Wirth, 2006; Müller, Wirth, Bauer, Pollak & Weiss, 2006). Mayer und Aisenbrey (2007) haben darüber hinaus eine Klassifikation (German Employment Status Class Schema [GEC]) entwickelt, die explizit auf das deutsche Beschäftigungssystem für innerdeutsche Analysen ausgerichtet ist.

Die differenzierte Konzeption der sozialen Herkunft steht im Einklang mit der Perspektive, dass Statusmerkmale wie z.b. die sozioökonomische Stellung einer Familie alleine nicht ausreichen, um den Zusammenhang zwischen sozialer Herkunft und Schulleistungen zu verstehen. So konnten Baumert, Watermann und Schümer (2003) anhand von Daten der PISA-Studie zeigen, dass der Effekt der Sozialschichtzugehörigkeit auf die Schulleistungen zu einem großen Teil über familiäre Prozessmerkmale wie der kulturellen und kommunikativen Praxis in der Familie vermittelt wird. Sie kommen daher zu dem Schluss, dass erst die simultane Berücksichtigung von Struktur- und Prozessmerkmalen des familiären Hintergrunds eine angemessene Vorstellung der anzutreffenden sozialen Disparitäten liefert (Baumert et al., 2003b; Maaz & Watermann, 2007).

2.3   Primäre und sekundäre Herkunftseffekte

Einigkeit besteht in der Bildungs- und Sozialstrukturforschung dahingehend, dass die entscheidenden Stationen für die Entstehung von Bildungsungleichheiten die Gelenkstellen von individuellen Bildungsverläufen bzw. die entsprechenden Übergänge im Bildungssystem sind (Baumert & Schümer, 2001; Breen & Goldthorpe, 1997; Bellenberg & Klemm, 1998; Ditton, 1992; Schnabel, Alfeld, Eccles, Köller & Baumert, 2002). Besonders gut untersucht ist der Übergang von der Grundschule in die weiterführenden Schulen. Ein Großteil der vorhandenen Studien stützt sich dabei auf das Modell der primären und sekundären Disparitäten von Boudon (1974). Als primäre Herkunftseffekte werden Einflüsse der sozialen Herkunft bezeichnet, die sich direkt auf die Kompetenzentwicklung der Heranwachsenden auswirken und in den unmittelbar übergangsrelevanten schulischen Leistungen (insbesondere der Schulnoten) der Kinder sichtbar werden. Als sekundäre Herkunftseffekte werden jene sozialen Disparitäten bezeichnet, die unabhängig von der Kompetenzentwicklung und dem erreichten Kompetenzniveau, aus unterschiedlichen Bildungsaspirationen und einem unterschiedlichen Entscheidungsverhalten Angehöriger verschiedener Sozialschichten resultieren (hierzu: Maaz, Baumert & Trautwein, 2009; Maaz & Nagy, 2009).

Die theoretische Konzeption primärer und sekundärer Effekte hat sich für die Analyse von Bildungsungleichheiten bewährt. Für die Berechnung der entsprechenden Effektgrößen ist der verwendete Leistungsindikator von besonderer Wichtigkeit. Werden Schulnoten als Leistungsindikator verwendet, können differenzielle Benotungseffekte zu Verzerrungen bei der Berechnung von primären und damit auch sekundären Herkunftseffekten führen. Dies trifft insbesondere dann zu, wenn sich Effekte der sozialen Herkunft auf die Benotung feststellen lassen. Sowohl der primäre als auch der sekundäre Effekt würde unterschätzt werden.

Für den Übergang in die Sekundarstufe I konnten in verschiedenen Studien primäre und sekundäre Effekte der sozialen Herkunft belegt werden (u.a. Arnold et al., 2007; Baumert & Schümer, 2001; Becker, 2000, 2003; Bos et al., 2004; Ditton, 2005, 2007; Ditton, Krüsken & Schauenberg, 2005; Ehmke et al., 2004; Ehmke, Hohensee, Siegle & Prenzel, 2006; Lehmann, Peek & Gänsfuß, 1997; Maaz & Nagy, 2009; Merkens & Wessel, 2002; Pietsch, 2007; Stocké, 2007). Die Ergebnisse zeigen zusammenfassend, dass Kinder aus sozial weniger begünstigten Familien im Vergleich zu Kindern aus sozial privilegierten Elternhäusern (1) über niedrigere schulische Kompetenzen und Noten verfügen, (2) bei gleichen Leistungen von den Lehrkräften schlechter bewertet werden, (3) auch unter Kontrolle der Schulleistungen und Noten geringere Chancen auf den Erhalt einer Gymnasialempfehlung haben und (4) Eltern ihr Kind schließlich bei Kontrolle von Leistungen seltener auf ein Gymnasium schicken.

Neben Effekten der sozialen Herkunft auf den Übergang findet die Berücksichtigung des Migrationshintergrunds große Beachtung. Dieses Interesse resultiert nicht zuletzt aus den deskriptiven Betrachtungen, aus denen hervorgeht, dass Kinder mit Migrationshintergrund seltener auf dem Gymnasium vertreten sind als Kinder ohne Migrationshintergrund und auch geringere Chancen haben, das Abitur zu erwerben. Dieser deskriptive Befund muss etwas genauer betrachtet werden. In Analogie zu den primären und sekundären sozialen Herkunftseffekten lassen sich auch migrationsspezifische primäre Effekte nennen – beispielsweise wenn Kinder aufgrund sprachlicher Barrieren schlechtere schulische Leistungen erzielen sowie migrationsspezifische sekundäre Effekte, wenn Kinder bei gleichen Leistungen aufgrund ihrer Migration eine andere Schulform besuchen als Kinder ohne Migration (vgl. Gresch & Becker, 2010). Die einschlägigen Analysen, die es ermöglichen, primäre und sekundäre Effekte bei Kindern mit Migrationshintergrund zu trennen, zeigen, dass der in bivariaten Analysen dokumentierte Migrationseffekt nicht mehr nachweisbar war, wenn für die soziale Herkunft kontrolliert wurde (Gresch & Becker, 2010; Kristen & Dollmann, 2009). Damit ist der Migrationseffekt im Grunde ein sozialer Effekt. Wenn zusätzlich die Leistungen der Schüler berücksichtigten wurden, kehrte sich der negative Migrationseffekt in einen positiven Effekt, zumindest für ausgewählte Zuwandergruppen (türkischstämmige Schülerinnen und Schüler; Gresch & Becker, 2010). Legt man das Leistungsprinzip zugrunde, kann auf der Grundlage dieser Befunde nicht von einer systematischen Benachteiligung von Kindern mit Migrationshintergrund durch das Bildungssystem gesprochen werden.

Die Betrachtung des Übergangsmechanismus ist dann von Bedeutung, wenn Kinder nicht nur leistungsbezogen auf bestimmte Bildungsgänge oder Schulen übergehen, sondern zusätzlich auch leistungsfremde Merkmale wie die soziale Herkunft diesen Übergang mitsteuern. Dass leistungsfremde Merkmale der Schülerinnen und Schüler Einfluss auf Bildungsübergänge nehmen, ist vielfach gezeigt worden, sie determinieren sie jedoch nicht.

2.4   Psychometrische Merkmale von Leistungsbewertungen und das Auftreten systematischer Verzerrungen

An den Noten und Übertrittsempfehlungen von Lehrkräften in den mehrgliedrigen Schulsystemen der deutschsprachigen Länder Deutschland, Österreich und Schweiz ist viel Kritik geübt worden. Bei aller Unterschiedlichkeit, die sich auch innerhalb der Staaten zwischen einzelnen Bundesländern/Kantonen finden, gilt, dass den diagnostischen Fähigkeiten der Lehrkräfte eine entscheidende Rolle zukommt. Aus psychologisch-diagnostischer Sicht (vgl. Ingenkamp, 1969; vgl. Schrader, 2006) ist schon früh kritisiert worden, dass die Objektivität, Reliabilität und Validität der eingesetzten Verfahren vielfach nicht den klassischen Gütekriterien genügen würden und dass es den meisten Lehrkräften an einer systematischen Ausbildung ihrer diagnostischen Fähigkeiten fehle. Dies dürfte u.a. dazu beitragen, dass der (unsystematische) Fehleranteil bei Noten und Übertrittsempfehlungen substanziell ausfällt (vgl. z.B. Baeriswyl, Wandeler & Christ, 2008).

Übersichtsarbeiten zur Objektivität, Reliabilität und Validität von Schulnoten (z.B. Ingenkamp, 1971; Jäger, 2004; Ziegenspeck, 1999) zeigen deutlich, dass diese die üblicherweise an die Individualdiagnostik angelegten Qualitätsmaßstäbe nicht erreichen. Allerdings sind Schulnoten in psychometrischer Hinsicht vielleicht auch nicht so defizitär, wie manchmal der Eindruck erweckt wird. Verschiedene Arbeiten haben gezeigt, dass unterschiedliche Lehrkräfte bei der Beurteilung der Leistung von Schülerinnen und Schüler einer bestimmten Schulklasse insgesamt zu ähnlichen Rangreihen kommen. Dies ist auch der Fall bei Bewertungen von Aufsätzen, die gemeinhin als besonders problematisch beschrieben werden (vgl. Birkel & Birkel, 2002). Gleichzeitig treten trotz einer relativ hohen Übereinstimmung in einer Häufigkeit substanzielle Streuungen in den Bewertungen auf, die in Hinblick auf die angestrebte Gleichbehandlung aller Schülerinnen und Schüler nicht akzeptabel sind. Unter anderem wegen der den Lehrkräften nur teilweise bewussten fehlenden Vergleichbarkeit von Leistungen über unterschiedliche Klassen hinweg fallen zudem die Zusammenhänge zwischen Noten und standardisierten Leistungstest bei Einbezug vieler Klassen vergleichsweise mager aus (z.B. Baumert et al., 2003a).

Dabei gilt es bei aller berechtigten Kritik an Leistungsbewertungen durch Lehrkräfte zu berücksichtigen, dass natürlich auch Ergebnisse aus standardisierten Schulleistungstests nicht beanspruchen können, ein „valides" Abbild der Leistung zu vermitteln. Wenn der Zusammenhang zwischen standardisiertem Leistungstest und Schulnote nur gering ausfällt, so kann dies beispielsweise auch daran liegen, dass die Validität eines bestimmten Leistungstests in Bezug auf das intendierte Schulcurriculum begrenzt ist, da er vielmehr zur Messung „allgemeiner" Kompetenzen entwickelt wurde. Zudem mögen in Schulnoten zu einem relativ großen Anteil auch Aspekte von Motivation und Verhalten einfließen, die typische standardisierte Leistungstests nicht erfassen. In dem Maße, wie die Berücksichtigung solcher Aspekte gewollt ist, verringert sich die Validität eines standardisierten Leistungstests. Dies zeigt, wie wichtig es ist, bei der Prüfung von unerwünschten Disparitäten sehr genau zu spezifizieren, welche Schülermerkmale, Leistungsbewertungen etc. sowie welche Prozesse betrachtet werden.

Abbildung 1: Ein vereinfachtes Arbeitsmodell zu möglichen Einflussfaktoren der Leistungsbewertung

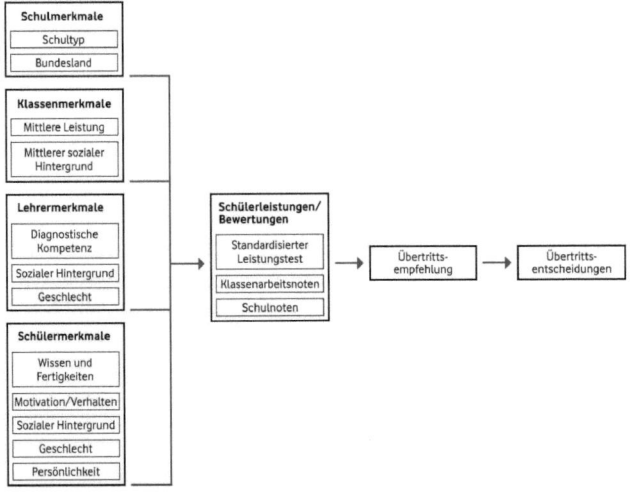

In der Abbildung 1 sind Variablen bzw. Variablenbündel aufgeführt, die in Hinblick auf die Identifikation von unerwünschten Disparitäten von Belang sein können. Neben einer Reihe von Schülermerkmalen werden die Ebene der Lehrkräfte, die Klassenebene und die Schulebene differenziert, die allesamt einen Effekt auf Leistungsbeurteilungen aller Art haben können. Die Abbildung erhebt keinen Anspruch auf Vollständigkeit; im Gegenteil: Es ist davon auszugehen, dass weitere Faktoren relevant sind, beispielsweise bei den Schüler- oder Lehrermerkmalen, und dass es eine Vielzahl weiterer „Effekte" gibt, beispielsweise direkte Effekte von Schülermerkmalen auf die Übertrittsempfehlung oder die Übertrittsentscheidung. Trotzdem hilft diese bereits stark reduzierte Abbildung der Wirklichkeit, zentrale Forschungsdesiderata in der Analyse von sozialen Disparitäten bei der Leistungsbeurteilung zu identifizieren. So differenziert die Abbildung zwischen einer Reihe von Schülermerkmalen, die bewertungsrelevant sein könnten; dabei sind neben Wissen und Fähigkeiten motivationale und verhaltensbezogene Aspekte, deren Relevanz für bestimmte Schulleistungen unbestritten ist, aber auch der soziale Hintergrund genannt, der durchaus mit Schulnoten assoziiert sein darf, aber unter meritokratischen Gesichtspunkten nach Möglichkeit – nach Kontrolle anderer Faktoren – keinen eigenständigen Beitrag zur Erklärung von Leistungsbewertungen haben sollte.

Die Abbildung 1 wird im Kapitel 3 dabei helfen, die jeweiligen Forschungsfragen genauer zu spezifizieren.

2.5   Exkurs: Effekte gesellschaftlichen Wandels und wissenschaftlichen Fortschritts auf die Leistungsdiagnostik am Beispiel Schweiz

Welche Konsequenzen hatten wissenschaftliche Erkenntnisse zur Qualität von Noten und Übertrittsentscheidungen sowie gesellschaftliche Veränderungen, die sich u.a. in veränderten Anforderungen an diagnostische Prozesse niederschlugen, für die Notengebung und Übertrittsentscheidungen? Im Folgenden soll dies beispielhaft für die Schweiz dargestellt werden.

2.5.1   Ein Blick in die nahe Vergangenheit

Lakonisch könnte festgestellt werden, dass die größte Veränderung bezüglich der schulischen Beurteilung während den ersten siebzig Jahren des vergangenen Jahrhunderts in der Umkodierung der Notenwerte bestand: Seit den fünfziger Jahren bedeutete nicht mehr die Note 1 „sehr gut", sondern die Note 6. Die Note 4 bedeutet auf der 6er Skala noch „genügend" und die 3 bedeutet „ungenügend".

Erst im letzten Drittel des 20. Jahrhunderts, angeregt durch die Praxis in den Rudolf Steiner Schulen und durch die Forschungsergebnisse aus Deutschland (Fend, 1969; Ingenkamp, 1971; Schelsky, 1957; Tent, 1969), formierten sich private Bewegungen zur Abschaffung der Noten, so etwa die einflussreiche Vereinigung von Lehrpersonen und Eltern „Schule ohne Noten".

Im Folgenden ist die Frage, welche Grundlagen zur schulischen Beurteilung an den Lehrerseminaren vermittelt wurden von Interesse. Dazu sollen überblicksartig drei wichtige Vertreter berücksichtigt werden. Emil Achermann verfasste ein Standardwerk zur Schulmethodik, das von Hans Aeblis Schriften abgelöst wurde. Dazu hat August Flammer Ende der sechziger und anfangs der siebziger Jahre als erster in der Schweiz eine empirische Forschung zur Notengebung begründet.

2.5.2   Die Beiträge von Emil Achermann

Emil Achermann, der 1950 eine in der Schweiz weit beachtete „Methodik des Volksschulunterrichts" veröffentlichte, widmete in seiner dritten Auflage (Achermann, 1966) dem Zeugnis drei von insgesamt 366 Seiten. Die Beurteilung der Schülerleistung oder das Prüfen wird weder im allgemeinen Teil der Methodik, noch in den fachspezifischen erwähnt. Daraus ist zu schließen, dass die Lehrperson einzig mit dem Quartalszeugnis dem Schüler seine Leistungseinschätzung offenbart. Er ordnet die Bedeutung des Zeugnisses auch als ein für das Kind bedeutsames amtliches Dokument ein:

> Zeugnisse sind Spiegelbild für den Schüler, Brief der Schule an die Eltern, amtliche Urkunde, mitunter Schlüssel für das Leben. Es gibt Zwischenzeugnisse und Jahreszeugnisse; Zwischenzeugnisse sind mehr vertraulicher Art, Jahreszeugnisse sind amtliche Urkunden. (Achermann, 1966, S. 18)

Achermann bezeichnet die Ziffernote eher als ein Instrument, das mit Vorsicht aufzunehmen ist und geradezu gefährlich sein kann:

> Wenn du Ziffern anwendest, denke immer an ihren Sinn! – Man unterscheidet Leistungs-, Fleiß- und Betragensnoten. Was sagst du zu den zwei letzten? Denke vor der Beantwortung dieser Frage an die Schlauheit der Schüler, an die Unzulänglichkeit des Lehrerurteils; Eintragungen ins Strafregister erlöschen nach einer bestimmten Zeit der Bewährung; Zeugnisse bleiben fürs Leben. (Achermann, 1966, S. 18)

Mit der Unzulänglichkeit des Lehrerurteils spricht er die Ergebnisse der späteren Untersuchungen dazu an. Das Zeugnis als amtliches Dokument kann stigmatisierender sein als ein Eintrag ins Strafregister. Er anerkennt die Qualifikations- und Allokationsnorm des Zeugnisses, wenn er von der „Steignorm" spricht. Er warnte gleichzeitig davor:

> Ich habe von Berufes wegen jährlich dreimal Zeugnisse auszustellen. Und am liebsten möchte ich jedem Kinde auf sein „Lebensbüchlein" schreiben „Vorsicht bei Gebrauch!" Warum? Weil die Zensuren von einem Menschen stammen, der selber voller Fehler und Schwächen ist und weil die die anderen Menschen nur so sehen kann, wie er sie sieht, darum. Uns Schulmeistern wird die Sache ja einfach gemacht. Statt vieler Worte gibt es da Zahlen. Zahlen sind eindeutig, fünf ist nicht sechs, und drei ist „ungenügend", daran gibt es nichts zu deuten. Sechs Zahlen sind es, sechs Tablaren bei der Apfelhürde gleich. Und nun zu bestimmen, auf welches Tablar jeder Schüler gehört. ... Und hat man sie nach bestem Wissen und Gewissen eingeordnet, dann kann es passieren, dass man es erst noch falsch gemacht hat. Wenn man später wieder Nachschau hält, dann sind vielleicht gerade bei den edlen Sorten, von denen man sich so viel versprach, etliche faul, indessen sich die minderen Sorten vielleicht ganz wacker halten. ... Man muss ganz fleißig Nachschau halten und dennoch trifft man's nicht in jedem Falle ganz. Das Sortieren ist eine schwierige Arbeit, und bedrückend ist es geradezu, wenn man fürchten muss, dass der Entscheid Schicksal spielen werde. (Achermann, 1966, S. 20 f.)

Wenn auch seine Ausdrucksweise, mit dem Vergleich des Sortierens von „edleren" und „minderen" Äpfeln zu anschaulich und wertend ausgefallen ist, macht er in seiner Methodenlehre auf die mangelnde prognostische Validität der Zeugnisnoten, ihre Ungenauigkeit in Form von scheinbar genauen Ziffernoten und auf schicksalshafte Selektionsentscheide aufmerksam. Als Pädagoge legt er mehr Wert auf das direkte Gespräch als auf Zeugnisnoten:

> Es gibt Leute, denen sind Zeugnisse so etwas wie Göttersprüche, sie treiben einen wahren Kult um sie. ... Es gibt auch Menschen, die stehen über dem Alltag und somit über dem Zeugnis. Oft sind es gerade die, die den Alltag am gründlichsten kennen, die schon Großes geleistet haben. Es hat etwas befreiendes, wenn ein Prinzipal die Zeugnisse auf die Seite schiebt und Aug in Aug mit dem Bewerber zu sprechen beginnt. ... Und ebenso ist ein Zeugnis kein endgültiges Urteil über einen Menschen, das ihm nun sein Leben lang wie ein Schatten auf den Fersen folgt. Wäre es das, dann sollte man die Zeugnisse mit sofortiger Wirkung verbieten. (Achermann, 1966, S. 20)

2.5.3   Die Kritik an der Leistungsdiagnostik von Aebli

Mehr als zwanzig Jahre später wird in einer Reihe von Publikationen (Tent, 1969; Ingenkamp, 1971; Biermann, 1976; Ziegenspeck, 1978; Fend, 1974), aufgrund empirischer Untersuchungen der Schulnoten, ihre vollständige Unzulänglichkeit aufgezeigt. Mit der Entwicklung der klassischen Testtheorie (vgl. Amelang & Schmidt-Atzert, 2006) entstanden Gütekriterien, die bei der Erfassung menschlicher Eigenschaften wie Persönlichkeitsmerkmale und Leistungsfähigkeit beachtet und minimal erfüllt werden müssen. So wurde schon früh ersichtlich, dass selbst die Kriterien einer objektiven Leistungsauswertung nicht erreicht werden. Dazu sind Wahrnehmungsfehler und Einstellungen der Lehrperson verantwortlich. Dieselben Leistungen werden zudem von verschiedenen Lehrpersonen unterschiedlich benotet. So kann dieselbe Leistung, ausgedrückt in Punktzahlen ungenügend oder gut sein. Die Anforderungen der Reliabilität, der Zuverlässigkeit oder der Inhaltsvalidität, der inhaltlichen Gültigkeit konnten mit Schulprüfungen und der entsprechenden Benotung nicht mal annäherungsweise erfüllt werden. Während dieser Zeitspanne der siebziger Jahre entsteht in der Schweiz eine rege Tätigkeit der Lehrplanentwicklung. Lehrpläne werden nach den Anforderungen operationalisierter Lernziele/Lehrziele aufgebaut. Dadurch soll die Lehrperson auch eine verlässlichere Grundlage für die Leistungserfassung erhalten. Das Erreichen operationalisierter Lernziele kann mit größerer Genauigkeit beurteilt werden. Diese, vom Behaviorismus geprägte Bewegung, peilt einerseits wissenschaftlich entwickelte Leistungstests als Messinstrumente an und anderseits entwickelt sich die Forderung nach einer der Normalverteilung entsprechenden Beurteilung und Benotung von Schülerleistungen.

In den siebziger Jahren des letzten Jahrhunderts entwickelte Hans Aebli eine Allgemeine Didaktik (Aebli, 1973) auf der Grundlage der kognitiven Psychologie. Damit hob er sich von der behavioristisch ausgerichteten Lehrplanentwicklung ab und fokussierte auf die Lernprozesse. Implizit wurde dadurch angenommen, dass diese, von Piagets Epistemologie und Entwicklungspsychologie geprägte Didaktik zu qualitativ besserem Lernen führt. Daher widmete sich Aebli vor allem der Didaktik zur Förderung der Lernprozesse. Im letzten Kapitel wandte er sich denn auch der Beurteilung und dem Prüfen von Schülerleistungen zu. Eine kognitionspsychologisch fundierte Didaktik propagierend, wertet er die pädagogische Bedeutung des Prüfens sehr differenziert.

> Prüfungen gehören zu den umstrittensten pädagogischen Maßnahmen. Dass dem so ist, versteht man leicht, wenn man sich in unseren Schulen umsieht. Es ist wahr, dass Prüfungen, z.T. aus Unkenntnis, aber auch aus tieferreichenden Gründen, vielerorts in einer Weise angewendet werden, die nicht nur ihr Ziel verfehlt, sondern den übrigen erzieherischen und didaktischen Absichten geradezu entgegenwirken. ... Ja, der Kampf gegen die Prüfungen wird z.T. so unsachlich geführt, dass man fragen muss, ob es nicht auch eine legitime Funktion der Schulprüfung gebe und ob sich daraus eine Praxis ableiten lasse, welche dem Lernen und der Entwicklung der jungen Menschen diene, statt ihnen zu schaden. Wir meinen, dass dies möglich sei. (Aebli, 1978, S. 325)

Als Antwort darauf schlägt er vor, Prüfungsaufgaben auf die Lernziele und den im Unterricht behandelten Stoff abzustützen. Diese Schulprüfungen hebt Aebli von den Schulleistungstests ab:

> Nach dem Vorausgehenden kann kein Zweifel bestehen, dass im Handel erhältliche Tests die vom Lehrer konstruierte Prüfung keinesfalls ersetzen können, sind diese doch nie auf den vorangehenden Lernprozess bezogen. ... Sie (die Schulleistungstests; Anmerkung der Autoren) beziehen sich, wie gesagt, auf die grundlegenden Stoffe einer gegebenen Schulstufe, und sie haben vor allem die Funktion, dem Lehrer zu sagen, wie das Leistungsniveau seiner Schüler sich zum durchschnittlichen Leistungsniveau der Schüler dieser Stufe verhält. (Aebli, 1978, S. 334)

Für die Aufgabenkonstruktion fordert er in erster Linie, die Inhaltsvalidität zu beachten und vielseitige Aufgabenformen, von unterschiedlichen Anspruchsniveaus eng an die behandelten Lernziele ausgerichtet zu formulieren.

Beim Benoten und Bewerten entscheidet sich nun, wie Aebli die Forderung nach diesem inhaltsvaliden Prüfen löst, und auf welche Bezugsnorm er sich abstützt. Dazu hält er fest:

> Schulnoten darf man nicht gemäß einer im Voraus festgelegten Skala, die eine lineare Abhängigkeit von Fehlerzahl und Noten annimmt, festsetzen. Wir brauchen ein gedankliches Modell, das sichert, dass die Durchschnittsnoten in einer größeren Zahl von Prüflingen von Jahr zu Jahr gleich bleiben und welches auch den extremen Leistungen eine klare Bedeutung gibt. Das ist nur möglich, wenn man Noten auf eine wohlumschriebene Bezugsgruppe bezieht. ... Die Altersgruppe soll die einzige Bezugsgruppe sein. (Aebli, 1978, S. 363; S. 371)

Auch in der letzten Ausgabe, den „Grundlagen des Lehrens" (Aebli, 1987) baut er das Benotungsmodell auf der gaußschen Normalverteilung auf. Die Punkteverteilung soll an einer repräsentativen Stichprobe von Klassen erhoben werden. Da erhalten 5 Prozent die beste Note 6, 10 Prozent eine 5.5, 20 Prozent eine 5 (gut), 30 Prozent eine 4.5, 20 Prozent eine 4 (genügend), 10 Prozent eine 3.5 (ungenügend) und 5 Prozent eine 3 (ungenügend). Die Leistungsverteilung der einzelnen Klasse wird mit dieser Stichprobenverteilung verglichen und daran gemessen. So können in einer leistungsstarken Klasse mehr als 5 % eine sehr gute und allenfalls niemand eine ungenügende Note erhalten. Bei einer leistungsschwachen Klasse würden allenfalls mehr als 15 % ungenügende Noten vergeben. So löste Aebli das Dilemma einer normalverteilungs-orientierten Benotung.

Aeblis Anliegen zur Beurteilung schulischer Leistungen ist mannigfaltig: Er möchte dem Notenwert eine mehr oder weniger normalverteilungsorientierte Grundlage zuordnen, so dass eine Note einen verlässlichen Informationswert erhält. Danach wäre die häufigste Note eine 4.5 (30 %). Er ringt damit um eine gerechte Benotung im Sinn einer vergleichbaren, nicht um eine sozial gerechte Beurteilung und Benotung. Indem er von einer lernzielnahen Leistungserfassung ausgeht, postuliert er implizit eine sozial gerechte Beurteilung. Auf die in dieser Zeit stark soziologisch geprägte Fragestellung nach der Schule als Reproduktionsinstanz (Fend, 1974) der vorherrschenden sozialen Schichtung und ihre Chancenverteilung geht Aebli nicht ein.

2.5.4 Flammer und die Differenzierung der Funktionen von Noten

Ähnlich wie Aebli ist Flammer um die möglichst objektive Aussagekraft der Ziffernote als Rangreihe besorgt (Flammer, Perrig-Chiello & Rüegg, 1983). Flammer kümmert sich um eine Funktionsentflechtung der Note:

> Das ist unsere zentrale Kritik an der gegenwärtigen Schulnotenpraxis, nämlich dass die meisten von uns versuchen, der Schulnote eine solche Menge von verschiedenen Funktionen zuzuordnen, dass sie keine Funktion mehr richtig erfüllen kann. Sie muss durch diese Ansprüche hoffnungslos verzerrt werden; niemand mehr kann sie ernst nehmen, und doch nehmen sie (fast) alle sehr ernst, zu ernst, weil sie durch die vielen zugeordneten Funktionen so wichtig geworden ist. Es ergibt sich ein verhängnisvolles Paradoxon: Je mehr Funktionen der Schulnote zugeordnet werden, desto bedeutsamer wird sie – aber auch desto wertloser! (Flammer, Perrig-Chiello & Rüegg, 1983, S. 15)

Unter diesen multiplen Gegenständen der Schulnote nennen sie:
→ Notendurchschnitt während einer Schulperiode
→ den Leistungsstand am Ende eines Schuljahres
→ den Leistungsfortschritt
→ die geschätzte Leistungsfähigkeit oder/und
→ Fleiß, Anstrengung.

Tatsächlich stellte Flammer (1971) in einer Befragung von Lehrpersonen der Primarstufe all diese Zuschreibungen fest. Dazu kamen noch die Funktionen der Ermutigung und der Prognose, der im nächsten Jahr voraussichtlich erreichten Leistung. Flammer, Perrig-Chiello & Rüegg (1983) stellen nicht nur an die Schulprüfungen, sondern auch an die Noten die Anforderung, dass sie den Gütekriterien der klassischen Testtheorie genügen. Demnach sollen Noten objektiv, reliabel und valide sein. Ihre Literaturanalyse zeigt denn auch, dass Schulnoten diesen Ansprüchen nie entsprechen konnten. So schlagen sie vor:

Eine Verbesserung der Reliabilität wäre demnach zu erreichen, indem ein größerer Konsens zwischen den Lehrern erzielt würde in Bezug auf das, was zu benoten ist und wie die Skala zu handhaben ist. (Flammer, Perrig-Chiello & Rüegg, 1983, S. 21)

Zur Validität kommen sie zur Erkenntnis und Forderung, ... dass die Noten eine hohe kurzfristige Validität haben sollten, dass an sie aber keine Forderung nach langfristiger Validität gestellt werden sollte." (S. 23)
Dazu kommen sie zur Einsicht:

Natürlich ist die ungenügende Validität der Schulnote nicht nur eine logisch-technische Konsequenz aus der ungenügenden Definition, sondern auch eine Folge von „Fehlern" der Wahrnehmung und Beurteilung der Schüler und ihres Verhaltens. Wahrnehmen und Beurteilen sind komplexe psychologische Vorgänge, die im Zusammenhang stehen mit der Persönlichkeitsstruktur des Beurteilers und seinen Erfahrungen, aber auch mit seiner sozialen Situation und seiner Beziehung zum Beurteilten. (Flammer, Perrig-Chiello & Rüegg, 1983, S. 23)

Im Folgenden entwickeln sie Thesen im Sinne von neuen Forderungen an die Funktion der Noten: Als einzige Funktion sehen sie „die Dokumentation der summativen Evaluation zuhanden des Promotionsentscheides". (S. 27) So sollen nach ihnen Noten „nur das Leistungsniveau, das Schüler am Ende der betreffenden Unterrichtsperiode erreicht hat" (S. 29) dokumentieren und Schulzeugnisse seien nur am Ende des Schuljahres, im Rahmen des Promotionsentscheides (S. 31) zu rechtfertigen. Nach dieser Forderung zur massiven Funktionseinschränkung folgt jene nach einem „gemeinsamen Code" (S. 36) um das Bewertungsergebnis mitzuteilen. Rein technisch betrachtet ist der Code die Ziffernote, aber die Bezugsnorm, worauf sich die Ziffer bezieht, ist unklar. So befragte Flammer (1971) Gymnasial- und Primarlehrer nach der Note für einen durchschnittlichen Schüler in einer durchschnittlichen Klasse. Dazu erhielt Flammer Angaben zwischen dem Notendurchschnitt 3,9 und 5,0. Daraus folgerten sie: „Offensichtlich ist eine präzise Definition der Notenskala nötig und die Bereitschaft aller Beteiligten, sich daran zu halten." (Flammer, Perrig-Chiello & Rüegg, 1983, S. 39) Ähnlich wie Aebli eine zuverlässige Notenverteilung forderte, erhoben Flammer, Perrig-Chiello und Rüegg (1983) in allen Kantonen der Schweiz die Noten der beiden Jahre vor dem Übertritt in die Sekundarschule. So konnten sie für jeden Kanton eine empirische Notenverteilung mit dem Median und den Quartilabständen erarbeiten, die den Lehrpersonen als Referenznorm für ihre Notengebung dienen sollte – sie schufen eine kantonale Referenznorm für die Notenverteilung. Aus dem Gesamt entwickelten sie eine „Schweizerische Referenznorm für Schulzeugnisnoten" (siehe Tabelle 1, S. 206).

Verglichen mit Aeblis theoretischer Notenverteilung, weist Flammers empirische Verteilung weniger 6er (sehr gut), dafür 5 Prozent mehr 5,5er und 5 Prozent
mehr 5er (gut) auf. Der Median liegt sowohl bei Aebli wie bei Flammer in der
Note 4.5, obwohl die empirische Verteilung 6 Prozent weniger 4,5er und 2 Prozent
weniger 4er aufweist. Aeblis Annahme von insgesamt 15 % ungenügende Noten
kommt der empirischen Feststellung von 14 sehr nahe. Aebli setzt also eine leicht
„strengere" Notenverteilung an, indem er von einer angepassteren „Normalverteilung" ausgeht als Flammer beobachten konnte.

Tabelle 1: Referenznorm für Schulzeugnisnoten

Note	Anteil in %	Summierte %
6,0	3,29	3,29
5,5	15,45	18,74
5,0	25,49	44,23
4,5	23,94	68,17
4,0	17,69	85,86
3,5	8,95	94,81
3,0	3,97	98,78
2,5	0,92	99,70
2,0	0,27	99,97
1,5	0,03	100,00
1,0	0,00	100,00

Quelle: Flammer, Perrig-Chiello & Rüegg (1983, S. 165)

Gemeinsames Merkmal von Aeblis und Flammers Postulaten ist, dass beide eine
soziale Bezugsnorm der Notenverteilung zu Grunde legen. Noten haben einen
Aussagewert über den Prozentrang eines Schülers, einer Schülerin innerhalb eines Faches. Flammer kümmert sich sehr stark um eine Funktionsentflechtung der
Noten und fordert eine Trennung von Aspekten der Motivation und Förderung
(formative Beurteilung) von einer strikten Lernstandsbestätigung am Ende des
Schuljahres. So fordert Flammer auch, dass die Zeugnisnote am Ende des Schuljahres nicht auf einem genauen Durchschnitt der Prüfungsleistungen während
des Jahres beruht, sondern das ungefähre Leistungsniveau des Schülers bzw. der
Schülerin ausdrückt (Flammer, Perrig-Chiello & Rüegg, 1983). Damit verlegt
er das Augenmerk von der technischen Messgenauigkeit auf die Lehrperson als
„Messinstrument", die Schülerleistungen dank ihrer Professionalität zuverlässig

einschätzen kann. Die Frage der sozialen Gerechtigkeit wird auch von Flammer nicht explizit angegangen.

2.5.5 SIPRI – Ein Projekt, das vieles in Bewegung setzte

1978 startete die EDK (Schweizerische Konferenz der kantonalen Erziehungsdirektoren) das Projekt SIPRI (Überprüfung der Situation der Primarschule; Heller, 1986) mit dem Teilprojekt „Funktionen und Formen der Schülerbeurteilung". Das Projekt kann insofern als „Bewegung" bezeichnet werden, weil das Rahmenthema „Schülerbeurteilung" von Steuergruppen unterstützt mit freiwilligen Schulteams in „bottom up" Prozessen entwickelt wurde. Hauptanliegen war die grundlegende Entflechtung der formativen (fördernden, beratenden) von der summativen (Lernstands-) Beurteilung. Vor allem galt der Grundsatz, die formative Beurteilung nicht zu benoten und Noten höchstens den als summativ geplanten Lernstandserhebungen zuzuordnen. Als zweites Hauptanliegen galt es, eine lernzielbezogene Schülerbeurteilung aufzubauen. Damit wurde die Diskussion um die Messgenauigkeit innerhalb der sozialen Bezugsnorm, wie sie Aebli und Flammer führten, obsolet. Im Interesse der Schulentwicklung stand die Sach- oder Kriteriumsnorm oder das Interesse am Erreichen von Lernzielen und an deren Inhalt. Damit wurde auch Rheinbergs Forschung zur Wirkung der sozialnormorientierten Beurteilung versus der individualnormorientierten durch die Inhalts- oder Lernzielorientierung erweitert (vgl. dazu Mischo & Rheinberg, 1995; Rheinberg, 2001). Zentral wurden Fragen, wie man das Erfüllen eines Lernzieles überprüfen kann und wann eine gezeigte Leistung als „erfüllt" oder „genügend" beurteilt werden kann. Wird diese Frage gestellt, erübrigt sich der Disput um eine normalverteilte Notengebung. Individueller Erfolg besteht hier in der Bewältigung von Aufgaben, die lernzielorientiert konstruiert worden sind. Schulerfolg ist ablesbar im Prozentsatz von Schülerinnen und Schülern einer Klasse, welche die verschiedenen Anforderungsstufen erfolgreich bewältigt haben. Noten müssen unter diesem Aspekt eher als unpassendes Kommunikationsmittel betrachtet werden, weil in dieser Ziffer diese inhaltliche Aussage nicht kodiert werden kann. Heute wissen wir, dass die Leistungsbeurteilung von PISA dieser Logik folgt.

Mit dem Fokussieren weg von der Sozialnorm und der Genauigkeit des Messens und Benotens im Schulalltag hin auf die Sach- oder Kriteriumsnorm wurde die Frage nach der Leistung, nach dem Können und dem „Was" des Könnens wichtig. Damit verbunden wurde die in den 70er Jahren soziologisch geführte Diskussion um die soziale Gerechtigkeit unter pädagogischen Aspekten. Obwohl auch das SIPRI-Projekt soziale Gerechtigkeit im Schulsystem implizierte, indem innerhalb der Schülerbeurteilung der Förderaspekt stark gemacht wurde, brachten erst entsprechende PISA-Studien diesen Aspekt wiederum hervor.

Der 1999 erschienene Trendbericht „Mehr fördern, weniger auslesen" (Vögeli-Mantovani, 1999) der Schweizerischen Koordinationsstelle für Bildungsforschung berichtet eine Bestandsaufnahme zur schulischen Beurteilung in der Schweiz und zu den Übergangsverfahren von der Primar- in die Sekundarschule. Dieser Bericht ist keine Evaluationsstudie der SIPRI-Bewegung, darf aber als Bestandsaufnahme nach 15 Jahren Dissemination des SIPRI-Gedankenguts gewertet werden. So stellte Vögeli-Mantovani (1999) fest, dass zum Zeitpunkt der Bestandsaufnahme 1998/99 mit wenigen Ausnahmen die Ziffernoten für die ersten zwei bis drei Jahren der Primarschule durch institutionalisierte Elterngespräche und Angaben zur Erfüllung der Lernziele im Zeugnis ersetzt worden sind. Mittels direkter Kontakte zu den Eltern sollte die Qualität des Lernprozesses und die Kompetenzerweiterung über die curricular festgelegten Bereiche hinaus gewürdigt werden. Unter anderem ging es dabei auch um die Förderung der Chancengerechtigkeit:

> Selbst wenn die formale Chancengleichheit gewährleistet wird, wirkt sich die Barriere des sozialen Milieus auf die Chancenausnutzung aus. Geringe Bildungsambitionen verhindern die Ausschöpfung des Fähigkeitspotentials und der Chancen im Wettbewerb mit anderen um Leistungen ... In der Schule erfährt die Leistungsorientierung eine Verengung, wenn das Handlungs- bzw. Leistungsergebnis mehr gewichtet wird als der Weg des Lernens und Leistens. Zudem werden kognitive Leistungen höher bewertet als andere. (Vögeli-Mantovani, 1999, S. 72)

Von den direkten Beurteilungsgesprächen mit den Eltern versprach man sich u.a. auch einen Abbau sozialer Ungerechtigkeiten, indem Eltern aus bildungsfernerem Milieu die Bedeutung der Schule und die schulische Leistung ihres Kindes verständlicher gemacht werden können. Indem die Beurteilung auf die Erreichung der Lernziele und die individuellen Fortschritte ausgerichtet wurde (Vögeli-Mantovani, 1999, S. 73), können Eltern die gemachten Fortschritte und die Schwierigkeiten ihres Kindes an konkreten Lerninhalten dargestellt werden. Besonders die Darstellung der Fortschritte (Individualnorm-Orientierung) sollte auch das Selbstwertgefühl der Eltern stärken und sie zur Unterstützung ihres Kindes bei der Schularbeit motivieren.

In fast allen Kantonen wurden die Ziffernoten in den ersten zwei bis drei Primarschuljahren abgeschafft und mit Wortetiketten zur Erfüllung der Lernziele ersetzt. Die Fokussierung der Beurteilung auf die Sach- oder Kriteriumsnorm ist hier unverkennbar. Mit der Überwindung der Sozialnorm versprach man sich eine Verminderung sozialer Ungerechtigkeiten.

Ebenfalls mit Ziel einer besseren Chancengerechtigkeit wurde versucht, die jährlichen Promotionsbedingungen vom Erreichen eines Notendurchschnitts abzukoppeln. So wechselte beispielsweise der deutschsprachige Kantonsteil Freiburg von der Reglementierung der Promotionsbestimmung zur Reglementierung der Nicht-Promotion: In der Regel sind alle Schülerinnen und Schüler für die nächste Klasse promoviert. Bei einer systematischen Über- oder Unterforderung des Kindes muss die Lehrperson einen begründeten Antrag auf pädagogische Fördermaßnahmen stellen. Eine Klassenrepetition wird dann allenfalls im Sinne einer pädagogischen Fördermaßnahme angeordnet. In den meisten Kantonen wurden die jährlichen Promotionsordnungen in ähnlichem Sinne verändert, um die Repetentenquote zu senken (Vögeli-Mantovani, 1999).

Als dritten Schwerpunkt erhob Vögeli-Mantovani (1999) das Übertrittsprozedere von der Primar- in die Sekundarschule in den Kantonen. Die SIPRI-Bewegung postulierte hierzu das Ersetzen von Aufnahmeprüfungen durch vergleichende Orientierungsarbeiten, welche die Primarlehrperson über den Leistungsstand ihrer Klasse im größeren Gruppenvergleich informieren. Der selektiven Aufnahmeprüfung wurde ein großes Potential sozialer Ungerechtigkeit zugeschrieben. Anstelle der Leistungsprüfung sollte das globale Lehrerurteil in Form einer Zuweisungsempfehlung treten. Zudem sollte der Elternwunsch für den Übertritt des Kindes gleichwertig zur Lehrerempfehlung berücksichtigt werden. Vögeli-Mantovani (1999) zeigt auf, dass sämtliche Kantone ihr Übertrittsverfahren in die Sekundarschule verändert haben und dass sich alle ein multikriteriales Verfahren geschaffen haben. Offizielle Entscheidungsgrundlagen dazu sind: der Leistungsstand des Kindes, bezogen auf die Lernziele, allenfalls Noten; Lehrerempfehlung; Eltern- und Schülerwunsch; Übertrittsgespräche mit den Eltern und vereinzelt eine Prüfung zur definitiven Entscheidung. In den meisten Kantonen entscheidet der „Instanzenweg" bei Uneinigkeit.

Seit Erscheinen des Trendberichts von Vögeli-Mantovani (1999) wurde die Beurteilungspraxis in der Schweiz nicht mehr systematisch beschrieben. Vor allem die Praxis der Notengebung wurde wissenschaftlich nicht weiter bearbeitet. Ein informelles Netzwerk „Beurteilung", das von der Koordinationsstelle für Bildungsforschung, namentlich von Vögeli-Mantovani verwaltet wird, bildet eine Plattform für Informationsaustausch zu kantonalen Entwicklungen in Bezug auf die Beurteilungs- und Benotungspraxis. Der Informationsaustausch dazu zeigt, dass sich folgendes Gedankengut zur Beurteilung von Schülerleistungen in sehr vielen Kantonen verankert hat:

→ Beurteilungen auf der Primarschule werden sach-, bzw. kriteriumsnormorientiert vergeben. Unabhängig davon wie die Beurteilungen und Bewertungen mitgeteilt werden – vorwiegend mit lernzielorientierten Wortetiketten – oder auch mit Noten, soll die Genügend-Limite auf das Erreichen der Lernziele bezogen werden. Die Gruppen- oder Sozialnorm wird weniger in der Sekundarschule, vermehrt noch am Gymnasium als statistische Verteilungsform herangezogen.

→ Aufnahmeprüfungen sind ausschließlich noch beim Übertritt von der Primarschule ins Langzeitgymnasium auszumachen.

→ Beim Übertritt in die meistens dreigliedrige Sekundarschule wird keine oder vereinzelt eine Schulleistungsprüfung als „Vergleichsprüfung" ohne Selektionskraft durchgeführt. Inwiefern dadurch jedoch mehr soziale Chancengerechtigkeit entstanden ist, ist umstritten. Baeriswyl et al. (2006) konnten zeigen, dass die globale Lehrerempfehlung und die Elternempfehlung stärker vom sozioökonomischen Status der Eltern geprägt ist als das Ergebnis des standardisierten Leistungstests.

→ Beachtenswert ist die Tatsache, dass sämtliche kantonalen Bildungsgesetze für die Volksschule, die während der letzten dreißig Jahre erlassen wurden, im Zweckartikel ausschließlich die Förderung des Kindes vorgeben. Es findet sich kein Selektionsauftrag in einem Gesetz der obligatorischen Volksschule.

Zusammenfassend kann festgehalten werden, dass die unter dem Eindruck der Psychometrie entstandenen Forderungen nach Messgenauigkeit von Schulleistungen, die sich an die einzelne Lehrperson richtete, verklungen sind. Die Wende zu einer pädagogischen Beurteilung, die sich in erster Linie am Erreichen der Lernziele ausrichtet, hat sich durchgesetzt. Die Teilnahme an den PISA-Studien und deren Ergebnisse bieten Grundlagen für Schweiz weite Steuerungsinstrumente. Zudem haben sich Institute gebildet, die kantonsübergreifend das leistungsvergleichende Testen von Schulklassen anbieten. Die Frage, inwieweit die unterschiedlichen Bewertungssysteme soziale Disparitäten steigern oder vermindern, hat bei der Weiterentwicklung der Bewertungspraxis in der Schweiz bis heute eine eher nachrangige Rolle gespielt.

2.6   Empirische Befunde aus jüngeren Schulleistungsstudien

2.6.1   Befunde aus Schulleistungsforschung

Leistung und Leistungsbewertung sind zentrale Themen der großen nationalen und internationalen Schulleistungsstudien der letzten Dekade. Besonders für den Primar und Sekundarschulbereich I liegen mittlerweile auch differenzierte Analysen von Schulnoten sowie zum Zusammenhang von sozialer Herkunft und schulischen Bewertungen vor (Arnold, Bos, Richert & Stubbe, 2007; Baumert et al., 2003a; Bos et. al, 2004; Hochweber, 2010; Klieme, 2003; Lehmann, Peek, Gänsfuß, Lukat, Mücke & Barth, 2000; Lehmann, Peek & Gänsfuß, 1997; Schöps, Walter, Zimmer & Prenzel, 2006; Stubbe & Bos, 2008).

Für die Primarstufe haben Stubbe und Bos (2008, vgl. auch Bos et. al, 2004) auf der Datengrundlage der IGLU- 2001-Studie (vgl. Bos et al., 2003) im Rahmen einer Modellierung des Grundschulübergangs die Notenvergabe in den Fächern Deutsch und Mathematik untersucht. Neben den erzielten Testleistungen wurden dabei auch die kognitive Grundfähigkeiten, das Geschlecht und verschiedene Merkmale der familiären Herkunft mit einbezogen. Zudem gingen motivationale Schülermerkmale (die durch die Eltern eingeschätzte Anstrengungsbereitschaft und Prüfungsängstlichkeit) in die Analysen ein. Die stärksten Effekte auf die Notenvergabe hatten die Testleistungen der Schülerinnen und Schüler. Aber auch für die kognitiven Grundfähigkeiten, das Geschlecht sowie die motivationalen Schülermerkmale (hier insbesondere die Anstrengungsbereitschaft) konnten Effekte festgestellt werden. Interessant war weiterhin, dass auch nach Berücksichtigung dieser Merkmale Einflüsse der familiären Herkunft auf die Notenvergabe nachweisbar waren, deren Ausmaß in Relation zu den Effekten der Testleistung jedoch vergleichsweise gering ausfiel. Nichtsdestotrotz liefert die IGLU-Studie damit Hinweise auf leistungsfremde Einflussfaktoren des familiären Hintergrundes bei der Leistungsbewertung. Diese Befunde konnten mit den Daten der IGLU-2006-Studie repliziert werden (Arnold, Bos, Richert & Stubbe, 2007)

Auch für den Sekundarschulbereich I konnten substanzielle Korrelationen zwischen Fachnoten und den Ergebnissen aus den standardisierten Leistungstests festgestellt werden (Baumert et al., 2003a; Hochweber, 2010; Klieme, 2003; Schöps, Walter, Zimmer & Prenzel, 2006). Dieser Befund entspricht auch dem Alltagsverständnis, demzufolge Kinder mit guten Ergebnissen in den Leistungstests auch gute Schulnoten aufweisen sollten. Des Weiteren weisen die Studien darauf hin, dass für die Benotung auch bildungsgangspezifische Referenznormen zum Tragen kommen. Das bedeutet, dass die Notenvergabe in jedem Bildungsgang innerhalb eines eigenen Referenzrahmen erfolgt, der auf unterschiedlichen Leistungsniveaus beruht (vgl. Baumert et al., 2003a). Die Note 3 an der Hauptschule ist also nicht mit einer Note 3 an der Realschule oder am Gymnasium vergleichbar. Gleichwohl differenzieren die Noten innerhalb einer Schulform nach der Testleistung. Gleichzeitig konnte in verschiedenen Studien gezeigt werden, dass sich innerhalb einer Schulform die mit den Noten verbundenen Leistungsverteilungen zum Teil deutlich überlappen. So kann man mit der gleichen Leistung an einer Schule eine zwei, an einer anderen Schule eine fünf erreichen.

Eine Reihe von Studien konnte überdies klare Hinweise auf differierende Bewertungsmaßstäbe zwischen den Bundesländern erbringen. Entsprechende Befunde finden sich sowohl für die Grundschule (vgl. z.B. Bos et al., 2004), die Mittelstufe (vgl. z.B. Baumert et al., 2003a) und die gymnasiale Oberstufe (vgl. Neumann, Nagy, Trautwein & Lüdtke, 2009).

Vergleichsweise wenige Studien haben sich mit dem Einfluss leistungsfremder Indikatoren auf Schulnoten auseinandergesetzt. Die wenigen bislang vorliegenden Befunde deuten auf einen sozialen Herkunftseffekt dergestalt hin, dass Kinder aus sozial weniger begünstigten Familien strenger bewertet werden als Kinder aus sozial begünstigten Familien (Lehmann et al., 1997, 2000; Hochweber, 2010). Darüber hinaus konnte in verschiedenen Studien ein Geschlechtereffekt festgestellt werden, wonach Mädchen bei gleichen Leistungen in standardisierten Tests vielfach bessere Noten als Jungen bekommen (Hochweber, 2010; Schöps, Walter, Zimmer & Prenzel, 2006). Problematisch an den entsprechenden Studien ist oftmals der Verzicht auf den Einbezug von Indikatoren der schulischen Mitarbeit, die einen Teil der entsprechenden Disparitäten erklären könnten (vgl. Hannover & Kessels, 2011).

2.6.2   Referenzgruppeneffekte sowie Lehrer- und Schuleffekte

Neben den angeführten sozialen Disparitäten bei der Benotung und den Übertrittsempfehlungen wurde in der jüngeren Vergangenheit auch die Bedeutung der bereits angesprochenen Referenzgruppeneffekte bei der Leistungsbewertung untersucht. Zudem wurden zwei weitere, bislang aber kaum empirisch untersuchte Quellen für nicht-zufällige Unterschiede bei der Übertrittsempfehlung betrachtet: interindividuelle Unterschiede zwischen einzelnen Lehrpersonen im Sinne von Härte-/Mildeeffekten (vgl. Maier, 2007) sowie systematische Unterschiede zwischen einzelnen Schulen oder Schulklassen.

Forschung zu systematischen Referenzgruppeneffekten bei der Benotung können bis auf Ingenkamp (1969, 1971) zurückgeführt werden, der hervorhob, dass bei der Benotung meist klasseninterne Vergleichsrahmen zur Anwendung kommen. Tatsächlich lieferten in jüngerer Vergangenheit eine Reihe von Studien aus Deutschland und der Schweiz (z.B. Maaz, Neumann et al., 2008; Milek et al., 2009; Neumann, Milek, Maaz & Gresch, 2010; Tiedemann & Billmann-Mahecha, 2007; Trautwein & Baeriswyl, 2007) Hinweise darauf, dass Lehrkräfte die Schulnoten sowie die eng mit den Schulnoten verbundenen Übertrittsempfehlungen für die einzelne Schülerin/den einzelnen Schüler nicht unabhängig vom Leistungsniveau ihrer/seiner Klassenkameraden vergeben. In leistungsstärkeren Lerngruppen erhalten Schülerinnen und Schüler dabei für die gleiche Leistung eine schlechtere Note wie ein vergleichbarer Schülerinnen und Schüler in einer leistungsschwachen Klasse. So kann es beispielsweise vorkommen, dass Schülerinnen und Schüler, die in einer sehr leistungsstarken Grundschulklasse unterrichtet werden, u.U. eine Hauptschulempfehlung erhalten, obwohl ihre individuellen Schulleistungen eigentlich im Kernbereich der typischerweise Realschulempfohlenen liegen.

Darüber hinaus gibt es auch Hinweise auf Unterschiede zwischen einzelnen Lehrkräften im Sinne von stabilen Härte-/Mildeeffekten, die jedoch bislang vor allem in Form anekdotischer Berichte vorliegen. Eine wichtige Ausnahme stellt die Studie von Maier (2007) dar. Maier ging der Frage nach, „ob über einen längeren Zeitraum hinweg innerhalb einer Grundschule systematische Lehrereffekte (Urteilstendenzen) bei der Vergabe von Hauptschul-, Realschul- und Gymnasialempfehlungen nachgewiesen werden können" (S. 275). Zu diesem Zwecke prüfte Maier (2007), ob sich die über mehrere Jahre hinweg ermittelten, durchschnittlichen Übergangsquoten einzelner Grundschullehrkräfte innerhalb von Schulen voneinander unterscheiden. Maier (2007) bediente sich der Daten des Statistischen Landesamtes Baden-Württemberg für den Zeitraum von 1991 bis 2006, zu denen auch die Übergangsquoten für jede Schule gehören. Leider liegen diese Übergangsquoten nicht für einzelne Lehrkräfte vor. Deshalb musste Maier für seine Analysen eine letztlich nicht prüfbare Modellannahme treffen: In einzügigen Grundschulen sollte derselbe Lehrer tendenziell alle zwei Jahre eine Klasse in Klassenstufe 4 als Klassenlehrer unterrichten, nicht aber jedes Jahr. Wenn es nun tatsächlich Lehrerunterschiede in Übertrittsquoten gibt, die als stabile Härte-/Mildeeffekte interpretiert werden können, sollten die Unterschiede der Übertrittsquoten im Einjahresabstand größer ausfallen als im Zweijahresabstand. Bei größeren Schulen mit mehreren Parallelklassen sollte sich dieses Muster als weniger stark ausgeprägt erweisen, da sich differentielle Übertrittsquoten über die unterschiedlichen Lehrkräfte ausmitteln sollten. Tatsächlich bestätigten die Ergebnisse der Studie Maiers (2007) cum grano salis die Annahmen des Autors. Einschränkend ist allerdings auf Grenzen der Studie hinzuweisen. So wurden für zentrale Analysen keine Kennwerte der statistischen Analysen berichtet. Darüber hinaus ist die Kalkulation der verwendeten statistischen Größen nicht immer einfach nachvollziehbar und die Größe des beobachteten Effekts wurde nicht berichtet. Die vielleicht größte Beschränkung besteht aber darin, dass es nicht möglich ist, die zentralen Modellannahmen zur Stabilität und Wechsel von Klassenlehrern empirisch zu prüfen. Diese und weitere Grenzen der Studie wurden vom Autor ausführlich dokumentiert.

Baeriswyl, Wandeler und Trautwein (2011) konnten die Annahme, dass sich Lehrkräfte systematisch im Sinne von Härte-/Mildeeffekten unterscheiden, weiter erhärten. Diese Autoren nutzten dafür die ungewöhnlich gute empirische Datenlage, die im Rahmen einer über viele Jahre laufenden wissenschaftlichen Begleitung der Übertrittsentscheidungen im Kanton Freiburg (Schweiz) entstand. Insgesamt lagen Daten aus 16 Schuljahren von 209 Lehrkräften aus 30 Primarschulen im Kanton Freiburg (Schweiz), die in 631 Klassen bei insgesamt 10654 Schülern eine Übertrittsempfehlung aussprachen. Baeriswyl et al. spezifizierten

Mehrebenenmodelle zur Vorhersage von Übertrittsentscheidungen, bei denen für die individuelle Schülerleistung aus einem standardisierten Schulleistungstest kontrolliert wurde. In diesen Mehrebenenanalysen fanden sich, wie erwartet, Belege für Referenzgruppeneffekte (bei gleicher individueller Leistung fiel die Übertrittsempfehlung in leistungsstarken Klassen niedriger aus). Darüber hinaus zeigten sich jedoch auch Unterschiede in substantieller Größe zwischen einzelnen Lehrkräften. In anderen Worten: Bei vergleichbarer Schulleistung der Schülerinnen und Schüler gab es Lehrkräfte, die über mehrere Kohorten hinweg eher vielen oder eher wenigen Schülerinnen und Schüler eine Empfehlung für hohe oder niedrige Schulformen gaben. Auch zwischen den untersuchten Schulen gab es Unterschiede in dem Sinne, dass beispielsweise an manchen Schulen die „Schwelle" für eine Empfehlung fürs Progymnasium niedriger lag als bei anderen Schulen.

Zusammenfassend lässt sich resümieren, dass es neben systematischen Effekten des sozialen Hintergrunds auch weitere systematische Effekte gibt, die im Widerspruch zu meritokratischen Grundsätzen bei der Übertrittsentscheidung stehen. Insbesondere die Referenzgruppeneffekte auf Klassenebene sind dabei von nicht zu vernachlässigender Größe. Auch wenn die vorgelegte Expertise Referenzgruppeneffekten im Folgenden keine größere Aufmerksamkeit mehr zukommen lässt, da ihr Schwerpunkt auf sozialen Disparitäten liegt, soll nochmals deren Bedeutung bei allen Überlegungen zur Verbesserung der Gerechtigkeit bei Übergangsprozessen hervorgehoben werden.

Soziale Herkunft und Leistungsbewertung: Empirische Studien zu zentralen Fragestellungen

3

In diesem Kapitel werden zehn aktuelle Fragen zum Zusammenhang zwischen Merkmalen der sozialen Herkunft und der Leistungsbewertung thematisiert und jeweils in einer Teilstudie untersucht. Die Teilstudien folgen einer einheitlichen Struktur. Nach Formulierung der zu untersuchenden Frage wird in knapper Form auf den Forschungshintergrund eingegangen. Daran schließt sich eine kurze Beschreibung der verwendeten Daten sowie der Analysestrategie an. Im Ergebnisteil werden die Hauptbefunde zusammengefasst und abschließend wird ein kurzes Resümee gezogen.

3.1 Teilstudie 1

Soziale Herkunft und Schulnoten: Gibt es substanzielle Zusammenhänge?

Frage 1:

Schlägt sich in den Leistungsbewertungen der Lehrkräfte neben der Schulleistung eines Schülers oder einer Schülerin auch die soziale Herkunft der Kinder und der Migrationsstatus nieder?

3.1.1 Hintergrund

Ein zentrales Strukturmerkmal des deutschen Bildungssystems ist die frühe Leistungsdifferenzierung, die sich in den unterschiedlichen Schulformen bzw.

Bildungsgängen des Sekundarschulsystems ausdrückt. Während in Berlin und in Brandenburg nach der sechsten Jahrgangsstufe differenziert wird, erfolgt die Differenzierung in den anderen Bundesländern bereits nach der vierten Klassenstufe, zuweilen abgemildert durch Orientierungsstufen (z.B. in Mecklenburg-Vorpommern). Ähnliche Formen der Differenzierung, wenn auch zeitlich etwas verzögert, finden sich vor allem in den anderen deutschsprachigen Staaten (vgl. Maaz, Neumann & Trautwein, 2009). Die Leistungsdifferenzierung geht einher mit dem Erwerb unterschiedlicher Abschlusszertifikate, die wiederum die nachfolgenden Ausbildungsoptionen beeinflussen und damit auch berufliche Karrieren bahnen. Der Wechsel von der Grundschule in die jeweilige weiterführende Schule ist ohne Zweifel eine der zentralen Statuspassagen im Leben junger Menschen (Arnold, Bos, Richert & Stubbe, 2007; Maaz, Baumert & Trautwein, 2009; Maaz, Gresch, McElvany, Jonkmann & Baumert, 2010).

In diesem Übergangsprozess kommt den Schulnoten eine besondere Rolle zu. Über die Schulnoten wird die Leistungsfähigkeit eines Kindes dokumentiert. Die elterliche Einschätzung über den Leistungsstand ihres Kindes wird somit stark von den Schulleistungen beeinflusst. In allen Ausformungen des Transitionsprozesses sind die von den Grundschulen erstellten Empfehlungen über den Besuch einer weiterführenden Schule von maßgeblicher Bedeutung. Diese Empfehlung kann entweder bindend sein oder einen empfehlenden Charakter haben. Auch wenn die Empfehlung ausschließlich empfehlenden Charakter hat, orientieren sich Eltern bei der Entscheidungsgenese an den Empfehlungen. Die Empfehlungen basieren in den meisten Bundesländern in erster Linie auf Schulnoten.

Das deutsche Bildungssystem ist stark föderal geprägt. Die einzelnen Bundesländer unterscheiden sich nicht nur in Hinblick auf die Zahl der angebotenen Bildungsgänge im Sekundarschulsystem, sie unterscheiden sich teilweise auch recht deutlich in den konkreten Übergangsregelungen (KMK, 2009; Füssel, Gresch, Baumert & Maaz, 2010; Kropf, Gresch & Maaz, 2010), zum Beispiel beim Entscheidungsspielraum der Eltern. Unterschiede gibt es ebenfalls in der Art und Weise, wie die Leistungsfähigkeit der Schülerinnen und Schüler festgestellt wird, etwa durch Einsatz standardisierter Leistungstests oder durch das Erstellen von ausführlichen Grundschulgutachten, die Aspekte wie das Arbeitsverhalten oder die Motivation berücksichtigen (Ditton & Krüsken, 2006). In allen Bundesländern jedoch kommt den Schulnoten für die Bildungsgangempfehlung eine starke Bedeutung zu. So fanden Bos et al. (2004; Arnold et al., 2007) im Rahmen der Internationalen Grundschul-Lese-Untersuchung IGLU einen besonders engen Zusammenhang zwischen Schulnoten und Schullaufbahnempfehlungen, wobei zugleich die Leistungen in standardisierten Tests substanziell mit Noten und der Schullaufbahnempfehlung assoziiert waren.

Befunde zur Reliabilität und Validität von Schulnoten (z.B. Baumert et al., 2003a) weisen allerdings ebenfalls darauf hin, dass der Zusammenhang zwischen Schulnoten und Testleistungen keineswegs perfekt ist, sondern teilweise durch den Einfluss von individuellen Schülermerkmalen wie Geschlecht und soziale Herkunft überlagert wird.

In dieser Teilstudie gehen wir der Frage nach, ob sich ein Einfluss der sozialen Herkunft auf die Notengebung am Ende der Grundschulzeit nachweisen lässt, wenn für die unterschiedliche, mit der Sozialschicht der Schülerinnen und Schüler assoziierte Leistung in einem standardisierten Leistungstest kontrolliert wird. Es handelt sich um eine Replikation und Erweiterung vorliegender Forschungsbefunde mithilfe von repräsentativen Daten aus Berlin bzw. dem gesamten Bundesgebiet.

3.1.2   Datengrundlage und Analysestrategie

Mit den Daten der in Berlin durchgeführten Untersuchung „Erhebungen zum Lese- und Mathematikverständnis – Entwicklungen in den Jahrgangsstufen 4 bis 6 in Berlin" (ELEMENT) (Lehmann & Lenkeit, 2008) sollen zentrale Befunde zum Einfluss individueller Schülermerkmale auf die Notenvergabepraxis der Grundschullehrkräfte am Ende der sechsten Klassenstufe untersucht werden. In dieser längsschnittlich angelegten Untersuchung wurde die Entwicklung der Deutsch- und Mathematikleistungen der Schülerinnen und Schüler des Primarbereichs von der vierten bis zur sechsten Klasse untersucht (vgl. Lehmann & Lenkeit, 2008). In Jahrgangsstufe 6 wurden zudem die Englischleistungen querschnittlich erhoben. Die Leistungstests wurden durch Schüler-, Eltern- und Lehrerbefragungen ergänzt.

Für die Analyse der Zusammenhangsstruktur in Bildungssystemen in vierjähriger Grundschulzeit wird auf die am Berliner Max-Planck-Institut für Bildungsforschung durchgeführte Studie „Der Übergang von der Grundschule in die weiterführende Schule – Leistungsgerechtigkeit und regionale, soziale und ethnisch-kulturelle Disparitäten" (ÜBERGANG) (Maaz, Baumert, Gresch & McElvany, 2010; Becker, Gresch, Baumert, Watermann, Schnitger & Maaz, 2010) zurückgegriffen. Weitere Informationen zur Studienanlage finden sich im Anhang 1.

Folgende Operationalisierungen liegen den Analysen mit der TIMSS-Übergangsstudie zugrunde.

Sozioökonomische Stellung der Eltern. Zur Beschreibung der sozioökonomischen Stellung dient der auf den elterlichen Berufsangaben basierende Internationale Sozioökonomische Index (ISEI), den Ganzeboom, De Graaf, Treiman & De Leeuw (1992) entwickelt haben. Für die Analysen wurde der höchste sozioökonomische Index von Vater bzw. Mutter gewählt.

Mathematik- und Naturwissenschaftsleistung. Die Leistungen in diesen Domänen wurden über das internationale Design der TIMSS-2007 erfasst (vgl. Anhang 1). Beide Tests erwiesen sich als hoch reliabel (Cronbachs Alpha von $\alpha = 0,83$ für Mathematik und einem Cronbachs Alpha von $\alpha = 0,80$ für Naturwissenschaft) (vgl. Walther, Selter, Bonsen & Bos, 2008; Wittwer, Saß & Prenzel, 2008).

Deutschleistung. Für die Erfassung der Deutschleistung wurden 446 Items der Normierung Deutsch Primarstufe 2007 herangezogen. Die Items verteilen sich relativ homogen auf vier Kompetenzbereiche (Lesen, Hören, Sprachgebrauch und Rechtschreibung), sodass die aus dem Modell ermittelte Kompetenzverteilung quasi ein Composite dieser vier Bereiche darstellt. Aus ConQuest wurde eine WLE-Reliabilität von 0,81 geschätzt.

Durchschnittsleistung. Darüber hinaus wurde ein Leistungsindikator aus den drei Subdomänen gebildet, dessen Gesamtscore erwartungsgemäß hinreichend reliabel ($\alpha = 0,80$) war.

Als Indikator der *kognitiven Leistungsfähigkeit* wurde der figurale Subtest N2 des Kognitiven Fähigkeits-Tests für 4. Klassen (KFT 4–12+R; Heller & Perleth, 2000) verwendet. Die Tests wurden in zwei parallelisierten Versionen A und B administriert. Die Reliabilität dieser Tests liegt für Version A bei Cronbachs $\alpha = 0,92$ und für Version B bei $\alpha = 0,93$ (vgl. Heller & Perleth, 2000).

Gymnasialübergang. Die Informationen zum Übergang in die Sekundarstufe I entstammten einem Elternfragebogen, der am Ende der 4. Klasse eingesetzt wurde. Bei fehlenden Angaben wurde zudem auf den Schülerfragebogen zurückgegriffen.

Noten. Die Noten der Schülerinnen und Schüler in den Fächern Mathematik, Deutsch und Sachkunde basierten auf Angaben der Schule. Aus diesen drei Noten wurde eine Durchschnittsnote gebildet. Um ein Kriterium für „gute" und „schlechte" Noten zu erhalten, wurde der Durchschnittswert 2,33 als Cut-Off-Kriterium festgelegt. Der Wert korrespondiert mit dem Notendurchschnitt, der in Bayern für den Erhalt einer Gymnasialempfehlung erforderlich ist.

Bildungs- und Ausbildungsmerkmale wurden von den Eltern direkt erfasst.

Folgende Operationalisierungen liegen den Analysen mit der ELEMENT-Übergangsstudie zugrunde (vgl. Anhang 2).

In der Elementstudie wurden familiäre Hintergrundmerkmale wie in der TIMSS-Übergangsstudie direkt von den Eltern mit einem Fragebogen erfasst. Der sozioökonomische Status wurde auch mit dem Socio-Economic Index of Occupational Status (ISEI) (den Ganzeboom et al., 1992) erhoben. Die Leistungsindikatoren wurden wie folgt operationalisiert.

Schulischer Leistungsindex. Zur Bestimmung der Leseleistungen am Ende der sechsten Klasse wurden Tests zum Leseverstehen eingesetzt, die bereits in der

Hamburger Studie LAU für Klassenstufe 6 und 7 (Aspekte der Lernausgangslage und der Lernentwicklung; Lehmann, Gänsfuß & Peek, 1999) sowie in der IGLU-Studie (Bos et al., 2003) zum Einsatz kamen. Der Test bestand aus vier kurzen Prosatexten und einem Gebrauchstext, zu denen anschließend Fragen zum Verständnis gestellt wurden. Unter den insgesamt 37 Fragen befanden sich 6 Aufgaben mit offenem Antwortformat, die restlichen Fragen wurden im Multiple Choice-Format vorgelegt. Die Reliabilität des Tests war mit .84 (Kuder-Richardson Formula 20) zufrieden stellend. Die Mathematikleistung wurde mit Instrumenten aus der LAU-Untersuchung (Lehmann et al., 1999), der IGLU-Studie (Bos et al., 2003) sowie der Brandenburgischen Mathematikuntersuchung QuaSUM (vgl. Lehmann et al., 2001) gemessen. Die insgesamt 49 Aufgaben stammten zum größten Teil aus den Stoffgebieten Arithmetik und Geometrie. Die Reliabilität des Tests fiel mit .92 (Kuder-Richardson Formula 20) gut aus. Beide Tests wurden unter Nutzung des Partial-Credit-Modells Rasch-skaliert. Bei den Personenparametern handelt es sich jeweils um gewichtete Likelihood-Schätzer (Warm, 1989). Um einen validen Leistungsindikator für Berücksichtigung der leistungsbezogenen Komposition der Klasse zu bekommen und der Multikollinearität auf Klassenebene zu begegnen, wurde aus den Testleistungen der Schülerinnen und Schüler in Lesen und Mathematik ein Leistungsindex gebildet, indem die beiden Leistungswerte nach einer Standardisierung an der Gesamtstichprobe (N = 3.008) gemittelt wurden.

Kognitive Grundfähigkeiten. Die kognitiven Grundfähigkeiten der Grundschüler wurden am Ende der vierten Klasse (erste Erhebungswelle) mit zwei Untertests des Kognitiven Fähigkeitstests (KFT, Heller & Perleth, 2000) erhoben. Die Subtests erfassen verbales und figurales Schlussfolgern und gelten als Markertest für fluide Intelligenz. Die Reliabilität des Gesamttests betrug .93 (Kuder-Richardson Formula 20).

Durchschnittsnote. Als Indikator für die Noten wurde der in den Bildungsgangempfehlungen errechnete Notendurchschnitt verwendet. Dieser berücksichtigt Noten ab dem Schuljahr 5. Noten aus dem ersten Halbjahr der Klassenstufe 6 gehen doppelt in die Berechnung ein. Darüber hinaus werden die Mathematik-, Deutsch- sowie die Note der ersten Fremdsprache doppelt gewichtet.

3.1.3   Ergebnisse

Mit den Daten der ELEMENT-Studie können Schulnoten in einem Bildungssystem mit sechsjähriger Grundschulzeit analysiert werden. Zur Vorhersage der Schulnoten der Schülerinnen und Schüler wurde der Notendurchschnitt, wie er in der Bildungsgangempfehlung Eingang findet, berücksichtigt. Die Note wurde für diese Analysen nicht rekodiert. Somit steht ein hoher Wert für eine schlechte Note und ein niedriger Wert für eine gute. Tabelle 2 fasst die zentralen Befunde zusammen. Es zeigte sich, dass die individuelle Leistung der standardisierten Tests mit den Schulnoten assoziiert waren. Kinder aus sozial begünstigten Familien erhielten darüber hinaus bessere Noten als Kinder aus sozial weniger begünstigten Familien. Bei Hinzunahme der individuellen Testleistungen in das Regressionsmodell verringert sich der Effekt des sozioökonomischen Status von $b = -0,18$ auf $b = -0,06$, erreichte aber weiterhin das Signifikanzkriterium von $p < 0,05$. Diese partielle Mediation deutet darauf hin, dass der Einfluss der sozialen Herkunft auf die Notenvergabe zumindest zu Teilen auf unterschiedliche Leistungen, wie sie mit einem standardisierten Test erfasst werden, zurückzuführen sind. Der auch bei Kontrolle zentraler Leistungsmerkmale bestehen bleibende Herkunftseffekt bedeutet aber auch, dass Kinder aus sozial begünstigten Familien in der Grundschule bessere Schulnoten bekommen als Kinder aus sozial weniger begünstigten Familien und zwar auch dann, wenn die Kinder vergleichbare Ergebnisse in den standardisierten Leistungstests erzielt haben. Anders sieht es beim Migrationshintergrund der Kinder aus. Dieser hat keinen signifikanten Einfluss auf die Notengebung. Damit findet die These, wonach Kinder mit Migrationshintergrund bei der Notengebung benachteiligt werden, keine empirische Evidenz.

In einem zweiten Schritt sollen Noten in Bildungssystemen mit vierjähriger Grundschulzeit auf der Basis der TIMSS-Übergangsstudie betrachtet werden. Dies betrifft die große Mehrheit der Bundesländer. Aktuell haben nur Berlin und Brandenburg eine sechsjährige Grundschulzeit. Sieht man von Mecklenburg-Vorpommern ab, wo der fünften und sechsten Jahrgangsstufe eine besondere Bedeutung zukommt, werden in 13 Ländern im Laufe des vierten Schuljahres die Weichen für die weitere Bildungslaufbahn gestellt.

Tabelle 2: Vorhersage der Durchschnittsnote in der Bildungsgangempfehlung durch individuelle Schülermerkmale des sozio-kulturellen familiären Hintergrund und zentraler Leistungsindikatoren (ELEMENT)

	Modell 1	Modell 2
	b	b
Individualebene		
Geschlecht (Ref. Jungen)		
Mädchen	-0,26	-0,30
Ausbildung der Eltern (Ref. Lehre)		
ohne Abschluss	-0,06	-0,09
Fachschulabschluss	0,04	0,05
FH-Abschluss	-0,10	-0,04
Uni-Abschluss	-0,18	-0,02
Migration (Ref. beide Eltern in Dt. geb.)		
ein Elternteil im Ausland geboren	0,04	-0,02
beide Elternteile im Ausland geboren	0,13	-0,03
ISEI'	-0,18	-0,06
Leistungsindex Klasse 6'		-0,44
Kognitive Grundfähigkeit (KFT) '		-0,08
R^2 (Level 1)	0,11	0,46
R^2 (Level 2)	0,43	0,60

Tabelle 3 stellt die Zusammenhangsstruktur der einzelnen leistungsbezogenen Schülermerkmale dar. Erwartungsgemäß fanden sich hohe bis sehr hohe Zusammenhänge zwischen den Leistungsindikatoren und den Schulnoten. Der engste Zusammenhang resultierte mit $r = 0,88$ zwischen der Durchschnittsnote und der Mathematiknote.

Tabelle 3: Korrelationsmuster aller leistungsbezogener Schülermerkmal

	(1)	(2)	(3)	(4)	(5)	(6)	(7)	(8)	(9)
(1) Durchschnittsleistung	1	0,86	0,83	0,84	0,50	0,71	0,64	0,65	0,58
(2) Mathematikleistung		1	0,57	0,60	0,48	0,64	0,54	0,62	0,51
(3) Deutschleistung			1	0,52	0,40	0,61	0,60	0,54	0,48
(4) Naturwissenschaftsleistung				1	0,39	0,54	0,48	0,48	0,47
(5) Kognitive Grundfähigkeit					1	0,46	0,40	0,43	0,38
(6) Durchschnittsnote						1	0,89	0,88	0,88
(7) Mathematiknote							1	0,67	0,69
(8) Deutschnote								1	0,64
(9) Sachkundenote									1

Anmerkung: Alle Korrelationen sind auf dem 5-Prozentniveau statistisch signifikant.

Im Folgenden werden die Anteile der durch individuelle Schülermerkmale aufgeklärten Varianz an der Durchschnittsnote berichtet. Aus Tabelle 4, welche die Ergebnisse für die Durchschnittsleistung darstellt, geht hervor, dass der kombinierte Leistungsindikator den größten Anteil der Varianz an der Durchschnittsnote erklärt (49,4 %), wenn man die Prädiktorvariablen jeweils einzeln einführt. Gefolgt wird er von den kognitiven Grundfähigkeiten (20,9 %) sowie dem elterlichen Bildungshintergrund (19,4 %). Der elterliche Bücherbesitz klärt 18,3 Prozent der Varianz an der Durchschnittsnote auf. Der sozioökonomische Status allein bindet 17,2 Prozent der Varianz. Die geringsten Varianzanteile erklären der Migrationshintergrund und das Geschlecht.

Tabelle 4: Anteile aufgeklärter Varianz durch Schülermerkmale an der Durchschnittsnote auf Individualebene

	Durchschnittsnote
Kombinierter Leistungswert	49,4
Kognitive Grundfähigkeit (KFT)	20,9
Geschlecht	0,4
Sozioökonomischer Status (ISEI)	17,2
Elterliche Ausbildung, schulisch	19,4
Elterliche Ausbildung, beruflich	7,0
Bücherbesitz	18,3
Kulturelle Aktivitäten Eltern	11,1
Migration	4,7

Die Anteile aufgeklärter Varianz der zuvor beschriebenen Indikatoren unterscheiden sich zum Teil zwischen den drei Fachnoten. Abgesehen von dem kombinierten Leistungswert erklären die Fachleistungen die größten Varianzanteile in Mathematik und in Deutsch. Die kognitive Grundfähigkeit bindet in Mathematik mehr Varianz als in den beiden anderen Fachnoten. Das Geschlecht erklärt insgesamt nur wenig Varianz, wobei es deutliche Unterschiede zwischen den Fachnoten gibt.

Der aus den Leistungen in den Domänen Deutsch, Mathematik und Naturwissenschaft gebildete mittlere Leistungsindikator ist der stärkste Prädiktor für die Vorhersage der mittleren Grundschulnoten. Die mit einem standardisierten Leistungstest gemessenen Leistungen erklären insgesamt ca. 49 Prozent der Variabilität der Schulnoten (M1). Die zusätzliche Berücksichtigung der kognitiven Grundfähigkeiten, die einen zusätzlichen Effekt aufweisen, verbessert die Varianzaufklärung um lediglich 2,4 Prozent (M2).

Tabelle 5: Anteile aufgeklärter Varianz durch Schülermerkmale an den Fachnoten in Mathematik, Deutsch und Sachkunde auf Individualebene

	Mathematiknote	Deutschnote	Sachkundenote
Kombinierter Leistungswert	41,5	40,6	33,2
Mathematikleistung	38,8	29,1	25,8
Deutschleistung	28,3	35,6	23,3
Naturwissenschaftsleistung	22,5	22,5	21,8
Kognitive Grundfähigkeit (KFT)	18,6	15,9	14,3
Geschlecht	0,4	2,8	0,4
Sozioökonomischer Status (ISEI)	13,1	14,0	13,2
Elterliche Ausbildung, schulisch	13,5	16,7	15,2
Elterliche Ausbildung, beruflich	4,7	6,1	5,5
Bücherbesitz	12,4	15,2	15,4
Kulturelle Aktivitäten Eltern	6,6	9,6	10,0
Migration	2,4	4,0	4,8
Gewissenhaftigkeit im Unterricht	9,3	11,9	10,5
Anstrengungsbereitschaft	7,0	6,2	5,6

In den Modellen 3 und 4 wurden Indikatoren der sozialen Herkunft mit in das
Modell aufgenommen. Dabei wird der von Baumert und Kollegen getroffenen
Unterscheidung zwischen familiären Struktur- und Prozessmerkmalen Rechnung getragen (vgl. Baumert, Watermann & Schümer, 2003). In der jüngeren Bildungsforschung hat sich diese differenzierte Konzeption sozialer Herkunftsmerkmale bewährt, da in verschiedenen Untersuchungen gezeigt werden konnte, dass
Statusmerkmale wie z.b. die soziökonomische Stellung einer Familie alleine nicht
ausreichen, um den Zusammenhang zwischen sozialer Herkunft und Bildungserfolg zu verstehen. So konnten Baumert, Watermann und Schümer (2003) anhand
von Daten der PISA-Studie zeigen, dass der Effekt der Sozialschichtzugehörigkeit
auf die Schulleistungen zu einem großen Teil über familiäre Prozessmerkmale
wie der kulturellen und kommunikativen Praxis in der Familie vermittelt wird.
Sie kommen daher zu dem Schluss, dass erst die simultane Berücksichtigung von
Struktur- und Prozessmerkmalen des familiären Hintergrunds eine angemessene Vorstellung der anzutreffenden sozialen Disparitäten liefert (Baumert et al.,
2003b; Maaz & Watermann, 2007; Jungbauer-Gans, 2004, 2006). Bislang gibt es
keine Erkenntnis darüber, ob der Zusammenhang zwischen Merkmalen der sozialen Herkunft und der Notengebung in einem ähnlich differenzierten Zusammenhang steht.

Modell 3 berücksichtigt zunächst nur die familiären Strukturmerkmale wie
den soziökonomischen Status und die Bildungsqualifikation der Eltern. Es zeigten sich signifikante Effekte für den soziökonomischen Status und das allgemeine
Bildungsniveau der Eltern. Bei gleichen schulischen Leistungen werden Kinder aus

sozial begünstigten und bildungsnahen Familien weniger streng benotet als Kinder aus sozial schwächeren Familien. Für das berufliche Qualifikationsniveau der Eltern konnte kein signifikanter Effekt nachgewiesen werden. Dies ist unter anderem auf die Konfundierung der verschiedenen Strukturmerkmale zurückzuführen. Mit den drei Indikatoren konnten insgesamt ca. 3,4 Prozent zusätzlich an Varianz aufgeklärt werden. In Modell 4 wurden zusätzlich die familiären Prozessmerkmale wie der elterliche Bücherbesitz und die kulturellen Aktivitäten der Eltern berücksichtigt. Es konnte ein schwacher aber signifikanter Effekt der Partizipation an der gesellschaftlichen Hochkultur festgestellt werden. Die Integration familiärer Prozessmerkmale führte auch zu keiner substanziellen Modellverbesserung. Die im Modell bereits enthaltenen Variablen blieben insgesamt stabil. Diese Befunde deuten darauf hin, dass anders als beim Kompetenzerwerb und in Entscheidungssituationen soziale Hintergrundmerkmale nicht differenziert auf die Schulnoten wirken.

Die Ergebnisse deuten des Weiteren auf einen Geschlechtereffekt hin, wonach Mädchen in der Leistungsbewertung besser abschneiden als Jungen – auch dann, wenn die individuelle Testleistung kontrolliert wird (vgl. Teilstudie 9).

Tabelle 6: Vorhersage der Durchschnittsnote durch individuelle Schülermerkmale zum sozio-kulturellen familiären Hintergrund und zentraler Leistungsindikatoren

	Bivariat	M1	M2	M3	M4
		b	b	b	b
Kombinierter Leistungswert [1]	0,56	0,56	0,50	0,44	0,43
Kognitive Grundfähigkeit (KFT) [1]	0,36		0,11	0,09	0,09
Geschlecht (*Ref. Mädchen*)					
Jungen	-0,10			-0,10	-0,10
Sozioökonomischer Status (ISEI) [1]	0,33			0,08	0,06
Ausbildung, schulisch (*Ref. Abitur*)					
Hauptschulabschluss	-0,99			-0,33	-0,29
Mittlere Reife	-0,44			-0,11	-0,09
Fachhochschulreife	-0,32			-0,09	-0,08
Ausbildung, beruflich (*Ref. Uni-Abschluss*)					
nicht universitär Abschlüsse	0,54			0,00	-0,01
Bücherbesitz (*Ref. 26–100*)					
weniger als 25	-0,45				-0,08
101 bis 250	0,33				0,03
251 bis 500	0,53				0,03
mehr als 500	0,70				0,04
Kulturelle Aktivitäten Eltern [1]	0,26				0,04
R^2		49,40	51,00	55,00	55,40

Bezüglich des Migrationshintergrunds der Grundschülerinnen und -schüler konnte in der bivariaten Analyse ein Effekt zu Ungunsten der Kinder mit Migrationshintergrund ausgewiesen werden (vgl. Tabelle 7, M1). Allein aus der deskriptiven Betrachtung lassen sich aber keine Rückschlüsse auf migrationsspezifische Benachteiligungen bei der Benotungspraxis schließen, da Migrationsmerkmale sowohl mit der sozialen Herkunft als auch mit Leistungsmerkmale konfundiert sein können. Tabelle 7 stellt die Befunde der migrationsspezifischen Analysen zusammenfassend dar.

Tabelle 7: Vorhersage der Durchschnittsnote durch individuelle Schülermerkmale zum sozio-kulturellen familiären Hintergrund und zentraler Leistungsindikatoren

	M1	M2	M3
	b	b	b
Kombinierter Leistungswert [+]		0,50	0,42
Kognitive Grundfähigkeit (KFT) [+]		0,11	0,09
Geschlecht (*Ref. Mädchen*)			
Jungen		-0,11	-0,10
Sozioökonomischer Status (ISEI) [+]			0,06
Ausbildung, schulisch (*Ref. Abitur*)			
Hauptschulabschluss			-0,29
Mittlere Reife			-0,09
Fachhochschulreife			-0,08
Ausbildung, beruflich (*Ref. Uni-abschluss*)			
nicht universitär Abschlüsse			-0,01
Bücherbesitz (*Ref. 26–100*)			
weniger als 25			-0,08
101 bis 250			0,03
251 bis 500			0,03
mehr als 500			0,04
Kulturelle Aktivitäten Eltern [+]			0,04
Migration (*Ref. maximal ein Elternteil in Deutschland geboren*)			
beide Eltern im Ausland geboren	-0,45	-0,07	0,00
R^2	4,70	51,50	55,40

Berücksichtigt man allein den Migrationsstatus, lässt sich ein negativer Migrationseffekt nachweisen. Um zu prüfen, ob dieser Effekt auf andere Schülermerkmale zurückzuführen ist, werden schrittweise die Leistungsindikatoren und die Merkmale der sozialen Herkunft in das Modell aufgenommen. In Modell 2 wird zusätzlich für die Leistung kontrolliert. Der Migrationseffekt verringert sich von b = -0,45 auf b = -0,07. Diese deutliche Reduzierung des Effekts deutet darauf hin, dass Kinder mit Migrationshintergrund insgesamt weniger gute Ergebnisse in den Leistungstests erzielt haben und dies bei den Lehrkräften auch zu unterschiedlichen Benotungen geführt hat. Auch wenn sich der Migrationseffekt deutlich reduziert hat, ist er weiterhin statistisch signifikant. In Modell 3 werden schließlich die verschiedenen Indikatoren der sozialen Herkunft berücksichtigt. Hier zeigte sich, dass bei Kontrolle der Leistungsmerkmale und der sozialen Herkunft kein zusätzlicher Migrationseffekt besteht. Migrationseffekte, wie sie in deskriptiven Analysen sichtbar werden, sind den vorliegenden Befunden zufolge nicht auf migrationsspezifische Merkmale zurückzuführen, sondern auf leistungs- und soziale Herkunftseffekte.

3.1.4   Resümee

Die Befunde dieser Teilstudie mit aussagekräftigen Daten zum Ende der Grundschulzeit replizieren den Befund, dass sich ein direkter Effekt der sozialen Herkunft auf die Notengebung der Lehrkräfte in dem Sinne nachweisen lässt, dass auch nach Kontrolle der Leistung in standardisierten Leistungstests noch eine statistisch signifikante Assoziation zwischen Herkunft und Note gegeben ist. Dieser Zusammenhang fällt zwar insgesamt nicht sehr groß aus, ist aber statistisch bedeutsam. Keine differenziellen Befunde konnten zu familiären Struktur- und Prozessmerkmalen identifiziert werden. Für den Migrationshintergrund wurden keine direkten Effekte auf die Notenvergabe nachgewiesen, die auf eine mögliche Benachteiligung von Kindern mit Migrationshintergrund gerade an der Übergangsschwelle von der Primarstufe in die Sekundarstufe hindeuten würden.

Bei dem in dieser Teilstudie vorgestellten Zusammenhang zwischen Herkunft und Schulnoten handelt es sich um einen „Bruttoeffekt", bei dem quasi unterstellt wird, dass die Ergebnisse in einem standardisierten Leistungstest ein valides Abbild der Gesamtleistung darstellen. Dies ist jedoch, wie oben dargestellt, nicht der Fall, da standardisierte Leistungstests immer nur einen Ausschnitt der benotungsrelevanten Fähigkeiten und Verhaltensweisen erfassen. Es wird deshalb in weiteren Teilstudien analysiert werden, welche Rolle beispielsweise die Mitarbeit im Unterricht und bei den Hausaufgaben für die Notenvergabe spielt und ob diese auch Herkunftseffekte bei der Notenvergabe erklären können.

3.2   Teilstudie 2

Anstrengungsbereitschaft und Gewissenhaftigkeit: Effekte auf die Notengebung?

> **Frage 2:**
>
> Wie stark trägt das Schülerverhalten (Anstrengungsbereitschaft und Gewissenhaftigkeit im Unterricht) zur Notengebung bei? Lassen sich durch motivationale Schülermerkmale die dokumentierten Herkunftseffekte auf die Notengebung erklären?

3.2.1   Hintergrund

Der Zusammenhang zwischen Schulnoten und Ergebnissen aus Leistungstests ist mittlerweile gut dokumentiert (u.a. Arnold, Bos, Richert & Stubbe, 2010; Baumert, Trautwein & Artelt, 2003; Hochweber, 2010; Stubbe & Bos, 2008). In der vorherigen Teilstudie wurde herausgearbeitet, dass der Zusammenhang zwischen Schulnoten und Testleistungen alles andere als perfekt ist, sondern teilweise durch den Einfluss von individuellen Schülermerkmalen und sozialer Herkunft überlagert sein kann. Ferner ist zu berücksichtigen, dass die Basis von Noten und die Basis von Leistungstests nicht deckungsgleich sind (vgl. Kapitel 2.4 und Abbildung 1). Noten dienen der Leistungsbewertung von Schülerinnen und Schülern. Eine Schulnote, wie sie beispielsweise in einem Zeugnis dokumentiert wird, setzt sich aus verschiedenen Einzelleistungen der Schülerinnen und Schüler zusammen. Hierzu zählen neben schriftlichen Arbeiten (z.B. Klassenarbeiten) auch mündliche Beiträge der Schülerinnen und Schüler im Unterricht und die Sorgfalt bei den Hausaufgaben. Greift man bei der Vorhersage von Schulnoten ausschließlich auf standardisierte Leistungstests zurück, kann nur eine Komponente – die schriftliche Leistung der Schülerin bzw. des Schülers – berücksichtigt werden. Der in vielen Studien nachgewiesene „Effekt" der sozialen Herkunft auf die Notenvergabe könnte demnach eine Folge einer sogenannten „Unterspezifikation des Modells" sein.

Darüber hinaus ist bereits aus früheren Studien bekannt, dass bei der Notenvergabe keine klassenübergreifenden Standards greifen (vgl. Ingenkamp, 1993). Lehrkräfte orientieren sich vorwiegend am mittleren Leistungsniveau der jeweiligen Klasse. Der klasseninterne Bezugsrahmen führt dazu, dass Bewertungsmaßstäbe über verschiedene Klassen hinweg unterschiedlich sind. Somit gibt es Klassen, in denen die mittlere Note identisch ausfällt, deren anhand von standardisierten Tests ermittelten mittleren Leistungen jedoch deutlich differieren.

Wir untersuchen daher in dieser Teilstudie, ob motivationale Schülermerkmale in einem substanziellen Zusammenhang mit der Notengebung stehen. Damit ist zunächst die Frage verbunden, wie groß dieser Zusammenhang ausfällt. In einem zweiten Schritt wird die Frage nach sozialschichtspezifischen Ausprägungen der motivationalen Merkmale gestellt. Inwieweit können sie den in der vorigen Teilstudie dokumentierten sozialen Herkunftseffekt erklären?

3.2.2 Datengrundlage und Analysestrategie

Für die Analyse wird auf die aktuellste bundesweit repräsentative Studie zum Übergang in die Sekundarstufe I zurückgegriffen, die am Berliner Max-Planck-Institut für Bildungsforschung unter dem Namen „Der Übergang von der Grundschule in die weiterführende Schule – Leistungsgerechtigkeit und regionale, soziale und ethnisch-kulturelle Disparitäten" (ÜBERGANG; Maaz, Baumert, Gresch & McElvany, 2010) durchgeführt wurde. Weitere Informationen zur Studienanlage finden sich im Anhang 1.

Gewissenhaftigkeit im Unterricht wurde von den Schülerinnen und Schülern als Selbsteinschätzung im Rahmen des Schülerfragebogens erfasst. Die Skala Gewissenhaftigkeit im Unterricht setzt sich aus 6 Items zusammen und weist eine gute interne Konsistenz auf ($\alpha = 0,82$). Beispielitem: „Im Unterricht bin ich in der Regel aufmerksam". Anstrengungsbereitschaft im Unterricht wurde auch als Selbsteinschätzung erfasst. Die Skala bildet sich aus 4 Items, die insgesamt hinreichend intern konsistent sind ($\alpha = 0,75$). Beispielitem: „Ich kann sehr gut aufpassen, wenn ich etwas lernen will".

3.2.3 Ergebnisse

Die im Kapitel 3.1 vorgestellten Analysen haben auch bei Kontrolle der Schülerleistung eine Assoziation zwischen sozialer Herkunft und Schulnoten nachgewiesen. Im Folgenden sollen spezifische Schülermerkmale betrachtet werden, die Einfluss auf die Benotung nehmen und so die beschriebenen Effekte mediieren können. Als motivationale Merkmale werden Anstrengungsbereitschaft und Gewissenhaftigkeit der Schülerinnen und Schüler im Unterricht herangezogen. Beide Merkmale sind Selbstberichte der Schülerinnen und Schüler.

Betrachtet man Anteile aufgeklärter Varianz durch individuelle Schülermerkmale an der Durchschnittsnote, so zeigt sich, dass die motivationalen Schülermerkmale mit 13,5 Prozent für Gewissenhaftigkeit im Unterricht und 8,1 Prozent für Anstrengungsbereitschaft substanzielle Varianz an der Durchschnittsnote erklären. Beide Merkmale korrelieren mit $r = 0,67$. Dies bedeutet, dass beide Merkmale miteinander kovariieren, aber inhaltlich hinreichend verschieden sind.

Wenn die beschriebenen Effekte der sozialen Herkunft und des Geschlechts auf die Benotung durch die motivationalen Merkmale mediiert werden sollen, müssten sich diese Merkmale zwischen den verschiedenen sozialen Herkunftsgruppen unterscheiden. Diese bivariate Zusammenhangsstruktur zwischen den motivationalen Merkmalen und der sozialen Herkunft soll in einem ersten Schritt untersucht werden.

Für den sozialen Hintergrund soll aus Gründen der besseren Veranschaulichung der elterliche allgemeinbildende Schulabschluss herangezogen werden. Hier wird zwischen drei Abschlussniveaus unterschieden: Eltern, die als höchsten Schulabschluss einen Hauptschulabschluss haben, Eltern, die die Mittlere Reife abgelegt haben und Eltern mit Abitur. Die Ergebnisse sind in Abbildung 2 zusammenfassend dargestellt. Beide Merkmale weisen die gleiche Zusammenhangsstruktur auf. Kinder, deren Eltern maximal einen Hauptschulabschluss besitzen, weisen in beiden Skalen die niedrigsten Werte auf und Kinder, deren Eltern eine Hochschulzugangsberechtigung besitzen, die höchsten Werte. Die Unterschiede zwischen den drei Bildungsgruppen sind insgesamt nur gering.

Abbildung 2: Mittelwerte und Standardabweichungen für Schülermerkmale Gewissenhaftigkeit im Unterricht und Anstrengungsbereitschaft differenziert nach dem Bildungsgrad der Eltern

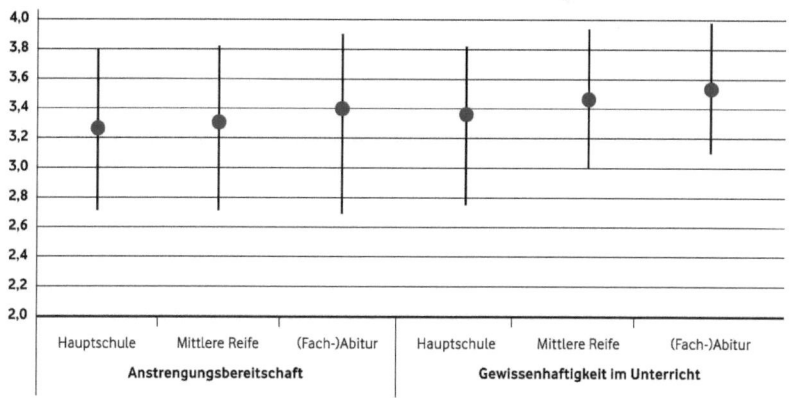

Wie hängen die motivationalen Merkmale der Schülerinnen und Schüler mit den Schulnoten zusammen? Die Korrelationen beider Merkmale mit Schulnoten sind signifikant und weisen in die erwartete Richtung. In der Tendenz finden sich

bessere Schulnoten, wenn Kinder gewissenhafter sind und eine höhere Anstrengungsbereitschaft aufweisen. Die Korrelationen mit der Durchschnittsnote liegen bei der Skala Gewissenhaftigkeit bei r = -0,38 und bei der Skala Anstrengungsbereitschaft bei r = -0,30. Für beide Konstrukte konnten also mittlere Korrelationen mit den Schulnoten identifiziert werden. Die für die Durchschnittsnote berechneten Korrelationen lassen sich in leicht abgeschwächter Form auch für die Einzelnoten in den Domänen Deutsch, Mathematik und Sachkunde nachweisen (vgl. Tabelle 8).

Tabelle 8: Korrelationen der motivationalen Merkmalen mit Schulnoten

	Anstrengungsbereitschaft	Gewissenhaftigkeit im Unterricht
Durchschnittsnote	-0,38	-0,30
Deutschnote	-0,35	-0,26
Mathematiknote	-0,31	-0,28
Sachkundenote	-0,33	-0,24

Neben den Schulnoten sind die Ergebnisse der standardisierten Leistungstests entscheidende Leistungsindikatoren. Die Korrelationen mit den Testleistungen weisen eine vergleichbare Struktur auf, wie sie bereits bei den Schulnoten berichtet wurde, nur auf geringerem Niveau. So beträgt die Korrelation zwischen der Durchschnittsleistung in den Domänen Deutsch, Mathematik und Naturwissenschaft und der Skala Gewissenhaft r = 0,23 und mit der Skala Anstrengungsbereitschaft r = 0,17.

Tabelle 9: Korrelationen der motivationalen Merkmalen mit Ergebnissen aus standardisierten Leistungstests

	Anstrengungsbereitschaft	Gewissenhaftigkeit im Unterricht
Durchschnittsleistung	0,23	0,17
Mathematikleistung	0,19	0,15
Deutschleistung	0,21	0,16
Naturwissenschaftsleistung	0,17	0,12

In der mulitvariaten Analyse zeigt sich, dass Anstrengungsbereitschaft und Gewissenhaftigkeit im Unterricht zusammen ca. 14 Prozent der Variabilität der Schulnoten erklären (vgl. M1, Tabelle 10). Modell 2 stellt noch einmal das bereits beschriebene Modell ohne Berücksichtigung der motivationalen Merkmale dar. Wenn die in diesem Modell erkennbaren sozialen Herkunftseffekte auf eine differenziell ausgeprägte Gewissenhaftigkeit und/oder Anstrengungsbereitschaft zurückzuführen sind, sollten sich die Effekte von M2 zu M3 spürbar verringern (partielle Mediation) oder nicht mehr das Signifikanzkriterium erreichen (vollständige Mediation). In Modell 3 ist zu erkennen, dass sich die Koeffizienten für den sozialen Hintergrund nur geringfügig verkleinern.

Tabelle 10: Vorhersage der Durchschnitts durch individuelle Schülermerkmale zum Migrationsstatus, zum sozio-kulturellen familiären Hintergrund, zentraler Leistungsindikatoren sowie motivationaler Merkmale

	M1	M2	M3
	b	b	b
Kombinierter Leistungswert [+]		0,43	0,40
Kognitive Grundfähigkeit (KFT) [+]		0,09	0,09
Geschlecht (*Ref. Mädchen*)			
Jungen		-0,10	-0,06
Sozioökonomischer Status (ISEI) [+]		0,06	0,05
Ausbildung, schulisch (*Ref. Abitur*)			
Hauptschulabschluss		-0,29	-0,27
Mittlere Reife		-0,09	-0,09
Fachhochschulreife		-0,08	-0,08
Ausbildung, beruflich (*Ref. Uni-abschluss*)			
nicht universitär Abschlüsse		-0,01	0,01
Bücherbesitz (*Ref. 26–100*)			
weniger als 25		-0,08	-0,08
101 bis 250		0,03	0,03
251 bis 500		0,03	0,02
mehr als 500		0,04	0,04
Kulturelle Aktivitäten Eltern [+]		0,04	0,03
Migration (*Ref. maximal ein Elternteil in Deutschland geboren*)			
beide Eltern im Ausland geboren		0,00	-0,01
Gewissenhaftigkeit im Unterricht [+]	0,25		0,13
Anstrengungsbereitschaft [+]	0,06		0,05
R^2	13,90	55,40	59,40

In den Tabellen 11, 12 und 13 sind die zentralen Befunde für die Fachnoten in den Fächern Mathematik, Deutsch und Sachkunde zusammengefasst. Die domänenspezifische Fachleistung erklärt in Mathematik knapp 39 Prozent der Variabilität der Mathematiknote und bindet mit knapp 22 Prozent in Sachkunde deutlich weniger Varianz. Bezogen auf den sozialen Hintergrund lassen sich keine domänenspezifischen Unterschiede erkennen.

Tabelle 11: Domänenspezifische Befunde für die Mathematiknote

	M1	M2	M3	M4	M5	M6	M7
	b	b	b	b	b	b	b
Mathematikleistung [+]	0,59	0,41	0,37	0,36	0,35	0,35	0,33
Deutschleistung [+]		0,22	0,21	0,22	0,20	0,20	0,18
Naturwissenschaftsleistung [+]		0,09	0,07	0,07	0,05	0,05	0,04
Kognitive Grundfähigkeit (KFT) [++]			0,12	0,13	0,12	0,12	0,12
Geschlecht (Ref. Mädchen)							
Jungen				0,11	0,11	0,11	0,15
Sozioökonomischer Status (ISEI) [+]					0,12	0,12	0,11
Migration (Ref. maximal ein Elternteil in Deutschland geboren.)							
beide Eltern im Ausland geboren						0,05	0,04
Gewissenhaftigkeit im Unterricht [+]							0,11
Anstrengungsbereitschaft [+]							0,08
R^2	38,80	43,80	45,00	45,30	46,60	46,70	50,00

Tabelle 12: Domänenspezifische Befunde für die Deutschnote

	M1	M2	M3	M4	M5	M6	M7
	b	b	b	b	b	b	b
Mathematikleistung [+]		0,21	0,18	0,20	0,19	0,19	0,17
Deutschleistung [+]	0,55	0,35	0,34	0,31	0,29	0,29	0,27
Naturwissenschaftsleistung [+]		0,11	0,10	0,12	0,10	0,09	0,09
Kognitive Grundfähigkeit (KFT) [+]			0,10	0,08	0,07	0,07	0,07
Geschlecht (Ref. Mädchen)							
Jungen				-0,28	-0,28	-0,28	-0,24
Sozioökonomischer Status (ISEI) [+]					0,13	0,12	0,11
Migration (Ref. maximal ein Elternteil in Deutschland geboren.)							
beide Eltern im Ausland geboren						-0,06	-0,07
Gewissenhaftigkeit im Unterricht [+]							0,14
Anstrengungsbereitschaft [+]							0,03
R^2	35,60	42,30	43,20	45,60	47,30	47,40	50,40

Tabelle 13: Domänenspezifische Befunde für die Sachkundenote

	M1	M2	M3	M4	M5	M6	M7
	b	b	b	b	b	b	b
Mathematikleistung [+]		0,22	0,19	0,20	0,18	0,18	0,17
Deutschleistung [+]		0,20	0,19	0,18	0,16	0,16	0,14
Naturwissenschaftsleistung [+]	0,40	0,16	0,15	0,16	0,14	0,13	0,12
Kognitive Grundfähigkeit (KFT) [+]			0,10	0,09	0,09	0,09	0,09
Geschlecht (Ref. Mädchen)							
Jungen				-0,11	-0,11	-0,11	-0,07
Sozioökonomischer Status (ISEI) [+]							
Migration (Ref. maximal ein Elternteil in Deutschland geboren.)					0,13	0,13	0,11
beide Eltern im Ausland geboren						-0,12	-0,13
Gewissenhaftigkeit im Unterricht [+]							0,15
Anstrengungsbereitschaft [+]							0,03
R^2	21,8	33,3	34,4	34,8	36,9	37,1	40,6

3.2.4   Resümee

Für die These, dass die unterschiedlich strenge Benotung von Kindern aus verschiedenen sozialen Herkunftsgruppen auf sozialschichtspezifische Ausprägungen motivationaler Merkmale wie Gewissenhaftigkeit oder Anstrengungsbereitschaft zurückzuführen sind, konnten in dieser Teilstudie keine empirischen Belege gefunden werden. Zumindest die beiden von uns untersuchten Merkmale erklären also nicht die mit dem sozialen Hintergrund assoziierten Notendivergenzen.

3.3   Teilstudie 3

Quantifizierung primärer und sekundärer Herkunftseffekte der Benotung auf die Empfehlung und den Übergang auf das Gymnasium

Frage 3:

Welchen Einfluss haben sozialschichtspezifische Benotungspraxen der Lehrkräfte in der Grundschule auf den Erhalt einer Gymnasialempfehlung und den Übergang auf ein Gymnasium? Wie viel Prozent des sozialen Herkunftseffektes auf die Empfehlung und den Übergang lassen sich auf sozialschichtspezifische Benotungspraxen der Lehrkräfte zurückführen?

3.3.1 Hintergrund

Für die Analyse sozialer Ungleichheiten im Bildungssystem hat sich das inzwischen sehr prominente theoretische Modell von Boudon aus den 1970er Jahren bewährt (vgl. Kapitel 2). Boudon unterscheidet zwischen primären und sekundären Effekten der sozialen Herkunft. Für beide Effekte gibt es in der jüngeren Bildungsforschung empirische Evidenz. Welcher Effekt – der primäre oder der sekundäre – ist jedoch stärker? Um die einzelnen Effekte berechnen und quantifizieren zu können, muss das Basismodell an das deutsche Bildungssystem angepasst und um Faktoren erweitert werden, die für den Übergang von der Grundschule in die weiterführenden Schulen besonders bedeutsam sind.

Maaz und Nagy (2009) schlugen in diesem Sinne eine Konzeptualisierung von Herkunftseffekten vor, die zwischen statusabhängigen Beurteilungen der Schülerinnen und Schüler und statusabhängigen Bildungsentscheidungen (Übergangsverhalten) unterschiedet. Statusabhängige Schülerbeurteilungen zeichnen sich durch systematische Differenzen in der Beurteilung von Schülerinnen und Schülern in Abhängigkeit des familiären sozioökonomischen Status aus, wie sie sich in den vergebenen Noten und Schullaufbahnempfehlungen widerspiegeln. Diese Einflüsse erfassen somit einen institutionellen Aspekt von Herkunftseffekten, da diese ohne das aktive Eingreifen der Eltern zustande kommen. Statusabhängige Bildungsentscheidungen hingegen beziehen sich auf die Einflüsse der Sozialschicht auf das tatsächliche Übergangsverhalten. Diese Effekte sind somit auf das Entscheidungsverhalten der Eltern zurückzuführen. Statusabhängige Beurteilungen und Bildungsentscheidungen dürfen nicht unabhängig voneinander betrachtet werden, da sich Schülerbeurteilungen in Form von Noten und Schullaufbahnempfehlungen direkt auf den tatsächlichen Übergang in die Sekundarstufe I auswirken können. Die bisherige Forschung hat viele Belege dafür geliefert, dass das tatsächliche Übergangsverhalten relativ eng mit der Schullaufbahnempfehlung und den Schulnoten verknüpft ist (u.a. Ditton, 2007).

Maaz und Nagy (2009) haben diese Konkretisierung erstmals für den Übergang von der Grundschule in die Sekundarstufe I vorgenommen. Die Definition primärer Herkunftseffekte muss um Einflüsse der sozialen Herkunft, die sich auf die Kompetenzentwicklung der Schülerinnen und Schüler auswirken und infolgedessen in ihren Zensuren, Übergangsempfehlungen und Schulformwahlen niederschlagen, konkretisiert werden. Die sekundären Herkunftseffekte werden dagegen als diejenigen Einflüsse des sozialen Hintergrunds definiert, die losgelöst von der Schulleistung entstehen und zum Beispiel aus unterschiedlichen Bildungserwartungen und einem unterschiedlichen Entscheidungsverhalten Angehöriger verschiedener Sozialschichten resultieren. Sekundäre Effekte stehen besonders in der Kritik, da sie – anders als die primären Effekte, bei denen dies strittig ist – nicht mit Vorstellungen einer leistungsbezogenen Verteilungsgerechtigkeit vereinbar sind.

Die Wirkung primärer und sekundärer Herkunftseffekte ist in Abbildung 3 zusammenfassend dargestellt. Die durchgezogenen Linien stehen für primäre Effekte, das heißt Effekte der sozialen Herkunft auf die Leistung, die wiederum auf die Schulnoten, die Empfehlungsvergabe und den schließlich realisierten Übergang wirkt. Die gestrichelten Linien beziehen sich dagegen auf sekundäre Herkunftseffekte, die unabhängig von der Leistung auf die Noten- und Empfehlungsvergabe und die letztlich getroffene Übergangsentscheidung einwirken. In der Abbildung wird deutlich, dass primäre Herkunftseffekte nur indirekt (vermittelt über die Leistung) auf die Noten- und Empfehlungsvergabe sowie den Übergang wirken, während sekundäre sowohl indirekt als auch direkt Einfluss nehmen können.

Abbildung 3: Darstellung der Wirkungsweise primärer und sekundärer Herkunftseffekte beim Übergang in die Sekundarstufe I

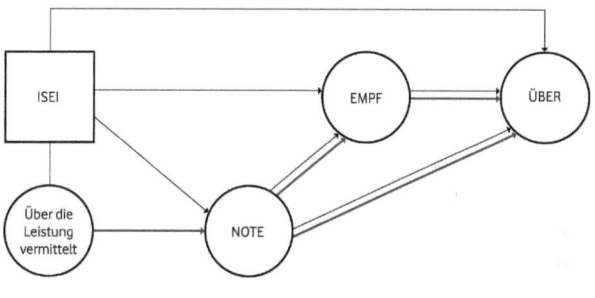

Quelle: nach Maaz & Nagy, 2009

→ Rote Pfade stellen primäre Effekte dar
→ Schwarze Pfade stellen sekundäre Effekte dar

Die Abbildung 3 zur Wirkungsweise primärer und sekundärer Herkunftseffekte stellt aber auch die zentrale Bedeutung der Schülerbeurteilung in Form von Schulnoten dar. Lassen sich direkte Effekte der sozialen Herkunft auf die Notenvergabe nach Kontrolle der Leistungsmerkmale nachweisen, so wirken diese Effekte als indirekte sekundäre Herkunftseffekte sowohl auf die Empfehlung als auch auf den eigentlichen Übergang. Im Folgenden soll untersucht werden, wie groß ein bereits bei der Benotung wirkender sekundärer Herkunftseffekt am Gesamtherkunftseffekt bei der Empfehlungsvergabe und beim Übergang ist. Hierfür kann auf die Arbeit von Maaz und Nagy (2009) zurückgegriffen werden, in der eine

Quantifizierung der verschiedenen Herkunftseffekte vorgenommen wurde. Die Empfehlungsvergabe wird aus der sozialen Herkunft der Kinder, den Ergebnissen aus den Leistungstests sowie den Schulnoten vorhergesagt. Mit diesem sparsamen Modell können insgesamt 86 Prozent der Variabilität der Empfehlungsvergabe erklärt werden. Für die Analyse des Übergangs wird die Empfehlung mit in das Modell aufgenommen. Mit dem relativ sparsamen Modell können 74 Prozent der Varianz einer als latent kontinuierlich konzipierten dichotomen Übergangsvariable erklärt werden.

Fasst man den aktuellen Forschungsstand zusammen, liegen mittlerweile zahlreiche Arbeiten vor, in denen bedeutsame Herkunftseffekte beim Übergang am Ende der Grundschule nachgewiesen wurden. Die Ergebnisse zeigen zusammenfassend, dass Kinder aus sozial weniger begünstigten Familien im Vergleich zu Kindern aus sozial privilegierten Elternhäusern (1) über niedrigere schulische Kompetenzen verfügen, (2) bei gleichen Leistungen in standardisierten Leistungstests von den Lehrkräften schlechter bewertet werden, (3) auch unter Kontrolle der Schulleistungen und Noten geringere Chancen auf den Erhalt einer Gymnasialempfehlung haben und (4) Eltern ihr Kind schließlich bei Kontrolle von Leistungen seltener auf ein Gymnasium schicken.

Folgt man den Befunden von Maaz und Nagy, so entsteht ein Großteil des am Übergang sichtbaren Herkunftseffekts nicht in der Übergangssituation, sondern ist viel früher angelegt. In dieser Teilstudie sollen diese Effekte quantifiziert werden. Wir gehen der Frage nach, wie groß die Anteile der einzelnen Herkunftseffekte am Gesamtherkunftseffekt auf die Empfehlungsvergabe und den Übergang auf ein Gymnasium ist, der auf Einflüsse der Notengebung zurückzuführen ist. Dabei kann die Unterscheidung zwischen primären und sekundären Herkunftseffekten berücksichtigt werden. Primäre Herkunftseffekte auf die Benotung nehmen ihren Ursprung in sozialschichtspezifischen Leistungsunterschieden und sekundäre Effekte äußern sich in herkunftsabhängigen Benotungspraxen der Lehrkräfte bei gleichen Leistungen der Schülerinnen und Schüler.

3.3.2 Datengrundlage und Analysestrategie

Die Daten der nachfolgenden Analysen entstammen dem am Berliner Max-Planck-Institut für Bildungsforschung durchgeführten Projekt „Der Übergang von der Grundschule in die weiterführende Schule – Leistungsgerechtigkeit und regionale, soziale und ethnisch-kulturelle Disparitäten" (ÜBERGANG) (Maaz, Baumert, Gresch & McElvany, 2010; Becker et al., 2010). Weitere Informationen zur Studienanlage finden sich im Anhang 1.

Die einzelnen Indikatoren des zu testenden Modells wurden entsprechend nationaler und internationaler Standards operationalisiert. Dabei entsprechen die Operationalisierungen denen in der Teilstudie 1. Zusätzlich wurde die Schullaufbahnempfehlung berücksichtigt.

Schullaufbahnempfehlung. Die Empfehlungen der abgebenden Grundschule basieren auf Angaben der Schulen und wurden zu einem Zeitpunkt erfasst, als die Empfehlung bereits ausgestellt wurde. Für die empirischen Analysen wurde eine Empfehlungsvariable definiert, die zwischen einer Gymnasialempfehlung und einer Empfehlung für eine andere Schulform bzw. für einen anderen Bildungsgang diskriminiert.

Die Spezifikation und Schätzung von Herkunftseffekten geschah auf Grundlage pfadanalytischer Verfahren. Zur Schätzung des Pfadmodells wurde das Statistikprogramm Mplus 5.2 (Muthén & Muthén, 1998–2010) herangezogen. Dieses Programm hat den Vorteil, dass es die Verwendung dichotomer abhängiger und vermittelnder Variablen erlaubt. Das spezifizierte Modell kombiniert lineare Regressionen (bei kontinuierlichen Outcomes) mit logistischen Regressionen (bei dichotomen Outcomes). Damit ist es möglich, die Parameter eines überidentifizierten simultanen Gleichungssystems analog zur linearen Pfadanalyse zu schätzen. Gleichwohl stellt die Verwendung von kategorialen Variablen besondere Herausforderungen an die Spezifikation der postulierten Wirkmechanismen und der Evaluation direkter und indirekter Effekte. Die Schätzung der Modellparameter fand auf Grundlage einer robusten Maximum Likelihood Schätzung (MLR) mittels eines integrativen Expectation-Maximization Algorithmus statt. Die Schätzung berücksichtigte die geclusterte Datenstruktur und wurde auf Grundlage aller vorhandenen Werte (Full Information MLR) durchgeführt (für weitere Informationen siehe Maaz & Nagy, 2009).

3.3.3 Ergebnisse

In Übereinstimmung mit bereits vorliegenden Forschungsbefunden zeigten die Analysen zunächst, dass die soziale Herkunft mit der Benotung, der Vergabe der Schullaufbahnempfehlungen und der schließlich getroffenen Übergangsentscheidung assoziiert waren. Dabei fiel der absolute Einfluss der sozialen Stellung auf die Benotung am geringsten und auf die vollzogene Übergangsentscheidung am höchsten aus. Für alle drei betrachteten Aspekte fanden sich sowohl primäre als auch sekundäre Effekte der sozialen Herkunft. Bei der Leistungsbewertung war der Anteil des primären Effekts größer als der des sekundären. Bei der Empfehlungsvergabe fielen beide Effekte etwa gleich groß aus. In Bezug auf das realisierte Übergangsverhalten überwog der sekundäre Effekt.

Abbildung 4: Wirkungsweise primärer und sekundärer Herkunftseffekte beim Übergang in die Sekundarstufe I

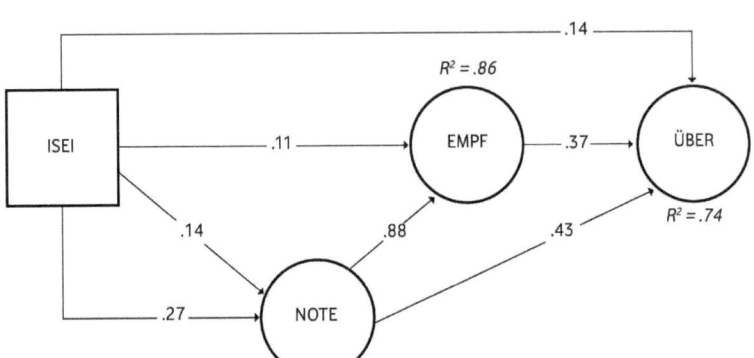

Im Folgenden soll der Einfluss der sozialen Herkunft auf die Benotung und deren Konsequenzen für den weiteren Übergangsprozess genauer betrachtet werden. Der Gesamteffekt der sozialen Herkunft soll hierfür seiner Entstehung nach in unterschiedliche Teileffekte zerlegt werden. Dabei werden für die Empfehlung drei Teileffekte unterschieden. (1) Der primäre Herkunftseffekt ist der Einfluss der familiären Herkunft auf die schulische Performanz der Kinder. (2) Der indirekte sekundäre Herkunftseffekt wird bei der Notenvergabe angelegt und wird über die Noten auf die Empfehlung weitergeleitet. Kinder aus unterschiedlichen Herkunftsfamilien, die die gleichen Ergebnisse im Leistungstest erzielten, werden unterschiedlich bewertet. (3) Ein inkrementeller Effekt der sozialen Herkunft auf die Empfehlungsvergabe bei Konstanthaltung aller Leistungs- und Benotungsvariablen.

Die Ergebnisse der Effektzerlegung zeigen, dass der primäre Herkunftseffekt am größten ist. Mehr als die Hälfte des sozialen Herkunftseffektes sind auf die Empfehlungsvergabe auf sozialschichtspezifische Unterschiede in der schulischen Leistung der Kinder zurückzuführen. Diese Unterschiede können während der Schulzeit entstehen, sie können aber auch bereits zum Schuleintritt bestanden haben und wurden während der Grundschulzeit nicht abgebaut. Der Anteil des Herkunftseffektes, der auf sozialschichtabhängige Benotungspraxen zurückzuführen ist, beträgt ca. 25 Prozent. Und schließlich setzt sich der Herkunftseffekt auf die Empfehlung zu ca. 23 Prozent aus sozialschichtabhängigen Empfehlungen zusammen. Diese Befunde machen deutlich, dass der soziale Herkunftseffekt auf die Empfehlungsvergabe um die Hälfte reduziert werden könnte, wenn sozialschichtabhängige Benotungs- und Empfehlungspraxen ausgeschlossen werden könnten.

Abbildung 5: Effektzerlegung des sozialen Herkunftseffektes auf die Übergangs-empfehlung

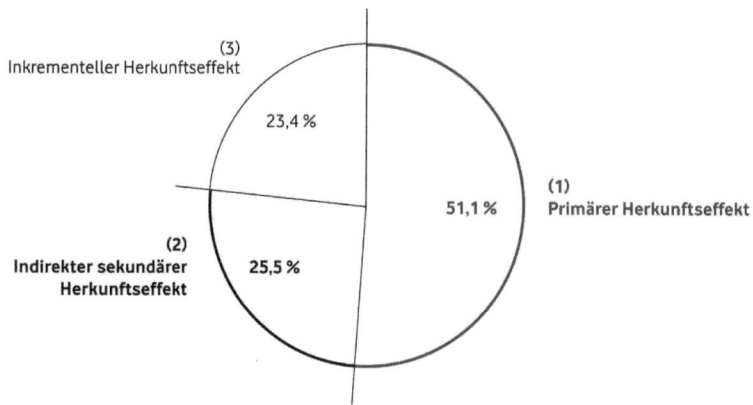

Für die Zerlegung des sozialen Herkunftseffektes beim Übergang wurden vier Teileffekte identifiziert. (1) Die Einflüsse der sozialen Herkunft, die als indirekte sekundäre Herkunftseffekte auf die Empfehlung wirkten, werden auch bis zum Übergang weitertransportiert. (2) Der auf die Empfehlung als inkrementell bezeichneter Effekt schreibt sich ebenfalls fort und wirkt als ein weiterer sekundärer Herkunftseffekt auf den Übergang. (3) Wie bei der Empfehlung wird auch der primäre Effekt weitertransportiert, einmal über die Empfehlung und einmal an der Empfehlung vorbei. Dieser Effekt soll jedoch für die vorliegende Fragestellung nicht weiter differenziert betrachtet werden. (4) Schließlich gibt es einen inkrementellen – direkten sekundären – Effekt, der direkt auf das Entscheidungsverhalten einwirkt.

Der primäre Herkunftseffekt, der seinen Anfang in den sozialschichtabhängigen Kompetenzen hat, bindet mit ca. 42 Prozent den größten Teil des Gesamteffektes. Unter den sekundären Effekten hat der inkrementelle Effekt, also der Effekt, der direkt im Entscheidungsgeschehen zum Tragen kommt, den größten Anteil (ca. 29 %). 22 Prozent des gesamten Herkunftseffektes gehen auf sozialschichtabhängige Benotungen bei gleichen Kompetenzen zurück und ca. 8 Prozent resultieren aus einer sozialschichtabhängigen Vergabepraxis der Empfehlungen bei Konstanthaltung aller Leistungsindikatoren.

Abbildung 6: Effektzerlegung des sozialen Herkunftseffektes auf den Übergang

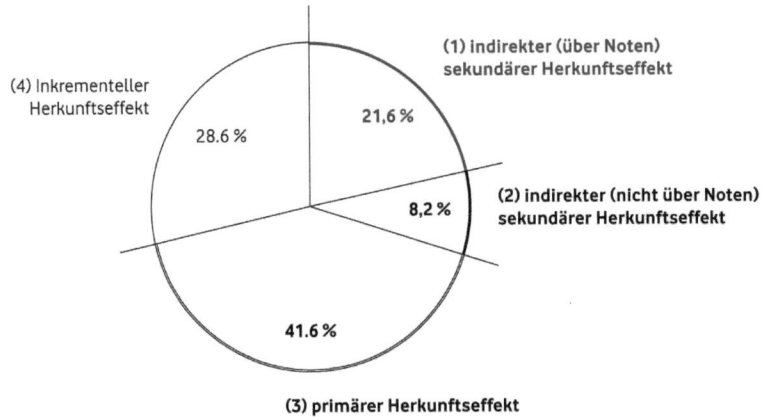

3.3.4 Resümee

Die Effektzerlegung verdeutlicht damit einen oft vernachlässigten, aber sehr bedeutsamen Befund. Der Anteil des sozialen Herkunftseffektes, der unmittelbar in der Übergangssituation zum Tragen kommt, macht nur ca. ein Viertel (28,6 %) des gesamten Herkunftseffektes aus. Dieser Befund ist daher so bedeutsam, weil er Ansatzpunkte für mögliche Interventionen geben kann. Würden alle Maßnahmen mit dem Ziel, den Herkunftseffekt an dieser entscheidenden Übergangsschwelle zu verringern, ausschließlich den Übergangsprozess fokussieren, blieben ca. drei Viertel des Gesamteffekts von den Maßnahmen unberührt, weil sie nicht in der Übergangssituation entstehen, sondern weit vorher angelegt sind. Auch reicht eine ausschließliche Thematisierung der sekundären Herkunftseffekte nicht aus, da auch bei Ausschalten des sekundären Herkunftseffektes noch ca. 40 Prozent bestehen bleiben. Ungefähr ein Drittel des gesamten Herkunftseffektes ist auf Benotungs- und Empfehlungsvergabe zurückzuführen, da bei Kontrolle der Leistung die Kinder in Abhängigkeit ihrer sozialen Herkunft unterschiedlich benotet werden und unterschiedliche Maßstäbe für den Erhalt einer Gymnasial-empfehlung zum Tragen kommen.

3.4   Teilstudie 4

Simulation der Neutralisation von primären und sekundären Effekten der Notengebung – Wie groß wäre der Anstieg der Gymnasialquote für Kinder aus Arbeiterfamilien?

Frage 4:

Wie würde sich die Übergangsquote für Kinder aus sozial weniger begünstigten Familien auf das Gymnasium verändern, wenn primäre und/oder sekundäre Effekte, die auf die Notengebung wirken, ausgeschaltet wären?

3.4.1   Hintergrund

Soziale Disparitäten der Bildungsbeteiligung können als ein Ergebnis des Zusammenwirkens von primären und sekundären Effekten der Sozialschichtzugehörigkeit betrachtet werden, die einerseits über die gezeigte Schulleistung der Schülerinnen und Schüler überwiegend die Erfolgswahrscheinlichkeit der Bildungsinvestition bestimmen (primäre Effekte) und andererseits auf variierende Kosten- und Nutzenabwägungen (sekundäre Effekte) zwischen den Sozialschichten zurückzuführen sind.

Die Unterscheidung der Mechanismen, die zu Bildungsungleichheiten führen sowie ihre theoretische Spezifikation und empirische Identifikation besitzen neben einem akademischen Interesse auch eine unmittelbare Praxisrelevanz, weil Interventionen entwickelt werden können, die je nach Gewichtung unterschiedlich ausfallen und unterschiedliche Wirkung zeigen können. In diesem Zusammenhang ist ein sich gerade entwickelnder Strang empirischer Studien zu erkennen, der sich mit den Auswirkungen von Kompensationsstrategien primärer und sekundärer Herkunftseffekte beschäftigt (R. Becker, 2009; Becker & Schubert, 2011; Müller-Benedict, 2007, 2008). In den entsprechenden Studien wird der Frage nachgegangen, wie sich die Kompensation von primären und sekundären Herkunftseffekten auf die Gymnasialbeteiligung in der Sekundarstufe I auswirkt. Nach einem von Boudon vorgeschlagenen Verfahren entspricht die Elimination des primären Herkunftseffektes einer hypothetischen Situation, in der für die Arbeiterklasse die gleiche Leistungsverteilung angenommen wird wie für die Dienstleistungsklasse, bei Beibehalten des sekundären Herkunftseffektes (der sich in der klassen- und leistungsspezifischen Übergangsquote widerspiegelt). Dem gegenüber entspricht einer Elimination des sekundären Herkunftseffektes eine hypothetische Situation, in der die klassenspezifischen Leistungsverteilungen erhalten bleiben und die leistungsbedingten Übergangsquoten der Arbeiterklasse denen der Dienstleistungsklasse angeglichen werden.

Müller-Benedict (2007) legte als einer der ersten eine Analyse zur Kompensation von primären und sekundären Herkunftseffekten vor. Für die empirische Analyse wurden Daten der PISA-2000-Studie herangezogen, die allerdings nur begrenzt geeignet sind, das Ausmaß primärer und sekundärer Herkunftseffekte korrekt zu spezifizieren (Baumert & Schümer, 2001; Maaz & Nagy, 2009). Die soziale Herkunft wurde über eine Recodierung des EGP-Klassenschemas durch eine Ober- und eine Unterschicht abgebildet. Die Grundwahrscheinlichkeit des Gymnasialbesuchs lag bei Kindern aus der Oberschicht bei 66 Prozent, bei Kindern aus der Unterschicht bei 30,3 Prozent (vgl. Müller-Benedict, 2007, S. 623). Der für die Identifikation der Herkunftseffekte notwendige Leistungsindikator wurde als Index aus der Leseleistung und Schulnoten abgebildet und in drei Kategorien (gute, mittlere und schlechte) eingeteilt. Der primäre Herkunftseffekt äußert sich in dem von Müller-Benedict verwendeten Vorgehen in der unterschiedlichen Zugehörigkeit zu einer leistungspotenten Gruppe. Betrachtet man die Verteilung der Kinder aus den beiden Herkunftsgruppen auf die unterschiedlichen Leistungsniveaus, zeigt sich der bereits gut dokumentierte Befund, wonach Kinder aus der Unterschicht ein deutlich geringeres Leistungspotential aufweisen als Kinder aus der Oberschicht. Während 44 Prozent der Oberschichtkinder der Leistungsgruppe gut angehören, sind es bei den Kindern der Unterschicht 22 Prozent. Diese ungleiche Verteilung bezeichnet Müller-Benedict (S. 625) als eine „klare Demonstration des primären sozialen Effektes". Für den Nachweis des sekundären Herkunftseffektes wurden die Anteile der Kinder aus der guten Leistungsgruppe berechnet, die ein Gymnasium besuchen. Während Kinder aus der Oberschicht aus dieser Leistungsgruppe zu 86 Prozent ein Gymnasium besuchen, sind es bei den Unterschichtkindern 63 Prozent. Nach einer Quantifizierung der Effekte durch die Berechnung von Übergangswahrscheinlichkeiten kommt Müller-Benedict zu dem Schluss, dass der primäre und der sekundäre Herkunftseffekt in den PISA-Daten vergleichbar groß ausfielen.

Durch die Manipulation der Leistungsverteilungen lässt sich die Änderung der oben berichteten Grundwahrscheinlichkeiten des Gymnasialbesuchs (66 % für Kinder aus der Oberschicht und 30 Prozent für Kinder aus der Unterschicht) für die beiden Herkunftsgruppen berechnen. Nach diesem Verfahren wird der primäre Herkunftseffekt durch das Einsetzen der Leistungsverteilung der Oberschicht für die Unterschicht unter Beibehaltung des schichtspezifischen Übertrittverhaltens „simuliert". Somit wird in der Unterschicht die gleiche Leistungsverteilung wie in der Oberschicht angenommen. Nach diesem Verfahren würden 41,6 Prozent der Kinder aus der Unterschicht das Gymnasium besuchen. Durch die Neutralisation des primären Herkunftseffektes könnten die Unterschichten ihren Anteil am Gymnasium um 11,3 Prozentpunkte steigern. Nach dem gleichen Verfahren kann die Wirkung des sekundären Herkunftseffektes „simuliert" werden. In diesem Fall werden für die Unterschicht die gleichen Übergangswahrscheinlichkeiten wie bei der Oberschicht angenommen, bei Beibehaltung der herkunftsspezifischen Leistungsverteilung. Jetzt könnten 54,6 Prozent der Unterschichtkinder ein Gymnasium besuchen. Damit würde sich der Anteil der Unterschichtkinder durch eine Neutralisation des sekundären Herkunftseffektes um 24,3 Prozentpunkte erhöhen.

R. Becker (2009) kommt in einer Replikation mit Daten des Konstanzer Panels „Bildungsverläufe in Arbeiterfamilien" aus dem Jahr 1983 zu ähnlichen Ergebnissen. Im Unterschied zu Müller-Benedict kann R. Becker auf Daten der 5. Jahrgangsstufe zurückgreifen und damit Effekte der differentiellen Leistungsentwicklung sowie der Mobilitätsprozesse in der Sekundarstufe I ausblenden. Seine Ergebnisse stimmen weitgehend mit denen von Müller-Benedict überein. Eine Neutralisation des primären Herkunftseffektes führt zu einer Steigerung der Gymnasialbeteiligung der Arbeiterschicht um 15 Prozentpunkte und eine Neutralisation des sekundären Herkunftseffektes um 25 Prozentpunkte. Zu vergleichbaren Ergebnissen kommen auch Maaz, Schörder und Gresch (2010) mit den Daten der TIMSS-Übergangsstudie.

Die vorliegenden Befunde sollen in dieser Teilstudie um die Benotungskomponente erweitern werden. Es gilt die Frage zu beantworten, welche Effekte die Neutralisation des primären und des sekundären Noteneffekts auf die Gymnasialübergangsquote hat.

3.4.2   Datengrundlage und Analysestrategie

Die Daten der nachfolgenden Analysen entstammen dem am Berliner Max-Planck-Institut für Bildungsforschung durchgeführten Projekt „Der Übergang von der Grundschule in die weiterführende Schule – Leistungsgerechtigkeit und regionale, soziale und ethnisch-kulturelle Disparitäten" (ÜBERGANG) (Maaz, Baumert, Gresch & McElvany, 2010; Becker, et al., 2010). Weitere Informationen zur Studienanlage finden sich im Anhang 1.

Für die Analyse wurde folgende Konstrukte operationalisiert.

Soziale Klasse. Die soziale Herkunft wurde über das EGP-Klassenschema erfasst. Um Zuordnungsprobleme zu vermeiden und einen möglichst klaren sekundären Herkunftseffekt zu erhalten, wurden nur die beiden höchsten und niedrigsten Klassen miteinander verglichen, während die beiden mittleren Klassen und die Gruppe der Nicht-Erwerbstätigen unberücksichtigt blieben. Konkret wurde für jeden Schüler und jede Schülerin zunächst die höchste soziale Klasse der Familie ermittelt, indem die Klassen des Vaters und der Mutter miteinander verglichen und die jeweils höhere Klasse übernommen wurde. Dieser Wert wurde dann weiter zusammengefasst, indem die beiden Dienstleistungsklassen zu einer gemeinsamen Kategorie „Dienstleistungsklasse" zusammengezogen und mit einer Kategorie „Arbeiterklasse" (die sich aus den beiden Klassen der Facharbeiter und der ungelernten Arbeiter zusammensetzte) verglichen wurde.

Schulleistung. Die Schulleistung der Schülerinnen und Schüler wurde mittels standardisierter Leistungstests für die Bereiche Mathematik, Naturwissenschaft und Deutsch erfasst (für eine genaue Beschreibung der eingesetzten Instrumente vgl. M. Becker et al., 2010). Da differentielle Effekte der drei Domänen für die nachfolgenden Analysen nicht relevant sind (vgl. hierzu Maaz & Nagy, 2009), wurden die drei Testscores zu einem Gesamtscore zusammengefasst, der als ein Maß der allgemeinen, fachübergreifenden Schulleistung interpretiert werden kann. Dieser Gesamtscore war erwartungsgemäß hinreichend reliabel (α = 0,80). Analog zu Müller-Benedict und Becker wurde der kontinuierliche Leistungsscore dichotomisiert. Dabei wurden Schülerinnen und Schüler mit einem Gesamtscore über oder gleich dem Stichprobenmittelwert der Gruppe mit „hoher" Schulleistung zugeordnet. Schülerinnen und Schüler, deren Gesamtscore unter dem Durchschnitt lag, wurden hingegen der Gruppe mit „niedriger" Schulleistung zugewiesen.

Gymnasialübergang. Die Informationen zum Übergang in die Sekundarstufe I entstammten einem Elternfragebogen, der am Ende der 4. Klasse eingesetzt wurde. Bei fehlenden Angaben wurde zudem auf den Schülerfragebogen zurückgegriffen.

Noten. Die Noten der Schülerinnen und Schüler in den Fächern Mathematik, Deutsch und Sachkunde basieren auf Angaben der Schule. Aus diesen drei Noten wurde eine Durchschnittsnote gebildet. Um ein Kriterium für „gute" und „schlechte" Noten zu erhalten, wurde der Durchschnittswert 2,33 als Cut-Off-Kriterium festgelegt. Der Wert korrespondiert mit dem Notendurchschnitt, der in Bayern für den Erhalt einer Gymnasialempfehlung erforderlich ist.

3.4.3 Ergebnisse

Zunächst zeigt sich der bekannte Befund, wonach Kinder aus einer Dienstklassenfamilie (55,8 %) häufiger auf ein Gymnasium wechseln als Kinder aus einer Arbeiterfamilie (19,2 %). Die Größe der unterschiedlichen Gymnasialbeteiligungsquoten stimmt ziemlich gut mit den Ergebnissen anderer Schulleistungs- und Übergangsstudien überein (vgl. z.B. Baumert & Schümer, 2001; Ditton, 2007; Jonkmann, Neumann, Maaz & Gresch, 2010; Knigge & Leucht, 2010) und ist auch international vergleichbar (vgl. z.B. Erikson, Goldthorpe, Jackson, Yaish & Cox, 2005). Darüber hinaus belegen die Ergebnisse eine deutliche Leistungsdifferenz zwischen den beiden sozialen Klassen: Während in der Dienstleistungsklasse 63 Prozent eine hohe Schulleistung haben, sind es in der Arbeiterklasse lediglich 26 Prozent. Die Größe dieses Unterschiedes stimmt ebenfalls mit dem nationalen und internationalen Befundmuster gut überein.

In Tabelle 14 (S. 246) wird das Übergangsverhalten in der TIMSS-Übergangs-studie in Abhängigkeit von der Schulleistung und der Schulnoten der Schülerinnen und Schüler dargestellt. Sie zeigt sowohl die absoluten Fallzahlen als auch die (bedingten) Wahrscheinlichkeiten der Dienstleistungs- und Arbeiterklasse, a) ein hohes oder ein niedriges Leistungsniveau zu haben, b) in Abhängigkeit von seiner Klasse und seinem Leistungsniveau einen guten oder schlechten Notendurch-schnitt zu erzielen und c) in Abhängigkeit von seiner Herkunftsklasse, seinem Leistungsniveau und der Benotung auf das Gymnasium zu wechseln. Die Tabelle ist komplex, deswegen besprechen wir die Ergebnisse schrittweise.

Zunächst ist in Tabelle 14 die bedingte Wahrscheinlichkeit abgetragen, dass eine Schülerin oder ein Schüler aus der Dienstleistungs- beziehungsweise Arbei-terklasse ein hohes oder niedriges Leistungsniveau hat. Die Ergebnisse wieder-holen das Befundmuster, das sich bereits bei der deskriptiven Betrachtung der Ergebnisse gezeigt hat: Die Wahrscheinlichkeit, dass ein Kind aus der Dienstleis-tungsklasse ein hohes Leistungsniveau erreicht, beträgt ca. 63 Prozent, während es für ein Kind aus der Arbeiterklasse lediglich ca. 26 Prozent sind. Die Differenz der beiden Werte (63–26) = 37 % kann als primärer Herkunftseffekt interpretiert werden, da er sich direkt auf schichtspezifische Unterschiede im Leistungsniveau der Schülerinnen und Schüler bezieht.

In der nächsten Zeile von Tabelle 14 (S. 246) finden sich die bedingten Wahr-scheinlichkeiten, dass ein Schüler aus der Dienstleistungs- und Arbeiterklasse und einem hohen oder niedrigen Leistungsniveau einen guten Notendurchschnitt erzielt. Diese Trennung ist notwendig, um einen Indikator für die sekundären herkunftsbedingten Effekte bei der Schulbenotung bilden zu können. Denn da es sich um bedingte Wahrscheinlichkeiten handelt, können sie als schichtspezifische Benotungen unter Kontrolle des jeweiligen Leistungsniveaus der Schülerinnen und Schüler interpretiert werden. Unterschiede in diesen Wahrscheinlichkei-ten stehen also für herkunftsbedingte Unterschiede in der Benotungspraxis, die unabhängig vom Leistungsniveau der Schülerinnen und Schüler existieren. Die Daten aus der TIMSS-Übergangsstudie zeigen, dass diese sekundären Herkunfts-effekte substantiell sind. Prozentual ausgedrückt betragen die sekundären Her-kunftseffekte 23 Prozent (63,5 %–40,5 %) für die Schüler mit hoher Schulleistung und 11 Prozent (15,5 %–4,5 %) für die Schüler mit niedrigem Leistungsniveau.

Tabelle 14: Bedingte Wahrscheinlichkeiten eine gute Note zu bekommen und auf das Gymnasium zu wechseln, getrennt für Schülerinnen und Schüler der Dienstleistungs- und Arbeiterklasse für das Noten-Cutoff- Kriterium 2,33

Klasse							
Dienstleistungsklasse (N = 2653)							
Schulleistung	hoch				niedrig		
N	1660				993		
%	62,6				37,4		
Note	hoch		niedrig		hoch		niedrig
N	1054		606		154		839
%	63,5		36,5		15,5		84,4
% Klasse	39,7		22,8		5,8		31,6
Gymnasialübergang	Ja	nein	ja	nein	ja	nein	ja	nein
N	945	109	257	349	109	45	171	668
%	89,7	10,3	42,4	57,6	70,8	29,2	20,4	79,6
% Klasse	35,6	4,1	9,7	13,2	4,1	1,7	6,4	25,2

Arbeiterklasse (N =1073)							
hoch				niedrig			
274				799			
25,5				74,5			
hoch		niedrig		hoch		niedrig	
111		163		36		763	
40,5		59,5		4,5		9,5	
10,3		15,2		3,4		71,1	
ja	nein	ja	nein	ja	nein	ja	nein
87	24	34	129	28	8	57	706
78,4	21,6	20,9	79,1	77,8	22,2	7,5	92,5
8,1	2,2	3,2	12,0	2,6	0,7	5,3	65,8

Auf den ersten Blick scheint also der primäre Effekt (37 %) stärker ausgeprägt zu sein als die sekundären. Allerdings ist darauf hinzuweisen, dass die Größe beider Effekte nicht unmittelbar miteinander vergleichbar ist, da sie sich auf unterschiedliche Sachverhalte beziehen: Während der primäre Herkunftseffekt die absoluten Unterschiede der beiden Klassen in ihrem Leistungsniveau angibt, bezieht sich der sekundäre Herkunftseffekt lediglich auf die klassenspezifischen Unterschiede in den bedingten Wahrscheinlichkeiten, bei einer bestimmten Leistung auf das Gymnasium zu wechseln.

Besonders die geringe Quote von Schülerinnen und Schülern aus der Arbeiterklasse mit hohem Leistungsniveau und weniger guter Note, unterstreicht die
soziale Ungleichheit, die in Deutschland für die Benotungspraxis einzelner Klassen existiert. Dieses Gefälle ist in der Zeile „% Klasse" von Tabelle 14 noch einmal
zusammenfassend dargestellt. Die Werte geben für jede Klasse die Wahrscheinlichkeit an, eine der vier Kombinationsmöglichkeiten von Leistungsniveau und
Note aufzuweisen (hoch/gute Leistungen, hoch/schlechte Leistungen, niedrig/
gute Leistungen, niedrig/schlechte Leistungen). Die Werte summieren sich deshalb in jeder Klasse zu jeweils 100 Prozent auf. In der Dienstleistungsklasse ist die
Wahrscheinlichkeit, ein hohes Leistungsniveau zu haben und gleichzeitig einen
gute Noten zu erhalten, vergleichsweise hoch ausgeprägt: 40 Prozent aller Schülerinnen und Schüler der Dienstleistungsklasse fallen in diese Kategorie. In der Arbeiterklasse sind dies hingegen nur 11 Prozent. Die Gruppe der Schülerinnen und
Schüler, die trotz hohem Leistungsniveau schlechtere Noten bekommen, ist in der
Dienstleistungsklasse (23 %) größer als in der Arbeiterklasse (16 %). Die Gruppe
der Schülerinnen und Schüler, die trotz niedriger Schulleistung gute Noten erzielen, ist in beiden Klassen nicht besonders groß. In der Dienstleistungsklasse sind
dies ca. 6 Prozent aller Schülerinnen und Schüler, während es in der Arbeiterklasse 4 Prozent sind. Starke Unterschiede zwischen den beiden Klassen sind hingegen wieder bezüglich der Gruppe von Schülerinnen und Schülern festzustellen,
die ein niedriges Leistungsniveau aufweisen und keine guten Noten bekommen:
In der Dienstleistungsklasse sind dies 32 Prozent, während in der Arbeiterklasse
fast drei Drittel aller Schülerinnen und Schüler in diese Kategorie fallen (71 %).

Beim Gymnasialübergang werden die zuvor erkennbaren Unterschiede zwischen den beiden Herkunftsgruppen noch einmal besonders deutlich. In der
Dienstleistungsklasse ist die Gruppe mit guten Leistungen und guten Noten, die
auch auf ein Gymnasium wechselt die größte Gruppe (36 %). In der Arbeiterklasse ist die mit 8 Prozent deutlich kleiner. Die Gruppe, die bei guten Leistungen
und guten Noten nicht auf das Gymnasium wechselt, ist in der Dienstklasse mit
4 Prozent vergleichbar klein, während sie mit 12 Prozent in der Arbeiterklasse
sogar größer ist, als diejenigen, die auf ein Gymnasium wechseln. Haben die Kinder gute Leistungen, aber schlechtere Noten, realisieren von den Kindern aus der
Dienstklasse 10 Prozent den Gymnasialübergang, in der Arbeiterklasse nur ca. 3
Prozent. Diese Befunde lassen sich auch für Kinder, die der Gruppe mit den niedrigen Leistungen angehören übertragen. Die Gymnasialübergangsquote ist in der
Dienstklasse höher als in der Arbeiterklasse: Für diejenigen mit guten Noten be-
trägt sie 6 Prozent in der Dienstklasse und 3 Prozent in der Arbeiterklasse und für
Kinder mit schlechteren Noten 6 Prozent in der Dienstklasse und 5 Prozent in der
Arbeiterklasse. Starke Unterschiede zwischen den beiden Herkunftsklassen las-

sen sich wieder bezüglich der Gruppe von Schülerinnen und Schülern feststellen, die keine guten Leistungen und keine guten Noten haben und auch nicht auf das Gymnasium übergegangen sind. In der Dienstklasse ist diese Gruppe 25 Prozent groß und in der Arbeiterklasse 66 Prozent.

Um die Auswirkungen der Neutralisation von primären und sekundären Herkunftseffekten zu bestimmen, wird in einem weiteren Schritt auf ein Boudon vorgeschlagenes Verfahren zurückgegriffen, das auch in den Analysen von Müller-Benedict, Becker und Maaz und Kollegen zur Anwendung kam. Wie bereits beschrieben, entspricht die Elimination des primären Herkunftseffektes einer hypothetischen Situation, in der die Arbeiterklasse die gleiche Leistungsverteilung hat wie die Dienstleistungsklasse. Die existierenden sekundären Herkunftseffekte, die sich in der klassen- und leistungsspezifischen Übergangsquote widerspiegeln, werden hingegen nicht verändert. Als Erweiterung zu den bereits vorliegenden Analysen kann bei gegebener Leistungsverteilung auch die Verteilung der Notengebung simuliert werden, in dem in der Arbeiterklasse die gleiche Notenverteilung wie in der Dienstklasse angenommen wird. Theoretisch wird damit der sekundäre Herkunftseffekt auf die Notengebung eliminiert. Schließlich entspricht einer Elimination des sekundären Herkunftseffektes des Übergangsverhaltens eine hypothetische Situation, in der die klassenspezifischen Leistungsverteilungen und/oder Notenverteilungen erhalten bleiben, die leistungsbedingten Übergangsquoten der Arbeiterklasse aber denen der Dienstleistungsklasse angeglichen werden. Durch die getrennte Manipulation beider Effekte lässt sich abschätzen, welche Maßnahmen zur Reduzierung sozialer Ungleichheit am wirkungsvollsten sind. Dies setzt allerdings ein Kriterium voraus, mit dem der jeweilige Erfolg sinnvoll beurteilt werden kann. Ein intuitiv einleuchtender Indikator ist dabei die Gymnasialquote der Arbeiterklasse, das heißt, der Anteil von Schülerinnen und Schülern aus dieser Klasse, die das Gymnasium besuchen. Zur Erinnerung: In den vorliegenden Daten liegt dieser Wert bei 19,2 Prozent – jeder Prozentpunkt, der hiervon nach oben abweicht, trägt zur Reduktion der Bildungsbenachteiligung der Arbeiterklasse bei.

Folgt man dieser Logik und setzt auf der Grundlage der vorliegenden Daten für die Arbeiterklasse die gleiche Leistungswahrscheinlichkeiten an wie für die Dienstleistungsklasse, dann ergeben sich folgende Werte: Die Gymnasialquote der Arbeiterklasse setzt sich zusammen aus der Gruppe der Schülerinnen und Schüler, die mit hohem Leistungsniveau das Gymnasium besuchen, und der Gruppe mit niedriger Schulleistung, die trotzdem auf das Gymnasium geht. Die Gymnasialquote der Arbeiterklasse läge bei 31,7 Prozent. Im Vergleich mit der realen Gymnasialquote von 19,2 Prozent erbringt die Elimination des primären Herkunftseffektes also eine Verbesserung von 12,5 Prozentpunkten.

Die Elimination des sekundären Herkunftseffektes auf die Notengebung lässt sich nach dem gleichen Vorgehen simulieren. Hierfür werden die herkunftsspezifischen Leistungsverteilungen und das Übergangsverhalten beibehalten, aber die Notenverteilung aus der Dienstklasse übernommen. Unter diesen Rahmenbedingungen würde die Gymnasialquote der Arbeiterklasse 28,5 Prozent betragen, was einer Verbesserung von 9,2 Prozentpunkten entspricht.

Des Weiteren lässt sich ausrechnen, wie sehr sich die Gymnasialquote der Arbeiterklasse erhöhen würde, wenn sich der sekundäre Herkunftseffekt des Entscheidungsverhaltens beseitigen ließe. Hierfür werden die Leistungsverteilung und die Notenverteilung der Arbeiterklasse beibehalten, aber die Übergangsquoten der Dienstleistungsklasse übernommen. Entsprechend des obigen Vorgehens beträgt die Gymnasialquote für diese hypothetische Situation 32,5 Prozent. Die Elimination der sekundären Herkunftseffekte erhöht die Gymnasialquote im Vergleich zur realen um 13,3 Prozentpunkte und um 0,8 Prozentpunkte mehr als die Neutralisation des primären Herkunftseffektes.

Primäre Herkunftseffekte und sekundäre Benotungseffekte lassen sich auch parallel ausschalten. Hierfür wurden die Leistungsverteilung und die Notenverteilung aus der Dienstklasse übernommen, aber die Übergangsquoten der Arbeiterkasse beibehalten. Entsprechend dieser hypothetischen Situation würde die Gymnasialquote in der Arbeiterklasse bei 42,9 Prozent liegen. Dies entspricht einer Verbesserung von 23,7 Prozent.

Abbildung 7: Hypothetische Gymnasialquote von Kindern aus der Arbeiterklasse und Differenz zur empirischen Quote

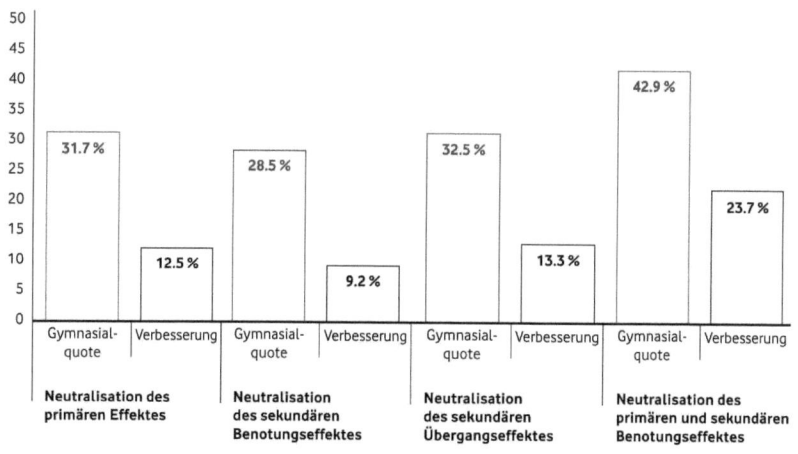

3.4.4   Resümee

Die vorgestellten Analysen konnten sehr deutlich zeigen, dass sich eine substanzielle Vergrößerung der Gymnasialquote nicht durch die ausschließliche Fokussierung auf primäre oder sekundäre Effekte erreichen lässt, vielmehr müssten primäre und sekundäre Disparitäten gleichzeitig minimiert werden. Entsprechende Bemühungen sollten sich auf eine Verbesserung der Leistung sowie eine „objektive" Leistungsbewertung konzentrieren. Hier lassen sich Ansätze entwickeln, die auch in die Breite getragen werden können. Das elterliche Entscheidungsverhalten verspricht möglicherweise die größten Effekte, allerdings ist das Elternverhalten nur begrenzt „manipulierbar". Hinzu kommt hier der rechtliche Rahmen, der den Einfluss des Staates bei der Wahl eines Bildungsganges oder einer Schulform regelt. Das sogenannte Recht der „positiven" Auslese steht ausschließlich den Eltern zu. Damit ist gemeint, dass sich Eltern zum Beispiel entgegen einer Empfehlung für einen anspruchsvolleren Bildungsgang für ihr Kind entscheiden können. In die Entscheidung der Eltern darf der Staat korrigierend, in der Form der „negativen" Auslese, eingreifen, wenn eine mangelnde Eignung des Kindes für die gewählte Schulform festgestellt wird. Die „positive" Auslese durch den Staat, also die Realisierung eines anspruchsvolleren Bildungsgangs (z.B. Gymnasium), wenn Eltern für ihr Kind einen weniger anspruchsvollen Bildungsgang (z.B. Realschule) wählen, ist unzulässig. Dabei wird auch in Kauf genommen, dass Eltern eine aus Sicht der Schule im Einzelfall „falsche" Entscheidung treffen können (vgl. Füssel, Gresch, Baumert & Maaz, 2010).

3.5   Teilstudie 5

Konsequenzen der Simulation von primären und sekundären Effekten der Notengebung für den Übergang auf das Gymnasium

Frage 5:

Worauf ist der in der Teilstudie 4 dokumentierte Anstieg der Gymnasialquote zurückzuführen? Wer „gewinnt" und wer „verliert"?

3.5.1   Hintergrund

In der Studie von Maaz, Schröder und Gresch (2010) wurden analog zu Müller-Benedict und Becker die Veränderung der Gymnasialquote für Kinder aus Arbeiterfamilien berechnet. Zusätzlich untersuchten sie die mit der Neutralisation der primären und sekundären Effekte verbundenen Konsequenzen. Bezogen auf die

Steigerung der Gymnasialquote der Kinder aus Arbeiterfamilien berichten sie in ihren Analysen vergleichbare Werte wie Müller-Benedict und Becker. Bezogen auf die Konsequenzen der Neutralisation der primären und sekundären Effekte zeigte sich, dass eine alleinige Neutralisation des primären Herkunftseffektes vor allem zu einer extremen Erhöhung (um 20,3 Prozentpunkte) der Kategorie der Schülerinnen und Schüler führt, die trotz guter Leistungen nicht das Gymnasium besuchen. Die Neutralisation des sekundären Herkunftseffektes bewirkt unter anderem, dass 2,1 Prozent der Schülerinnen und Schüler, deren Leistungsniveau eigentlich zu gering für den Gymnasialbesuch ist, ebenfalls in das Gymnasium übergehen. Diese Ergebnisse zeigen, dass Bemühungen, allein den primären oder den sekundären Herkunftseffekt zu minimieren, wahrscheinlich äußerst ineffizient bleiben.

Dieser Befund soll für diese Teilstudie aufgegriffen werden, indem die Analysen von Maaz, Schröder und Gresch um die Notenkomponente erweitert werden. In dieser Teilstudie wird untersucht, welche Konsequenzen mit einem Anstieg der Gymnasialquote verbunden sind.

3.5.2   Datengrundlage und Analysestrategie

Die Daten der nachfolgenden Analysen entstammen dem am Berliner Max-Planck-Institut für Bildungsforschung durchgeführten Projekt „Der Übergang von der Grundschule in die weiterführende Schule – Leistungsgerechtigkeit und regionale, soziale und ethnisch-kulturelle Disparitäten" (ÜBERGANG) (Maaz, Baumert, Gresch & McElvany, 2010; Becker, et al., 2010). Weitere Informationen zur Studienanlage finden sich im Anhang 1.

Für die empirische Analyse wurden die gleichen Konstrukte operationalisiert, wie sie in Teilstudie 4 verwendet wurden.

3.5.3   Ergebnisse

In dieser Teilstudie soll genauer zu betrachten sein, wie das in der Teilstudie 4 berichtete Befundmuster einer höheren Gymnasialbeteiligung der Arbeiterkinder zustande kommt. Hierfür sei auf die Tabellen 15 bis 18 verwiesen, welche die Auswirkung der Neutralisation des primären und sekundären Herkunftseffektes auf die verschiedenen Leistungsgruppen in der Arbeiterklasse direkt angeben. Die Werte können direkt aus Tabelle 14 ermittelt werden. In jedem dieser Abschnitte finden sich wieder die Anzahl der Fälle und der Prozentsatz für jede der vier Kombinationsmöglichkeiten von Leistungsniveau und Schulbesuch in der Arbeiterklasse. Zusätzlich ist für jede dieser Kategorien angegeben, inwieweit sich durch die Neutralisation des entsprechenden Effektes ihre Besetzung verändern würde ($\Delta\%$).

Tabelle 15: Neutralisation des primären Effektes (Leistungsverteilung), Note und Entscheidung bleiben herkunftsspezifisch

	Arbeiterklasse (N = 1073)						
Schulleistung	hoch				niedrig		
N	672				401		
%	62,6				37,4		
Note	hoch		niedrig		hoch		niedrig
N	272		400		18		383
%	40,5		59,5		4,5		95,5
% Klasse	25,3		37,3		1,7		35,7
Gymnasialübergang	Ja	nein	ja	nein	ja	nein	ja	nein
N	213	59	84	316	14	4	29	354
%	78,4	21,6	20,9	79,1	77,8	22,2	7,5	92,5
% Klasse$_{hyp}$	19,9	5,5	7,8	29,5	1,3	0,4	2,7	33,0
% Klasse$_{emp}$	8,1	2,2	3,2	12,0	2,6	0,7	5,3	65,8
Δ % Klasse	+11,8	+3,3	+4,6	+17,5	-1,3	-0,3	-2,6	-32,8

Betrachtet werden soll als nächstes, welche Auswirkung die Elimination des primären Herkunftseffektes auf die verschiedenen Kategorien des Gymnasialübergangs hat (vgl. Tabelle 15). Hier ist zunächst festzustellen, dass eine Reduktion des primären Herkunftseffektes die in der Arbeiterklasse extrem hoch besetzte Kategorie der Schülerinnen und Schüler, die wegen ihres niedrigen Leistungsniveaus und schlechtere Noten nicht auf das Gymnasium übergehen, fast halbiert (auf 33,0 %). Gleichzeitig werden die Kategorien der Schülerinnen und Schüler, die trotz niedriger Schulleistung mit guten Noten (-1,3 Prozentpunkte) bzw. mit schlechten Noten (-2,6 Prozentpunkte) auf das Gymnasium übergehen, leicht reduziert. Einen deutlichen Zuwachs um 11,8 Prozentpunkte kann für die Kinder verbucht werden, die aus der Arbeiterklasse mit guten Leistungen und guten Noten kommen. Kinder mit guten Leistungen und schlechten Noten weisen ebenfalls eine leicht höhere Gymnasialquote auf (+4,6 Prozentpunkte).

Erschreckend ist jedoch, dass eine alleinige Neutralisation des primären Herkunftseffektes vor allem zu einer starken Erhöhung (um 20,8 Prozentpunkte) der Kategorie der Schülerinnen und Schüler führt, die trotz guter Leistungen nicht das Gymnasium besuchen: 3,3 Prozent mit guten Noten und 17,5 Prozent mit schlechten Noten (vgl. Tabelle 15).

Eine Neutralisation des sekundären Effektes auf die Benotung führt zu einem Anstieg der Gymnasialquote von Kindern mit guten Leistungen und guten Noten (um 4,6 Prozentpunkte) (vgl. Tabelle 16, Seite 254). Dieser Anstieg ist jedoch an eine Verringerung der Gymnasialquote gekoppelt, wenn bei guten Leistungen schlechtere Noten vorliegen (-4,6 Prozentpunkte). Liegen gute Leistungen aber schlechte Noten vor, erhöht sich die Gymnasialquote um 1,3 Prozentpunkte und sie verringert sich leicht für diejenigen, die trotz guter Leistungen keine guten Noten bekommen haben (-1,2 Prozentpunkte). Für Schülerinnen und Schüler mit niedrigen Leistungen kann eine um 6,4 Prozentpunkte höhere Gymnasialquote erwartet werden. Dieser Vorteil wird aber real um 1,9 Prozentpunkte reduziert, da sich diese Gruppe, die nicht auf das Gymnasium übergeht, ebenfalls vergrößert. Die Verkleinerung der Kategorie, die mit niedrigen Leistungen und schlechteren Noten nicht auf das Gymnasium übergeht, wird im Vergleich zur Eliminierung primärer Effekte nur um 7,7 Prozentpunkte reduziert.

In der Tabelle 17 (Seite 255) werden die Ergebnisse für die Eliminierung des sekundären Herkunftseffektes dargestellt. Hier zeigt sich zunächst, dass diese Maßnahme in der Tat dazu führt, dass 4,4 Prozent der Schülerinnen und Schüler mit guten Leistungen zusätzlich das Gymnasium besuchen würden: 1,2 Prozent mit guten Noten und 3,2 Prozent mit schlechteren Noten. Die Kehrseite der Medaille ist allerdings, dass gleichzeitig auch 9,2 Prozent der Schülerinnen und Schüler, deren Leistungsniveau eigentlich zu gering für den Gymnasialbesuch ist und deren Noten auch weniger gut sind, ebenfalls in das Gymnasium wechseln würden. Daran wird auch deutlich, dass die vermeintlich leicht höhere Gymnasialquote durch die Neutralisation des sekundären Herkunftseffektes vor allem dadurch zustande kommt, dass nun mehr Kinder aus der Arbeiterklasse auf das Gymnasium geschickt werden – unabhängig davon, ob sie die notwendigen kognitiven Voraussetzungen entwickeln konnten. Ohne diesen Anteil ist die Effektivität der Neutralisation der sekundären Herkunftseffekte hingegen eher gering. Auch hier zeigt sich also, dass eine einseitige Konzentration auf die Neutralisation des sekundären Herkunftseffektes allein kaum hilfreich sein dürfte, ohne gleichzeitig auch das schulische Leistungsniveau der Arbeiterklasse zu fördern.

Tabelle 16: Neutralisation des sekundären Noteneffektes (der Benotungspraxis), Leistung und Entscheidung bleiben herkunftsspezifisch

Schulleistung	Arbeiterklasse (N = 1073)							
	hoch				niedrig			
N	274				799			
%	25,5				74,5			
Note	hoch		niedrig		hoch		niedrig	
N	174		100		125		674	
%	63,5		36,5		15,5		84,4	
% Klasse	16,2		9,3		11,6		62,3	
Gymnasialübergang	Ja	nein	ja	nein	ja	nein	ja	nein
N	136	38	21	79	97	28	51	623
%	78,4	21,6	20,9	79,1	77,8	22,2	7,5	92,5
% Klasse$_{hyp}$	12,7	3,5	2,0	7,4	9,0	2,6	4,8	58,1
% Klasse$_{emp}$	8,1	2,2	3,2	12,0	2,6	0,7	5,3	65,8
Δ % Klasse	+4,6	+1,3	-1,2	-4,6	+6,4	+1,9	-0,5	-7,7

Abschließend veranschaulicht Tabelle 18 (S. 256), welche Konsequenzen eine Elimination des primären Herkunftseffektes und des sekundären Benotungseffektes hat. Der Anstieg der Gymnasialquote in der Arbeiterklasse um knapp 24 Prozent basiert im Wesentlichen auf einer deutlichen Reduktion der Kategorie niedrige Leistungen, schlechte Noten und kein Gymnasialübergang. Diese Gruppe konnte um 36,6 Prozent verringert werden. Einen deutlichen Anstieg würde die Gruppe derjenigen, die mit guten Leistungen und guten Noten auf das Gymnasium übergehen, verzeichnen (um 23,1 Prozentpunkte).

Tabelle 17: Neutralisation des sekundären Übergangseffektes (des Entscheidungsverhaltens), Leistung und Note bleiben herkunftsspezifisch

	Arbeiterklasse (N = 1073)							
Schulleistung	**hoch**				**niedrig**			
N	274				799			
%	25,5				74,5			
Note	**hoch**		**niedrig**		**hoch**		**niedrig**	
N	111		163		36		763	
%	40,5		59,5		4,5		95,5	
% Klasse	10,3		15,2		3,4		71,1	
Gymnasialübergang	**Ja**	**nein**	**ja**	**nein**	**ja**	**nein**	**ja**	**nein**
N	100	11	69	94	25	11	156	607
%	89,7	10,3	42,4	57,6	70,8	29,2	20,4	79,6
% Klasse$_{hyp}$	9,3	1,0	6,4	8,8	2,3	1,0	14,5	56,6
% Klasse$_{emp}$	8,1	2,2	3,2	12,0	2,6	0,7	5,3	65,8
Δ % Klasse	+1,2	-1,2	+3,2	-3,2	-0,3	+0,3	+9,2	-9,2

Gleichzeitig zeigt sich aber auch ein unerwünschter Nebeneffekt, denn die Gruppe der leistungsstarken Schülerinnen und Schüler mit guten Noten, die nicht auf das Gymnasium übergehen, würde sich auch um 6,4 Prozent vergrößern. Ebenfalls unerfreulich wäre der Anstieg um 6,1 Prozent der Kategorie gute Leistungen, aber schlechte Noten und kein Gymnasialübergang. Knapp drei Prozent der Arbeiterkinder würden bei niedrigen Leistungen und schlechten Noten zusätzlich auf das Gymnasium wechseln (2,9 Prozent).

Tabelle 18: Neutralisation des primären Effektes (Leistung) und des sekundären Benotungseffektes bei Beibehaltung und des sekundären Entscheidungseffektes

Schulleistung	Arbeiterklasse (N = 1073)						
	hoch				niedrig		
N	672				401		
%	62,6				37,4		
Note	hoch		niedrig		hoch		niedrig
N	427		245		62		338
%	63,5		36,5		15,5		84,4
% Klasse	39,8		22,9		5,8		31,5
Gymnasialübergang	Ja	nein	ja	nein	ja	nein	ja	nein
N	335	92	51	194	48	14	25	313
%	78,4	21,6	20,9	79,1	77,8	22,2	7,5	92,5
% Klasse$_{hyp}$	31,2	8,6	4,8	18,1	4,5	1,3	2,4	29,2
% Klasse$_{emp}$	8,1	2,2	3,2	12	2,6	0,7	5,3	65,8
Δ % Klasse	+23,1	+6,4	+1,6	+6,1	+1,9	+0,6	-2,9	-36,6

3.5.4 Resümee

Die Analysen dieser Teilstudie haben deutlich zeigen können, dass sich durch die Eliminierung der unterschiedlichen Herkunftseffekte zwar die Gymnasialquote erhöhen würde, dies aber mit unerwünschten Nebeneffekten verbunden sein kann. Ein solcher Effekt wäre zum Beispiel eine Vergrößerung der Gruppe, die die notwendigen kognitiven Voraussetzungen für den Gymnasialbesuch nicht erreicht, aufgrund der vorgenommenen Maßnahmen nun aber das Gymnasium besucht. Die Befunde zu den Konsequenzen machen schließlich auf einen weiteren wichtigen Punkt aufmerksam.

Maßnahmen zur Reduzierung sozialer Ungleichheitseffekte beim Übergang in die Sekundarstufe I lassen sich nicht global für alle Schülerinnen und Schüler implementieren. Hier geht es vielmehr darum, adressatengerecht zu intervenieren. Auf diese Weise erhöht sich die Chance, die unerwünschten Nebeneffekte, die in dieser Studie beschrieben wurden, zu minimieren.

3.6   Teilstudie 6

Bewertungsunterschiede am Ende der gymnasialen Oberstufe

Frage 6:

In welchem Maß wird die Notenvergabe am Ende der gymnasialen Oberstufe neben leistungsbezogenen Merkmalen auch durch Merkmale der familiären Herkunft beeinflusst? Inwieweit lassen sich diesbezüglich Unterschiede bei der Leistungsbewertung im Fachunterricht (Fachnoten) und in der schriftlichen Zentralabiturprüfung (Prüfungsnoten) feststellen?

3.6.1   Hintergrund

Während zur Frage, in welchem Maß in die Leistungsbewertung neben leistungs- und lernbezogenen Kriterien (z.B. Kompetenzniveau, kognitive Grundfähigkeiten, Mitarbeit und Anstrengung im Unterricht) auch leistungsfremde Faktoren der familiären Herkunft einfließen, für den Bereich der Grundschule inzwischen eine Reihe von Untersuchungen und empirischen Befunden vorliegen (siehe Teilstudien 1 bis 5), finden sich im deutschsprachigen Raum kaum Forschungsarbeiten, die sich dieser Thematik für die Mittelstufe und die gymnasiale Oberstufe gewidmet haben. Dabei ist die Rolle der in den Abschlusszeugnissen für den mittleren Schulabschluss und das Abitur enthaltenen Noten aufgrund ihrer Selektionsfunktion für den Zugang zu stark nachgefragten Berufs- und Ausbildungsplätzen kaum zu überschätzen.

Zwar sind verschiedene Arbeiten der Frage nachgegangen, inwieweit in der Mittelstufe und in der Sekundarstufe II mit Bewertungsunterschieden zwischen Bundesländern (vgl. Baumert et al., 2003a; Baumert & Watermann, 2000; Neumann, Nagy, Trautwein & Lüdtke, 2009) und nominal gleichwertigen Schulformen (z.B. allgemein bildendes Gymnasium, berufliches Gymnasium, Oberstufe an Gesamtschule, vgl. Köller, Baumert & Schnabel, 1999; Watermann, Nagy & Köller, 2004) zu rechnen ist. In welchem Maß neben dem Kompetenzniveau die soziale Herkunft oder der Migrationsstatus der Schülerinnen und Schüler einen Einfluss auf die Notenvergabe ausübt, wurde dabei jedoch bislang kaum untersucht (vgl. aber z.B. Hochweber, 2010). Aus diesem Grund werden im Folgenden Analysen präsentiert, die Bewertungsunterschieden am Ende der gymnasialen Oberstufe nachgehen und den Schwerpunkt auf die Rolle familiärer Hintergrundmerkmale legen. Eine weitere Besonderheit der Analysen besteht darin, dass neben den im Rahmen des regulären Fachunterrichts vergebenen Noten auch die Prüfungsnoten aus dem schriftlichen Zentralabitur betrachtet werden.

Im Zentrum der nachfolgenden Analysen steht die Frage, in welchem Maß am Ende der gymnasialen Oberstufe mit Bewertungsunterschieden zwischen Schülerinnen und Schülern unterschiedlicher familiärer Herkunft zu rechnen ist. Konkret soll untersucht werden, inwieweit sich bei gleicher individueller Schüler-leistung (gemessen über standardisierte Leistungstests in den Fächern Mathematik und Englisch) Effekte der sozialen Herkunft (Sozioökonomischer Status und Bildungshintergrund der Eltern sowie kulturelles Kapital) und des Migrations-status auf die Leistungsbewertung finden. Dabei soll auch die Frage adressiert werden, ob eventuell vorzufindende Einflüsse der familiären Herkunft zwischen den Fachnoten und den Prüfungsnoten aus dem schriftlichen Zentralabitur diffe-rieren. Hier ließe sich mutmaßen, dass der Einfluss leistungsfremder Einflüsse bei den Prüfungsnoten in dem von uns untersuchten Land Baden-Württemberg et-was niedriger ausfallen sollte, da die schriftlichen Prüfungsaufgaben hier zentral administriert werden und die Korrektur in einem teilweise anonymisierten Ver-fahren (Zweitkorrektur durch eine schulexterne Lehrkraft) erfolgt. Allerdings ist zu berücksichtigen, dass die Erstkorrektur der Prüfungsaufgaben jeweils durch den Kurslehrer der Schülerinnen und Schüler erfolgt, der auch für die Vergabe der Fachnoten zuständig ist. Insofern lassen sich keine klaren Erwartungen hin-sichtlich differierender Einflüsse der familiären Herkunft auf die Fach- und Prü-fungsnoten formulieren.

Bei den nachfolgend präsentierten Analysen ist ferner zu berücksichtigen, dass es sich bei der Schülerschaft der gymnasialen Oberstufe um eine hinsichtlich des familiären Hintergrundes stark positiv selegierte Schülergruppe handelt (Maaz, Chang & Köller, 2004). Daraus resultiert gleichzeitig eine deutlich eingeschränkte Varianz hinsichtlich der familiären Hintergrundmerkmale, was unter Umstän-den geringere Effekte der familiären Herkunft auf die Benotung erwarten lässt, als etwa im Fall der in den vorherigen Kapiteln präsentierten Befunde für die Grundschule, in der das gesamte Spektrum der familiären Herkunft eines Alters-jahrgangs abgedeckt wird.

3.6.2   Datengrundlage und Analysestrategie

Die Daten der vorliegenden Untersuchung entstammen der im Jahr 2002 in Baden-Württemberg durchgeführten Studie „Transformation des Sekundarschulsystems und akademische Karrieren" (TOSCA; vgl. Köller et al., 2004; vgl. auch Anhang 3). Auch wenn inzwischen das Oberstufensystem in Baden-Württemberg refor-miert wurde (vgl. Trautwein, Neumann, Nagy, Lüdtke & Maaz, 2010), gibt es wenig Grund für die Annahme, dass die im Folgenden berichteten Ergebnisse heute keine Gültigkeit mehr besitzen würden. In der TOSCA-Studie wurden die Bildungserträ-ge von Abiturienten in den Bereichen Mathematik und Englisch am Ende der 13.

Jahrgangsstufe untersucht. Zu diesem Zweck wurde eine repräsentative Stichprobe von N = 3.526 Schülerinnen und Schülern aus 90 allgemeinbildenden Gymnasien gezogen. Pro Schule wurden bis zu 40 Schülerinnen und Schüler in die Untersuchung einbezogen. 35,6 Prozent der Schülerinnen und Schüler belegten den Mathematikleistungskurs, 64,4 Prozent besuchten den Grundkurs. Das Fach Englisch haben 39,5 Prozent im Leistungskurs und 45,8 Prozent im Grundkurs belegt.

Die Leistungen in Mathematik wurden mit dem Test zur voruniversitären Mathematik aus der Third International Mathematics and Science Study (TIMSS/ III; vgl. Baumert, Bos & Lehmann 2000a, 2000b; Mullis et al., 1998; Waterman & Klieme, 2002) erfasst. Der Test umfasste insgesamt 68 Aufgaben aus den Stoffgebieten Zahlen/Gleichungen/Funktionen, Analysis, Geometrie, Aussagenlogik/ Beweise und Wahrscheinlichkeitsrechnung/Statistik. Die Testkonzeption des TIMSS-Oberstufentests sah ausdrücklich einen starken Bezug zum Oberstufencurriculum der Teilnehmerländer vor. Die Lehrplan- und Unterrichtsvalidität des Tests wurde in TIMSS mittels Lehrplananalysen, Experten- und Fachleiterbefragungen geprüft (vgl. zur Testvalidierung in Deutschland Klieme, 2000). Es zeigte sich, dass die Testaufgaben sowohl die Lehrpläne der Grund- und Leistungskurse als auch die Unterrichtsinhalte (realisiertes Curriculum) in hohem Maße widerspiegelten. Die Validitätsbelege konnten in der TOSCA-Untersuchung auf Grundlage erneuter Experten- und Fachleiterbefragungen repliziert werden (Watermann, Nagy & Köller, 2004).

Zur Erfassung der Leistungen in Englisch diente eine validierte Kurzform des Test of English as a Foreign Language (TOEFL, vgl. Köller & Trautwein, 2004). Der vom Educational Testing Service (ETS) in Princeton, New Jersey, entwickelte TOEFL, umfasst die Bereiche Hörverstehen, Grammatik und Orthografie sowie Wortschatz und Leseverständnis und wird insbesondere von amerikanischen Universitäten dazu verwendet, die Englisch-Fähigkeiten von Studienbewerbern, deren Muttersprache nicht Englisch ist, auf ein ausreichendes Niveau hin zu überprüfen. Anders als der TIMSS-Test zur voruniversitären Mathematik erhebt der TOEFL von seiner Konzeption her keinen direkten Anspruch auf curriculare Validität bezüglich der Inhalte des Englisch-Oberstufenunterrichts. Mit Bezug auf die baden-württembergischen Lehrpläne sowie die bundesweit verankerten Prüfungsvorgaben für das Fach Englisch kann jedoch davon ausgegangen werden, dass die Förderung der mit dem TOEFL erfassten rezeptiv-kommunikativen Fremdsprachenkompetenzen in den Zielkorridor des Englischunterrichts in der gymnasialen Oberstufe fällt (Köller & Trautwein, 2004), so dass auch hier eine hinreichende curriculare Validität der Testinhalte gegeben sein sollte.

Neben den Fachleistungen in Mathematik und Englisch wurden auch die kognitiven Grundfähigkeiten (KFT Subtest Figurenanalogien, Heller & Perleth,

2000) und Merkmale des familiären Hintergrundes der Schülerinnen und Schüler sowie die Fach- und Prüfungsnoten in den beiden untersuchten Fächern erhoben. Als sozialstrukturelles Merkmal der familiären Herkunft diente der höchste sozioökonomische Status in der Familie (ISEI). Der elterliche Bildungsabschluss (mindestens ein Elternteil Abitur), die Anzahl der Bücher zu Hause sowie eine Skala zur kulturellen Praxis (z.b. Häufigkeit und Opern- und Theaterbesuchen) dienten als Indikatoren des kulturellen Kapitals der Familie. Der Migrationsstatus ging in dichotomer Form in die Analysen ein (0 = maximal ein Elternteil im Ausland geboren, 1 = beide Elternteile im Ausland geboren). Alle kontinuierlichen Vorhersagevariablen (Testleistung, KFT, ISEI und kulturelle Praxis) wurden für die Analysen z-standardisiert (Mittelwert = 0, Standardabweichung = 1).

Die Angaben zu den Fach- und Prüfungsnoten entstammen den Schülerakten und sind auf der Metrik des Credit-Systems zur Berechnung der Abiturgesamtnote abgetragen. Sie umfassen einen Wertebereich von 0 bis 15 Punkten, wobei höhere Werte bessere Noten indizieren. Die 15-Punkte-Skala lässt sich auch in die herkömmliche Notenskala von 1 bis 6 überführen: Note 1 (13–15 Punkte) = „sehr gut", Note 2 (10–12 Punkte) = „gut". Note 3 (7–9 Punkte) = „befriedigend", Note 4 (4–6 Punkte) = „ausreichend", Note 5 (1–3 Punkte) = „mangelhaft", Note 6 (0 Punkte) = „ungenügend". Aufgrund der feineren Abstufung wird in den nachfolgenden Analysen die Orginal-Punkte-Skala, die von 0 bis 15 Punkte reicht, verwendet.

Zur Untersuchung der Fragestellungen wurden mehrere Regressionsmodelle spezifiziert, in denen die Fach- und Prüfungsnoten durch die individuelle Testleistung, die kognitiven Grundfähigkeiten, das Geschlecht und die Merkmale des familiären Hintergrundes vorhergesagt wurden. Sofern sich auch nach Kontrolle der Testleistungen, der kognitiven Grundfähigkeiten und des Geschlechts Effekte der familiären Herkunft zeigen und man annimmt, dass der in Teilstudie 2 präsentierte Befund, wonach Indikatoren für schulischen Fleiß Effekte der familiären Herkunft nicht (vollständig) erklären können, auch für die gymnasiale Oberstufe ihre Gültigkeit behält, wäre dies ein Indiz dafür, dass Schülerinnen und Schüler auch bei gleichem Leistungsniveau in Abhängigkeit ihrer familiären Herkunft unterschiedlich benotet werden.

Die Analysen wurden mit dem Programmpaket Mplus 6.1 (Muthén & Muthén, 1998-2010) durchgeführt, dass über die Analyseoption type = complex eine korrekte Schätzung der Standardfehler für die Regressionskoeffizienten für die geschachtelte Datenstruktur (Schüler geschachtelt innerhalb von Schulen) ermöglicht. Fehlende Werte wurden durch das Multiple Imputation-Verfahren (Rubin, 1987; Schafer & Graham, 2002) ersetzt. Die Analysen basieren auf dem kombinierten Ergebnis von fünf imputierten Datensätzen.

3.6.3 Ergebnisse

In den Tabellen 1a bis 4b sind die Ergebnisse aus den Regressionsanalysen zur Vorhersage der Fach- und Prüfungsnoten in den Fächern Mathematik und Englisch getrennt für das jeweilige Kursniveau (Grundkurs/Leistungskurs) ausgewiesen. Für den Englisch-Grundkurs beschränken wir uns auf Befunde für die Fachnoten, da nur 13,2 Prozent der Grundkursschülerinnen und -schüler auch eine schriftliche Abiturprüfung absolvierten. Da es sich bei diesen Schülerinnen und Schülern um eine leistungsmäßig besonders starke Teilgruppe handelt, wären die Ergebnisse dieser Gruppe nicht auf die Gesamtheit der Grundkursschülerinnen und -schüler übertragbar. Hingegen haben in Mathematik 90 Prozent der Grundkursschülerinnen und -schüler eine schriftliche Abiturprüfung abgelegt. Für die Leistungskursschülerinnen und -schüler war im Jahr 2002 die schriftliche Prüfung in beiden Fächern verpflichtend.

Vorhersagemodelle Mathematik

Die Tabellen 19 und 20 enthalten die Ergebnisse für den Mathematikgrundkurs. In Tabelle 1a finden sich zunächst die Befunde für die Fachnoten. In den beiden ersten Spalten sind die Angaben zu den bivariaten Zusammenhängen zwischen den verwendeten Prädiktoren und der Fachnote ausgewiesen. Spalte 1 enthält die Regressionkoeffizienten und Spalte 2 die durch die einzelnen Prädiktoren jeweils erklärte Varianz in der abhängigen Variablen. Wie aus Tabelle 19 hervorgeht, leistete die Mathematiktestleistung mit 25,2 Prozent in erwartbarer Weise den größten Erklärungsbeitrag. Unterschieden sich die Testleistungen von zwei Schülern um eine Standardabweichung, ging dies mit durchschnittlichen Notenunterschieden von 2,37 Punkten auf der 15-Punkte-Metrik einher. Die aufgeklärte Varianz von 25,2 Prozent entspricht im bivariaten Modell einer Korrelation zwischen Testleistung und Fachnote in Höhe von $r = 0,50$ (r = Quadratwurzel aus R^2).

Auch für alle anderen Prädiktoren ergaben sich auf bivariater Ebene statistisch signifikante Zusammenhänge, deren Erklärungswert für die Unterschiede in den Fachnoten im Vergleich mit der Testleistung jedoch deutlich niedriger ausfiel. Schülerinnen erhielten im Mittel um knapp einen Punkt höhere Fachnoten als Schüler (siehe genauer Teilstudie 9). Die kognitiven Grundfähigkeiten korrelierten zu $r = 0,17$, der sozioökonomische Status und die kulturelle Praxis lediglich zu $r = 0,08$ mit den Fachnoten. Schülerinnen und Schüler, von denen wenigstens ein Elternteil über das Abitur verfügte, erzielten im Durchschnitt um 0,69 Punkte bessere Noten, und Schülerinnen und Schüler, deren Eltern beide im Ausland geboren wurden, erhielten um 0,83 Punkte schlechtere Noten als die Schülerinnen und Schüler der jeweiligen Referenzkategorien. Allerdings ist bei diesen Angaben zu berücksichtigen, dass es sich nur um die bivariaten Zusammenhänge ohne Berücksichtigung des tatsächlichen Leistungsniveaus der Schülerinnen und Schüler handelt. Die simultane Betrachtung der verschiedenen Prädiktoren erfolgte in den Analysemodellen M1 bis M4.

Tabelle 19: Vorhersage der Fachnote in Mathematik (Schulhalbjahr 13/1) durch individuelle Schülermerkmale im Grundkurs

	Bivariat	R^2 Bivariat	M1	M2	M3	M4
	b		b	b	b	b
Intercept Fachnote Mathematik			7,79	7,75	7,60	7,61
Testleistung Mathematik *	2,37	25,2	2,57	2,55	2,53	2,53
Kognitive Grundfähigkeit (KFT) *	0,17	2,8	-0,14	-0,14	-0,13	-0,13
Geschlecht (*Ref. Jungen*)						
Mädchen	0,95	1,6	1,47	1,48	1,44	1,44
Sozioökonomischer Status (ISEI) *	0,29	0,6		0,20	0,14	0,13
Ausbildung, schulisch (*Ref. kein Abitur*)						
mindestens ein Elternteil Abitur	0,69	0,9			0,25	0,26
Bücherbesitz (*Ref. mehr als 500*)						
bis 50	-1,98				-0,46	-0,39
51 bis 100	-0,61				0,30	0,34
101 bis 250	-0,63				0,12	0,13
251 bis 500	-0,27	1,3			0,06	0,07
Kulturelle Aktivitäten Eltern *	0,28	0,6			0,09	0,09
Migrationshintergrund (*Ref. maximal ein Elternteil im Ausland geboren*)						
beide Eltern im Ausland geboren	-0,83	0,4				-0,28
R^2			29,1	29,4	29,7	29,8

Im Analysemodell M1 wurden neben den Testleistungen auch die kognitiven Grundfähigkeiten und das Geschlecht mit aufgenommen. Wie zu erkennen ist, erhielten Mädchen bei gleichen Testleistungen im Durchschnitt eine um 1,47 Punkte bessere Fachnote (vgl. auch Teilstudie 10). Die kognitiven Grundfähigkeiten übten keinen spezifischen, über die Testleistungen und das Geschlecht hinausgehenden prädiktiven Einfluss auf die Fachnote aus. Durch die Hinzunahme beider Variablen stieg die erklärte Varianz in den Fachnoten um knapp 4 Prozent auf 29,1 Prozent. In Modell M2 wurde als erstes Merkmal der familiären Herkunft der sozioökonomische Status (ISEI) mit aufgenommen. Es zeigte sich ein statistisch signifikanter, von seinem Ausmaß her betrachtet jedoch eher als gering einzustufender Effekt. Bei ansonsten gleichen Ausprägungen auf den Prädiktorvariablen war ein Unterschied von einer Standardabweichung im sozioökonomischen Status mit einem Notenunterschied von 0,2 Punkten auf der 15-Punkte-Metrik verbunden. Entsprechend stieg die aufgeklärte Varianz durch Hinzunahme des sozioökonomischen Status lediglich um 0,3 Prozent auf 29,4 Prozent.

Tabelle 20: Vorhersage der schriftlichen Prüfungsnote in Mathematik durch individuelle Schülermerkmale im Grundkurs

	Bivariat	R^2 Bivariat	M1	M2	M3	M4
	b	b	b	b	b	b
Intercept Prüfungsnote Mathematik			8,44	8,42	8,32	8,34
Testleistung Mathematik [*]	3,21	37,1	3,41	3,40	3,37	3,37
Kognitive Grundfähigkeit (KFT) [*]	0,90	4,5	-0,16	-0,16	-0,14	-0,14
Geschlecht (*Ref. Jungen*)						
Mädchen	0,65	0,6	1,37	1,38	1,31	1,31
Sozioökonomischer Status (ISEI) [*]	0,35	0,7		0,22	0,14	0,13
Ausbildung, schulisch (*Ref. kein Abitur*)						
mindestens ein Elternteil Abitur	0,89	1,2			0,23	0,24
Bücherbesitz (*Ref. mehr als 500*)						
bis 50	-2,24				-0,16	-0,09
51 bis 100	-0,90				0,29	0,33
101 bis 250	-1,10				-0,11	-0,10
251 bis 500	-0,44	1,8			0,04	0,05
Kulturelle Aktivitäten Eltern [*]	0,38	0,8			0,20	0,20
Migrationshintergrund (*Ref. maximal ein Elternteil im Ausland geboren*)						
beide Eltern im Ausland geboren	-0,99	0,5				-0,30
R^2			39,8	40,1	40,6	40,6

In Modell M3 wurden zusätzlich zum sozioökonomischen Status die Indikatoren des kulturellen Kapitals der Familie berücksichtigt. Hierbei zeigten sich keine statistisch signifikante Effekte. Gleichzeitig wurde nun der Effekt des sozioökonomischen Status nicht mehr signifikant, was als möglicher Hinweis auf die mediierende Funktion der Indikatoren des kulturellen Kapitals für den Einfluss des sozioökonomischen Status gewertet werden kann. In Modell M4 wurde schließlich der Migrationsstatus mit einbezogen. Auch hier war nach Kontrolle der anderen Individualmerkmale kein statistisch signifikanter Effekt feststellbar. Insgesamt deuten die Befunde für die Fachnoten im Mathematikgrundkurs somit nur auf einen sehr geringen Einfluss familiärer Herkunftsmerkmale auf die Leistungsbewertung hin.

Tabelle 20 enthält die entsprechenden Befunde für die schriftlichen Prüfungsnoten, die mit einer Korrelation in Höhe von r = 0,72 substanziell mit den Fachnoten kovariierten. Gleichwohl gilt zu bedenken, dass eine Korrelation von r = 0,72 etwa 52 Prozent geteilter Varianz entspricht und somit prinzipiell betrachtet immer noch Spielräume für abweichende Ergebnismuster zwischen Fach- und Prüfungsnoten vorhanden sind. Dies zeigt sich in den bivariaten Analysen am ehesten für den Zusammenhang der Prüfungsnoten mit den Testleistungen, der deutlich stärker ausgeprägt ist als im Falle der Fachnoten. Ansonsten ließen sich auf bivariater Ebene, aber auch für die weiteren Analysemodelle, kaum Unterschiede zu den Ergebnissen für die Fachnoten ausmachen. Auch bei den Prüfungsnoten finden sich Bewertungsvorteile zugunsten der Mädchen und geringe Effekte des sozioökonomischen Status (vgl. Modell M2). Letztere wurden jedoch nicht mehr signifikant, sobald die Indikatoren des kulturellen Kapitals mit berücksichtigt wurden (vgl. Modell M3), unter denen wiederum nur für die kulturelle Praxis kleine statistisch absicherbare Effekte feststellbar waren. Die Individualvariablen klärten insgesamt 40,6 Prozent der Unterschiede in den Prüfungsnoten und damit deutlich mehr Varianz als im Falle der Fachnoten auf, wobei der erhöhte Erklärungsbeitrag in erster Linie auf den engeren Zusammenhang der Testleistungen mit den Prüfungsnoten zurückzuführen ist.

Die Ergebnisse für den Mathematikleistungskurs sind in den Tabellen 21 und 22 dargestellt. Die bivariaten Zusammenhänge der Vorhersagevariablen zu den Fachnoten (vgl. Tabelle 21) bewegten sich überwiegend in einem Bereich wie im Mathematikgrundkurs, wobei der Erklärungsanteil der Testleistungen im Leistungskurs etwas höher ausfiel. Interessant ist zudem, dass sich abweichend von den bivariaten Befunden für den Grundkurs kein statistisch signifikanter Unterschied in den Fachnoten zwischen den Geschlechtern fand (vgl. dazu auch Teilstudie 10). Die Analysemodelle M1 bis M4 replizierten im Wesentlichen die Ergebnisse des Mathematikgrundkurses. Nach Kontrolle der Testleistungen fanden sich Notenvorteile zugunsten der Schülerinnen gegenüber den Schülern in Höhe von etwa einem Notenpunkt. Weiterhin zeigte sich ein geringer, aber statistisch signifikanter Effekt des sozioökonomischen Status, der aber verschwand, sobald die Indikatoren des kulturellen Kapitals mit einbezogen wurden, wobei unter letzteren erneut ein geringer Effekt für die kulturelle Praxis beobachtet werden konnte. Erwähnenswert ist zudem, dass der negative Effekt des Migrationsstatus das Signifikanzniveau von 5 Prozent nur knapp verfehlte (p = .074) und somit eine Tendenz erkennbar ist, wonach Schülerinnen und Schüler, deren Eltern beide nicht in Deutschland geboren sind, auch bei gleichen Testleistungen und vergleichbaren sozialen Hintergrundmerkmalen etwas niedrigere Noten erhielten als Schülerinnen und Schüler, von denen maximal ein oder kein Elternteil im Ausland geboren wurde. Interessant ist, dass sich dieser Befund nur für die Fachnoten, jedoch nicht für Prüfungsnoten (vgl. Tabelle 22, S. 266) zeigte. Hier ließen sich im finalen Modell M 4 keinerlei statistisch signifikante Effekte der familiären Herkunft mehr nachweisen.

Tabelle 21: Vorhersage der Fachnote in Mathematik (Schulhalbjahr 13/1) durch individuelle Schülermerkmale im Leistungskurs

	Bivariat	R^2 Bivariat	M1	M2	M3	M4
	b		b	b	b	b
Intercept Fachnote Mathematik			7,11	7,13	6,99	7,01
Testleistung Mathematik [+]	2,19	33,2	2,39	2,38	2,36	2,34
Kognitive Grundfähigkeit (KFT) [+]	0,73	4,4	-0,21	-0,20	-0,20	-0,19
Geschlecht (*Ref. Jungen*)						
Mädchen	0,10	0,00	0,93	0,94	0,88	0,87
Sozioökonomischer Status (ISEI) [+]	0,39	1,4		0,31	0,21	0,18
Ausbildung, schulisch (*Ref. kein Abitur*)						
mindestens ein Elternteil Abitur	0,87	1,7			0,28	0,34
Bücherbesitz (*Ref. mehr als 500*)						
bis 50	-1,60				0,14	0,25
51 bis 100	-1,11				-0,05	0,03
101 bis 250	-0,92				-0,07	-0,05
251 bis 500	-0,23	2,3			0,10	0,10
Kulturelle Aktivitäten Eltern [+]	0,33	1,0			0,21	0,21
Migrationshintergrund (*Ref. maximal ein Elternteil im Ausland geboren*)						
beide Eltern im Ausland geboren	-1,42	1,6				-0,60
R^2			35,2	36,1	36,9	37,2

Tabelle 22: Vorhersage der schriftlichen Prüfungsnote in Mathematik durch individuelle Schülermerkmale im Leistungskurs

	Bivariat	R^2 Bivariat	M1	M2	M3	M4
	b		b	b	b	b
Intercept Prüfungsnote Mathematik			7,52	7,53	7,19	7,20
Testleistung Mathematik [+]	2,60	37,7	2,74	2,73	2,72	2,72
Kognitive Grundfähigkeit (KFT) [+]	0,96	6,2	-0,11	-0,11	-0,11	-0,10
Geschlecht (*Ref. Jungen*)						
Mädchen	-0,29	0,1	0,70	0,71	0,65	0,65
Sozioökonomischer Status (ISEI) [+]	0,27	0,5		0,20	0,13	0,12
Ausbildung, schulisch (*Ref. kein Abitur*)						
mindestens ein Elternteil Abitur	0,76	1,1			0,27	0,30
Bücherbesitz (*Ref. mehr als 500*)						
bis 50	-1,49				0,41	0,46
51 bis 100	-1,00				0,14	0,17
101 bis 250	-0,68				0,12	0,14
251 bis 500	0,16	1,8			0,50	0,50
Kulturelle Aktivitäten Eltern [+]	0,22	0,4			0,17	0,21
Migrationshintergrund (*Ref. maximal ein Elternteil im Ausland geboren*)						
beide Eltern im Ausland geboren	-1,18	0,9				-0,26
R^2			38,6	38,9	39,6	39,7

Vorhersagemodelle Englisch

Die Ergebnisse zur Vorhersage der Fachnoten im Englischgrundkurs finden sich in Tabelle 23. Bei der Betrachtung der bivariaten Zusammenhänge zeigte sich mit 26,8 Prozent erklärter Varianz zunächst erneut der mit Abstand größte Erklärungsbeitrag der Testleistungen. Aber auch für den Großteil der familiären Hintergrundmerkmale konnten auf bivariater Ebene statistisch signifikante Zusammenhänge beobachtet werden. Diese waren jedoch nicht mehr nachweisbar, sobald die Testleistungen, die kognitiven Grundfähigkeiten und das Geschlecht der Schülerinnen und Schüler simultan in den Analysen berücksichtigt wurden (vgl. Modelle M2 bis M4). Im Englischgrundkurs fanden sich somit keine Hinweise auf Bewertungsunterschiede in Abhängigkeit der familiären Herkunft.

Tabelle 23: Vorhersage der Fachnote in Englisch (Schulhalbjahr 13/1) durch individuelle Schülermerkmale im Grundkurs

	Bivariat	R^2 Bivariat	M1	M2	M3	M4
	b		*b*	*b*	*b*	*b*
Intercept Fachnote Englisch			8,68	8,68	8,70	8,70
Testleistung Englisch [+]	1,65	26,8	1,73	1,72	1,69	1,69
Kognitive Grundfähigkeit (KFT) [+]	0,38	1,6	0,02	0,02	0,02	0,02
Geschlecht (*Ref. Jungen*)						
Mädchen	0,27	0,2	0,89	0,89	0,86	0,86
Sozioökonomischer Status (ISEI) [+]	0,25	0,7		0,06	-0,02	-0,02
Ausbildung, schulisch (*Ref. kein Abitur*)						
mindestens ein Elternteil Abitur	0,66	1,3			0,15	0,16
Bücherbesitz (*Ref. mehr als 500*)						
bis 50	-1,19				-0,16	-0,14
51 bis 100	-1,10				-0,26	-0,25
101 bis 250	-1,07				-0,39	-0,38
251 bis 500	-0,21	2,8			0,05	0,05
Kulturelle Aktivitäten Eltern [+]	0,19	0,4			0,03	0,03
Migrationshintergrund (*Ref. maximal ein Elternteil im Ausland geboren*)						
beide Eltern im Ausland geboren	-0,49	0,2				-0,10
R^2			29,0	29,0	29,5	29,5

Die Tabellen 24 und 25 weisen die Ergebnisse für die Fach- und Prüfungsnoten im Englischleistungskurs aus. Wie Modell M2 für die Fachnoten (vgl. Tabelle 24) entnommen werden kann, resultierte für den Englischleistungskurs ähnlich wie in Mathematik ein spezifischer Effekt des sozioökonomischen Status, der von seinem Ausmaß her jedoch eher als gering einzustufen ist. Wie Modell M3 zeigt, verschwand der Effekt des sozioökonomischen Status nach Aufnahme der Indikatoren des kulturellen Kapitals. Hier ließen sich statistisch signifikante Effekte des elterlichen Bildungshintergrundes und der kulturellen Praxis feststellen. Spezifische Effekte des Migrationsstatus (vgl. M4) waren hingegen nicht nachweisbar. Das beschriebene Befundmuster ergab sich im Wesentlichen auch für die Prüfungsnoten im Englischleistungskurs (vgl. Tabelle 25), die in Höhe von r = .78 mit den Fachnoten korrelierten. Auch hier verblieben nach Kontrolle der Testleistungen und der kognitiven Grundfähigkeiten statistisch signifikante Effekte des elterlichen Bildungshintergrundes und der kulturellen Praxis, allerdings erneut von eher als gering einzustufendem Ausmaß.

Tabelle 24: Vorhersage der Fachnote in Englisch (Schulhalbjahr 13/1) durch individuelle Schülermerkmale im Leistungskurs

	Bivariat	R^2 Bivariat	M1	M2	M3	M4
	b		b	b	b	b
Intercept Fachnote Englisch			7,92	7,91	8,09	8,08
Testleistung Englisch [+]	1,70	30,9	1,79	1,77	1,67	1,68
Kognitive Grundfähigkeit (KFT) [+]	0,27	0,9	-0,10	-0,10	-0,08	-0,08
Geschlecht (*Ref. Jungen*)						
Mädchen	0,76	1,8	1,07	1,08	0,98	0,98
Sozioökonomischer Status (ISEI) [+]	0,36	1,6		0,23	0,07	0,09
Ausbildung, schulisch (*Ref. kein Abitur*)						
mindestens ein Elternteil Abitur	0,88	2,4			0,30	0,29
Bücherbesitz (*Ref. mehr als 500*)						
bis 50	-2,40				-0,41	-0,45
51 bis 100	-1,75				-0,50	-0,52
101 bis 250	-1,35				-0,34	-0,35
251 bis 500	-0,88	6,2			-0,33	-0,34
Kulturelle Aktivitäten Eltern [+]	0,59	4,3			0,24	0,24
Migrationshintergrund (*Ref. maximal ein Elternteil im Ausland geboren*)						
beide Eltern im Ausland geboren	-0,61	0,4				0,18
R^2			34,6	35,2	36,9	36,9

Tabelle 25: Vorhersage der Prüfungsnote in Englisch durch individuelle Schülermerkmale im Leistungskurs

	Bivariat	R^2 Bivariat	M1	M2	M3	M4
	b		b	b	b	b
Intercept Prüfungsnote Englisch			7,59	7,59	7,61	7,61
Testleistung Englisch [+]	2,03	32,3	2,14	2,12	2,05	2,05
Kognitive Grundfähigkeit (KFT) [+]	0,27	0,7	-0,16	-0,16	-0,13	-0,13
Geschlecht (Ref. Jungen)						
Mädchen	0,68	1,1	1,12	1,13	1,03	1,03
Sozioökonomischer Status (ISEI) [+]	0,39	1,4		0,21	0,07	0,08
Ausbildung, schulisch (Ref. kein Abitur)						
mindestens ein Elternteil Abitur	1,01	2,4			0,39	0,39
Bücherbesitz (Ref. mehr als 500)						
bis 50	-2,47				-0,11	-0,12
51 bis 100	-1,63				-0,12	-0,12
101 bis 250	-1,42				-0,20	-0,21
251 bis 500	-0,97	4,7			-0,27	-0,27
Kulturelle Aktivitäten Eltern [+]	0,62	3,7			0,24	0,24
Migrationshintergrund (Ref. maximal ein Elternteil im Ausland geboren)						
beide Eltern im Ausland geboren	-0,79	0,5				0,02
R^2			35,5	36,0	37,1	37,2

3.6.4   Resümee

Die vorstehenden Befunde zur Leistungsbewertung am Ende der gymnasialen Oberstufe lassen sich dahingehend zusammenfassen, dass in den beiden untersuchten Fächern Mathematik und Englisch nach Berücksichtigung des Leistungsniveaus der Schülerinnen und Schüler zwar statistisch signifikante, vom Ausmaß her betrachtet jedoch vergleichsweise geringe Effekte der familiären Herkunft beobachtet werden konnten. Mit Ausnahme der Fachnoten im Grundkurs Englisch fand sich durchgängig ein Effekt des sozioökonomischen Status, der jedoch nach zusätzlicher Kontrolle der Indikatoren des kulturellen Kapitals nicht mehr statistisch signifikant wurde. Unter den Indikatoren des kulturellen Kapitals zeigten sich die konsistentesten Effekte für die kulturelle Praxis im Elternhaus, wobei die vorliegende Untersuchung keine Aussagen über die diesem Effekt zugrunde liegenden kausalen Wirkprozesse erlaubt. Auch mit Blick auf den Migrationsstatus fanden sich kaum Hinweise auf eine Benachteiligung von Schülerinnen und Schülern mit Migrationshintergrund. Lediglich im Falle der Fachnoten im Mathematikleistungskurs fand sich ein in diese Richtung weisender Effekt, der jedoch das statistische Signifikanzkriterium von p < 0,05 knapp verfehlte.

Hervorzuheben ist weiterhin, dass sich bezüglich des beschriebenen Ergebnismusters kaum Unterschiede zwischen den Fach- und Prüfungsnoten zeigten, was im vorliegenden Fall als eher positives Resultat betrachtet werden sollte, da sich für die Fachnoten wie ausgeführt kaum Hinweise auf Nachteile bei der Leistungsbewertung in Abhängigkeit des familiären Hintergrundes feststellen ließen. Auffällig waren die Befunde für das Geschlecht, die in Teilstudie 9 detaillierter betrachtet werden sollen.

Einschränkend ist zu sagen, dass in der vorliegenden Studie neben den eingesetzten Leistungstests keine motivationalen Schülermerkmale wie Anstrengungsbereitschaft, Mitarbeit im Unterricht, Gewissenhaftigkeit und ähnliche unterrichtsbezogene Aspekte einbezogen wurden, von denen bekannt ist, dass sie ebenfalls von Bedeutung für die Notengebung sind (vgl. Teilstudie 2) und somit möglicherweise Hinweise auf die den Effekten der familiären Herkunft und des Geschlechts zugrunde liegenden Prozessen geben können. Ferner ist darauf hinzuweisen, dass sich unsere Befunde nur auf die Fächer Mathematik und Englisch beziehen. Um die Ergebnisse auf eine breitere empirische Basis zu stellen, bedarf es weiterer Untersuchungen in anderen Fächern unter Einbezug weiterer Bundesländer.

3.7   Teilstudie 7

Übertrittsempfehlungen aus Sicht der Lehrkräfte: Pro Klasse im Durchschnitt eine Gymnasialempfehlung zu viel

Frage 7:

Wie oft geben Lehrkräfte nach eigenen Angaben eine „falsche" Gymnasialempfehlung? Wie sehr hängen „falsche" Gymnasialempfehlungen mit dem sozialen Hintergrund der Schülerinnen und Schüler zusammen?

3.7.1   Hintergrund

Lehrkräfte empfinden es oftmals als belastend, am Ende der Grundschulzeit eine Übertrittsempfehlungen auszusprechen (McElvany, 2010), da Übertrittsempfehlungen eine wichtige Rolle in der weiteren schulischen Laufbahn der Schülerinnen und Schüler zukommt und die diagnostischen Kompetenzen der Lehrkräfte sowie die zur Verfügung stehenden Informationen für eine solche diagnostische Entscheidung im Grunde nicht ausreichend sind (vgl. Kapitel 2 sowie Schrader, 2006; Tent, 2006). Entsprechend muss auch angenommen werden, dass mit einer substanziellen Anzahl von in psychometrischer Hinsicht „falschen" Übertritts-empfehlungen gerechnet werden muss. Dass sie eine in diesem Sinne „falsche" Übertrittsempfehlung aussprechen, ist den Lehrkräften dabei in vielen Fällen nicht bewusst.

Die Situation liegt bei der im Folgenden untersuchten Frage anders. Unter-sucht wird, wie häufig Lehrkräfte nach eigenen Angaben eine Gymnasialemp-fehlung aussprechen, obwohl sie eine andere Empfehlung für angemessen halten, bzw. wie oft sie von einer Gymnasialempfehlung absehen, obwohl sie diese für richtig halten. Anders gesagt: Wie häufig spielen sachfremde Einflüsse bei den Übergangsempfehlungen eine Rolle?

Wie kann es zu Übertrittsempfehlungen bei den Schülerinnen und Schülern kommen, die nicht im Einklang mit den Überzeugungen der Lehrkräfte über die „richtige" Empfehlung stehen? Es lassen sich grob zumindest drei unterschiedli-che Arten unterscheiden. Erstens nehmen in der Grundschule viele Eltern einen Einfluss auf die von ihren Kindern tatsächlich gezeigte Schulleistung, indem sie ihre Kinder sehr intensiv beim Lernen unterstützen, ihnen die Wahrnehmung zusätzlicher Lernangebote ermöglichen bzw. sie bei „schwachen" Schulleistungen unter Druck setzen, mehr für die Schule zu tun (vgl. Wild, 2004; zu Grenzen der Förderung, siehe Dumont et al., in press). In Bezug auf Kinder, in deren „guter" Schulleistung sich der Einfluss der Eltern sehr stark abzeichnet bzw. bei denen die Lehrkräfte wegen des Einsatzes und Drucks der Eltern eine kognitive oder psychische Überforderung im Gymnasium erwarten, könnten Lehrkräfte – trotz objektiv guter Schulleistungen – zu der Auffassung kommen, dass der Gymnasi-albesuch „eigentlich" nicht zu empfehlen sei.

Zweitens weist anekdotische Evidenz immer wieder darauf hin, dass viele El-tern – neben der Unterstützung ihrer Kinder beim Lernen – in relativ eindeutiger Art und Weise einen direkten Einfluss auf die Übertrittsempfehlungen zu nehmen versuchen, wenn die Schulleistungen ihres Kindes keine Gewähr für eine Gym-nasialempfehlung gibt. Die entsprechenden Versuche können sich dabei u.a. auf die übertrittsrelevanten Schulnoten beziehen. So können Eltern auf „mildernde" Umstände hinweisen, die dafür gesorgt haben, dass ihr Kind nicht seine maxima-le Leistungsfähigkeit zeigen konnte. Zudem können sie in Vorbereitung auf die Übertrittsentscheidungen Eigenschaften des Kindes hervorheben, die es besonders auszeichnen und denen eine leistungsförderliche Wirkung in der Sekundarschul-zeit zugesprochen wird. Außerdem können Eltern ihre Bereitschaft signalisieren, ihr Kind während der Sekundarschulzeit intensiv zu unterstützen, sollte es zu Leistungsschwierigkeiten kommen. Trifft die Lehrkraft in einer solchen Situati-on eine Empfehlung für das Gymnasium, so ist die Entscheidung zwar falsch (da die Leistungen nicht den Anforderungen an eine Gymnasialempfehlung entsprachen), aber vertretbar in dem Sinne, dass neben den gezeigten Leistungen auch das Leistungspotenzial bei Übertrittsentscheidungen einbezogen werden soll; entsprechende Gymnasialempfehlungen mögen aus subjektiver Sicht der Lehrkraft deshalb auch mehr oder weniger plausibel und gerechtfertigt sein.

Drittens gibt es auch anekdotische Evidenz dafür, dass Eltern den Entscheidungsprozess auf eindeutig unangemessene Art und Weise zu beeinflussen versuchen. Solche Beeinflussungsmaßnahmen können beispielsweise mit Hinweis auf Rolle der Eltern in der Schule/der Gemeinde bzw. persönliche Beziehungen oder Beziehungsnetzwerke erfolgen, und sie können direkt bei der entsprechenden Lehrkraft oder bei anderen einflussreichen Personen (beispielsweise beim Schulleiter) ansetzen. In diesem Falle trifft die Lehrkraft ggf. eine Empfehlung, die bewusst und explizit in Kontrast zur Überzeugung der Lehrkraft in Hinblick auf die eigentlich „richtige" Empfehlung ausfällt.

In dieser Teilstudie soll untersucht werden, wie häufig die von den Lehrkräften vergebene Übertrittsempfehlung von einer Empfehlung abweicht, die nach dem eigenen Dafürhalten der Lehrkräfte die richtige Empfehlung wäre. Zudem soll geprüft werden, ob eine „zu gute" Empfehlung mit dem sozialen Hintergrund der Schülerinnen und Schüler assoziiert ist.

3.7.2   Datengrundlage und Analysestrategie

Die Daten der nachfolgenden Analysen entstammen dem am Berliner Max-Planck-Institut für Bildungsforschung durchgeführten Projekt „Der Übergang von der Grundschule in die weiterführende Schule – Leistungsgerechtigkeit und regionale, soziale und ethnisch-kulturelle Disparitäten" (ÜBERGANG) (Maaz, Baumert, Gresch & McElvany, 2010; Becker et al., 2010). Weitere Informationen zur Studienanlage finden sich im Anhang 1.

Für die Analysen wurden drei Informationen herangezogen. Erstens wurde der soziale Hintergrund der Schülerinnen und Schüler in Form der bereits vorgestellten ISEI-Variable verwendet. Zweitens wurden die Lehrkräfte nach der tatsächlich vergebenen Übertrittsempfehlung für jeden einzelnen Schüler/jede einzelne Schülerin ihrer Klasse gefragt. Drittens wurden die Lehrkräfte auch um die Angabe gebeten, welche Übertrittsempfehlung sie persönlich als angemessen empfinden würden. Aus den beiden letztgenannten Informationen wurde eine dichotome Variable gebildet, die bei allen Schülerinnen und Schülern den Wert 1 annimmt, die eine Gymnasialempfehlung erhielten, obwohl die Lehrkraft eigentlich eine andere Empfehlung als angemessen empfand. Bei allen anderen Schülerinnen und Schüler wurde der Wert auf 0 festgesetzt.

3.7.3   Ergebnisse

Nach Angaben der Lehrkräfte erhielt etwas mehr als jeder 20. Schüler/jede 20. Schülerin (5,6 % der Schülerinnen und Schüler) eine Gymnasialempfehlung, obwohl sie eine Gymnasialempfehlung persönlich nicht als angemessen empfanden. Somit kann man grob von einem Schüler/einer Schülerin pro Klasse sprechen, die eine in diesem Sinne „zu gute" Empfehlung erhielt. Unterteilt man die Stichprobe in Bundesländer mit bzw. ohne bindender Empfehlung, so zeigt sich, dass in den Bundesländern mit bindender Empfehlung die „zu guten" Empfehlungen mit insgesamt 6,6 Prozent etwas häufiger vorkommen als in den Bundesländern ohne bindende Empfehlung, wo diese Zahl 3,4 Prozent betrug. Der entsprechende statistische Vergleich ist statistisch signifikant.

In einem zweiten Schritt wurde überprüft, inwieweit die neu gebildete Empfehlungsstatus-Variable mit dem sozialen Hintergrund kovariiert. Anders gesagt: Gibt es einen Zusammenhang zwischen sozialem Hintergrund und dem Bericht der Lehrkraft, dass ein Schüler bzw. eine Schülerin eine Gymnasialempfehlung erhalten habe, obwohl diese nicht angemessen sei? Für die Gesamtstichprobe lag Kendalls τ, ein Maß für die Assoziation von ordinal skalierten Variablen, bei $\tau = 0{,}05$ ($p < 0{,}01$). In getrennte Analysen fand sich für die Bundesländer mit bindender Empfehlung ebenfalls ein statistisch signifikanter Wert, $\tau = 0{,}06$ ($p < 0{,}01$), während für die Bundesländer mit nicht-bindender Empfehlung keine statistisch signifikante Assoziation ($\tau = 0{,}03$, ns) resultierte.

3.7.4   Resümee

Schülerinnen und Schüler erhielten in 5,6 Prozent aller Fälle eine Übertrittsempfehlung für das Gymnasium, obwohl ihre Lehrkräfte eine weniger positive Empfehlung für angemessen hielten. Die Abweichung von der angemessenen Empfehlung ist dabei schwach, aber statistisch signifikant mit dem sozialen Hintergrund der Schülerinnen und Schüler assoziiert.

Die berichteten Befunde machen deutlich, dass auch Lehrkräften bewusst ist, dass ein gewisses Maß an „Abweichung" von den eigentlich angemessenen Empfehlungen auftaucht. Tiefergehenden Analysen muss es vorbehalten bleiben, zu prüfen, welche Art von Elternverhalten sowie weiteren Ursachen in besonders großer Zahl zu einer „zu guten" Übertrittsempfehlung beitragen.

3.8　Teilstudie 8

Wird von Lehrkräften das familiäre Umfeld bei der Übertrittsentscheidung (zu) wichtig genommen?

Frage 8:

Für wie wichtig erachten Lehrkräfte das familiäre und soziale Umfeld für den schulischen Erfolg und hat diese Einschätzung einen Effekt auf die Übertrittschancen der Schülerinnen und Schüler?

3.8.1　Hintergrund

Der soziale Hintergrund von Schülerinnen und Schülern ist ein wichtiger Prädiktor für ihren Bildungserfolg (vgl. Baumert et al., 2011), der sich über primäre und sekundäre Disparitäten auf den Bildungserfolg auswirkt (Kap. 2). Ein günstiger familiärer Hintergrund ist während der Primar- und Sekundarschulzeit mit hohen Schulleistungen ebenso assoziiert wie mit einer besonders großen Chance auf den Besuch attraktiver Bildungsgänge, und einem günstigen familiären Hintergrund wird auch eine Schutzwirkung gegen Leistungsprobleme nach dem Übertritt in die weiterführenden Schulen nachgesagt (z.B. Baumert, Maaz & Trautwein, 2009; Hillmert & Jakob, 2010). Die Bildungsforschung ist sich jedoch darin einig, dass der Effekt des sozialen Hintergrunds unerwünscht groß ausfällt und reduziert werden sollte.

Hinsichtlich des Wissens über die (tatsächliche) Bedeutung des sozialen Hintergrunds ergibt sich ein Dilemma: Einerseits ist es prinzipiell wünschenswert, dass Lehrkräfte über unterschiedliche Einflussfaktoren des Schulerfolgs Bescheid wissen. Auch kann es potenziell zur Erhöhung der Prognoseleistung von Übertrittsentscheidungen beitragen, wenn Lehrkräfte in ihre Empfehlung alle wichtigen Faktoren einbeziehen. Andererseits muss es aus Hinsicht sozialer Gerechtigkeit als unerwünscht gelten, wenn bei gleicher individueller Leistung der soziale Hintergrund darüber entscheidet, wie die Übertrittsentscheidung ausfällt, auch wenn dieser möglicherweise einen Prognosebeitrag leistet. Lehrkräfte stehen damit in einem gewissen Spannungsfeld zwischen schulischer Wirklichkeit mit persistierenden Effekten sozialer Ungleichheiten (zu denen sie durch ihre Übertrittsempfehlung dann auch beitragen) und den Zielen „gerechterer" Lernumgebungen, in denen die Übertrittsentscheidungen ohne Berücksichtigung des sozialen Hintergrund getroffen werden und Schülerinnen und Schüler mit weniger günstigem familiären/sozialen Hintergrund eine spezifische Förderung in den weiterführenden Schulen erfahren (vgl. Baumert et al., 2011).

In dieser Teilstudie soll anhand der Aussagen der Lehrkräfte geprüft werden, für wie wichtig sie das familiäre/soziale Umfeld für den Lernerfolg der Schülerinnen und Schüler einschätzen. Zudem soll geprüft werden, in welchem Zusammenhang diese Einschätzung mit weiteren übertrittsrelevanten Variablen steht.

3.8.2   Datengrundlage und Analysestrategie

Die Daten der nachfolgenden Analysen entstammen dem am Berliner Max-Planck-Institut für Bildungsforschung durchgeführten Projekt „Der Übergang von der Grundschule in die weiterführende Schule – Leistungsgerechtigkeit und regionale, soziale und ethnisch-kulturelle Disparitäten" (ÜBERGANG) (Maaz, Baumert, Gresch & McElvany, 2010; Becker, et al., 2010). Weitere Informationen zur Studienanlage finden sich im Anhang 1.

Tabelle 26: Von Lehrkräften eingeschätzte Wichtigkeit unterschiedlicher Bereiche für den schulischen Erfolg eines Kindes

Skala		Beispielitem	Anzahl Items	Cronbachs α
		Für den schulischen Erfolg eines Kindes ist es wichtig, dass es…		
AF	Akademische Begabung und schulische Fähigkeiten	…gute sprachliche Fähigkeiten hat.	8	0,81
AD	Anstrengung und Durchhalten	…bereit ist, sich in der Schule anzustrengen.	5	0,79
BL	Psychische Belastbarkeit	…nicht überängstlich ist.	5	0,78
MO	Motivation	…Freude daran hat, sich neues Wissen anzueignen.	4	0,75
SB	Selbstbeherrschung	…Emotionen auch kontrollieren kann.	5	0,79
SO	Soziales Verhalten	…ein gutes Sozialverhalten hat.	4	0,85
ST	Sekundärtugend	…diszipliniert ist.	4	0,76
SV	Schulrelevantes Verhalten	…gut im Unterricht mitarbeitet.	5	0,70
UM	Familiäres / soziales Umfeld	…im Hinblick auf Bildungsfragen in einem unterstützenden sozialen Umfeld lebt.	3	0,80

Verwendet wurden Einschätzungen von Lehrkräften zu für den Schulerfolg wichtigen Aspekten, die in Tabelle 26 dargestellt sind. Den Lehrkräften stand zur Einschätzung der Wichtigkeit der jeweiligen Aspekte eine Antwortskala zur Verfügung, die von 1 bis 6 reichte, wobei ein höherer Wert eine höhere Wichtigkeit bedeutete. Alle Skalen wiesen akzeptable bis gute psychometrische Kennwerte auf. Ein besonderer Schwerpunkt liegt im Folgenden auf der „Umfeld-Skala" (letzte Zeile der Tabelle).

Zudem wurden drei weitere Variablen verwendet, die auf dem Bericht der Lehrkräfte basierten. Erstens wurden die Lehrkräfte gefragt, ob sie bisweilen die Schulnoten eines Kindes an die vergebene Übertrittsempfehlung anpassen: „Noten spielen eine wichtige Rolle bei der Frage des Übergangs. Passen Sie Ihre

Notengebung an, um die bevorstehende Übergangsempfehlung/-entscheidung eindeutiger zu machen?" Zweitens wurden die Lehrkräfte danach gefragt, wie stark sie schwache Leistungen auf mangelnde Anstrengung der Kinder attribuierten: „Wenn Sie einmal an die leistungsschwächeren Schülerinnen und Schüler Ihrer Klasse denken, woran könnten deren Misserfolge liegen?" Aus Antworten zu vier Items (beispielsweise „zu geringe häusliche Anstrengung" und „mangelnder Fleiß") wurde eine Skala gebildet. Drittens wurden die Lehrkräfte selbst nach ihrem sozialen Hintergrund gefragt, so dass für jede Lehrkraft der sozioökonomische Hintergrund (ISEI-Variable) bestimmt werden konnte.

3.8.3 Ergebnisse

Wie der Tabelle 27 zu entnehmen ist, maßen Lehrkräfte im Mittel dem familiären/schulischen Umfeld der Kinder eine nicht unwichtige, vielleicht aber auch keine herausragende Bedeutung zu. (Da die in Tabelle 27 dargestellten unterschiedlichen Merkmale mit jeweils spezifischen Fragen erhoben wurden, wäre es nicht statthaft, die Mittelwerte direkt miteinander zu vergleichen.) Auffällig ist die relativ hohe Standardabweichung (SD) bei der Einschätzung der Wichtigkeit des familiären/sozialen Umfelds. Diese hohe Standardabweichung bedeutet, dass die Antworten der unterschiedlichen Lehrerinnen und Lehrer relativ stark streuten. Während manche Lehrkräfte diesem Merkmal eine sehr wichtige Rolle zumaßen, betrachteten es andere als weniger wichtig. Eine statistische Analyse, in der geprüft wurde, ob sich die Wichtigkeit des genannten Indikators über Länder mit bzw. ohne bindender Übertrittsempfehlung unterscheidet, erbrachte ein nicht-signifikantes Ergebnis.

Tabelle 27: Mittelwerte für die von Lehrkräften eingeschätzte Wichtigkeit unterschiedlicher Merkmale

	M	SD
Akademische Begabung und schulische Fähigkeiten	4,46	0,54
Anstrengung und Durchhalten	4,87	0,54
Psychische Belastbarkeit	4,36	0,55
Motivation	4,98	0,58
Selbstbeherrschung	3,77	0,64
Soziales Verhalten	3,78	0,72
Sekundärtugend	4,12	0,61
Schulrelevantes Verhalten	4,57	0,52
Familiäres / soziales Umfeld	4,22	0,80

Im nächsten Schritt wurde geprüft, ob es einen Zusammenhang zwischen dem eigenen familiären Hintergrund der Lehrkraft, der Bedeutung, die die Lehrkräfte dem familiären/sozialen Umfeld der Schülerinnen und Schüler zusprechen, sowie der Anpassung von Noten an die Übertrittsempfehlung und Attribuierungsmuster für schulischen Misserfolg gibt. Die Ergebnisse dieser Analyse sind in Tabelle 28 berichtet.

Tabelle 28: Korrelationen der untersuchten Lehrvariablen in Bundesländern mit bindender Übergangsempfehlung (unterhalb der Diagonalen, untere Dreiecksmatrix) vs. in Bundesländern ohne bindende Übergangsempfehlung (oberhalb der Diagonalen, obere Dreiecksmatrix)

	UM	AN	MA	HISEI
(UM) Familiäres/soziales Umfeld	1,00	0,06	0,13	-0,03
(AN) Anpassung der Notengebung an Übergangsempfehlung	0,20	1,00	-0,13	-0,18
(MA) Attribution schwacher Leistungen auf mangelnde Anstrengung	0,26	0,02	1,00	0,09
(HISEI) Sozioökonomischer Status	0,21	-0,10	0,02	1,00

Wie die Tabelle 28 zeigt, muss bei der Betrachtung des Zusammenhangs zwischen Bundesländern mit bzw. ohne bindender Übertrittsempfehlung unterschieden werden. In Bundesländern mit bindender Empfehlung fand sich ein statistisch signifikanter Zusammenhang der Lehrkräfte-Einschätzung der Wichtigkeit des familiären/sozialen Umfelds mit dem sozialen Hintergrund der Lehrkräfte, mit der Anpassung der Noten an die Übergangsempfehlung sowie mit der Attribution schwacher Leistungen auf mangelnde Anstrengung. Lehrkräfte, die selbst einer sozial eher begünstigten Familien entstammten, bewerteten in diesen Ländern also auch die soziale Herkunft ihrer Schüler als wichtiger für den Schulerfolg, und sie tendierten eher dazu, die Schulnoten der Kinder an „ihre" Übertrittsempfehlung anzupassen und schulischen Misserfolg auf fehlende Anstrengung in der Schule und bei den Hausaufgaben zu attribuieren. In Ländern ohne bindende Übertrittsempfehlung fielen die Zusammenhänge nicht signifikant aus.

In einem abschließenden analytischen Schritt wurden die Auffassungen der Lehrkräfte zur Wichtigkeit des familiären/sozialen Umfelds mit den Schulleistungen und dem sozialen Hintergrund der Schülerinnen und Schüler in Verbindung gebracht. In den oben berichteten Teilstudien fanden sich Belege dafür, dass die soziale Herkunft der Schülerinnen und Schüler – auch bei vergleichbarer Schulleistung – mit der Übertrittsempfehlung assoziiert ist. Es wurde nun zusätzlich geprüft, ob diese Assoziation besonders eng in solchen Klassen ausfällt, bei denen die Lehrkraft dem familiären/sozialen Umfeld der Schülerinnen und Schüler eine besonders große Bedeutung zumisst. Technisch gesprochen, wurde hierbei eine cross-level-Interaktion zwischen der Lehrkräfteeinschätzung zur Wichtigkeit des familiären/sozialen Umfeld und dem sozioökonomischen Hintergrund der Schülerinnen und Schüler getestet. Die entsprechende Analyse dokumentierte jedoch keine statistisch signifikante Prädiktionskraft für den Interaktionsterm.

3.8.4　Resümee

Erwartungsgemäß geben Lehrkräfte an, dass sie dem familiären/sozialen Umfeld von Schülerinnen und Schülern eine bedeutsame Rolle für den Schulerfolg beimessen. Die Auffassung der Lehrkräfte steht hierbei im Einklang mit wissenschaftlichen Befunden, die auf den substanziellen Zusammenhang von Herkunft und Bildungserfolg verweisen. Problematisch kann eine entsprechende Einstellung jedoch deshalb sein, weil sie potenziell zu einer Stabilisierung sozialer Disparitäten beitragen kann. In Hinblick auf die Reduzierung sozialer Disparitäten wird es daher auch darauf ankommen, schulische Angebote so zu gestalten, dass auch bei fehlender familiärer/sozialer Unterstützung der Schulerfolg von leistungsfähigen Schülerinnen und Schülern nicht gefährdet ist (vgl. Baumert et al., 2011). Auffällig bei der Einschätzung der Wichtigkeit des familiären/sozialen Umfelds war die relativ große Streuungsbreite in den Antworten der Lehrkräfte.

Weitere Analysen wiesen darauf hin, dass in Ländern mit verbindlicher Übertrittsempfehlung ein sicherlich nicht erwünschter Zusammenhang zwischen eigenem familiären Hintergrund der Lehrkräfte, der Bewertung der Wichtigkeit des sozialen Umfelds sowie der Anpassung der Noten an die Übertrittsempfehlung sowie der Tendenz zur Attribution von Misserfolg auf fehlende Anstrengung bestand.

Abschließend wurde untersucht, ob sich Hinweise darauf finden lassen, dass die Einschätzung der Wichtigkeit des familiären/sozialen Umfelds mit der sozialen Herkunft der Schülerinnen und Schüler statistisch interagiert. Es fanden sich – nach Kontrolle der jeweiligen Haupteffekte – jedoch keine empirischen Belege dafür, dass die Einschätzung der Lehrkräfte zur Bedeutung des familiären/sozialen Umfeldes – nach statistischer Kontrolle von Schulleistung und sozialem Hintergrund der Schülerinnen und Schüler – für zusätzliche sekundäre Disparitäten sorgt.

Insgesamt stehen die Befunde in Einklang mit Forderungen (vgl. Baumert et al., 2011), über entsprechende Fördergarantien in den weiterführenden Schulen die Voraussetzungen dafür zu schaffen, dass Aspekte des familiären und sozialen Hintergrunds eine zunehmend geringere Rolle bei den Übertrittsentscheidungen spielen.

3.9   Teilstudie 9

Persistierende Geschlechterdisparitäten: Verhaltensunterschiede und die Wirkung von Stereotypen

Frage 9:

Werden Mädchen am Ende der Grundschule und am Ende der gymnasialen Oberstufe besser bewertet als Jungen?

3.9.1   Hintergrund

Bei Schulleistungen und schulischen Bewertungen lassen sich anhaltende und in Teilen größer werdende Geschlechterunterschiede finden. Geschlechterunterschiede lassen sich unter anderem für die Leistungen in standardisierten Leistungstests dokumentieren. So zeigen sich in Deutschland beispielsweise in PISA substanzielle Unterschiede in der Lesekompetenz zugunsten der Mädchen – diese lagen in PISA 2009 rund 40 Punkte vor den Jungen (Naumann, Artelt, Schneider & Stanat, 2010) – sowie etwas weniger deutliche Unterschiede zugunsten der Jungen in Mathematik, die sich in PISA 2009 auf 16 Punkte beliefen (Frey, Heinze, Mildner, Hochweber & Asseburg, 2010). Während die Unterschiede im Bereich des Lesens (und Schreibens) zugunsten der Mädchen recht stabil über unterschiedliche Testverfahren sind, fallen die Unterschiede in Mathematik zugunsten der Jungen vermutlich umso geringer aus, je „schulnäher" der verwendete Leistungstest ist (vgl. Else-Quest et al., 2010). Einige Aufmerksamkeit hat zudem in jüngerer Vergangenheit die Beobachtung gefunden, dass Mädchen häufiger als Jungen eine Empfehlung für höhere Bildungslaufbahnen erhalten und bei Absolventen mit Abitur überrepräsentiert sind (im Überblick Hannover & Kessels, 2011).

Nach Kontrolle der Leistung in standardisierten Schulleistungstests erhalten Mädchen in den meisten Fächern bessere Schulnoten als Jungen. Die Disparitäten bei den Übertrittsempfehlungen scheinen komplett durch die besseren Schulnoten in der Grundschule erklärbar zu sein und keinen „zusätzlichen" Geschlechtereffekt bei den Empfehlungen zu repräsentieren (vgl. Ditton, 2007). In den deutschsprachigen Ländern dürfte die Überrepräsentation der Mädchen in höheren Bildungsgängen aufgrund des Schereneffekts zwischen Schulformen (vgl. Baumert, Stanat & Watermann, 2006) die Vorteile für die Mädchen in standardisierten Lesefähigkeitstests erhöhen sowie den Leistungsvorsprung der Jungen in Mathematikleistungstests reduzieren.

Welche Ursachen haben die besseren Noten der Mädchen? Inzwischen gibt es gute Belege dafür, dass Mädchen insgesamt in Hinblick auf wichtige lernrelevante

Kompetenzen im Bereich der Selbststeuerung, Motivation und des Sozialverhaltens von sich selbst und anderen positiver eingeschätzt werden als Jungen. Diese Merkmale fließen auch in die – nach Kontrolle der Leistung in standardisierten Schulleistungstests – besseren Schulnoten der Mädchen ein (zusammenfassend Hannover & Kessels, 2011). Allerdings gibt es auch Hinweise darauf, dass Geschlechterunterschiede bei der Anstrengungsbereitschaft über die Schulfächer hinweg nicht einheitlich sind, sondern zwischen eher geisteswissenschaftlich und eher naturwissenschaftlich geprägten Fächern variieren (vgl. Trautwein & Lüdtke, 2009). Ursache hierfür scheinen Geschlechterunterschiede in Erwartungs- und Wertüberzeugungen zu sein, die den üblichen Geschlechterstereotypen folgen (vgl. Watt & Eccles, 2008). Dass Geschlechterstereotypen über entsprechende Anstrengungsinvestitionen einen Bruttoeffekt auf Geschlechterdisparitäten in Leistungstests, Bewertungen durch Lehrkräfte und bei beruflichen Wahlentscheidungen haben, gilt als gesichert (im Überblick Watt & Eccles, 2008). Wie groß die zusätzlichen „direkten" Effekte von Geschlechterstereotypen bei der Beurteilung durch Lehrkräfte ausfallen, ist hingegen noch umstritten. Jungen scheinen noch immer in Hinblick auf allgemeine kognitive Fähigkeiten besser bewertet zu werden. So attribuierten in einer Studie von Tiedemann (1995) Lehrkräfte gute Leistungen bei Schülerinnen stärker auf Anstrengung und weniger stark auf Fähigkeiten als bei Jungen. In einer Studie mit dem Deutschfreiburger Übertrittsdatensatz von Trautwein und Baeriswyl (2007) wurde Jungen (bei gleicher Testleistung) von den Lehrkräften eine höhere kognitive Leistungsfähigkeit attestiert. Ob und in welchem Maße die in der großen Mehrzahl der Studien gefundenen Bewertungsvorteile für Mädchen bei der Motivation und dem schulbezogenen Verhalten neben tatsächlichen Unterschieden auch entsprechende Stereotype reflektieren, lässt sich bislang schwer abschätzen.

In dieser Teilstudie untersuchen wir Geschlechtereffekte bei der Notenvergabe an zwei wichtigen Gelenkstellen von Bildungsbiographien: Am Ende der Grundschulzeit entscheiden Schulnoten, welche Schulform die Schülerinnen und Schüler in der Sekundarstufe I besuchen. Am Ende der gymnasialen Oberstufe stellen Schulnoten ein zentrales Selektionskriterium für den Zugang zu spezifischen Studienangeboten dar. Zusätzlich soll für den Grundschulbereich untersucht werden, ob Geschlechterunterschiede mit geschlechtsspezifischen Motivationen zusammenhängen.

3.9.2   Datengrundlage und Analysestrategie

Die Daten der nachfolgenden Analysen entstammen dem am Berliner Max-Planck-Institut für Bildungsforschung durchgeführten Projekt „Der Übergang von der Grundschule in die weiterführende Schule – Leistungsgerechtigkeit und regionale, soziale und ethnisch-kulturelle Disparitäten" (ÜBERGANG) (Maaz, Baumert, Gresch & McElvany, 2010; Becker et al., 2010). Weitere Informationen zur Studienanlage finden sich im Anhang 1.

Die Daten der vorliegenden Untersuchung zur gymnasialen Oberstufe entstammen der im Jahr 2002 in Baden-Württemberg durchgeführten Studie „Transformation des Sekundarschulsystems und akademische Karrieren" (TOSCA; vgl. Köller et al., 2004; vgl. auch Teilstudie 7).

3.9.3   Ergebnisse

Geschlechtereffekte am Ende der Grundschulzeit

Um den Einfluss des Geschlechts der Schülerinnen und Schüler zu analysieren, sollen die in der Teilstudie 1 für den Grundschulbereich berichteten Befunde noch einmal differenziert betrachtet werden. In der deskriptiven Analyse fallen dabei zwei Befunde auf. Betrachtet man die Schulnoten von Jungen und Mädchen am Ende der Grundschulzeit, zeigen sich, bezogen auf den Notendurchschnitt, leichte Vorteile zugunsten der Mädchen. Bei den Fachnoten haben die Jungen in Mathematik leicht bessere Noten als die Mädchen. In Sachkunde und Deutsch sind wieder die Mädchen besser (vgl. Abbildung 8).

Abbildung 8: Mittelwerte und Standardabweichungen von Schulnoten in der Grundschule differenziert nach Geschlecht

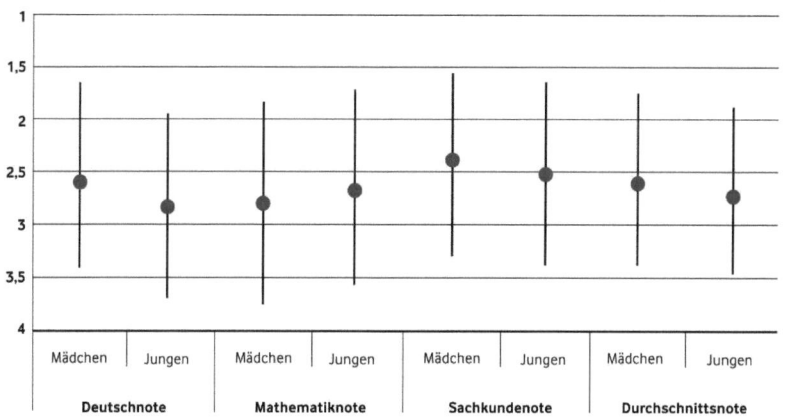

Abbildung 9: Mittelwerte und Standardabweichungen der Leistungstests differenziert nach Geschlecht

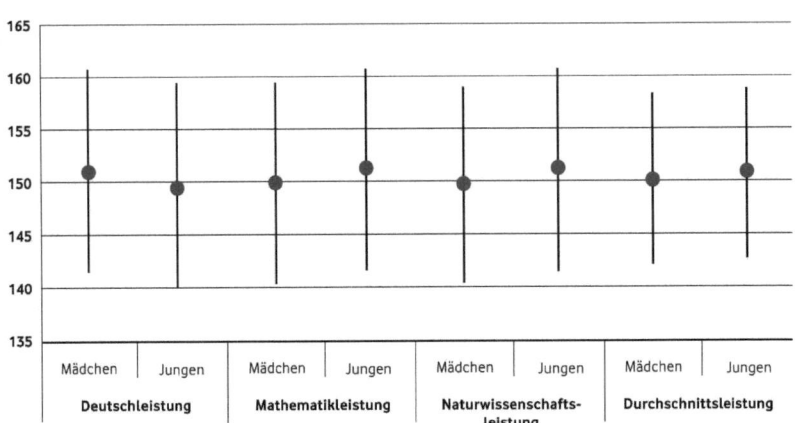

Dieser Notenvorteil der Mädchen spiegelt sich nicht in den Leistungen, gemessen mit standardisierten Tests, wider. Zwar erzielen die Mädchen im Deutschtest bessere Ergebnisse als die Jungen, in Naturwissenschaft und Mathematik schneiden die Jungen leicht besser ab (vgl. auch Bonsen, Lintorf & Bos, 2008). Betrachtet man den Durchschnittstestwert aus den drei Testdomänen, erreichen die Jungen einen leicht besseren Testwert als die Mädchen.

In Tabelle 29 sind die zentralen Befunde der ersten Teilstudie noch einmal zusammenfassend dargestellt. Bei Hinzunahme des Geschlechts in das Analysemodell zeigt sich der bereits in anderen Studien dokumentierte Befund, dass Mädchen bei gleichen schulischen Leistungen und kognitiven Grundfähigkeiten besser benotet werden als Jungen. Dieser Effekt ist insgesamt statistisch signifikant, führt aber nur zu einer geringfügigen Verbesserung der Erklärungsgüte des Modells (M3).

Wie in der Gesamtanalyse aus Teilstudie 2, soll untersucht werden, ob motivationale Merkmale für den beschriebenen Geschlechtereffekt verantwortlich sind. Betrachtet man die Mittelwerte der beiden motivationalen Merkmale Anstrengungsbereitschaft und Gewissenhaftigkeit, zeigen sich Unterschiede. Demnach beschreiben sich Mädchen als gewissenhafter und anstrengungsbereiter als Jungen (vgl. Abbildung 10, S. 284). Die Geschlechterunterschiede in den motivationalen Merkmalen sind statistisch signifikant. Allerdings ist der Unterschied lediglich bei der Skala Gewissenhaftigkeit im Unterricht auch von praktischer Bedeutsamkeit (d = 0,27), bei der Skala Anstrengungsbereitschaft ist der Effekt weniger bedeutsam (d = 0,067).

Tabelle 29: Vorhersage der Durchschnittsnote durch individuelle Schülermerkmale zum sozio-kulturellen familiären Hintergrund und zentraler Leistungsindikatoren

	M1	M2	M3	M4
	b	b	b	b
Kombinierter Leistungswert [+]	0,50	0,51	0,44	0,43
Kognitive Grundfähigkeit (KFT) [+]	0,11	0,11	0,09	0,09
Geschlecht (Ref. Mädchen)				
Jungen		-0,11	-0,10	-0,10
Sozioökonomischer Status (ISEI) [+]			0,08	0,06
Ausbildung, schulisch (Ref. Abitur)				
Hauptschulabschluss			-0,33	-0,29
Mittlere Reife			-0,11	-0,09
Fachhochschulreife			-0,09	-0,08
Ausbildung, beruflich (Ref. Uni-Abschluss)				
nicht universitär Abschlüsse			0,00	-0,01
Bücherbesitz (Ref. 26–100)				
weniger als 25				-0,08
101 bis 250				0,03
251 bis 500				0,03
mehr als 500				0,04
Kulturelle Aktivitäten Eltern [+]				0,04
R^2	51,00	51,40	55,00	55,40

Abbildung 10: Mittelwerte und Standardabweichungen für die Schülermerkmale Gewissenhaftigkeit und Anstrengungsbereitschaft differenziert nach Geschlecht

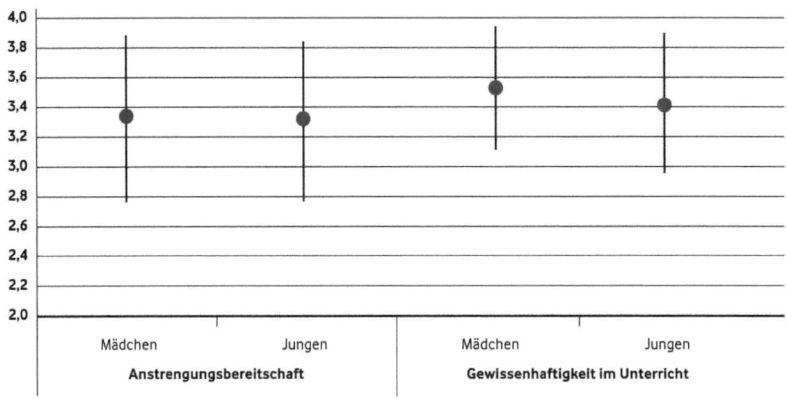

Wie in der Teilstudie 1 soll nun überprüft werden, ob der Geschlechtereffekt auf unterschiedliche Ausprägungen in den motivationalen Merkmalen zurückzuführen ist. Wenn dies der Fall ist, sollte sich der Geschlechtereffekt von M1 zu M2 spürbar verringern (partielle Mediation) oder nicht mehr das Signifikanzkriterium erreichen (vollständige Mediation). Der Tabelle 30 ist zu entnehmen, dass für den Geschlechtereffekt eine partielle Mediation nachgewiesen werden konnte. Hier reduziert sich der Effekt bei Hinzunahme der motivationalen Merkmale ins Modell von b = -0,093 auf b = -0,056. Zumindest ein Teil der geschlechtsspezifischen Bewertung ist also vermutlich darauf zurückzuführen, dass Mädchen gewissenhafter und anstrengungsbereiter sind als Jungen.

Tabelle 30: Vorhersage der Durchschnittsnote durch individuelle Schülermerkmale zum Migrationsstatus, zum sozio-kulturellen familiären Hintergrund und zentraler Leistungsindikatoren

	M1	M2
	b	b
Kombinierter Leistungswert [+]	0,43	0,40
Kognitive Grundfähigkeit (KFT) [+]	0,09	0,09
Geschlecht (Ref. Mädchen)		
Jungen	-0,10	-0,06
Sozioökonomischer Status (ISEI) [+]	0,06	0,05
Ausbildung, schulisch (Ref. Abitur)		
Hauptschulabschluss	-0,29	-0,27
Mittlere Reife	-0,09	-0,09
Fachhochschulreife	-0,08	-0,08
Ausbildung, beruflich (Ref. Uni-abschluss)		
nicht universitär Abschlüsse	-0,01	0,01
Bücherbesitz (Ref. 26–100)		
weniger als 25	-0,08	-0,08
101 bis 250	0,03	0,03
251 bis 500	0,03	0,02
mehr als 500	0,04	0,04
Kulturelle Aktivitäten Eltern [+]	0,04	0,03
Migration (Ref. Beide Eltern in Dt geboren)		
beide Eltern im Ausland geboren	0,00	-0,01
Gewissenhaftigkeit im Unterricht [+]		0,13
Anstrengungsbereitschaft [+]		0,05
R^2	55,40	59,40

Geschlechtereffekte am Ende der gymnasialen Oberstufe

Die Tabellen 31 und 32 geben zunächst einen deskriptiven Überblick über die von den Schülerinnen und Schülern in Mathematik und Englisch erreichten Testleistungen sowie die in den beiden Fächern vergebenen Fach- und Prüfungsnoten. Auf die Darstellung der Befunde der Prüfungsnoten für den Englisch Grundkurs wird aufgrund der geringen Stichprobengröße und der eingeschränkten Übertragbarkeit der Ergebnisse dieser Gruppe wie in Teilstudie 7 verzichtet.

Tabelle 31 enthält die Ergebnisse für Mathematik. Wie zu erkennen ist, erzielten die Schüler sowohl im Grund- als auch im Leistungskurs höhere Testleistungen als die Schülerinnen. Der Unterschied zwischen den Gruppen betrug im Grundkurs d = 0,24 Standardabweichungen und im Leistungskurs d = 0,38 Standardabweichungen. Die Leistungsunterschiede können als substanziell eingestuft werden und fielen auch statistisch signifikant aus. Wie Tabelle 31 weiterhin entnommen werden kann, spiegelten sich die Leistungsunterschiede nicht in den Fach- und Prüfungsnoten der Schülerinnen und Schüler wieder. So erhielten die Schülerinnen im Grundkurs bei geringerer mittlerer Leistung im Mittel höhere Noten als die Jungen, wobei der Notenunterschied bei den Fachnoten größer ausfiel als bei den Prüfungsnoten. Im Mathematikleistungskurs waren die vorhandenen Notenunterschiede zwischen Schülerinnen und Schülern nicht statistisch signifikant, und dies, obwohl die Testleistungen der Schülerinnen deutlich unter den Leistungen der Schüler lagen.

Ein ganz ähnliches Befundmuster zeigte sich in Englisch. Auch hier fielen die Testleistungen der Schüler durchweg höher aus als die Leistungen der Schülerinnen. Der Leistungsunterschied betrug im Grundkurs d = 0,35 Standardabweichungen und im Leistungskurs d = 0,19 Standardabweichungen. Erneut korrespondierten die Leistungsunterschiede nicht mit den Fach- und Prüfungsnoten, die für die Schülerinnen im Mittel besser ausfielen als für die Schüler.

Tabelle 31: Testleistungen, Fachnote Schulhalbjahr 13/1 und Prüfungsnote Mathematik getrennt nach Grund- und Leistungskurs (Standardabweichung in Klammern)

| | Grundkurs | | Leistungskurs | |
	Schüler	Schülerinnen	Schüler	Schülerinnen
Testleistung	475,19 (61,72)	460,49 (59,16)	576,79 (68,22)	550,96 (67,14)
Fachnote (13/1)	7,00 (3,66)	7,94 (3,63)	9,29 (3,39)	9,41 (3,09)
Prüfungsnote	7,40 (4,22)	8,08 (4,03)	10,11 (3,67)	9,84 (3,59)

Tabelle 32: Testleistungen, Fachnote Schulhalbjahr 13/1 und Prüfungsnote in Englisch getrennt nach Grund- und Leistungskurs (Standardabweichung in Klammern)

	Grundkurs		Leistungskurs	
	Schüler	Schülerinnen	Schüler	Schülerinnen
Testleistung	**524,80** (47,78)	**508,45** (45,08)	**551,41** (46,40)	**542,48** (46,72)
Fachnote (13/1)	**8,68** (2,91)	**8,95** (2,93)	**8,79** (2,84)	**9,57** (2,74)
Prüfungsnote	—	—	**8,71** (3,22)	**9,42** (3,24)

Die Vorhersagemodelle für die Fach- und Prüfungsnoten in den Tabellen 33 und 34 geben Auskunft darüber, wie stark die Notenunterschiede zwischen Schülerinnen und Schülern bei gleichen Testleistungen ausfielen. Im Mathematikgrundkurs (vgl. Tabelle 33) erhielten Schülerinnen bei vergleichbaren Testleistungen eine um etwa 1,5 Punkte höhere Fachnote als die Schüler. Der Bewertungsvorteil der Schülerinnen blieb unverändert, wenn zusätzlich zu den Testleistungen die kognitiven Fähigkeiten mit berücksichtigt wurden (vgl. Modell M2). Im Leistungskurs (vgl. Tabelle 34, S. 288) waren die Bewertungsunterschiede zwischen den Schülerinnen und Schülern etwas geringer ausgeprägt als im Grundkurs, aber dennoch substanziell. Bei den Prüfungsnoten fiel der Bewertungsvorsprung der Schülerinnen der Tendenz nach niedriger aus als bei den Fachnoten.

Vergleichbare Ergebnisse ergaben sich für Englisch. Der Bewertungsvorteil zugunsten der Mädchen bewegte sich in einem Rahmen von 0,88 bis 1,14 Punkten auf der 15er-Notenmetrik und unterschied sich kaum für die Fach- und die Prüfungsnoten. Die Befunde blieben stabil, wenn zusätzlich zu den Testleistungen auch die kognitiven Grundfähigkeiten mit in die Modelle aufgenommen wurden.

Tabelle 33: Vorhersage der Fach- und Prüfungsnote in Mathematik durch Testleistung, Geschlecht und kognitive Grundfähigkeit im Grundkurs

	Fachnote (13/1)		Prüfungsnote	
	M1	M2	M1	M2
Intercept Fachnote Mathematik	7,78	7,79	8,43	8,44
Testleistung Mathematik ª	2,50	2,56	3,34	3,41
Geschlecht (*Ref. Jungen*)				
Mädchen	1,48	1,47	1,38	1,37
Kognitive Grundfähigkeit (KFT) ª		-0,14		-0,16
R^2	29,0	29,1	39,7	39,8

Tabelle 34: Vorhersage der Fach- und Prüfungsnote in Mathematik durch Testleistung, Geschlecht und kognitive Grundfähigkeit im Leistungskurs

	Fachnote (13/1)		Prüfungsnote	
	M1	M2	M1	M2
Intercept Fachnote Mathematik	7,14	7,11	7,54	7,52
Testleistung Mathematik [+]	2,29	2,39	2,68	2,74
Geschlecht (Ref. Jungen)				
Mädchen	0,90	0,93	0,68	0,70
Kognitive Grundfähigkeit (KFT) [+]		-0,21		-0,11
R^2	35,0	35,2	38,5	38,6

Tabelle 35: Vorhersage der Fachnote in Englisch durch Testleistung, Geschlecht und kognitive Grundfähigkeit im Grundkurs

	Fachnote (13/1)	
	M1	M2
Intercept Fachnote Englisch	8,68	8,68
Testleistung Englisch [+]	1,74	1,73
Geschlecht (Ref. Jungen)		
Mädchen	0,88	0,89
Kognitive Grundfähigkeit (KFT) [+]		0,02
R^2	29,0	29,0

Tabelle 36: Vorhersage der Fachnote in Englisch durch Testleistung, Geschlecht und kognitive Grundfähigkeit im Leistungskurs

	M1	M2	M1	M2
Intercept Fachnote Englisch	7,93	7,92	7,62	7,60
Testleistung Englisch [+]	1,76	1,79	2,10	2,14
Geschlecht (*Ref. Jungen*)				
Mädchen	1,08	1,07	1,14	1,12
Kognitive Grundfähigkeit (KFT) [+]		-0,10		-0,16
R^2	34,5	34,6	35,3	35,5

3.9.4   Resümee

Für die Grundschule konnten Bewertungsunterschiede zwischen Mädchen und Jungen festgestellt werden. Während die Ergebnisse aus standardisierten Leistungstests leichte Vorteile der Jungen aufzeigten, erreichten die Mädchen bessere oder gleich gute Schulnoten. Allerdings differieren hier die Befunde domänenspezifisch. Bei gleichen Leistungen in den Tests wurden Jungen strenger bewertet als Mädchen. Darüber hinaus zeigte sich, dass der Geschlechtereffekt zumindest partiell durch motivationale Merkmale vermittelt war, in der Art, dass Mädchen sich als gewissenhafter und anstrengungsbereiter als Jungen beschreiben und zumindest ein Teil des Geschlechtereffekts auf motivationale Merkmale zurückzuführen war. Allerdings sollte hierbei auch kritisch bedacht werden, dass die entsprechenden Skalen Selbstberichte der Schülerinnen und Schüler darstellten und sich auch bei diesen Effekte von Geschlechterstereotypen niederschlagen könnten.

Die Ergebnisse zu den geschlechtsbezogenen Bewertungsunterschieden am Ende der gymnasialen Oberstufe zeigten erstmals auf Grundlage einer repräsentativen Datenbasis, dass auch beim Abitur mit zum Teil beträchtlichen Bewertungsunterschieden zwischen Schülerinnen und Schülern zu rechnen ist. So entspricht der im Mathematikgrundkurs für die Fachnoten festgestellte Bewertungsvorteil zugunsten der Schülerinnen ca. 1,5 Punkte, überführt in die herkömmliche Notenmetrik von 1 bis 6 immer noch 0,3 Notenstufen. Die Tatsache, dass beim Wettbewerb um stark nachgefragte Studienplätze zum Teil die zweite Nachkommastelle bei den Abiturnoten den Ausschlag für eine Zusage oder Ablehnung geben kann, unterstreicht die praktische Bedeutsamkeit der vorgefundenen Bewertungsunterschiede. Die Geschlechtsunterschiede in der Benotung fielen in Mathematik bei den Prüfungsnoten etwas niedriger aus als bei den Fachnoten, in Englisch zeigten sich diesbezüglich kaum Unterschiede. Insgesamt scheinen jedoch die Prüfungsnoten aus den Zentralabiturprüfungen ähnlich anfällig für geschlechtsbezogene Bewertungsunterschiede wie die Fachnoten.

Einschränkungen unserer Befunde ergeben sich zum einen dahingehend, als dass sich die Ergebnisse nur auf die von uns untersuchten Fächer beziehen und nicht ohne Weiteres auf andere Fächer übertragbar sind. Zum anderen liefert die Untersuchung keine Informationen über die den Bewertungsunterschieden zugrunde liegenden Prozessen. Existieren beispielsweise notenrelevante Unterschiede – etwa in Bezug auf die Beteiligung am Unterrichtsgeschehen und die Sorgfalt in der Aufgabenerledigung – die durch die Leistungstests nicht mit erfasst wurden und evtl. einen Teil der Bewertungsunterschiede zwischen den Schülerinnen und Schülern erklären könnten? Im Falle der Mathematik könnten zudem Stereotype der Lehrkräfte hinsichtlich der Leistungserwartung an Jungen und Mädchen eine Rolle spielen, wonach Mädchen in Mathematik üblicherweise eine geringere Leistungsfähigkeit zugeschrieben wird und entsprechend bei gleichen Leistungen ein Bewertungsbonus zugunsten der Schülerinnen vergeben wird. Hier besteht nach wie vor erheblicher Forschungsbedarf, insbesondere mit Blick auf die Leistungsbewertung in der gymnasialen Oberstufe.

3.10   Teilstudie 10

Wirkungen primärer und sekundärer Herkunftseffekte sowie von Merkmalen der Lehrperson auf die Benotung schulischer Leistungen

Frage 10:

Welchen Einfluss haben sozialschichtspezifische Merkmale der Schülerinnen und Schüler auf die Benotungspraxen der Lehrpersonen? Inwiefern ist bei der Benotung ein klassenspezifischer Referenzgruppeneffekt festzustellen? Beeinflussen Merkmale der Lehrperson, wie Geschlecht und Unterrichtserfahrung, die Notengebung?

3.10.1 Hintergrund

Studien jüngeren Datums (u.a. Becker, 2010; Ditton & Krüsken, 2010; Ehmke & Jude, 2010; Klein et al. 2010; Maaz, Baumert & Trautwein, 2010; Maaz & Nagy, 2010) haben immer noch Hinweise auf eine systematische Bevorteilung bzw. Benachteiligung bestimmter Schülergruppen geliefert, die in Konflikt mit meritokratischen Grundsätzen stehen. So fanden sich Belege dafür, dass Effekte des sozialen Hintergrunds sowie der mittleren Leistungsstärke einer Schulklasse wirksam werden (vgl. Baumert et al., 2009). Ebenfalls konnte gezeigt werden, dass neben Referenzgruppeneffekten (bei gleicher individueller Leistung fiel die Übertrittsempfehlung in leistungsstarken Klassen niedriger aus) auch Unterschiede in substantieller Größe zwischen einzelnen Schulen und Lehrkräften auftreten (Baeriswyl, Wandeler & Trautwein, 2011).

Soziale Gerechtigkeit bei der Beurteilung von Schulleistungen und individuellen Fähigkeiten gehört aber zum Grundrecht in einem demokratisch geordneten Staat. Die Vergabe von Schulungs-, Bildungs- und Berufschancen müssen unabhängig sein von sozialer Herkunft, sozioökonomischem Hintergrund der Eltern sowie von deren Kultur- oder Bildungsnähe. Jede Demokratie ist bemüht, diese Chancengleichheit herzustellen. Trotz diesen Bemühungen der Staatsschule um Bildungs- und Chancengerechtigkeit zeigen diese neuesten Studien, dass Herkunftseffekte stabil sind. Familiären Sozialisationsprozessen vor und während der Schulzeit kommt in Hinblick auf soziale Disparitäten eine bedeutsame Rolle zu, da das heimische Lernumfeld und die Unterstützung durch Eltern einen beträchtlichen Anteil der individuellen Lerngeschichte ausmachen.

PISA 2000 hat gezeigt, dass das schweizerische Schulsystem mit diesen sozialen Disparitäten nicht besonders gut umgehen kann. Schülerinnen und Schüler mit einem ISEI-Index im untersten Quartil hatten eine der größten Wahrscheinlichkeiten aller untersuchten OECD-Länder, auch in der Gesamtskala der Leseleistung im untersten Quartil zu liegen (OECD, 2001, S. 327). Ramseier und Brühwiler (2003) kamen nach einer Detailanalyse der PISA-Daten zum Schluss, dass die soziale Herkunft bzw. die Bildungsnähe der Eltern für die Lese- und Mathematikleistung von großer Bedeutung ist. Dieser Effekt bleibt auch bei Kontrolle der kognitiven Grundfähigkeiten und der kulturellen Herkunft als ein eigenständiger Effekt bestehen (Ramseier & Brühwiler, 2003, S. 39). Nach ihnen ist dieser Effekt besonders stark durch den Schultyp vermittelt. Dies könnte ein Hinweis dafür sein, dass soziale Herkunftseffekte beim Übertritt von der Primar- in die Sekundarstufe I entstehen.

Moser und Berweger (2005) stellten zudem sehr große Unterschiede dieser Effekte zwischen den kantonalen Schulsystemen fest. Große soziale Herkunftseffekte gingen mit hoch selektiven Aufnahmeverfahren einher. „Die Ergebnisse im Kanton Freiburg, Jura und Wallis bestätigen zudem, dass die Maximierung der durchschnittlichen Mathematikkompetenzen und die Verminderung schulischer Segregation zwei Anliegen sind, die sich auch in der Schweiz nicht ausschliessen." (Moser & Berweger, 2005, S. 117) Baeriswyl et al. (2006) stellten für den deutschsprachigen Kantonsteil Freiburg zwar einen signifikanten, aber vergleichsweise geringen sekundären Effekt des sozioökonomischen Status der Eltern auf den Zuweisungsentscheid für eine Abteilung der Sekundarstufe I fest. Sie schrieben diesen „Teilerfolg" einem multikriterialen Übertrittsverfahren zu. Verlaufsstudien der PISA-Untersuchungen von 2000 bis 2009 (Ehmke & Jude, 2010) zeigen, dass sich das Problem mit dem Umgang sozialer Disparitäten in der Schweiz etwas gemildert darstellt, aber noch keinesfalls zufriedenstellend bewältigt worden ist.

Wenig untersucht ist die Wirkung der sozialen Herkunft auf die Notengebung im Schulalltag. Viele Übertrittsverfahren berücksichtigen die Fachnoten oder die Notendurchschnitte als Entscheidungselement für die Zuweisung in die gegliederte Sekundarstufe I.

Roeder et al. (1986) berichten eine geringe Bedeutung der sozialen Herkunft der Schülerinnen und Schüler für die Zensurengebung in der Schule. „Gemessen am Bildungsstatus beider Eltern erklärt sie nur etwa ein halbes Prozent der Variation der Schulzensuren in jedem der drei Fächer (geschätzt als Quadrat der Produkt-Moment-Korrelation zum zweiten Testzeitpunkt am Ende des 7. Schuljahrs)." (S. 46) Ebenso berichten sie zwar eine beträchtliche Varianz der Variable „Sozialstatus der Schüler", jedoch nur eine geringe Aufklärungskraft der Fachnoten in einem Regressionsmodell. Diese Daten erklären Roeder et al. (1986) mit einer Art „survival of the fittest": „da die Stichprobe im Hinblick auf den Sozialstatus der Schüler durchaus eine beträchtliche Varianz hat, ... ist dieses Ergebnis wohl so zu verstehen, dass die wesentlichen schichtspezifischen Einflüsse auf die Schullaufbahn sich in der Grundschule und wahrscheinlich in den ersten beiden Schuljahren im Gymnasium geltend gemacht haben. Schüler aus Familien mit niedrigem Bildungsstatus, die das 7. Schuljahr in der höheren Schule erreicht haben, unterscheiden sich in ihren Leistungen in den drei Hauptfächern nicht mehr von ihren Mitschülern." (S. 46) Der bei Roeder et al. dokumentierte geringe Einfluss des sozioökonomischen Hintergrundes ist präziser ausgedrückt ein kleiner sekundärer Einfluss des sozioökonomischen Hintergrundes. Ihre Argumentation läuft darauf hinaus, dass durch die Selektion durch das Schulsystem die primären Effekte bereits ihre volle Wirkung ausgeübt haben, da die Leistungsschwachen aus tieferen Schichten bereits weg selektiert wurden, ohne dass die Spannbreite an sozioökonomischen Hintergründen extrem eingeschränkt wurde. Der Studie mangelt es an einem objektiveren Leistungsindikator als es die Noten sind, von daher bleibt es unklar, inwiefern primäre und sekundäre Effekte (vgl. dazu Kap. 2.3) auftreten. Allein auf Grund der Note gibt es nach ihnen keine Bevorteilung von sozialen Schichten (Roeder et al., 1986).

In dieser letzten Teilstudie untersuchen wir nun die mögliche Wirkung des sozioökonomischen und kulturellen Hintergrundes auf die Benotung. Dabei werden primäre und sekundäre Herkunftseffekte getrennt. Weiter wird ein möglicher Bezugsgruppeneffekt für die Klassenleistung bei einem Fachleistungstest untersucht.

Zudem beschäftigt die Frage, inwiefern Berufsmerkmale der Lehrperson sekundäre Herkunftseffekte beeinflussen. Durch die getrennte Berücksichtigung der Fachbereiche Mathematik und Deutsch wird auch die Stabilität der Effekte überprüft. Dabei werden primäre Herkunftseffekte auf die Noten, von direkten Einflüssen des sozialen Hintergrundes auf die Noten, getrennt. Diese direkten Einflüsse des Hintergrundes auf die Noten können als Teil der sekundären Herkunftseffekte gesehen werden (vgl. die indirekten sekundären Herkunftseffekte in Teilstudie 3). Weiter wird untersucht ob das Leistungsniveau der Klasse einen Effekt auf Noten der einzelnen Schülerinnen und Schüler hat. Zudem beschäftigt die Frage, inwiefern Berufsmerkmale der Lehrperson sekundäre Herkunftseffekte beeinflussen.

3.10.2 Datengrundlage und Analysestrategie

Die Daten der nachfolgenden Analysen entstammen der Deutschfreiburger Studie (deutschsprachiger Kantonsteil Freiburg/Schweiz) zum Übertrittsverfahren von der Primarschule in die Sekundarstufe I (vgl. Baeriswyl et al., 2006; zum Schweizer Schulsystem vgl. Anhang 4). Jährlich werden standardmäßig von jedem Kind die Zeugnisnoten des ersten Semesters der sechsten Primarklasse, die Einschätzung der Lern- und Arbeitsmotivation, sowie der kognitiven Fähigkeiten durch die Lehrperson, die Angaben zur Inanspruchnahme der Schuldienste (z.B. Logopädie), die globale Zuweisungsempfehlung der Lehrperson und der Eltern, sowie die Ergebnisse der Leistungsprüfung in Deutsch und Mathematik erhoben.

Die Übertrittsjahrgänge 2009 und 2010 wurden zum regulären Verfahren zusätzlich ausführlich befragt. Von den Schülerinnen und Schülern wurden Migrationshintergrund, gesprochene Sprache in der Familie, kulturelle und soziökonomische Hintergrundsvariablen, ihr Verhalten bei den Hausaufgaben, aber auch die wahrgenommene Vorbereitungsgüte auf die Prüfung, die wahrgenommene Gerechtigkeit in der Klasse und bei der Vorbereitung erfragt. Die Befragungsinstrumente blieben während den beiden Jahren mit Ausnahme von zwei ergänzenden Fragen unverändert. Gleichzeitig zur Elternbefragung wurde den Lehrpersonen ein zweiter Fragebogen zur retrospektiven Einschätzung des Übertrittsverfahrens abgegeben.

Tabelle 37: Deskriptive Angaben zu den Erhebungen der Übertrittsjahre 2009 und 2010

	2009	2010
Anzahl Schülerinnen und Schüler	824	861
davon weiblich	425 (51,6%)	436 (50,6%)
davon männlich	399 (48,4%)	425 (49,4%)
Anzahl Lehrpersonen	50	49
davon weiblich	34 (68%)	33 (67%)
davon männlich	16 (32%)	16 (33%)

Sozioökonomische Stellung der Eltern. Zur Beschreibung der sozioökonomischen Stellung dient der auf den elterlichen Berufsangaben basierende Internationale Sozioökonomische Index (ISEI), den Ganzeboom, De Graaf, Treiman und De Leeuw (1992) entwickelt haben. Für die Analysen wurde der höchste sozioökonomische Index von Vater bzw. Mutter gewählt. Für die Erfassung der kulturellen Praxis und die Anzahl der Bücher wurden die Items der PISA-Studie verwendet.

Familiensprache. Die Familiensprache wurde bei den Schülerinnen und Schülern erfragt. Bei der Familiensprache wurde für die vorliegenden Analysen zwischen Landessprachen (Deutsch, Französisch, Italienisch) und anderen Sprachen unterschieden. Familiensprache Deutsch und Landessprachen wurden mit 1 kodiert; 0 entspricht einer Familiensprache, die nicht gleich der Unterrichtssprache ist.

Noten. Die von den Lehrpersonen vergebenen Noten wurden von den Lehrpersonen im Rahmen der Standarddaten zum Übertrittsverfahren für jedes Kind berichtet. Es sind dies die Zeugnisnoten am Ende des ersten Semesters der sechsten Klasse. Dabei handelt es sich um eine in Halbnotenschritten abgestufte Skala von 6 bis 1: sehr gut (6), sehr gut–gut (5,5), gut (5), gut–genügend (4,5), genügend (4), ungenügend (3,5), (3), (2,5), (2), (1,5), (1). Mittelwerte der Noten für die Fächer Mathematik, Deutsch, Französisch und Musik werden in Tabelle 38 berichtet. Die Unterschiede zwischen den beiden Jahren erwiesen sich als statistisch nicht signifikant. Für die Noten wurde eine jahrgangsweise Standardisierung vorgenommen. Dadurch werden auch kleinere Unterschiede in der Notengebung berücksichtigt und eine Interpretation der Befunde in der Metrik standardisierter Regressionskoeffizienten ermöglicht.

Standardisierter Leistungstest. Im Rahmen des Übertrittsverfahrens wird ein standardisierter Mathematik- und Deutschtest administriert. In beiden Testteilen (Deutsch und Mathematik) können maximal 50 Punkte erzielt werden. Der Mathematiktest besteht aus den vier Subtests Grundoperationen, Textaufgaben, Brüche sowie Geometrie und der Deutschtest aus den Subtests Textschaffen, Textverständnis und Rechtschreibung. Die Aufgabeninhalte beziehen sich auf den Lehrplan der fünften und einen Teil der sechsten Klasse. Die Prüfungsaufgaben werden von Lehrpersonen der Sekundarstufe I und von nicht am Übertritt beteiligten Primarlehrpersonen auf der Basis der verbindlichen Lehrpläne erarbeitet. Zudem werden die Tests in einigen Klassen eines anderen Kantons, in welchem dieselben Lehrpläne gelten, validiert. Die Teilnahme am Leistungstest ist in der Regel für alle Schülerinnen und Schüler verpflichtend. Dispensiert werden heilpädagogisch begleitete Schülerinnen und Schüler mit großen Entwicklungsrückständen. Der Leistungstest findet in allen Schulen am gleichen Tag statt. Er wird in den Klassenzimmern der Primarschule durchgeführt und von einer Lehrperson der Sekundarstufe I überwacht. Die Prüfungskorrekturen werden ebenfalls von Lehrpersonen der Sekundarstufe I durchgeführt, um die Güte der Korrekturen zu garantieren. Die Testergebnisse werden für ganz Deutschfreiburg zentral ausgewertet.

Für die vorliegende Studie wurden die Prüfungswerte in Mathematik und Deutsch als standardisierte Leistungsindikatoren verwendet. In Mathematik lag der Mittelwert im Jahr 2009 bei M = 30,80 (SD = 8,01) und 2010 bei M = 27,95 (SD = 7,96). In der Deutschprüfung lagen die Werte 2009 bei M = 34,91 (SD = 7,90) und 2010 bei

M = 32,83 (SD = 8,12) (vgl. Tabelle 38). Da der Leistungstest in jedem Jahr neu konstruiert wird, kommt es zu einer natürlichen Schwankung. Diese fiel für die beobachteten Jahrgänge in der Mathematikprüfung (F (1, 1669) = 53,22, p < 0,001, partielles η2 = 0,03) wie auch in der Deutschprüfung (F (1, 1671) = 28,07, p < 0,001, partielles η2 = 0,02) statistisch signifikant aus. Um diese, für die vorliegende Fragestellung unerwünschte Variation auszuschalten und darüber hinaus einfacher interpretierbare Koeffizienten in der Mehrebenenanalyse zu erhalten, wurden die Leistungswerte jahrgangsweise z-standardisiert. Der Testwert im Leistungstest wurde sowohl als Individualvariable als auch – in pro Klasse aggregierter und nicht erneut standardisierter Form – als Klassenvariable verwendet.

Lehrermerkmale. Neben dem Geschlecht, der Anzahl Unterrichtsjahre und der Anzahl der begleiteten Übertrittsverfahren wurde auch die Selbstwirksamkeitsüberzeugung der Lehrpersonen erfasst (Cronbach's alpha = 0,72).

Tabelle 38: Vergleich der Noten- und Prüfungsmittelwerte

		2009	2010	F	sig
Mathematiknote	M	4,99	4,96	0,687	0,407
	SD	0,61	0,62		
Deutschnote	M	4,92	4,87	3,364	0,067
	SD	0,51	0,52		
Französisch	M	5,11	5,08	0,947	0,331
	SD	0,60	0,63		
Musik	M	5,33	5,36	1,313	0,252
	SD	0,51	0,53		
Mathe Prüfung	M	30,80	27.95	53,215	0,000
	SD	8,01	7,96		
Deutsch Prüfung	M	34,91	32,83	28,07	0,000
	SD	7,90	8,12		

In Untersuchungen mit Schulklassen ist die hierarchische Struktur der gewonnenen Daten zu berücksichtigen, um mögliche Fehlschlüsse bei der Analyse zu vermeiden (vgl. Raudenbush & Bryk, 2002). Ein adäquates Auswertungsverfahren für Daten mit hierarchischer Struktur stellt die Mehrebenenanalyse dar, eine allgemeine Form der Regressionsanalyse, die es erlaubt, simultan Prädiktoren auf mehreren Ebenen (z.b. Individualebene, Klassenebene) zu berücksichtigen und Standardfehler der Regressionskoeffizienten konservativ zu schätzen. Alle berichteten Modelle sind sogenannte random intercept Modelle, die über das full information maximum likelihood Verfahren mit dem Programmpaket HLM 6 (Raudenbush, Bryk, Cheong & Congdon, 2004) geschätzt wurden. Das verwendete Softwarepaket für Mehrebenenanalysen (HLM 6.04, Raudenbush, Bryk, Cheong & Congdon, 2004) bietet allein unstandardisierte Regressionskoeffizienten in den Ergebnisausdrucken an, was die Interpretation der Regressionsgewichte aufgrund der oftmals arbiträren Metriken der Prädiktoren und Kriterien erschwert. Um die spätere Interpretation etwas zu vereinfachen, wurden im vorliegenden Fall alle metrischen Variablen standardisiert (M = 0, SD = 1). Durch diese sogenannte Y-Standardisierung lassen sich die Effekte der Prädiktorvariablen einfacher interpretieren. Die Regressionskoeffizienten zeigen dann an, um welchen Anteil einer Standardabweichung die abhängigen Variablen bei der Zunahme/Abnahme um eine Einheit bei den Prädiktorvariablen zunehmen/abnehmen. Die Daten der beiden Jahrgänge wurden jahrgangsweise standardisiert und dann in jahrgangsübergreifenden Modellen in den Fachbereichen Mathematik und Deutsch überprüft. Die Noten in Musik und Französisch wurden nur in der Analyse zur Zerlegung der Varianzen verwendet und werden wegen fehlender Leistungswerte in den weiteren Fragestellungen nicht mehr berücksichtigt.

3.10.3 Ergebnisse

Varianzen auf Klassenebene: Gibt es fachspezifische Unterschiede?

In den ersten Regressionsmodellen, den sogenannten Nullmodellen, wurden noch keine Prädiktoren berücksichtigt. Diese Modelle geben Auskunft darüber, wie sich die Gesamtvarianz der Noten in den Fächern Mathematik, Deutsch, Musik und Französisch auf die Individual- und Klassenebene verteilte (vgl. Tabelle 39). Es zeigte sich, dass in Mathematik und Deutsch jeweils 94 und 95 Prozent der Varianz in den Noten auf Schülerebene lagen und etwa 5–6 Prozent auf der Klassenebene. Bei den Musiknoten war die Varianz auf Klassenebene mit jeweils 19 Prozent deutlich stärker ausgeprägt, während die Klassenvarianz in Französisch mit 2–5 Prozent geringer ausfiel.

Die Klassenvarianzanteile der Mathematik-, Deutsch- und Französischnoten fielen, außer für Französisch 2010, ähnlich groß aus. Vor allem unterschied sich ihr Anteil zu jenem der Musiknote. Auffallend ist, dass die Fächer mit engeren

Vorgaben durch den Lehrplan und das Lehrbuch wesentlich weniger Klassenvarianz aufweisen.

Tabelle 39: Varianzkomponenten in verschiedenen Fächern

	Mathematik		Deutsch		Musik		Französisch	
Jahr	2009	2010	2009	2010	2009	2010	2009	2010
Klassenebene	0,05	0,06	0,06	0,05	0,19	0,19	0,05	0,02
Schülerebene	0,95	0,94	0,94	0,95	0,81	0,81	0,95	0,98

Eine erste Erkenntnis aus dem Vergleich der Varianzzerlegungen ist, dass der Anteil der Klassenvarianz auch stark vom Fach abhängig ist. Außer in Französisch sind die jeweiligen Varianzanteile in den beiden Kohorten sehr ähnlich. Diese geringen Schwankungen sind ein Indiz dafür, dass die Größenordnung dieser fachspezifischen Variation auf Klassenebene relativ stabil ist.

Einfluss des sozialen Hintergrundes (primärer und sekundärer Effekt)
In den nächsten Modellserien wurde die Beziehung des sozialen Hintergrundes mit den Noten in den Fächern Mathematik und Deutsch analysiert (vgl. Tabelle 40). Im Modell 1 wurde jeweils eine Reihe von Indikatoren des sozialen Hintergrundes als Prädiktorvariablen berücksichtigt. Dabei handelte es sich um den totalen Effekt des sozialen Hintergrundes (d.h. inkrementeller primärer und sekundärer Effekt). Die Landessprache, der sozioökonomische Status und der Bücherbestand spielten sowohl in Mathematik als auch in Deutsch eine Rolle, während die kulturellen Aktivitäten der Eltern keinen zusätzlichen Einfluss hatten. Beim Migrationsstatus zeigte sich, dass für die Mathematiknote nur Kinder mit einer im Ausland geborenen Mutter eine tiefere Mathematiknote hatten, während in Deutsch die Geburt von Vater, Mutter oder beiden Elternteilen im Ausland einen Zusammenhang mit tieferen Noten hatte. Während 11 Prozent der Varianz der Mathematiknote durch den sozialen Hintergrund erklärt werden konnte, waren es bei der Deutschnote 17 Prozent. Dieser Unterschied deutet darauf hin, dass die Deutschnote enger mit dem Bücherstand und dem Migrationshintergrund zusammenhing als die Mathematiknote.

Im Modell 2 wurde zusätzlich das Individualmerkmal Geschlecht berücksichtigt. Geschlechtseffekte traten in Mathematik keine auf, in Deutsch hatten die Mädchen bessere Noten. Die Berücksichtigung des Geschlechts hatte die Effekte der Indikatoren des sozialen Hintergrundes nicht bedeutend verändert.

Im Modell 3 wurde die individuelle Testleistung je in Mathematik und Deutsch kontrolliert. Dieses standardisierte Leistungsmaß dient als „neutraler" Maßstab für die Leistung. So können Kinder aus verschiedenen Klassen miteinander verglichen werden und man kann vergleichen ob Kinder mit den gleichen Testwerten auch gleiche Noten erhalten. In der Tat bestand in beiden Fächern ein enger Zusammenhang zwischen Testleistung und den Noten (B = 0,85 und 0,84). Einem Leistungsvorsprung von einer Standardabweichung in den Prüfungen entsprach also durchschnittlich eine um etwa 0,85 Standardabweichungen besser ausgefallene Note (also rund vier Fünftel einer Standardabweichung).

Zudem gibt dieses Modell 3 Auskunft darüber, wie stark die Indikatoren des sozialen Hintergrundes über die individuellen Testleistungen hinaus mit den durch die Lehrperson vergebenen Noten assoziiert waren. Unter der Annahme, dass alle primären Einflüsse des sozialen Hintergrundes auf die Note vollständig in der Testleistung absorbiert sind, wären die übrig bleibenden Effekte des sozialen Hintergrundes sogenannte sekundäre Effekte. Ebenfalls wären alle primären Effekte der Landessprache und des Geschlechtes auf die Leistungsfähigkeit über die Testleistung mediiert.

Die Berücksichtigung der Testleistung erhöhte die Varianzaufklärung der Note des Individuums um fast 40 bzw. 50 Prozentwertpunkte. Durch die Kontrolle der Leistung wurden die Effekte des sozialen Hintergrundes stark reduziert. Ein Großteil der Effekte des sozialen Hintergrundes auf die Notengebung waren also primäre Effekte. Der Effekt der Landessprache wurde ausgeschaltet. Der Effekt des sozioökonomischen Status wurde drastisch reduziert, es blieb aber noch ein kleiner signifikanter Effekt. In Mathematik und Deutsch verblieb nur ein Effekt der Anzahl Bücher, nämlich die Gruppe „101–200 Bücher" hatte höhere Noten als die Referenzgruppe. Der negative Effekt des Migrationsstatus der Mutter wurde in Mathematik stark vermindert, blieb aber bestehen. In Deutsch wurden die Effekte des Migrationsstatus ebenfalls reduziert, aber nur der Effekt der beiden im Ausland geborenen Elternteile wurde ausgeschaltet. Kinder mit einer im Ausland geborenen Mutter oder mit einem im Ausland geborenen Vater hatten schlechtere Deutschnoten.

In Bezug auf das Geschlecht der Schülerinnen und Schüler war auffällig, dass bei gleichen Testleistungen die Jungen eine um mehr als eine Zehntel Standardabweichung schlechtere Mathematiknote erhalten. Die besseren Mathematiknoten der Mädchen können also nicht vollständig durch eine höhere Leistungsfähigkeit erklärt werden. Zu berücksichtigen ist, dass in den berichteten Analysen keine Anstrengungsindikatoren einbezogen wurden.

Tabelle 40: Vorhersage der Mathematik- und Deutschnoten durch individuelle Schülermerkmale zum sozio-kulturellen familiären Hintergrund, Geschlecht und Testleistung

	Mathematik			Deutsch		
	M1	M2	M3	M1	M2	M3
	b	*b*	*b*	*b*	*b*	*b*
Landessprache (=1; 0=nicht)	0,32	0,32	0,14	0,28	0,30	0,06
Sozioökonomischer Status (ISEI) +	0,22	0,22	0,04	0,22	0,22	0,07
Kulturelle Aktivitäten	0,02	0,02	0,02	0,04	0,03	0,01
Bücherbesitz (*Ref. 26–100*)						
weniger als 25	-0,26	-0,27	0,02	-0,29	-0,26	-0,03
101 bis 200	0,25	0,25	0,12	0,36	0,35	0,17
201 bis 500	0,21	0,21	0,05	0,27	0,26	0,09
mehr als 500	0,20	0,20	0,05	0,28	0,28	0,07
Migrationsstatus (*Ref. beide Eltern*)						
Vater im Ausland geboren	-0,22	-0,23	-0,04	-0,33	-0,28	-0,16
Mutter im Ausland geboren	-0,42	-0,42	-0,19	-0,25	-0,26	-0,15
Beide Elternteile im Ausland gegeboren	-0,07	-0,07	-0,01	-0,24	-0,23	-0,11
Geschlecht Kind (männl.=1, weibl.=0)		0,02	-0,12		-0,37	-0,06
Testleistung Mathematik / Deutsch			0,85			0,84
R^2	0,11	0,11	0,60	0,17	0,21	0,66

Einfluss der Leistungsstärke der Klasse

In der nächsten Modellserie (vgl. Tabelle 41, S. 300) wurde nun zusätzlich zu den bisherigen auf der Schülerebene berücksichtigten Variablen die durchschnittliche Testleistung auf Klassenebene eingefügt. Mit diesem Modell lässt sich prüfen, inwiefern bei der Benotung Referenzgruppeneffekte auftreten. D.h. inwiefern ist die Note eines Individuums durch die Leistungsfähigkeit der Klasse beeinflusst?

Der Referenzgruppeneffekt trat in Mathematik und Deutsch auf. In Klassen, deren mittlere Testleistung in Mathematik um eine Standardabweichung über dem Mittelwert lag (in der Metrik der individuellen Schülerleistung), erhielten die Schüler – nach Kontrolle ihrer individuellen Leistungen – eine im Mittel um .31 bis .37 Standardabweichung schlechtere Note. Dieser Befund ist in Übereinstimmung mit ähnlich gelagerten Ergebnissen einer Reihe von Studien der jüngeren Vergangenheit. Die Berücksichtigung der Leistungsstärke der Klasse erhöhte die Varianzaufklärung der Note des Individuums zwar nur um maximal 1 %, die Höhe des Regressionskoeffizienten zeigte jedoch auf, dass der Klassenkontext bei der Notengebung als Referenzgruppe eine bedeutsame Rolle spielt.

Tabelle 41: Vorhersage der Mathematik- und Deutschnote 2009 und 2010 durch individuelle Schülermerkmale zum sozio-kulturellen familiären Hintergrund, Leistungstärke der Klasse und durch Merkmale der Lehrperson

	Mathematik		Deutsch	
	M4	M5	M4	M5
	b	b	b	b
Landessprache (=1; 0=nicht)	0,14	0,14	0,06	0,06
Sozioökonomischer Status (ISEI) [+]	0,04	0,04	0,07	0,07
Kulturelle Aktivitäten (Eltern	0,02	0,02	0,01	0,01
Bücherbesitz (*Ref. 26–100*)				
weniger als 25	0,02	0,02	-0,02	-0,02
101 bis 200	0,12	0,12	0,17	0,17
201 bis 500	0,04	0,05	0,08	0,08
mehr als 500	0,05	0,05	0,06	0,06
Migrationsstatus (*Ref. beide Eltern*)				
Vater im Ausland geboren	-0,05	-0,05	-0,17	-0,17
Mutter im Ausland geboren	-0,19	-0,19	-0,15	-0,15
Beide Elternteile im Ausland geboren	-0,01	-0,01	-0,12	-0,12
Geschlecht Kind (männl.=1; weibl.=0)	-0,12	-0,12	-0,06	-0,06
Testleistung Mathematik / Deutsch	0,87	0,87	0,84	0,84
Mittlere Testleistung Mathematik /Deutsch	-0,31	-0,31	-0,31	-0,30
Geschlecht Lehrperson (m=1; w=0)		0,02		0,00
Anzahl Jahre Unterrichtserfahrung		0,05		0,01
Anzahl begleitete Übertrittsverfahren		-0,02		0,01
Selbstwirksamkeit Lehrpersonen		-0,04		0,00
R^2	0,61	0,61	0,67	0,67

Einfluss von Lehrpersonenmerkmalen

In der nächsten Modellserie (vgl. Tabelle 41) wurden nun auf der Klassenebene zusätzlich zur durchschnittlichen Testleistung auch folgende Lehrpersonenmerkmale eingefügt: das Geschlecht der Lehrperson, die Anzahl der Jahre Unterrichtserfahrung, die Anzahl begleiteter Übertrittsverfahren und die Selbstwirksamkeit der Lehrperson. Keines der Lehrpersonenmerkmale hatte einen statistisch signifikanten Effekt.

3.10.4 Resümee

Eine erste Erkenntnis aus dem Vergleich der Varianzzerlegungen war, dass der Anteil an Klassenvarianz stark vom Fach abhängig war. Fächer mit engerer Bindung an den Lehrplan und an das Lehrbuch wiesen eine wesentlich geringere Varianz zwischen den Klassen auf. Die Note im Fach Musik hingegen war sehr stark von der Lehrperson, respektive von der Klasse, abhängig.

Der primäre Herkunftseffekt war fachübergreifend stabil und äußerst bedeutsam. Der sozio-ökonomische Hintergrund des Kindes wirkte sich vorwiegend auf die objektiv erfassten Leistungen in Mathematik und Deutsch aus. Dazu hatten die Landessprache, der Bücherbestand und der Migrationsstatus bedeutsame Einflüsse, während die elternberichteten kulturellen Aktivitäten sich nicht als zusätzliche prädiktive Faktoren für die Noten erwiesen. Die besseren oder schlechteren Noten von Schülerinnen und Schüler in Abhängigkeit des sozialen Hintergrundes hingen demnach mit tatsächlich höheren oder tieferen Leistungen zusammen. So erbrachten zum Beispiel Schülerinnen und Schüler aus einem sozioökonomisch tieferen Familienmilieu tiefere Leistungen im Mathematik- und Deutschtest. Der größte Teil der Effekte des sozialen Hintergrundes auf die Notengebung waren primäre Effekte (Effekte verbunden mit der Leistungsfähigkeit).

Die sekundären Effekte des sozialen Hintergrundes, also ein Einfluss der Herkunft bei gleicher Leistung, waren eher schwach ausgeprägt und in den Fächern Mathematik und Deutsch ähnlich. Die Landessprache spielte keine direkte Rolle mehr, jedoch hatte der sozioökonomische Status und der Migrationsstatus direkte Effekte. Beim Migrationsstatus war überraschend, dass zwischen jenem des Vaters und dem der Mutter differenziert werden muss. Wurde die Mutter im Ausland geboren, waren die Noten sowohl in Deutsch wie in Mathematik schlechter. Der Migrationshintergrund des Vaters zeigte sich jedoch nur für die Deutschnote. Diese Differenzierung könnte eine Spekulation zulassen, dass der Migrationsstatus der Mutter mit (geringeren oder fehlenden) Hilfestellungen bei den Hausaufgaben etwas zu tun haben könnte, die sich in beiden Fächern negativ auswirkt. Der Migrationshintergrund des Vaters dürfte stärker mit der zu Hause gesprochenen Sprache assoziiert sein, was sich auf die Deutschleistung des Kindes auswirken könnte. Diese Differenzierung müsste näher untersucht werden. Die Anzahl der Bücher spielte vor allem für die Gruppe „101–200 Bücher" eine Rolle. Die Jungen blieben jedoch auch unter Kontrolle aller anderen Variablen im Vergleich zu den Mädchen im Fach Mathematik leicht benachteiligt.

Die klassenspezifischen Referenzgruppeneffekte waren in beiden Fächern vorhanden. Um zu untersuchen, ob die Unterschiede zwischen den Jahren bzw.

Klassen durch die Zusammensetzung des Lehrkörpers beeinflusst werden könnte, wurden zusätzlich Merkmale der Lehrperson auf ihren prädiktiven Gehalt hin getestet. Die Ergebnisse zeigten, dass die berücksichtigten Lehrpersonenmerkmale keine Zusammenhänge mit der Note aufwiesen.

Resümee, Ausblick und Einschränkungen 4

Die Befunde der vorliegenden Expertise konnten zeigen, dass Leistungsbewertung in Form von Schulnoten nicht ausschließlich leistungsrelevanten Kriterien folgt. Vielmehr zeigten sich auch Einflüsse leistungsfremder Merkmale. Hierzu zählen neben Referenzgruppeneffekten insbesondere der soziale Hintergrund der Schülerinnen und Schüler sowie das Geschlecht. In den Teilstudien konnten Effekte dieser Merkmale sowohl am Beginn der Bildungsbiografie, in der Grundschule als auch zu einem späteren Zeitpunkt, am Ende der gymnasialen Oberstufe festgestellt werden. Demzufolge erhielten Kinder aus sozial weniger begünstigten Familien bei gleichen Leistungen in einem standardisierten Leistungstest schlechtere Noten als Kinder aus sozial begünstigten Familien. Geschlechterunterschiede zeigten sich zu Gunsten der Mädchen, die bei gleichen Leistungen in standardisierten Leistungstests bessere Noten erhielten als die Jungen.

Bei den beschriebenen Zusammenhängen zwischen sozialer Herkunft und Schulnoten und Geschlecht und Schulnoten handelt es sich um einen „Bruttoeffekt", bei dem unterstellt wird, dass die Ergebnisse in einem standardisierten Leistungstest ein valides Abbild der Gesamtleistung darstellen. Dies ist jedoch nicht der Fall, da standardisierte Leistungstests immer nur einen Ausschnitt der benotungsrelevanten Fähigkeiten und Verhaltensweisen erfassen. Leistungen im mündlichen Bereich, wie beispielsweise die Mitarbeit im Unterricht und bei den Hausaufgaben, fließen ebenfalls in die Notenvergabe mit ein und könnten für die beschriebenen Effekte verantwortlich sein.

Für die These, dass die unterschiedlich strenge Benotung von Kindern aus verschiedenen sozialen Herkunftsgruppen auf sozialschichtspezifische Ausprägungen motivationaler Merkmale wie Gewissenhaftigkeit oder Anstrengungsbereitschaft zurückzuführen sind, konnten in dieser Teilstudie keine empirischen Belege gefunden werden. Für den Geschlechtereffekt konnte zumindest eine partielle Mediation nachgewiesen werden. Offen muss bleiben, ob mit den hier verwendeten Indikatoren von Gewissenhaftigkeit und Anstrengungsbereitschaft die motivationalen Merkmale hinreichend vollständig erfasst werden konnten oder ob bei Einbezug weiterer Merkmale eine Verstärkung der Mediationskraft zu beobachten wäre.

Unerwünschte leistungsfremde Einflüsse auf die Notenvergabe sind insbesondere dann potenziell problematisch, wenn die Noten ein wichtiges Selektionskriterium für den weiteren Bildungsverlauf darstellen. Dies ist beispielsweise am Ende der Grundschule der Fall, da für den Übergang auf das Gymnasium die Noten von besonderer Wichtigkeit sind. Die Befunde aus den Effektzerlegungen konnten zeigen, dass Interventionen oder bildungspolitische Maßnahmen, die ausschließlich die Übergangssituation in den Blick nehmen zu kurz greifen, da ein Großteil des Herkunftseffektes viel früher angelegt ist. Selbst wenn alle sekundären Herkunftseffekte vermieden werden könnten, würde Ungleichheit weiterbestehen, da Leistungsunterschiede, die zum Beispiel schon zum Beginn der Schullaufbahn bestehen und im Bildungssystem nicht abgebaut werden könnten, immer zu primären Herkunftseffekten führen werden. Effektive Maßnahmen zur Verringerung sozialer Herkunftseffekte können am effektivsten durch die Abmilderung des primären und des sekundären Herkunftseffektes erreicht werden. Darüber hinaus konnten die vorgestellten Analysen zeigen, dass mit einer ausschließlichen Neutralisation insbesondere des sekundären Herkunftseffektes unerwünschte Nebeneffekte auftreten, die dazu führen würden, dass der Anteil der Kinder, die nicht die Leistungsvoraussetzungen für das Gymnasium mitbringen, trotzdem aber auf ein Gymnasium wechseln, ansteigt.

Für den Übergang auf ein Gymnasium ist die von der Grundschule ausgesprochene Übertrittsempfehlung besonders relevant. Schülerinnen und Schüler erhielten in 5,6 Prozent aller Fälle eine Übertrittsempfehlung für das Gymnasium, obwohl ihre Lehrkräfte eine weniger positive Empfehlung für angemessen hielten. Diese Abweichung von der als angemessen wahrgenommenen Empfehlung ist mit dem sozialen Hintergrund der Schülerinnen und Schüler assoziiert.

Auch in der gymnasialen Oberstufe zeigen sich leichte Einflüsse leistungsfremder Merkmale. Besonders hervorzuheben ist, dass sich kaum Unterschiede zwischen den Fach- und Prüfungsnoten zeigten. Dieser Befund ist eher als erfreuliches Resultat zu betrachten, da sich für die Fachnoten kaum Hinweise auf Nachteile bei der Leistungsbewertung in Abhängigkeit des familiären Hintergrundes feststellen ließen.

Einschränkend muss betont werden, dass in den vorliegenden Studien neben den eingesetzten Leistungstests keine oder nur sehr begrenzt motivationale Schülermerkmale wie Anstrengungsbereitschaft, Mitarbeit im Unterricht, Gewissenhaftigkeit und ähnliche unterrichtsbezogene Aspekte einbezogen werden konnten, von denen bekannt ist, dass sie ebenfalls von Bedeutung für die Notengebung sind und somit möglicherweise Hinweise auf die den Effekten der familiären Herkunft und des Geschlechts zugrunde liegenden Prozessen geben können. Ferner ist darauf hinzuweisen, dass sich unsere Befunde nur auf ausgewählte Fächer beziehen. Um die Ergebnisse auf eine breitere empirische Basis zu stellen, bedarf es weiterer Untersuchungen in anderen Fächern unter Einbezug mehrerer Bundesländer. In diesen Studien müssten auch die motivationalen Schülermerkmale differenzierter erfasst werden, um theoretisch vorstellbare Vermittlungshypothesen zu testen. Des Weiteren machen die Befunde der Expertise darauf aufmerksam, dass es differenzierterer Analysen bedarf, um an die Prozesse und Mechanismen zu gelangen, warum Lehrkräfte für Kinder bei gleichen Leistungen unterschiedliche Bewertungsmaßstäbe ansetzen.

Anhang 5

Beschreibung der TIMSS-Übergangsstudie

1   Einleitung

Die folgende Beschreibung der TIMSS-Übergangsstudie folgt im Wesentlichen der Beschreibung von Becker et al. (2010). Dabei werden nur die für diese Expertise relevanten Informationen aufgeführt. Für weiterführende Informationen sei daher auf Becker et al. (2010) verwiesen.

Bei der TIMSS-Übergangsstudie „Der Übergang von der Grundschule in die weiterführende Schule – Leistungsgerechtigkeit und regionale, soziale und ethnisch-kulturelle Disparitäten" (Maaz et al., 2010) handelt es sich um ein Kooperationsprojekt des Max-Planck-Instituts für Bildungsforschung (MPIB), des Instituts für Schulqualität (IFS) und des Instituts für Qualitätsentwicklung im Bildungswesen (IQB). Die „TIMSS-Übergangsstudie" ist an die, in Deutschland auf einer repräsentativen Stichprobe 4. Klassen beruhende, internationale Vergleichsstudie Trends in International Mathematics and Science Study, 2007 (TIMSS) angegliedert (Bos et al., 2008; Martin, Mullis & Foy, 2008; Mullis, Martin & Foy, 2008).

2   Anlage der Untersuchung

Die Untersuchungspopulation der TIMSS-Übergangsstudie ist weitgehend deckungsgleich mit derjenigen der TIMSS-Studie. Für die TIMSS-Übergangsstudie wurden alle diejenigen Schülerinnen und Schüler als Grundgesamtheit definiert, die im Schuljahr 2006/07 in einem Bundesland lebten, in dem der Übergang in die Sekundarstufe nach der 4. Klasse erfolgt, und eine 4. Klasse auf einer Regelschule besuchten. Entsprechend dieser Setzung wurden, im Unterschied zu TIMSS, Berlin, Brandenburg und Mecklenburg-Vorpommern nicht in die Population einbezogen, da in diesen Bundesländern der Übergang von der Primar- in die Sekundarstufe erst nach der 6. Klasse stattfindet. Aufgrund ihrer gesonderten Übergangssituation wurden Schülerinnen und Schüler, die zum Zeitpunkt der Erhebung keine Regelschule, sondern eine Förder- oder Sonderschule besuchten, ebenfalls nicht als Teil der Grundgesamtheit der TIMSS-Übergangsstudie definiert.

Studiendesign und zeitlicher Ablauf

Der Zeitraum der Datenerhebung für die TIMSS-Übergangsstudie erstreckte sich vom November 2006 bis zum September/Oktober 2008. Abbildung 1 stellt die verschiedenen Messzeitpunkte der TIMSS-Übergangsstudie dar und ordnet diese zeitlich in den Übergangsprozess ein. Oberhalb des Zeitstrahls sind die einzelnen Erhebungen der Studie mit Informationen über die Untersuchungseinheiten abgetragen, während unterhalb des Zeitstrahls die einzelnen Phasen/Stationen des Übergangsprozesses dargestellt sind.

Abbildung 1: Studienverläufe der TIMSS-Übergangsstudie

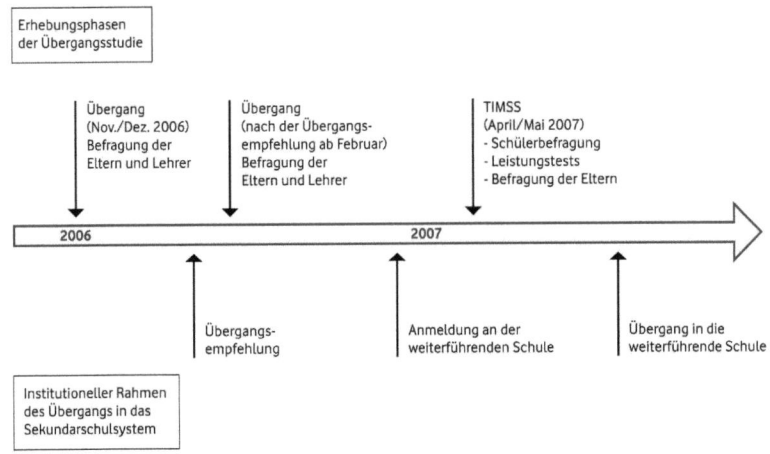

Schülerinnen und Schüler der 4. Klasse, deren Eltern sowie die jeweiligen Klassenlehrerinnen und Klassenlehrer wurden an bis zu drei Zeitpunkten vor dem Übergang befragt. Die erste Befragung der Eltern und Lehrkräfte fand im November/Dezember 2006 statt, bevor die teilnehmenden Schülerinnen und Schüler das Halbjahreszeugnis der 4. Klasse erhalten hatten. Die zweite Befragung – ebenfalls der Eltern und Lehrkräfte – erfolgte direkt nach Erhalt der Übergangsempfehlung bzw. der Beantragung des Übertrittszeugnisses im Februar/März 2007. Die dritte Erhebung wurde im Rahmen der TIMSS-Testung zu einem Zeitpunkt durchgeführt, zu dem die meisten Eltern ihr Kind bereits auf der angestrebten Schule bzw. Schulform angemeldet hatten. Zu diesem Zeitpunkt wurden Leistungstests bei den Schülerinnen und Schülern erhoben sowie Lehrkräfte, Eltern und die Schülerinnen und Schüler selbst zu ihrem schulischen und psychosozialen Hintergrund befragt.

Parallel zur Datenerhebung in Form von Leistungstests und Fragebögen wurden zusätzlich Basisinformationen wie Noten, Geschlecht, Alter oder die erhaltene Übergangsempfehlung der teilnehmenden Schülerinnen und Schüler von ihren Schulen/Lehrkräften erfasst. Diese Informationen wurden für jedes Kind der teilnehmenden Klasse – unabhängig der eigenen Teilnahme zu einem der Erhebungszeitpunkte – erhoben.

3 Untersuchungsinstrumente

Leistungstests: Testkonzeption und -statistik

In der TIMSS-Übergangsstudie kamen unterschiedliche Test- und Erhebungsinstrumente zum Einsatz.

Im Folgenden soll auf die wesentlichen Teststatistiken der Leistungstests eingegangen werden. Eine ausführlichere Darstellung der Testkonzeption und Teststatistik findet sich darüber hinaus bei Bonsen et al. (2008) sowie bei Olson, Martin und Mullis (2008) und Granzer, Köller und Bremerich-Vos (2009).

Der Mathematiktest bestand aus 179 Items im Multiple-Choice- (96) und Kurzantwortformat (83). Die Aufteilung nach den mathematischen Inhaltsbereichen Arithmetik (52 %), Geometrie/Messen (34 %) und Daten (15 %) entspricht im Wesentlichen ihrer Bedeutsamkeit in den Schulbüchern. Darüber hinaus lassen sich die Items nach den kognitiven Anforderungsbereichen Reproduzieren (39 %), Anwenden (39 %) und Problemlösen (22 %) unterteilen. Die Reliabilität des Mathematik-Leistungstests, erhoben über die interne Konsistenz, lag in Deutschland bei einem Cronbachs Alpha von $\alpha = .83$ (vgl. Bonsen et al., 2008).

Der Aufgabenpool des Leistungstests Naturwissenschaften umfasste 174 Testaufgaben, von denen 93 im Multiple-Choice-Format und 81 in einem kurzen offenen Antwortformat vorgegeben wurden. In Anlehnung an die schulischen Fächer können die Aufgaben inhaltlich den Bereichen Biologie (43 %), Physik (37 %) und Chemie (21 %) zugeordnet werden. Darüber hinaus lassen sich die Aufgaben nach dem kognitiven Anforderungsprofil Reproduzieren (44 %), Anwenden (26 %) und Problemlösen (20 %) aufteilen. Die Reliabilität des naturwissenschaftlichen Leistungstests lag in Deutschland bei einem Cronbachs Alpha von α = .80 (vgl. Bonsen et al., 2008).

Die Erhebung der Deutschleistung fand im Rahmen der Normierung 2007 der BiSta statt (vgl. Granzer et al., 2009). Insgesamt wurden 446 Items, die theoretisch vier verschiedenen Kompetenzbereichen Lesen, Hören, Sprachgebrauch und Rechtsschreibung zugeordnet werden können, eingesetzt. Das Multi-Matrix-Sampling, analog zum Vorgehen in den Mathematik- und Naturwissenschaftstests in TIMSS, erlaubte, dass nicht alle Schülerinnen und Schüler alle Aufgaben bzw. Aufgabenbereiche bearbeiten mussten. Vielmehr bearbeiteten die Kinder Aufgaben aus zwei bis drei Kompetenzbereichen. Trotz der Zuordenbarkeit der Items zu vier unterschiedlichen Subdomänen konnte ein eindimensionales Rasch-Modell angepasst werden. Somit lässt sich die Deutschleistung ebenfalls wie die Testleistung in Mathematik und Sachkunde mit einem gemeinsamen Wert (composite score) für die individuelle Zielperson abbilden. Für die TIMSS-Übergangsstudie ergab sich insgesamt ein Mittelwert von M = 0.06 und eine Standardabweichung von SD = 1.20. Die Werte wurden analog zum Vorgehen in TIMSS auf die Metrik M = 150 und SD = 10 standardisiert. Die Standardisierung erfolgte anhand der TIMSS-Stichprobe ohne die zusätzlich gezogenen Migrantenschulen. Die WLE-Reliabilität des Tests betrug r = .81.

Als Indikator der kognitiven Leistungsfähigkeit wurde der figurale Subtest N2 des Kognitiven Fähigkeits-Tests für 4. Klassen (KFT 4-12+R; Heller & Perleth, 2000) verwendet. Bei diesem Test sollen Analogien zwischen zwei Figurenpaaren gebildet werden. Vorgegeben wird jeweils ein Paar und eine Hälfte eines zweiten Paares, zu der dann aus fünf möglichen Antworten diejenige ausgesucht werden muss, die für das zweite Paar die gleiche Beziehung herstellt, wie sie durch das erste Paar vorgegeben ist. Die Tests wurden in zwei parallelisierten Versionen A und B administriert. Die Reliabilität dieser Tests liegt für Version A bei Cronbachs α = .92 und für Version B bei α = .93 (vgl. Heller & Perleth, 2000).

Fragebögen

Zur Erfassung relevanter Hintergrundmerkmale und psychosozialer Angaben wurden für Schülerinnen und Schüler, Eltern und Lehrkräfte Fragebögen verwendet. Die Fragebögen wurden in deutscher Sprache vorgegeben. Zusätzlich wurden den Eltern bei Bedarf Fragebögen in den Sprachen Russisch und Türkisch zur Verfügung gestellt.

Im Schülerfragebogen (TIMSS) wurden die Schülerinnen und Schüler um Auskunft über ihre eigenen Einstellungen zu Schule und ihren Eltern gebeten. Der Schülerfragebogen wurde durch die TIMSS-Übergangsstudie um übergangsrelevante Aspekte erweitert. Die in den postalischen Nachbefragungen eingesetzten Schülerfragebögen erfassten primär Aspekte der psychosozialen Bewältigung des Übergangs. Über den Elternfragebogen wurden neben übergangsrelevanten Angaben der Eltern zu ihrem Kind weitere Merkmale wie etwa Ansichten und Einstellungen zur Schule und der demografische Hintergrund erfasst. Der Lehrerfragebogen erfasste schließlich Angaben zur Demografie, Ausbildung sowie individuelle Einstellungen der Lehrerschaft zur Schule und zum Übergang. Zudem wurden in der zweiten Befragung der Lehrer individuelle Einschätzungen der einzelnen Schülerinnen und Schüler erhoben.

Alle Fragebögen, die im Rahmen der Studie zum Einsatz kamen, wurden im Vorfeld der Untersuchung pilotiert. Insgesamt gab es drei Pilotstudien, die im Januar, Mai und Herbst des Jahres 2006 stattfanden.

Schülerteilnahmeliste (Trackingdaten)

Über die Leistungstests hinaus wurden Geschlecht, Alter, Noten aus dem Halbjahreszeugnis sowie die Empfehlung für die Sekundarschule in einer Schülerteilnahmeliste unabhängig der individuellen Teilnahme erhoben. Diese Informationen werden im Folgenden auch als Trackingdaten bezeichnet. Mit Ausnahme von zwei Bundesländern (Sachsen und Sachsen-Anhalt)[1] ist die Schülerteilnahmeliste um Angaben zur Umgangssprache und dem Status, ob ein Kind aus einer (Spät-)Aussiedlerfamilie stammte, erweitert.

Übergang in die Sekundarschulen

Der tatsächliche Übergang der Kinder von den Grund- in die Sekundarschulen wurde über Angaben der Eltern zum Zeitpunkt der dritten Erhebung mit der Frage „Welche Schulform wird Ihr Kind im nächsten Schuljahr besuchen?" erfasst. Bei fehlenden Angaben wurde auf Schülerangaben zurückgegriffen (ebenfalls Welle 3 – Wortlaut der Frage: „Auf welche Schulform wirst du nach den Sommerferien gehen?"). Die Übereinstimmung zwischen Eltern- und Schülerangaben lag bei 92,0 Prozent, bei einer dichotomen Differenzierung zwischen Gymnasium und anderen Schulformen, wie sie den meisten der folgenden Analysen zugrunde gelegt wurde, sogar bei 98,5 Prozent.[2] Restliche fehlende Angaben (betrifft 12,2 %

---

1 Für diese beiden Bundesländer lagen entsprechende Informationen auf Klassenebene vor, das heißt, es war jeweils bekannt, wie viele Schüler in dieser Klasse Spätaussiedlerstatus oder einen bestimmten sprachlichen Hintergrund aufweisen.

2 Gesamtschulen wurden dabei als „andere Schulform" klassifiziert, da auch der Besuch des Gymnasialzweiges einer Kooperativen Gesamtschule in der Regel eine Entscheidung gegen die Schulform „Gymnasium" darstellt. Wie zusätzliche Auswertungen zeigten, sind die zentralen Analyseergebnisse im Wesentlichen deckungsgleich, unabhängig von der Zuordnung der Schülerinnen und Schüler der Gesamtschulen.

aller Schülerinnen und Schüler) wurden nach dem unten beschriebenen Verfahren imputiert.

Übergangsempfehlung für die Sekundarschulen

Die Übergangsempfehlung für die Sekundarschule wurde über die Lehrkräfte zu einem Zeitpunkt erfasst, als die Empfehlung bereits ausgestellt wurde (Welle 3). Unterschieden wird zwischen „Gymnasialempfehlung" und „Empfehlung für eine andere Schulform".

Es gab zum damaligen Zeitpunkt der Erhebungen drei Bundesländer, in denen nicht alle Schülerinnen und Schüler eine Empfehlung erhielten: So musste in Bayern das Übertrittszeugnis (entspricht der Empfehlung) von den Eltern beantragt werden. Wurde kein Antrag gestellt, zählte dies automatisch als „Empfehlung für die Hauptschule". In Hessen wurde von den Schulen zunächst der Wunsch der Eltern erfasst. Nur wenn der Besuch der Realschule oder des Gymnasiums (bzw. entsprechende Bildungsgänge an der Kooperativen Gesamtschule) angestrebt wurde, erteilte die Klassenkonferenz eine Empfehlung. In Thüringen dagegen konnten die Eltern ihr Kind bei entsprechenden Noten auch ohne Empfehlung auf dem Gymnasium anmelden. Somit hatten fehlende Angaben zur Übergangsempfehlung in diesen drei Bundesländern eine andere Bedeutung als in Bundesländern, in denen jeder Schüler bzw. jede Schülerin automatisch eine Empfehlung erhielt. Fehlende Werte wurden durch Angaben der Eltern aufgefüllt, wodurch für knapp 99 Prozent Angaben zur erhaltenen Empfehlung zur Verfügung standen.[3] Die restlichen 1 Prozent wurden über das unten beschriebene Verfahren imputiert (vgl. letzter Abschnitt des vorliegenden Kapitels zum „Umgang mit fehlenden Werten").

4   Realisierte Stichprobe

In TIMSS waren strenge Auflagen zur Teilnahme sowohl auf Schüler- als auch auf Schulebene vorgesehen, die in internationaler Absprache vereinbart und eingehalten werden mussten (vgl. Bonsen et al., 2008). Die Ausschöpfungsquote der Stichprobe musste insgesamt auf Schüler- und Schulebene mehr als 95 Prozent

---

3 Für Bayern und Hessen wurde Schülerinnen und Schüler, für die nach Angaben der Lehrkräfte keine Empfehlung beantragt wurde, eine Empfehlung einer „anderen Schulform" zugeordnet. In Thüringen wurde Schülern, die anhand ihrer Noten und entsprechend der Regelungen eindeutig als „Gymnasiasten" eingestuft werden konnten, eine „Gymnasialempfehlung" zugeordnet.

betragen (unter Einschluss von nachrückenden Schulen). In Deutschland betrug die Beteiligungsquote insgesamt 96 Prozent (vgl. Bonsen et al., 2008).

Ebenso wie bei vergleichenden Analysen, wie sie in TIMSS vorgesehen sind, kommt in einer längsschnittlichen Studie wie der vorliegenden TIMSS-Übergangsstudie, die sich insgesamt über fünf Erhebungswellen erstreckt, dem Datenausfall eine zentrale Bedeutung zu. Je geringer der Datenausfall ist, und je geringer die Unterschiede zwischen denjenigen, die sich an der Studie durchweg beteiligen, von denjenigen sind, die nur selektiv an der Untersuchung teilnehmen, desto aussagekräftiger sind die Kennwerte im Hinblick auf Effizienz und Konsistenz. Für die TIMSS-Übergangsstudie stehen verschiedene Hintergrundinformationen (z.B. Geschlecht, Noten oder die Übergangsempfehlung) nahezu vollständig zur Verfügung, da sie von den Klassenlehrern unabhängig von der Teilnahme der Schüler oder Eltern über die Schülerteilnahmeliste mitgeteilt wurden. Sie ermöglichen zu testen, inwiefern es zu möglicherweise systematischem Datenausfall kam und statistische Korrekturverfahren indiziert sind (vgl. Abschnitt „Umgang mit fehlenden Werten").

Die Tabellen 1 bis 3 (S. 316 ff.) stellen vergleichend die jeweils spezifischen Teilnahmequoten sowie die zentralen Merkmale der Schülerinnen und Schüler der erreichten Personen dar. Werte werden getrennt ausgewiesen für die Stichprobe, die sich an die TIMSS-Stichprobe anlehnt (im Folgenden als TIMSS-Übergangsstudie-Stichprobe bezeichnet), und für diejenigen, die ein oversampling von Klassen mit hohem Anteil von Schülerinnen und Schülern mit Migrationshintergrund vorsah (im Folgenden als Migranten-Stichprobe bezeichnet).

Wie sich mit einem Blick auf die Tabellen 1 bis 3 erkennen lässt, nahmen die Beteiligungsquoten im Laufe der Erhebungen vor dem Übergang ab und lagen zwischen 99 und 70 Prozent. Tabelle 1 stellt die Unterschiede zwischen der anvisierten und erreichten Schülerstichprobe dar. Es zeigte sich, dass für die meisten Schülerinnen und Schüler (99 % bzw. 96,2 %) Angaben aus dem Schülerfragebogen vorlagen. Entsprechend sind praktisch keinerlei Abweichungen zwischen der anvisierten Stichprobe und denjenigen, die an der Schülerbefragung teilnahmen, zu erkennen. Geschlechteranteil, Noten und Gymnasialempfehlung unterscheiden sich nicht zwischen den Stichproben (Cohens d ≤ 0.03; Cohen, 1988).

Tabelle 1: Angaben zu Schülerinnen und Schülern nach Teilnahmestatus der Schülerinnen und Schüler für die TIMSS-Übergangsstudie-Stichprobe und die Migranten-Stichprobe

	Anvisierte Stichprobe		Teilnahme am SFB	
	TIMSS-Ü	TIMSS-MHG	TIMSS-Ü	TIMSS-MHG
Anteil männlicher Schüler	50,9%	50,6%	50,9%	50,8%
Halbjahresnote Deutsch; *M (SD)*	2,72 (0,89)	2,75 (0,90)	2,72 (0,89)	2,73 (0,89)
Halbjahresnote Mathematik; *M (SD)*	2,74 (0,96)	2,77 (0,97)	2,75 (0,96)	2,76 (0,97)
Halbjahresnote Sachkunde; *M (SD)*	2,48 (0,87)	2,52 (0,89)	2,48 (0,87)	2,50 (0,88)
Anteil Gymnasialempfehlung	42,0%	40,8	42,0%	41,2%
N	5174	5712	5122	5499
Anteil an Gesamtstichprobe	100%	100%	99,0%	96,3%

Anmerkung: Angaben jeweils für valide Fälle auf den jeweiligen Variablen. *M* = Mittelwert; *SD* = Standardabweichung; TIMSS-Ü: TIMSS-Übergangsstudie-Stichprobe; TIMSS-MHG: Migranten-Stichprobe.

Die Beteiligung aufseiten der Eltern an den einzelnen Wellen lag zwischen 85 und 71 Prozent (vgl. Tab. 2), bei einer etwas höheren Teilnahme in jeweils früheren Wellen. Hinsichtlich der Unterschiede zwischen Schülerinnen und Schülern der Basisstichprobe und denjenigen, deren Eltern tatsächlich an einer der Wellen teilnahmen, sind die teilnehmenden Gruppen tendenziell positiver ausgewählt in Hinblick auf Noten und Gymnasialempfehlung, eine Tendenz, die sich von Welle 1 zu Welle 3 leicht verstärkte. Jedoch erscheinen diese inhaltlich wenig bedeutsam (Cohens d ≤ 0.11; Cohen, 1988).

Vollständig parallel hierzu ist das Antwortmuster zu sehen, wenn die Stichproben hinsichtlich der Teilnahmehäufigkeit von den Eltern verglichen werden. Insgesamt haben rund 92 Prozent der Eltern an mindestens einer Erhebung teilgenommen (vgl. Tab. 2, vorletzte sowie letzte Spalte). Auch diese Unterschiede zwischen Basis- und ausgeschöpfter Stichprobe sind aus inhaltlicher Perspektive als gering einzustufen (Cohens d ≤ 0.03; Cohen, 1988). Da die zentralen Analysevariablen der folgenden inhaltlichen Kapitel in der Regel den Elternangaben entnommen sind, stellen die Stichprobenangaben, wie sie in den letzten beiden Spalten der Tabelle 2 dargestellt sind, diejenigen Fälle dar, die den nachfolgenden Analysen zugrunde gelegt wurden. Für die reguläre TIMSS-Übergangsstudien-Stichprobe umfasste dies 4768 Schülerinnen und Schüler und für die erweiterte Migranten-Stichprobe 5242 Fälle.

Tabelle 2: Angaben zu Schülerinnen und Schülern nach Teilnahmestatus der Eltern an Welle 1, 2 oder 3 für die TIMSS-Übergangsstudie-Stichprobe und die Migranten-Stichprobe

	Anvisierte Stichprobe		Teilnahme an Welle 1		Teilnahme an Welle 2		Teilnahme an Welle 3		Teilnahme zu mindestens einem Messzeitpunkt	
	TIMSS-Ü	TIMSS-MHG	TIMSS-Ü	TIMSS-MHG	TIMSS-Ü	TIMSS-MHG	TIMSS-Ü	TIMSS-MHG	TIMSS-Ü	TIMSS-MHG
Anteil männlicher Schüler	50,9%	50,6%	50,3%	50,4%	49,6%	49,7%	50,4%	50,5%	50,6%	50,6%
Halbjahresnote Deutsch; M (SD)	2,72 (0,89)	2,75 (0,90)	2,66 (0,88)	2,70 (0,89)	2,62 (0,87)	2,65 (0,88)	2,62 (0,87)	2,65 (0,88)	2,69 (0,88)	2,72 (0,89)
Halbjahresnote Mathematik; M (SD)	2,74 (0,96)	2,77 (0,97)	2,69 (0,94)	2,71 (0,95)	2,65 (0,93)	2,67 (0,95)	2,65 (0,93)	2,66 (0,94)	2,71 (0,95)	2,74 (0,96)
Halbjahresnote Heimat- und Sachunterricht; M (SD)	2,48 (0,87)	2,52 (0,89)	2,43 (0,85)	2,47 (0,97)	2,40 (0,84)	2,43 (0,86)	2,39 (0,84)	2,42 (0,86)	2,45 (0,86)	2,49 (0,88)
Anteil Gymnasialempfehlung	42,0%	40,8	43,3%	42,0%	45,2%	44,1%	45,9%	44,9%	42,0%	0,8%
N	5174	5712	4450	4889	4019	4366	3754	4046	4768	5242
Anteil an Gesamtstichprobe	100%	100%	85,9%	85,5%	77,6%	76,3%	72,5%	70,7%	92,1%	91,7%

Anmerkung: Angaben jeweils für valide Fälle auf den jeweiligen Variablen. M = Mittelwert; SD = Standardabweichung; TIMSS-Ü: TIMSS-Übergangsstudie-Stichprobe; TIMSS-MHG: Migranten-Stichprobe.

Der Stichprobenausfall aufseiten der Lehrkräfte ist in Tabelle 3 (S.318) zusammengefasst. Für die TIMSS-Übergangsstudien-Stichprobe beteiligten sich 214 von 226 Lehrern (94,7%) bzw. für die Migranten-Stichprobe 238 von 253 Lehrern (94,1 %). Es resultierten auf der Schülerebene Angaben zu 94,1 bzw. 93,3 Prozent der einzelnen Schülerinnen und Schüler. Zu Welle 2, in der zu jeder Schülerin bzw. jedem Schüler der betreffenden Klasse Angaben gemacht werden sollten, lag die Beteiligung auf Ebene der Lehrerinnen und Lehrer ähnlich hoch mit 211 Lehrkräften (93,4 %) in der TIMSS-Übergangsstudie-Stichprobe und 234 (92,5 %) in der Migranten-Stichprobe. Da jedoch drei (TIMSS-Übergangsstudie) bzw. vier Lehrkräfte (Migranten-Stichprobe) keine Individualeinschätzungen abgaben sowie Lehrkräfte nur diejenigen Schülerinnen und Schüler beurteilten, für die eine Einverständniserklärung der Eltern vorlag, fiel der Anteil von Angaben auf Schülerebene geringer aus als zur ersten Welle der Lehrerbefragung. Somit sind von 73,4 Prozent der Kinder aus der TIMSS-Übergangsstudie-Stichprobe bzw. 72,3 Prozent der Kinder der Migranten-Stichprobe Daten verfügbar. Der Unterschied zur Basisstichprobe erscheint relativ gering, wenngleich tendenziell mehr Informationen zu Kindern mit besseren Noten und einer höheren Wahrscheinlichkeit einer Gymnasialempfehlung vorliegen (Cohens d ≤ 0,09; Cohen, 1988).

Tabelle 3: Angaben zu Schülerinnen und Schülern nach Teilnahmestatus der Lehrkräfte für die TIMMS Übergangsstudie Stichprobe und die Migranten-Stichprobe

	Anvisierte Stichprobe		Teilnahme am LFB Welle 1		Teilnahme am LFB Welle 2	
	TIMSS-Ü	TIMSS-MHG	TIMSS-Ü	TIMSS-MHG	TIMSS-Ü	TIMSS-MHG
Anteil männlicher Schüler	50,9%	50,6%	51,2%	51,2%	50,2%	50,2%
Halbjahresnote Deutsch; *M (SD)*	2,72 (0,89)	2,75 (0,90)	2,71 (0,89)	2,74 (0,90)	2,64 (0,87)	2,67 (0,88)
Halbjahresnote Mathematik; *M (SD)*	2,74 (0,96)	2,77 (0,97)	2,75 (0,96)	2,76 (0,97)	2,68 (0,94)	2,69 (0,95)
Halbjahresnote Sachkunde; *M (SD)*	2,48 (0,87)	2,52 (0,89)	2,49 (0,87)	2,52 (0,89)	2,41 (0,85)	2,44 (0,87)
Anteil Gymnasial-empfehlung	42,0%	40,8	42,1%	41,0%	44,8%	43,9%
N	5174	5712	4868	5330	3801	4130
Anteil an Gesamtstichprobe	100%	100%	94,1%	93,3%	73,4%	72,2%

Anmerkung: Angaben jeweils für valide Fälle auf den jeweiligen Variablen. *M* = Mittelwert; *SD* = Standardabweichung; TIMSS-Ü: TIMSS-Übergangsstudie-Stichprobe; TIMSS-MHG: Migranten-Stichprobe.

Beschreibung der ELEMENT-Studie

Einleitung

Für die Analysen zum sechsjährigen Grundschulsystem konnte auf Daten der in Berlin durchgeführten Untersuchung „Erhebungen zum Lese- und Mathematikverständnis – Entwicklungen in den Jahrgangsstufen 4 bis 6 in Berlin" (ELEMENT) zurückgegriffen werden. In dieser längsschnittlich angelegten Untersuchung wurde die Entwicklung der Deutsch- und Mathematikleistungen der Schülerinnen und Schüler des Primarbereichs von der vierten bis zur sechsten Klasse untersucht (vgl. Lehmann & Lenkeit, 2008). In Jahrgangsstufe 6 wurden zudem die Englischleistungen querschnittlich erhoben. Die Leistungstests wurden durch Schüler-, Eltern- und Lehrerbefragungen ergänzt.

Anders als in den meisten Bundesländern wechselt der Großteil der Schülerinnen und Schüler in Berlin erst nach der 6. Jahrgangsstufe in die weiterführenden Schulen der gegliederten Sekundarstufe I. Für besonders leistungsstarke Schülerinnen und Schüler besteht allerdings die Möglichkeit, bereits nach der vierten Klasse auf ein grundständiges Gymnasium zu wechseln. Für den Jahrgang der ELEMENT-Untersuchung lag der Anteil der vorzeitigen Übergänger an das Gymnasium bei rund sieben Prozent der Gesamtschülerschaft.

In der ELEMENT-Untersuchung wurde sowohl die Leistungsentwicklung der vorzeitigen Übergänger (Vollerhebung mit N = 1.724 Schülerinnen und Schülern zur ersten Erhebungswelle) als auch der regulären Grundschülerschaft untersucht, für die ein repräsentatives Sample von 3.293 Schülerinnen und Schülern aus 71 Grundschulen mit 140 Klassen (Bruttostichprobe erste Erhebungswelle) gezogen wurde. Da im vorliegenden Beitrag nur der Übergang nach der sechsten Klasse in die weiterführenden Schulen untersucht wird, beziehen sich alle Auswertungen und Analysen ausschließlich auf das Sample der regulären Grundschülerschaft zum dritten Erhebungszeitpunkt in der sechsten Klassenstufe (N = 3.008). Allerdings handelt es sich dabei nur um einen Teil der Grundschulstichprobe, denn erst eine Anschlussuntersuchung in Jahrgangsstufe 8 (ELEMENT 8), die unter Federführung des Max-Planck-Instituts für Bildungsforschung durchgeführt wurde, machte die im Zentrum der vorliegenden Untersuchung stehenden Lernkompetenzeinschätzungen aus den Bildungsgangempfehlungen zugänglich und überführte sie in den Datensatz. Um die ELEMENT-Schülerinnen und Schüler in die Nachuntersuchung einbeziehen zu können, bedurfte es zunächst dreier zentraler Voraussetzungen. Zum einen mussten die Zuordnungslisten von Schülername und Schüler-ID, die aus datenschutzrechtlichen Gründen in den ehemaligen Grundschulen der Schülerinnen und Schüler verwahrt wurden, noch vorhanden sein, um die nacherhobenen Daten mit den bereits vorhandenen Schülerdaten verbinden zu können. Zum anderen musste herausgefunden werden, an welche Schulen die Schülerinnen und Schüler nach dem Verlassen der Grundschule gegangen waren, da die Bildungsgangempfehlungen samt Lernkompetenzeinschätzungen Bestandteil der Schülerakten sind, die von der Grundschule an die weiterführende Schule weitergegeben werden. Und schließlich bedurfte es der Bereitschaft der Grund- und der weiterführenden Schulen, die verfügbaren Informationen bereitzustellen.

Letztlich lagen von insgesamt 976 Schülerinnen und Schülern aus 83 Klassen (50% Mädchen) und damit von etwa 30 Prozent des ursprünglichen Grundschulsamples verwertbare Angaben aus den Bildungsgangempfehlungen vor. Da nicht ohne Weiteres von einem zufälligen Ausfall von Grund- bzw. Sekundarschulen ausgegangen werden kann, stellt sich die Frage, wie repräsentativ die für unsere Analysen herangezogene Stichprobe ist. Wie den Tabellen 1 und 2 entnommen werden kann, unterscheidet sich die Gruppe der Schülerinnen und Schüler mit vorhandenen Lernkompetenzeinschätzungen nur verhältnismäßig gering von der Gruppe ohne vorliegende Lernkompetenzeinschätzungen, auch wenn die vorhandenen Unterschiede ausnahmslos statistisch signifikant ausfielen. Vergleicht man die Teilgruppe der Schülerinnen und Schüler mit vorhandenen Lernkompetenzeinschätzungen mit der gesamten Grundschulstichprobe, reduzieren sich die Unterschiede nochmals. Hinsichtlich der Leistungsindikatoren für die sechste Klasse (Leistungstests und Noten) fallen die Unterschiede gegenüber dem Gesamtsample bis auf den Mathematiktest ($d = 0{,}14$) geringer als ein zehntel Standardabweichung aus. Dasselbe gilt für den sozioökonomischen Status, für den sich ebenfalls leicht höhere Werte als im Gesamtsample finden. Die in Tabelle 2 aufgeführten prozentualen Angaben zur beruflichen Ausbildung der Eltern, dem Migrationsstatus und der ausgesprochenen Übergangsempfehlung machen ebenfalls deutlich, dass bei der von uns herangezogenen Teilstichprobe erwartungsgemäß nicht von einem repräsentativen Sample Berliner Schülerinnen und Schüler ausgegangen werden kann, wenngleich die Unterschiede zwischen den „Teilnehmern" und „Nicht-Teilnehmern" relativ gering ausfielen.

Tabelle 1: Mittelwerte und Standardabweichungen zentraler Leistungsindikatoren und des sozioökonomischen Status für die Gruppen mit und ohne Bildungsgangempfehlung und die Gesamtstichprobe

	Bildungsgangempfehlung liegt vor (Analysestichprobe, N = 976)		Bildungsgangempfehlung liegt nicht vor (N= 2.032)		Gesamtstichprobe (N = 3.008)	
	M	SD	M	SD	M	SD
Lesetest	110,82	13,2	109,44	12,27	109,93	12,52
Mathematiktest	116,87	15,6	113,91	14,86	114,86	15,18
Kognitive Grundfähigkeit[1]	26,38	10,09	25,28	9,87	25,64	10,00
Deutschnote	2,75	0,94	2,85	0,88	2,82	0,90
Mathematiknote	2,91	1,11	3,02	1,05	2,99	1,05
Fremdsprachnote	2,93	1,03	3,02	1,11	2,98	1,11
ISEI[2]	47,89	16,28	45,80	15,38	46,50	15,69

Anmerkungen: M = Mittelwert; SD = Standardabweichung
1) Kognitive Grundfähigkeit = Kognitiver Fähigkeitstest, KFT.
2) ISEI = International Socio-Economic Index of Occupational Statuts, (Sozioökonomischer Status, höchster Wert in der Familie).

Tabelle 2: Prozentuale Verteilung zentraler Hintergrundindikatoren und der vergebenen Übergangsempfehlung für die Gruppen mit und ohne Bildungsgangempfehlung und die Gesamtstichprobe

	Bildungsgangempfehlung liegt vor (Analysestichprobe, N = 976)	Bildungsgangempfehlung liegt nicht vor (N = 2.032)	Gesamtstichprobe (N = 3.008)
Berufliche Ausbildung			
ohne Abschluss	11,8 %	13,6 %	13,0 %
Lehre	27,6 %	25,8 %	26,4 %
Fachschulabschluss	29,4 %	31,5 %	30,8 %
FH-Abschluss	11,7 %	10,7 %	11,0 %
Uni-Abschluss	19,6 %	18,4 %	18,8 %
Migrationshintergrund			
ein Elternteil im Ausland geb.	13,2 %	12,1 %	12,4 %
beide Elternteile im Ausland geb.	25,0 %	28,4 %	27,3 %
Übergangsempfehlung			
Hauptschule	18,2 %	19,2 %	18,9 %
Realschule	40,4 %	46,0 %	44,1 %
Gymnasium	41,4 %	34,8 %	37,0 %

Beschreibung der TOSCA-Studie

Die folgende Beschreibung der TOSCA-Studie folgt im Wesentlichen den Beschreibungen von Maaz (2006) und Köller, Watermann, Trautwein und Lüdtke (2004), auf die gleichzeitig für weitere Ausführungen verwiesen sein soll.

1   Anlage der Studie

Die TOSCA-Studie (Transformation des Sekundarschulsystems und akademische Karrieren; vgl. Köller, Watermann, Trautwein & Lüdtke, 2004) ist ein interdisziplinäres Forschungsprojekt, das in Kooperation zwischen dem Max-Planck-Institut für Bildungsforschung und dem Institut zur Qualitätsentwicklung im Bildungswesen im Jahr 2002 begründet wurde und durch die Universität Tübingen weitergeführt wird. Die TOSCA-Studie ist als Längsschnittprojekt konzipiert, in dem der Lebens- und Bildungsweg von Abiturienten über einen Zeitraum von zehn Jahren verfolgt werden soll. Die Frage, wie das Zusammenspiel zwischen institutionellen Gelegenheitsstrukturen und Einflüssen (z.b. Schulformen, Zusammensetzung der Schülerschaft), familiärem Hintergrund und den individuellen Ressourcen der Schülerinnen und Schüler die weitere schulische (akademische) und persönliche Entwicklung der jungen Erwachsenen beeinflusst, steht im Mittelpunkt der Untersuchung. Dabei liegt ein besonderer Fokus auf den Vergleich der Schülerinnen und Schüler der allgemeinbildenden und beruflichen Gymnasien.

Die erste Datenerhebung der TOSCA-Studie fand im Frühjahr 2002 in den 13. Jahrgangsstufen der baden-württembergischen Oberstufe in 90 allgemeinbildenden und 59 beruflichen Gymnasien statt. Zum diesem ersten Erhebungszeitpunkt wurden Leistungstests in den Fächern Mathematik und Englisch durchgeführt. Ferner wurden die Schülerinnen und Schüler gebeten, einen umfangreichen

Schülerfragebogen auszufüllen. Insbesondere soziokulturelle Merkmale wurden ebenfalls von den Eltern in Form eines Elternfragebogens erfasst. Über die Schulen konnten weitere Informationen der Schülerinnen und Schüler, wie das Geschlecht und die Abiturnote, erhoben werden. Die in Teilstudie xx vorgestellten Analysen beziehen sich ausschließlich auf die Schülerschaft der allgemeinbildenden Gymnasien zu diesem Zeitpunkt der Datenerhebung.

2 Stichprobenausfälle und Selektivitätsanalysen

Die Qualität einer Stichprobe wurde in bisherigen Schulleistungsuntersuchungen meistens auf der Basis ihres Ausschöpfungsgrads beurteilt, die jedoch jedoch nur Aussagen über das Ausmaß des Stichprobenausfalls, nicht über die selektive Stichprobenverzerrung gibt. Um dieses Problem zu überwinden, wurden in der TOSCA-Studie mittels an der Schule vorhandenen Schülerlisten zentrale Informationen auch über die Schülerinnen und Schüler erhoben, die in der gezogenen Stichprobe enthalten waren, nicht aber an der Datenerhebung teilnahmen. Aus wenigen Schulen waren diese Informationen nicht erhältlich, sodass letztendlich N = 5809 Schülerinnen und Schüler in die Selektivitätsanalysen eingingen.

Tabelle 1: Mittelwerte (M) und Standardabweichungen (SD) zentraler Informationen für Teilnehmer und Nichtteilnehmer

	Personen der angestrebten Stichprobe, die nicht an der Erhebung teilgenommen haben			Personen der angestrebten Stichprobe, die an der Erhebung teilgenommen haben		
	N	M	SD	N	M	SD
Frauenanteil	1067	0,49	0,50	4730	0,54	0,50
Abiturnote	891	2,58	0,62	4451	2,42	0,64
Abiturprüfung						
1. Fach	915	8,56	3,26	4512	8,98	3,35
2. Fach	912	8,58	3,42	4508	9,22	3,35
3. Fach	915	7,09	3,58	4514	7,92	3,49
4. Fach	907	9,33	3,51	4494	9,88	3,31
Leistungskurs						
Mathematik	921	0,28	0,45	4557	0,35	0,48
Englisch	922	0,37	0,48	4558	0,35	0,48
Noten (Punkte) im Halbjahreszeugnis						
Mathematik	1038	7,07	3,60	4641	8,31	3,50
Englisch	901	8,07	2,91	4102	8,72	2,80

Geschlecht: 0 = männlich, 1 = weiblich; N = Anzahl der Personen

Tabelle 1 gibt einen Überblick über die gewonnenen Ergebnisse. Die Mittelwerte zeigen, dass die Gruppe der Teilnehmer bezüglich der Abiturnote, den Abiturprüfungsfächern sowie den Kurspunkten im Halbjahreszeugnis der 13. Jahrgangsstufe leicht positiv selegiert ist, dass die teilnehmenden Schülerinnen und Schüler häufiger einem Mathematikleistungskurs angehören als die nicht-teilnehmenden und dass Frauen seltener der Gruppe der Nichtteilnehmer angehören als Männer. Obwohl die Ergebnisse implizieren, dass die statistischen Analysen auf der Basis einer realisierten Stichprobe von N = 4730 Schülerinnen und Schüler zu einer leichten Überschätzung der Leistungen in den Populationen führen könnte, konnte Lüdtke u.a. (2004) zeigen, dass die dargestellten Unterschiede der Selektivitätsanalyse bereits durch die durch die vorgenommene Gewichtung der Daten kompensiert werden konnten.

3 Leistungsbezogene Indikatoren

Mathematikleistungen. Die Mathematikleistungen im Fachunterricht der gymnasialen Oberstufe wurden mit Originaltestheften aus der Third International Mathematics and Science Study (TIMSS; vgl. Baumert, Bos & Lehmann, 2000a, 2000b) erhoben. Der Test umfasst insgesamt 68 Aufgaben mit unterschiedlichen Aufgabenformaten (multiple-choice, offene kurze Antworten, offene ausführliche Antworten), die unterschiedliche Stoffgebiete und kognitive Anforderungen abdecken (zu Details siehe Klieme, 2000). Um die Schülerinnen und Schüler nicht über Gebühr zu belasten und gleichzeitig die Stoffgebiete breit erfassen zu können, wurden vier Testheftversionen mit unterschiedlichen Aufgaben vorgegeben, die über ein Set gemeinsamer Aufgaben miteinander verknüpft waren (Multi Matrix Sampling). Einschätzungen der Aufgaben durch Lehrplanexperten und Mathematikfachleiter in den untersuchten Schulen belegen die zufriedenstellende Lehrplanvalidität sowohl für allgemeinbildende als auch für die unterschiedlichen Richtungen beruflicher Gymnasien (zu Details siehe Watermann, Nagy & Köller, 2004). Die Werte für die interne Konsistenz (Kuder-Richardson-Formel 20) der jeweiligen Testheftversionen betragen 0,80. Für die statistischen Analysen wurde ein auf der Basis der Item Response Theory skalierter Leistungswert verwendet. Der Test wurde auf die TIMSS-Metrik normiert. Der internationale Mittelwert der Mathematikleistung wurde auf 500 Punkte festgelegt und die Standardabweichung beträgt 100 Punkte. Die Korrelation zwischen der Mathematiknote im letzten Zeugnis und der Testleistung beträgt über alle Schulen und Kursniveaus hinweg $r = .47$ ($p < .001$) und kann als zufriedenstellender Validitätshinweis gewertet werden.

Englischleistungstest. Die Englischleistung wurde mit einer Kurzversion des Test of English as a Foreign Language (TOEFL) erhoben, der vom Educational Testing Service (ETS) in Princeton (vgl. ETS, 1997) entwickelt wurde. Die Kurzversion umfasst 71 Items zum Hör- und Leseverständnis sowie zu Grammatik- und Orthografiekenntnissen (vgl. Köller & Trautwein, 2004). Die interne Konsistenz (Kuder-Richardson-Formel 20) des Gesamttests lag bei 0,92. Mit der Englischnote im letzten Zeugnis ergaben sich in Grund- und Leistungskursen Korrelationen um $r = .50$ ($p < .001$).

Kognitive Grundfähigkeiten. Zur Erfassung der kognitiven Grundfähigkeiten wurden zwei Untertests aus dem Kognitiven Fähigkeitstest für 4. bis 12. Klassen, Revision (KFT 4-12 + R; Heller & Perleth, 2000) verwendet. Der KFT 4-12 + R folgt dem Paradigma der psychometrischen Intelligenzmessung (Waldmann, 1996), bei dem weniger die zu Grunde liegenden Denkprozesse, sondern die Produkte dieser Denkprozesse im Vordergrund des Interesses stehen. Der Test steht in der faktorenanalytischen Tradition und rekurriert hier am ehesten auf das Modell mehrerer gemeinsamer Faktoren von Thurstone (1938; siehe im Überblick Conrad, 1983). Der KFT 4-12 + R ist allerdings auch zur Untersuchung kognitiver Prozesse geeignet, wie sie in modernen kognitionspsychologisch ausgerichteten Theorien intellektueller Fähigkeiten untersucht werden (vgl. Waldmann, 1996). Berücksichtigt wurden die Subskalen „Figurenanalogien" (Untertest N2) und „Wortanalogien" (Untertest V4). Der Untertest N2 erfasst die allgemeine Denkfähigkeit, der Untertest V4 erfasst neben allgemeiner Denkfähigkeit auch verbale Fähigkeiten. Im Sinne prozessorientierter Theorien (Waldmann, 1996) sind beide Untertests geeignet, induktives Denken zu erfassen (vgl. auch Klauer, 1993). Der Untertest N2 besteht aus 25 figuralen Items, der Test V4 aus 20 Items. Auf der Basis aller 45 Items wurden aus beiden Tests Fähigkeitswerte bestimmt. Dazu wurden mithilfe der ConQuest- Software (Wu, Adams & Wilson, 2000) individuelle Werte auf der Grundlage von Item-Response- Modellen berechnet (vgl. Lüdtke u.a., 2004) und auf einer Skala mit einem Mittelwert von $M = 250$ und einer Standardabweichung von $SD = 50$ (in der ungewichteten Stichprobe) abgebildet. Dieses Gesamtmaß war hoch reliabel (Schätzung nach Rost, 1996; $RTT = 0{,}91$). Als Indikator für die Validität wurde die Korrelation mit der durchschnittlichen Abiturnote und den Leistungen im Mathematiktest bestimmt. Hier ergaben sich Koeffizienten von $r = 0{,}30$ ($p < 0{,}01$; Abiturnote) und $r = 0{,}51$ ($p < 0{,}01$; Mathematiktest) in erwarteter Höhe.

Das Bildungssystem in der Schweiz

Die folgende Beschreibung des Schweizer Schulsystems und des Übergangsverfahrens im deutschsprachigen Kanton Freiburg/Schweiz folgt im Wesentlichen den Ausführungen von Maaz, Neumann und Trautwein (2008) und Baeriswyl, Wandeler, Trautwein und Oswald (2006).

1 Das Bildungssystem

Ähnlich wie Deutschland verfügt die Schweiz über ein föderales Schulsystem mit unterschiedlichen Differenzierungsformen. Die obligatorische Schulpflicht beträgt neun Jahre und umfasst die Primarschule und die Sekundarstufe I. Die Grundschule besteht zumeist aus den Jahrgangsstufen 1 bis 6. In der Mehrzahl der Kantone schließt sich daran die in zwei oder drei verschiedene Bildungsgänge („Schultypen") gegliederte Sekundarstufe I an. Sie differenziert sich in einen Bildungsgang mit Grundansprüchen, der zumeist als „Realschule" bezeichnet wird und auf einfache Berufslehren vorbereiten soll, sowie ein oder zwei Bildungsgänge mit erweiterten Ansprüchen („Sekundarschule" und „Progymnasium"), deren Absolventen anspruchsvollere Berufslehren aufnehmen bzw. in eine Maturitätsschule (Gymnasium) oder die Fachmittelschule überwechseln. Die verschiedenen Bildungsgänge werden oft gemeinsam innerhalb sogenannter „Orientierungsschulen" geführt. Neben der fachübergreifenden Leistungsdifferenzierung in Form der verschiedenen Schultypen finden sich in einigen Kantonen aber auch integrative und kooperative Modelle mit Stammklassen und Niveauunterricht in den Hauptfächern (Deutsch, Fremdsprache und Mathematik).

Die in Teilstudie 10 berichteten Analysen beziehen sich auf den deutschsprachigen Kantonsteil Freiburg. Der deutschsprachige Teil des Kantons Freiburg führt die Sekundarstufe I in Form einer Orientierungsschule, in der sich alle drei Abteilungen im gleichen Gebäude mit teilweise gemeinsamen Aktivitäten (bspw. bei Projektwochen) befinden. Nach der obligatorischen Schulzeit von neun Jahren sind Eintritte ins Gymnasium oder in eine Berufsausbildung möglich.

2   Das Übergangsverfahren im deutschsprachigen Kanton Freiburg/Schweiz

Für die deutschsprachigen Schulen im Kanton Freiburg wurde Mitte der 1990er-Jahre ein Übergangsmodell von der Grundschule in die Sekundarschule entwickelt. Dessen Hauptmerkmale sind eine Standardisierung von Leistungsbeurteilungen durch zentrale Leistungstests, eine Berücksichtigung von Motivation und Arbeitsverhalten der Kinder bei der Übergangsempfehlung, eine intensive Einbindung der Eltern bei der Übergangsentscheidung durch eine obligatorische Beratung sowie eine vertikale Öffnung des Zugangs zur Sekundarstufe II.

Im Einzelnen umfasst der Übergangsprozess drei Hauptelemente: Die Übertrittsempfehlung durch die Lehrperson, die Übertrittsempfehlung durch die Eltern sowie die Leistungen der Schülerinnen und Schüler in einem standardisierten Leistungstest. Die Übertrittsempfehlung der Primarlehrperson berücksichtigt zum einen die Schülerleistungen anhand der Zeugnisnoten des ersten Semesters der sechsten Klasse, zum anderen Beobachtungs- und Beurteilungskriterien der kognitiven Fähigkeiten und des Lern- und Arbeitsverhalten des Kindes. Auf dieser Basis formuliert die Lehrperson eine Empfehlung für die Zuweisung zu einer der drei Abteilungen. Die Übertrittsempfehlung der Eltern ist das Ergebnis des kommunikativen Prozesses zwischen Lehrperson und Eltern. In einem für die Lehrkraft verpflichtenden Gespräch wird den Eltern die Empfehlung der Schule offengelegt, worauf hin die Eltern formal ihre eigene Empfehlung einreichen. Den Eltern ist dabei freigestellt, bei ihrer Empfehlung von der Empfehlung der Lehrperson abzuweichen. Das dritte Element des Übergangsverfahrens ist eine Vergleichsprüfung für alle Schülerinnen und Schüler des Kantons in den Bereichen Deutsch und Mathematik mit einem standardisierten Leistungstest, der von allen Schülerinnen und Schülern am selben Tag bearbeitet wird. Die Auswertung erfolgt durch Lehrkräfte aus dem Sekundarschulbereich. Für jede Schülerin und jeden Schüler wird das Gesamtprüfungsergebnis als Prozentrang festgehalten und mit der Lehrerempfehlung verglichen.

Die Ergebnisse der Vergleichsprüfungen werden, wie die Übertrittsempfehlungen von Lehrperson und Eltern, zentral festgehalten.

Im Zuweisungsprozess wird abschließend die Übereinstimmung zwischen Lehrerempfehlung mit dem Prüfungsergebnis überprüft. Bei Übereinstimmung zwischen Lehrerempfehlung und Prüfungsleistung folgt eine direkte Zuweisung zu der von der Lehrperson empfohlenen Abteilung. Bei einer Diskrepanz zwischen Empfehlung und Prüfungsergebnis treffen die Primarschule und Eltern gemeinsam auf der Basis von Beurteilungs- und Prüfungsdokumenten einen Zuweisungsentscheid. Nach dem Übergang in die Orientierungsschule kann zu jeder Zeit innerhalb des ersten Semesters auf Antrag der Eltern oder der Lehrpersonen der Sekundarstufe I ein Abteilungswechsel vorgenommen werden.

Literaturverzeichnis

Achermann, E. (1966). Methodik des Volksschulunterrichtes. Dritte, teilweise umgearbeitete Auflage. Hochdorf: Martinusverlag.

Aebli, H. (1973). Psychologische Didaktik. Didaktische Auswertung der Psychologie von Jean Piaget. Stuttgart: Klett.

Aebli, H. (1978). Grundformen des Lehrens. Stuttgart: Klett.

Aebli, H. (1987). Grundlagen des Lehrens. Stuttgart: Klett.

Amelang, M. & Schmidt-Atzert, L. (2006). Psychologische Diagnostik und Intervention. Heidelberg: Springer.

Arnold, K.-H., Bos, W., Richert, P. & Stubbe, T. (2010). Der Übergang von der Grundschule in die Sekundarstufe: Schullaufbahnpräferenzen von Lehrkräften und Eltern im Ländervergleich. In W. Bos, S. Hornberg, K.-H. Arnold, G. Faust, L. Fried, E.-M. Lankes, K. Schwippert,

I. Tarelli & R. Valtin (Hrsg.). IGLU-E 2006. – Die Grundschule auf dem Prüfstand. Vertiefende Analysen zu Rahmenbedingungen schulischen Lernens (S. 13–32). Münster: Waxmann.

Arnold, K.-H., Bos, W., Richert, P., & Stubbe, T. C. (2007). Schullaufbahnpräferenzen am Ende der vierten Klassenstufe. In W. Bos, S. Hornberg, K.-H. Arnold, G.Faust, L. Fried, E.-M. Lankes, K. Schwippert, & R. Valtin (Hrsg.), IGLU 2006. Lesekompetenzen von Grundschulkindern in Deutschland im internationalen Vergleich (S. 271–297). Münster: Waxmann.

Baeriswyl, F. Wandeler, C. Trautwein, T. & Oswald, K. (2006). Leistungstest, Offenheit von Bildungsgängen und obligatorische Beratung der Eltern. Reduziert das Deutschfreiburger Übergangsmodell die Effekte des sozialen Hintergrunds bei Übergangsentscheidungen? Zeitschrift für Erziehungswissenschaft, 9, S. 373–392.

Baeriswyl, F., Wandeler, C. & Christ, O. (2008). Die Übertrittsempfehlung – zufällig oder zuverlässig? Analyse der Determinanten und Konstanz von Lehrerempfehlungen bei Schulübertritten während sieben Jahren. Schweizerische Zeitschrift für Bildungswissenschaften, 30, S. 549–578.

Baeriswyl, F., Wandeler, & Trautwein, U. (2011). „Auf einer anderen Schule oder bei einer anderen Lehrkraft hätte es für's Gymnasium gereicht": Eine Untersuchung zur Bedeutung von Schulen und Lehrkräften für die Übertrittsempfehlung. Zeitschrift für pädagogische Psychologie, 25, S. 39–47.

Baumert, J., & Schümer, G. (2001). Familiäre Lebensverhältnisse, Bildungsbeteiligung und Kompetenzerwerb. In J. Baumert, E. Klieme, M. Neubrand, M. Prenzel, U. Schiefele, W. Schneider, P. Stanat, K.-J. Tillmann & M. Weiß (Hrsg.), PISA 2000: Basiskompetenzen von Schülerinnen und Schülern im internationalen Vergleich (S. 323–407). Opladen: Leske + Budrich.

Baumert, J., Artelt, C., Ditton, H., Fend, H., Hasselhorn, M., Macher, I.et al. (2011). Empfehlungen des Expertenrats „Herkunft und Bildungserfolg". Stuttgart: Ministerium für Kultus, Jugend und Sport Baden-Württemberg.

Baumert, J., Bos, W., & Lehmann, R. (Hrsg.). (2000a). TIMSS/III. Dritte Internationale Mathematik- und Naturwissenschaftsstudie – Mathematische und naturwissenschaftliche Bildung am Ende der Schullaufbahn: Bd. 1. Mathematische und naturwissenschaftliche Grundbildung am Ende der Pflichtschulzeit. Opladen: Leske + Budrich.

Baumert, J., Bos, W., & Lehmann, R. (Hrsg.). (2000b). TIMSS/III. Dritte Internationale Mathematik- und Naturwissenschaftsstudie – Mathematische und naturwissenschaftliche Bildung am Ende der Schullaufbahn: Bd. 2. Mathematische und physikalische Kompetenzen am Ende der gymnasialen Oberstufe. Opladen: Leske + Budrich.

Baumert, J., Trautwein, U., & Artelt, C. (2003). Schulumwelten – institutionelle Bedingungen des Lehrens und Lernens. In J. Baumert, C. Artelt, E. Klieme, M. Neubrand, M. Prenzel, U. Schiefele, W. Schneider, K.-J. Tillmann & M. Weiß (Hrsg.), PISA 2000. Ein differenzierter Blick auf die Länder der Bundesrepublik Deutschland (S. 261–331). Opladen: Leske + Budrich

Baumert, J., Trautwein, U., & Artelt, C. (2003a). Schulumwelten – institutionelle Bedingungen des Lehrens und Lernens. In J. Baumert, C. Artelt, E. Klieme, M. Neubrand, M. Prenzel, U. Schiefele, W. Schneider, K.-J. Tillmann & M. Weiß (Hrsg.), PISA 2000. Ein differenzierter Blick auf die Länder der Bundesrepublik Deutschland (S. 261–331). Opladen: Leske + Budrich.

Baumert, J. & Watermann, R. (2000). Institutionelle und regionale Variabilität und die Sicherung gemeinsamer Standards in der gymnasialen Oberstufe. In J. Baumert, W. Bos, & R. Lehmann (Hrsg.), TIMSS/III: Dritte Internationale Mathematik- und Naturwissenschaftsstudie. Mathematische und naturwissenschaftliche Bildung am Ende der Schullaufbahn. Bd. 2: Mathematische und physikalische Kompetenzen am Ende der gymnasialen Oberstufe (S. 317–372). Opladen: Leske + Budrich.

Baumert, J., Watermann, R., & Schümer, G. (2003b). Disparitäten der Bildungsbeteiligung und des Kompetenzerwerbs. Ein institutionelles und individuelles Mediationsmodell. Zeitschrift für Erziehungswissenschaft, 6, S. 46–71.

Becker, M. (2009). Kognitive Leistungsentwicklung in differenziellen Lernumwelten: Effekte des gegliederten Sekundarschulsystems in Deutschland. Berlin: Max-Planck-Institut für Bildungsforschung.

Becker, M., Gresch, C., Baumert, J., Watermann, R., Schnitger, D. & Maaz, K. (2010). Durchführung, Daten und Methoden. In K. Maaz, J. Baumert, C. Gresch & N. McElvany (Hrsg.), Der Übergang von der Grundschule in die weiterführende Schule – Leistungsgerechtigkeit und regionale, soziale und ethnisch-kulturelle Disparitäten (S. 107–121). Bonn & Berlin: BMBF.

Becker, R. & Schubert, F. (2011). Die Rolle von primären und sekundären Herkunftseffekten für Bildungschancen von Migranten im deutschen Bildungssystem. In R. Becker (Hrsg.), Integration durch Bildung. Bildungserwerb von jungen Migranten in Deutschland (S. 161–194). Wiesbaden: Westdeutscher Verlag.

Becker, R. (2000). Klassenlage und Bildungsentscheidungen. Eine empirische Anwendung der Wert-Erwartungstheorie. Kölner Zeitschrift für Soziologie und Sozialpsychologie, 52, S. 450–474.

Becker, R. (2003). Educational expansion and persistent inequalities of education. Utilizing subjective expected utility theory to explain increasing participation rates in upper secondary school in the Federal Republic of Germany. European Sociological Review, 19, S. 1–24.

Becker, R. (2009). Entstehung und Reproduktion dauerhafter Bildungsungleichheiten. In R. Becker (Hrsg.), Lehrbuch der Bildungssoziologie (S. 85–129). Wiesbaden: VS Verlag für Sozialwissenschaften.

Bellenberg, G., & Klemm, K. (1998). Von der Einschulung bis zum Abitur. Zur Rekonstruktion von Schullaufbahnen in Nordrhein-Westfalen. Zeitschrift für Erziehungswissenschaft, 1, S. 577–596.

Biermann, R. (1976). Schulische Selektion in der Diskussion. Bad Heilbrunn: Klinghardt.

Birkel, C. & Birkel, P. (2002): Wie einig sind sich Lehrer bei der Aufsatzbeurteilung? Eine Replikationsstudie zur Untersuchung von Rudolf Weiss. Psychologie in Erziehung und Unterricht, 49, S. 219–224.

Bonsen, M., Lintorf, K. A., Bos, W., & Frey, K. (2008). TIMSS 2007: Mathematische und naturwissenschaftliche Kompetenzen von Grundschulkindern in Deutschland im internationalen Vergleich. In W. Bos, M. Bonsen, J. Baumert, M. Prenzel, C. Selter & G. Walther (Hrsg.), TIMSS: Dokumentation der Erhebungsinstrumente zur Trends in International Mathematics and Science Study (S. 19–48). Münster: Waxmann.

Bos, W., Lankes, E.-M., Prenzel, M., Schwippert, K., Walther, G. & Valtin, R. (Hrsg.). (2003). Erste Ergebnisse aus IGLU. Schülerleistungen am Ende der vierten Jahrgangsstufe im internationalen Vergleich. Münster: Waxmann.

Bos, W., Voss, A., Lankes, E.-M., Schwippert, K., Thiel, O., & Valtin, R. (2004). Schullaufbahnempfehlungen von Lehrkräften für Kinder am Ende der vierten Jahrgangsstufe. In W. Bos, E.-M. Lankes, M. Prenzel, K. Schwippert, R. Valtin & G. Walther (Hrsg.), IGLU Einige Länder der Bundesrepublik Deutschland im nationalen und internationalen Vergleich (S. 191–220). Münster: Waxmann.

Bos, W., Bonsen, M., Baumert, J., Prenzel, M., Selter, C., & Walther, G. (Hrsg.). (2008). TIMSS 2007: Mathematische und naturwissenschaftliche Kompetenzen von Grundschulkindern in Deutschland im internationalen Vergleich. Münster: Waxmann.

Boudon, R. (1974). Education, opportunity, and social inequality: Changing prospects in Western society. New York: Wiley.

Bourdieu, P. (1983). Ökonomisches Kapital, kulturelles Kapital, soziales Kapital. In R. Kreckel (Hrsg.), Soziale Ungleichheiten (S. 183–189). Göttingen: Schwarz.

Breen, R., & Goldthorpe, J. H. (1997). Explaining educational differentials: Towards a formal rational action theory. Rationality and Society, 9, S. 275–305.

Ceci, S. (1991). How Much Does Schooling Influence General Intelligence and Its Cognitive Components? A Reassessment of the Evidence. Developmental Psychology, 27, S. 703–722.

Cohen, J. (1988). Statistical power analysis for the behavioral sciences. Hillsdale, NJ: Erlbaum.

Coleman, J. S. (1988). Social capital and the creation of human capital. American Journal of Sociology, 94, S. 95–120.

Coleman, J. S. (1996). Der Verlust sozialen Kapitals und seine Auswirkungen auf die Schule. In A. Leschinsky (Hrsg.), Die Institutionalisierung von Lehren und Lernen. Weinheim: Beltz. S. 99–105.

Conrad, W. (1983). Intelligenzdiagnostik. In K.-J. Groffmann & L. Michel (Hrsg.), Intelligenz- und Leistungsdiagnostik (S. 104–201). Göttingen: Hogrefe (Enzyklopädie der Psychologie, B/II/2).

Ditton, H. (1992). Ungleichheit und Mobilität durch Bildung. Theorie und empirische Untersuchung über sozialräumliche Aspekte von Bildungsentscheidungen. Weinheim: Juventa.

Ditton, H. (2005). Der Beitrag von Familie und Schule zur Reproduktion von Bildungsungleichheit. In H. G. Holtappels & K. Höhmann (Hrsg.), Schulentwicklung und Schulwirksamkeit. Systemsteuerung, Bildungschancen und Entwicklung der Schule. 30 Jahre Institut für Schulentwicklungsforschung (S. 121–130). Weinheim: Juventa.

Ditton, H. (2007). Kompetenzaufbau und Laufbahnen im Schulsystem. Ergebnisse einer Längsschnittuntersuchung an Grundschulen. Münster: Waxmann.

Ditton, H., & Krüsken, J. (2006). Der Übergang von der Grundschule in die Sekundarstufe I. Zeitschrift für Erziehungswissenschaft, 9, S. 348–372.

Ditton, H., Krüsken, J., & Schauenberg, M. (2005). Bildungsungleichheit – der Beitrag von Familie und Schule. Zeitschrift für Erziehungswissenschaft, 8, S. 285–303.

Dumont, H., Trautwein, U., Lüdtke, O., Neumann, M., Niggli, A. & Schnyder, I. (in press). Does parental homework involvement mediate the relationship between family background and educational outcomes? Contemporary Educational Psychology.

Ehmke, T., Hohensee, F., Heidemeier, H., & Prenzel, M. (2004). Familiäre Lebensverhältnisse, Bildungsbeteiligung und Kompetenzerwerb. In M. Prenzel, J. Baumert, W. Blum, R. Lehmann, D. Leutner, M. Neubrand, R. Pekrun, H.-G. Rolff, J. Rost & U. Schiefele (Hrsg.), PISA 2003: Der Bildungsstand der Jugendlichen in Deutschland – Ergebnisse des zweiten internationalen Vergleichs (S. 225–254). Münster: Waxmann.

Ehmke, T., Hohensee, F., Siegle, T., & Prenzel, M. (2006). Soziale Herkunft, elterliche Unterstützungsprozesse und Kompetenzentwicklung. In M. Prenzel, J. Baumert, W. Blum, R. Lehmann, D. Leutner, M. Neubrand, R. Pekrun, J. Rost & U. Schiefele (Hrsg.), PISA 2003: Untersuchungen zur Kompetenzentwicklung im Verlauf eines Schuljahres (S. 225–248). Münster: Waxmann.

Erikson, R. & Goldthorpe, J. H. (1992). The Constant Flux: A Study of Class Mobility in Industrial Societies. Oxford: Clarendon Press.

Erikson, R., Goldthorpe, J. H., Jackson, M., Yaish, M., & Cox, D. R. (2005). On class differentials in educational attainment. Proceedings of the National Academy of Sciences, 102, S. 9730–9733.

Erikson, R., Goldthorpe, J. H. & Portocarero, L. (1979). Intergenerational class mobility in three Western European societies: England, France and Sweden. British Journal of Sociology, 30, S. 341– 415.

Fend, H. (1969). Sozialisation und Erziehung. Weinheim und Basel: Beltz.

Fend, H. (1974). Gesellschaftliche Beziehungen schulischer Sozialisation. Weinheim und Basel: Beltz.

Flammer, A. (1971). Zur Definition der Notenskala. Schweizerische Zeitschrift für Psychologie, 30, S. 204–218.

Flammer, A., Perrig-Chiello, P. & Rüegg, T. (1983). Zeugnisnoten vor dem Übertritt in die Sekundarstufe. Dokumentation und Vorschläge. Freiburg/Schweiz: Universitätsverlag.

Füssel, H.-P., Gresch, C., Baumert, J. & Maaz, K. (2010). Der institutionelle Kontext von Übergangsentscheidungen. Rechtliche Regelungen und die Schulformwahl am Ende der Grundschulzeit. In K. Maaz, J. Baumert, C. Gresch & N. McElvany (Hrsg.), Der Übergang von der Grundschule in die weiterführende Schule (S. 87–106). Bonn: Bundesministerium für Bildung u. Forschung.

Ganzeboom, H. B. G. & Treiman, D. J. (1996). Internationally comparable measures of occupational status for the 1988 international standard classification of occupations. Social Science Research, 25, S. 201– 239.

Ganzeboom, H. B. G., De Graaf, P. M., Treiman, D. J. & De Leeuw, J. (1992). A standard international socio-economic index of occupational status. Social Science Research, 21(1), S. 1– 56.

Granzer, D., Köller, O., & Bremerich-Vos, A. (2009). Bildungsstandards Deutsch und Mathematik: Leistungsmessung in der Grundschule. Weinheim: Belz.

Gresch, C., & Becker, M. (2010). Sozial- und leistungsbedingte Disparitäten im Übergangsverhalten bei türkischstämmigen Kindern und Kindern aus (Spät-) Aussiedlerfamilien. In K. Maaz, J. Baumert, C. Gresch & N. McElvany (Hrsg.), Der Übergang von der Grundschule in die weiterführende Schule: Leistungsgerechtigkeit und regionale, soziale und ethnisch-kulturelle Disparitäten (S. 181–200). Bonn: Bundesministerium für Bildung und Forschung, Referat Bildungsforschung.

Hausen, C., Jungblut, J. M., Müller, W., Pollak, R., & Wirth, H. (2006). Validation of ESeC: The effect of coding procedures and occupational aggregation level. Deutsche ESeC-Validierungsstudie. Manheim: MZES and ZUMA.

Heller, K. A. & Perleth, C. (2000). Kognitiver Fähigkeitstest für 4. bis 12. Klassen, Revision. Göttingen: Beltz.

Heller, W. (1986). Primarschule Schweiz. 22 Thesen zur Entwicklung der Primarschule. Bern: EDK.

Hillmert, S. & Jacob, M. (2010). Selections and social selectivity on the academic track: A life-course analysis of educational attainment in Germany. Research in Social Stratification and Mobility, 28, S. 59–76.

Hochweber, J. (2010). Was erfassen Mathematiknoten? Korrelate von Mathematik-Zeugniszensuren auf Schüler- und Schulklassenebene in Primar- und Sekundarstufe. Münster: Waxmann.

Ingenkamp, K. (1969). Zur Problematik der Jahrgangsklasse: Eine empirische Untersuchung. Weinheim; Berlin; Basel: Beltz

Ingenkamp, K. (1971). Zur Fragwürdigkeit der Zensurengebung. Weinheim: Beltz.

Ingenkamp, K. (1993). Der Prognosewert von Zensuren, Lehrergutachten, Aufnahmeprüfungen und Tests während der Grundschulzeit für den Sekundarschulerfolg. In R. Olechowski & E. Persy (Hrsg.), Frühe schulische Auslese (S. 68–85). Frankfurt, Main: Lang.

Jäger, R. S. (2004). Von der Beobachtung zur Notengebung. Landau: Empirische Pädagogik.

Jonkmann, K., Maaz, K., Neumann, M. & Gresch, C. (2010). Übergangsquoten und Zusammenhänge zu familiärem Hintergrund und schulischen Leistungen: Deskriptive Befunde. In K. Maaz, J. Baumert, C. Gresch & N. McElvany (Hrsg.), Der Übergang von der Grundschule in die weiterführende Schule – Leistungsgerechtigkeit und regionale, soziale und ethnisch-kulturelle Disparitäten (S. 123–149). Bonn & Berlin: BMBF

Jungbauer-Gans, M. (2004). Einfluss des sozialen und kulturellen Kapitals auf die Lesekompetenz: Ein Vergleich der PISA 2000-Daten aus Deutschland, Frankreich und der Schweiz. Zeitschrift für Soziologie, 33, S. 375–397.

Jungbauer-Gans, M. (2006). Kulturelles Kapital und Mathematikleistungen – eine Analyse der PISA 2003-Daten für Deutschland. In W. Georg (Hrsg.), Soziale Ungleichheit im Bildungssystem: Eine empirisch-theoretische Bestandsaufnahme (S. 175–198). Konstanz: UVK Verlagsgesellschaft.

Klauer, K.-J. (Hrsg.). (1993). Kognitives Training. Göttingen: Hogrefe.

Klieme, E. (2000). Fachleistungen im voruniversitären Mathematik- und Physikunterricht. Theoretische Grundlagen, Kompetenzstufen und Unterrichtsschwerpunkte. In J. Baumert, W. Bis & R. Lehmann (Hrsg.), TIMSS/III. Dritte Internationale Mathematik- und Naturwissenschaftsstudie. Mathematische und naturwissenschaftliche Bildung am Ende der Schullaufbahn. 2. Mathematische und physikalische Kompetenzen am Ende der gymnasialen Oberstufe (S. 57–128). Opladen: Leske u. Budrich.

Knigge, M. & Leucht, M. (2010). Soziale Disparitäten im Spracherwerb. In O. Köller, M. Knigge & B. Tesch (Hrsg.), Sprachliche Kompetenzen im Ländervergleich. Waxmann: Münster.

Köller, O., Baumert, J. & Schnabel, K. (1999). Wege zur Hochschulreife: Offenheit des Systems und Sicherung vergleichbarer Standards. Analysen am Beispiel der Mathematikleistungen von Oberstufenschülern an Integrierten Gesamtschulen und Gymnasien in Nordrhein-Westfalen. Zeitschrift für Erziehungswissenschaft, 2, S. 385–422.

Köller, O. & Trautwein, U. (2004). Englischleistungen von Schülerinnen und Schülern an allgemein bildenden und beruflichen Gymnasien. In O. Köller, R. Watermann, U. Trautwein & O. Lüdtke (Hrsg.), Wege zur Hochschulreife in Baden-Württemberg: TOSCA – eine Untersuchung an allgemein bildenden und beruflichen Gymnasien (S. 285–326). Opladen: Leske + Budrich.

Köller, O., Watermann, R., Trautwein, U. & Lüdtke, O. (2004). Wege zur Hochschulreife in Baden-Württemberg. TOSCA – eine Untersuchung an allgemein bildenden und beruflichen Gymnasien. Opladen: Leske + Budrich.

Kristen, C. & Dollmann, J. (2009). Sekundäre Effekte der ethnischen Herkunft? Kinder aus türkischen Familien am ersten Bildungsübergang. Zeitschrift für Erziehungswissenschaft, 12, S. 205–229.

Kropf, M., Gresch, C. & Maaz, K. (2010). Überblick über die rechtlichen Regelungen des Übergangs in den beteiligten Ländern. In K. Maaz, J. Baumert, C. Gresch & N. McElvany (Hrsg.), Der Übergang von der Grundschule in die weiterführende Schule. Leistungsgerechtigkeit und regionale, soziale und ethnisch-kulturelle Disparitäten (S. 399–429). Bonn u.a.: Bundesministerium für Bildung und Forschung, Referat Bildungsforschung.

Lehmann, R. & Lenkeit, J. (2008). Erhebung zum Lese- und Mathematikverständnis. Entwicklung in den Jahrgangsstufen 4 bis 6 in Berlin: Abschlussbericht über die Untersuchungen 2003, 2004 und 2005 an Berliner Grundschulen und grundständigen Gymnasien. Berlin: Humbold Universität zu Berlin.

Lehmann, R. H., Peek, R. & Gänsfuß, R. (1997). Aspekte der Lernausgangslage von Schülerinnen und Schülern der fünften Klassen an Hamburger Schulen. Hamburg: Behörde für Schule, Jugend und Berufsbildung, Amt für Schule.

Lehmann, R., Gänsfuß, R. & Peek, R. (1999). Aspekte der Lernausgangslage und der Lernentwicklung von Schülerinnen und Schülern an Hamburger Schulen – Klassenstufe 7. Hamburg: Behörde für Schule, Jugend und Berufsbildung, Amt für Schule.

Lüdtke, O., Köller, O., Bundt, B., Gomolka, J. & Watermann, R. (2004). Durchführung und methodische Grundlagen der TOSCA-Studie. In O. Köller, R. Watermann, U. Trautwein & O. Lüdtke (Hrsg.), Wege zur Hochschulreife in Baden-Württemberg. TOSCA – Eine Untersuchung an allgemein bildenden und beruflichen Gymnasien (S. 121–151). Opladen: Leske + Budrich.

Maaz, K. (2006). Soziale Herkunft und Hochschulzugang. Effekte institutioneller Öffnung im Bildungssystem. Wiesbaden: VS Verlag für Sozialwissenschaften.

Maaz, K. & Nagy, G. (2009). Der Übergang von der Grundschule in die weiterführenden Schulen des Sekundarschulsystems: Definition, Spezifikation und Quantifizierung primärer und sekundärer Herkunftseffekte. Zeitschrift für Erziehungswissenschaft, Sonderheft 12-2009, S. 153 –182.

Maaz, K. & Watermann, R. (2007). Reproduktion oder Mobilität? Zur Wirkung familiärer Prozessmerkmale auf die Studienintention am Ende der gymnasialen Oberstufe. Zeitschrift für Soziologie der Erziehung und Sozialisation, 27, S. 285–303.

Maaz, K., Baumert, J. & Cortina, K. S. (2008). Soziale und regionale Ungleichheit im deutschen Bildungssystem. In K. S. Cortina, J. Baumert, A. Leschinsky, K. U. Mayer & L. Trommer (Hrsg.), Das Bildungswesen in der Bundesrepublik Deutschland: Strukturen und Entwicklungen im Überblick (S. 205–243). Reinbek: Rowohlt.

Maaz, K., Baumert, J. & Trautwein, U. (2009). Genese sozialer Ungleichheit im institutionellen Kontext der Schule: Wo entsteht und vergrößert sich soziale Ungleichheit? Zeitschrift für Erziehungswissenschaft, Sonderheft 12-2009, S. 11– 46.

Maaz, K., Baumert, J. & Trautwein, U. (2009). Genese sozialer Ungleichheit im institutionellen Kontext der Schule: Wo entsteht und vergrößert sich soziale Ungleichheit? Zeitschrift für Erziehungswissenschaft, Sonderheft 12-2009, S. 11– 46.

Maaz, K., Baumert, J., Gresch, C. & McElvany, M. (Hrsg.). (2010). Der Übergang von der Grundschule in die weiterführende Schule – Leistungsgerechtigkeit und regionale, soziale und ethnisch-kulturelle Disparitäten. Bonn & Berlin: BMBF.

Maaz, K., Chang, P. H. & Köller, O. (2004). Führt institutionelle Vielfalt zur Öffnung im Bildungssystem? Sozialer Hintergrund und kognitive Grundfähigkeit der Schülerschaft an allgemein bildenden und beruflichen Gymnasien. In O. Köller, R. Watermann, U. Trautwein & O. Lüdtke (Hrsg.), Wege zur Hochschulreife in Baden-Württemberg. TOSCA – Eine Untersuchung an allgemein bildenden und beruflichen Gymnasien (S. 153–203). Opladen: Leske + Budrich.

Maaz, K., Gresch, C., McElvany, N., Jonkmann, K. & Baumert, J. (2010). Theoretische Konzepte für die Analyse von Bildungsübergängen: Adaptation ausgewählter Ansätze für den Übergang von der Grundschule in die weiterführenden Schulen des Sekundarschulsystems. In K. Maaz, J. Baumert, C. Gresch & N. McElvany (Hrsg.), Der Übergang von der Grundschule in die weiterführende Schule – Leistungsgerechtigkeit und regionale, soziale und ethnisch-kulturelle Disparitäten (S. 65–85). Bonn & Berlin: BMBF.

Maaz, K., Neumann, M. & Trautwein, U. (2009). Schulsysteme im deutschsprachigen Raum. In S. Blömeke, T. Bohl, L. Haag, G. Lang-Wojtasik & W. Sacher (Hrsg.), Handbuch Schule. Theorie – Organisation – Entwicklung (S. 171–179). Bad Heilbrunn: Klinkhardt.

Maaz, K., Neumann, M., Trautwein, U., Wendt, W., Lehmann, R. & Baumert, J. (2008). Der Übergang von der Grundschule in die weiterführende Schule: Die Rolle von Schüler- und Klassenmerkmalen beim Einschätzen der individuellen Lernkompetenz durch die Lehrkräfte. Schweizerische Zeitschrift für Bildungswissenschaften, 30, S. 519–548.

Maaz, K., Schroeder, S. & Gresch, C. (2010). Primäre und sekundäre soziale Herkunftseffekte beim Übergang in die Sekundarstufe I. Neutralisation sozialer Herkunftseffekte und Konsequenzen auf das Übergangsverhalten. In W. Bos, E. Klieme & O. Köller
(Hrsg.), Schulische Lerngelegenheiten und Kompetenzentwicklung. Festschrift für Jürgen Baumert (S. 285–310). Münster: Waxmann.

Maaz, K., Trautwein, U. & Dumont, H. (2011). Definition und Verteilung von Schulen mit
benachteiligter Schülerschaft. Expertise im Auftrag der Bertelsmann Stiftung.

Maaz, K., Trautwein, U., Gresch, C. & Lüdtke, O. (2009). Intercoder-Reliabilität bei der
Berufscodierung nach der ISCO-88 und Validität des sozioökonomischen Status. Zeitschrift für Erziehungswissenschaft, 12, S. 281–301.

Maier, U. (2007). Systematische Lehrereffekte bei Übergangsquoten auf weiterführende
Schulen. Zeitschrift für Erziehungswissenschaft, 10, S. 271–284.

Martin, M. O., Mullis, I. V. S., & Foy, P. (2008). TIMSS 2007: International science report: Findings from IEA's Trends in International Mathematics and Science Study at
the fourth and eighth grades. Chestnut Hill, MA: TIMSS & PIRLS International Study
Center, Lynch School of Education, Boston College.

Mayer, K.-U. & Aisenbrey, S. (2007). Variations on a theme: trends in social mobility in
(West) Germany for cohorts born between 1919 and 1971. In S. Scherer, R. Pollack, G.
Otto & M. Gangl (Hrsg.), From origin to destination. Trends and mechanisms in social
stratification research (S. 125–154). Frankfurt, Main: Campus Verlag.

McElvany, N. (2010). Die Übergangsempfehlung von der Grundschule auf die weiterführende Schule im Erleben der Lehrkräfte. In K. Maaz, J. Baumert, C. Gresch & N.
McElvany (Hrsg.), Der Übergang von der Grundschule in die weiterführende Schule
– Leistungsgerechtigkeit und regionale, soziale und ethnisch-kulturelle Disparitäten (S.
295–311). Bonn & Berlin: BMBF.

Merkens, H., & Wessel, A. (2002). Zur Genese von Bildungsentscheidungen. Eine empirische Studie in Berlin und Brandenburg. Baltmannsweiler: Schneider Verlag Hohen-
gehren.

Milek, A., Lüdtke, O., Trautwein, U., Maaz, K. & Stubbe, T. C. (2009). Wie konsistent sind
Referenzgruppeneffekte bei der Vergabe von Schulformempfehlungen? Bundeslandspe-
zifische Analysen von Daten der IGLU-Studie. Zeitschrift für Erziehungswissenschaft,
Sonderheft 12-2009, S. 282–307.

Mischo, C. & Rheinberg, F. (1995). Erziehungsziele von Lehrern und individuelle Bezugs-
normen der Leistungsbewertung. Zeitschrift für Pädagogische Psychologie, 9, S. 139
–151.

Müller, W., Wirth, H., Bauer, G., Pollak, R. & Weiss, F. (2006). ESeC – Kurzbericht zur
Validierung und Operationalisierung einer europäischen sozioökonomischen Klassifikation. ZUMA-Nachrichten 59, Jg. 30, S. 111–119.

Müller-Benedict, V. (2007). Wodurch kann die soziale Ungleichheit des Schulerfolgs am
stärksten verringert werden? Kölner Zeitschrift für Soziologie und Sozialpsychologie 59,
S. 615–639.

Müller-Benedict, V. (2008). Strukturveränderungen oder Fördermaßnahmen? Analyse einer unpopulären Alternative mit Hilfe einer Simulationsstudie. Die Deutsche Schule,
100, S. 412–424.

Mullis, I. et al. (1998). Mathematics and science achievement in the final year of secondary
school. IEA's Third International Mathematics and Science Study (TIMSS). Chestnut
Hill, Mass.: TIMSS International Study Center, Boston College.

Mullis, I. V. S., Martin, M. O., & Foy, P. (2008). TIMSS 2007: International mathematics report: Findings from IEA's Trends in International Mathematics and Science Study at the fourth and eighth grades. Chestnut Hill, MA: TIMSS & PIRLS International Study Center, Lynch School of Education, Boston College.

Muthén, L. K. & Muthén, B. (1998–2010). Mplus User's Guide. Version 6. Los Angeles, CA: Muthén & Muthén.

Neumann, M., Nagy, G., Trautwein, U. & Lüdtke, O. (2009). Vergleichbarkeit von Abiturleistungen: Leistungs- und Bewertungsunterschiede zwischen Hamburger und Baden-Württemberger Abiturienten und die Rolle zentraler Abiturprüfungen. Zeitschrift für Erziehungswissenschaft, 12, S. 691–714

Neumann, M., Milek, A., Maaz, K. & Gresch, C. (2010). Zum Einfluss der Klassenzusammensetzung auf den Übergang von der Grundschule in die weiterführenden Schulen. In K. Maaz, J. Baumert, C. Gresch & N. McElvany (Hrsg.), Der Übergang von der Grundschule in die weiterführende Schule: Leistungsgerechtigkeit und regionale, soziale und ethnisch-kulturelle Disparitäten (S. 229–252). Bonn: Bundesministerium für Bildung und Forschung, Referat Bildungsforschung.

Olson, J. F., Martin, M. O., & Mullis, I. V. S. (2008). TIMSS 2007: Technical report. Chestnut Hill, MA: TIMSS & PIRLS International Study Center, Lynch School of Education, Boston College.

Pietsch, M. (2007). Schulformwahl in Hamburger Schülerfamilien und die Konsequenzen für die Sekundarstufe 1. In W. Bos, C. Grölich & M. Pietsch (Hrsg.), KESS 4 – Lehr- und Lernbedingungen in Hamburger Grundschulen (S. 127–165). Münster: Waxmann.

Rheinberg, F. (2001). Bezugsnorm und schulische Leistungsbeurteilung. In F. E. Weinert (Hrsg.), Leistungsmessungen in Schulen. Weinheim und Basel: Beltz.

Rost, J. (1996). Lehrbuch Testtheorie. Bern: Huber.

Rubin, D. B. (1987). Multiple imputation for Nonresponse in Surveys. New York: John Wiley & Sons.

Schafer. J. L. & Graham, J. W. (2002). Missing data: Our view of the state of the art. Psychological Methods, 7 (2), S. 147–177.

Schelsky, H. (1957). Schule und Erziehung in der industriellen Gesellschaft. Würzburg: Werkbund-Verlag.

Schnabel, K. U., Alfeld, C., Eccles, J. S., Köller, O., & Baumert, J. (2002). Parental influence on students' educational choices in the United States and Germany: Different ramifications – same effect? Journal of Vocational Behavior, 60, S. 178–198.

Schrader, F.-W. (2006). Diagnostische Kompetenz von Eltern und Lehrern. In D.H. Rost (Hrsg.), Handwörterbuch Pädagogische Psychologie (3. überarb. u. erw. Aufl., S. 95–100). Weinheim: Beltz.

Sekretariat der Ständigen Konferenz der Kultusminister der Länder in der Bundesrepublik Deutschland – KMK. (Hrsg.). (2009). Das Bildungswesen in der Bundesrepublik Deutschland 2009. Darstellung der Kompetenzen, Strukturen und bildungspolitischen Entwicklungen für den Informationsaustausch in Europa. http://www.kmk.org/fileadmin/doc/Dokumentation/Bildungswesen_pdfs/dossier_dt_ebook.pdf (18.11.2011).

Stocké, V. (2007). Explaining Educational Decision and Effects of Families' Social Class Position: An Empirical Test of the Breen–Goldthorpe Model of Educational Attainment. European Sociological Review, 23, S. 505–519.

Stubbe, T. C. & Bos, W. (2008). Schullaufbahnempfehlungen von Lehrkräften und Schullaufbahnentscheidungen von Eltern am Ende der vierten Jahrgangsstufe. Empirische Pädagogik, 22 (1), S. 49–63.

Tent, L. (2006). Zensuren. In D. H. Rost (Hrsg.), Handwörterbuch Pädagogische Psychologie (3. überarb. u. erw. Aufl., S. 873–880). Weinheim: Beltz.

Tent, L. (1969). Die Auslese von Schülern für weiterführende Schulen. Göttingen: Hogrefe.

Thurstone, L. L. (1938). Primary mental abilities. Psychometric Monographs, 1, S. 9 –121.

Tiedemann, J., & Billmann-Mahecha, E. (2007). Zum Einfluss von Migration und Schulklassenzugehörigkeit auf die Übergangsempfehlung für die Sekundarstufe I. Zeitschrift für Erziehungswissenschaft, 10, S. 108 –120.

Trautwein, U., & Baeriswyl, F. (2007). Wenn leistungsstarke Klassenkameraden ein Nachteil sind: Referenzgruppeneffekte bei Übergangsentscheidungen. Zeitschrift für Pädagogische Psychologie, 21, S. 119 –133.

Trautwein, U., Baeriswyl, F., Lüdtke, O. & Wandeler, C. (2008). Die Öffnung des Schulsystems: Fakt oder Fiktion? Empirische Befunde zum Zusammenhang von Grundschulübertritt und Übergang in die gymnasiale Oberstufe. Zeitschrift für Erziehungswissenschaft, 11, S. 648–665.

Treiman, D. J. (1977). Occupational prestige in comparative perspective. New York: Academic Press

Vögeli-Manotvani, U. (1999). Mehr fördern, weniger auslesen. Zur Entwicklung der schulischen Beurteilung in der Schweiz. Trendbericht der SKBF (Schweizerische Koordinationsstelle für Bildungsforschung). Aarau: SKBF.

Waldmann, M. R. (1996). Kognitionspsychologische Theorien von Begabung und Expertise. In F. E. Weinert (Hrsg.), Psychologie des Lernens und der Instruktion (S. 445–476). Göttingen: Hogrefe (Enzyklopädie der Psychologie, D/II/2).

Walter, G., Selter, C., Bonsen, M. & Bos, W. (2008). Mathematische Kompetenz im internationalen Vergleich: Testkonzeption und Ergebnisse. In W. Bos, M. Bonsen, J. Baumert, M. Prenzel, G. Walther & C. Selter (Hrsg.), TIMSS 2007. Mathematische und naturwissenschaftliche Kompetenzen von Grundschulkindern in Deutschland im internationalen Vergleich (S. 49–85). Münster: Waxmann.

Watermann, R. & Klieme, E. (2002). Reporting Results of Large-Scale Assessment in Psychologically and Educationally Meaningful Terms – Construct Validation and Proficiency Scaling in TIMSS. European Journal of Psychological Assessment, 18, S. 190–203.

Watermann, R., Nagy, G. & Köller, O. (2004). Mathematikleistungen in allgemein bildenden und beruflichen Gymnasien. In O. Köller, R. Watermann, U. Trautwein & O. Lüdtke (Hrsg.), Wege zur Hochschulreife in Baden-Württemberg: TOSCA – eine Untersuchung an allgemein bildenden und beruflichen Gymnasien (S. 205–283) Opladen: Leske u. Budrich.

Wild, E. (2004). Häusliches Lernen. Forschungsdesiderate und Forschungsperspektiven. In D. Lenzen, J. Baumert, R. Qatermann & U. Trautwein (Hrsg.), PISA und die Konsequenzen für die erziehungswissenschaftliche Forschung (S. 37–64). Wiesbaden: VS Verlag für Sozialwissenschaften.

Wittwer, J., Saß, S. & Prenzel, M. (2008). Naturwissenschaftliche Kompetenz im internationalen Vergleich: Testkonzeption und Ergebnisse. In W. Bos, M. Bonsen, J. Baumert, M. Prenzel, C. Selter & G. Walther (Hrsg.), TIMSS 2007. Mathematische und naturwissenschaftliche Kompetenz von Grundschulkindern in Deutschland im internationalen Vergleich (S. 87–124). Münster: Waxmann.

Wu, M., Adams, R. J. & Wilson, M. (2000). ACER ConQuest. Generalised item response modelling software manual. Melbourne: ACER.

Ziegenspeck, J. (1978). Zensur und Zeugnis. In K.-J. Klauer (Hrsg.), Handbuch der Pädagogischen Diagnostik (Bd. 3, S. 621– 632). Düsseldorf: Schwann.

Ziegenspeck, J. (1999). Handbuch Zensur und Zeugnis in der Schule: Historischer Rückblick, allgemeine Problematik, empirische Befunde und bildungspolitische Implikationen. Ein Studien- und Arbeitsbuch. Klinghardt.

Autorinnen und Autoren

Baeriswyl, Franz, Prof. Dr., Professor an der Universität Fribourg, seit 1993 Direktor der Abteilung Lehrerinnen- und Lehrerbildung Sekundarstufe II; Arbeits- und Forschungsschwerpunkte: Beurteilung und Übergänge im Schulsystem, Ausbildungskonzeption von Lehrpersonen und ihre Wirkung auf die Qualität von Ausbildungssituationen, Informationsgehalt und Wirkungen von Schulnoten, Unterrichtsklima an Gymnasien, Harmonisierung von Maturitätsprüfungen.
E-Mail: franz.baeriswyl@unifr.ch

Blossfeld, Hans-Peter, Prof. Dr. rer. pol. Dr. h. c., Jg, Professor für Soziologie an der Universität Bamberg, seit 2008 Direktor des Instituts für bildungswissenschaftliche Längsschnittstudien (INBIL); Arbeits- und Forschungsschwerpunkte: Bildungssoziologie, Allgemeine Soziologie, Sozialstrukturanalyse, Arbeitsmarktforschung, Familiensoziologie und Statistik.
E-Mail: hans-peter.blossfeld@uni-bamberg.de

Bukodi, Erzsébet, Dr., Lehrbeauftragte für *Quantitative Social Policy* an der University Oxford; Arbeits- und Forschungsschwerpunkt: Bildungsungleichheit, Trends zwischen Generationen, intragenerationale Mobilität, geschlechtsspezifische Unterschiede auf dem Arbeitsmarkt, die Beziehung zwischen sozialer und kultureller Schichtung, geschlechtsspezifische Unterschiede in der beruflichen Mobilität in unterschiedlichen wirtschaftlichen Gegebenheiten.
E-Mail: erzebet.bukodi@spi.ox.ac.uk

Deißner, David, Dr., seit 2009 Leiter des Programmbereichs Think Tank, Bildungsforschung und Integration der gemeinnützigen Vodafone Stiftung Deutschland. Arbeitsschwerpunkt: Studien und Politikempfehlungen für chancengerechtere Bildung, advokatorische Think Tank-Arbeit, internationaler Wissenstransfer und Erfahrungsaustausch in Bildungs-, Sozial und Integrationspolitik. Zuvor Redakteur in der Politikredaktion der Tageszeitung DIE WELT mit Schwerpunkt Bildungspolitik. Studium der Philosophie, Politik und Literaturwissenschaft in Heidelberg und Oxford. 2007 Promotion an der University of Oxford.
E-Mail: david.deissner@vodafone.com

Ditton, Hartmut, Prof. Dr., Professor für Allgemeine Pädagogik, Erziehungs- und Sozialisationsforschung an der Ludwig-Maximilians-Universität München; Arbeits- und Forschungsschwerpunkte: schulische und familiale Sozialisation, Evaluation und Qualitätssicherung im Bildungswesen, Methoden empirisch-pädagogischer Forschung, multivariate statistische Analyseverfahren, Bildung, Ungleichheit und gesellschaftlicher Wandel.
E-Mail: ditton@lmu.de

du Bois-Reymond, Manuela, Prof. em. Dr., Professorin für Pädagogik und Jugendsoziologie an der Universität Leiden/NL, Gründungsmitglied des europäischen Forschungsnetzwerks EGRIS (European Group of Integrated Social Research); Arbeits- und Forschungsschwerpunkte: vergleichende Kindheits- und Jugendforschung, insbesondre Übergangsforschung im europäischen Vergleich, neue Lernformen und Schulreform, Ganztagsschulen in den Niederlanden und Deutschland.
E-Mail: dubois@fsw.leidenuniv.nl

Erikson, Robert, Prof. em. Dr., Professor der Soziologie am schwedischen Institut für Sozialforschung (SOFI) der Universität Stockholm, Fellow der Königlich Schwedischen Akademie der Wissenschaften, der British Academy und Academia Europaen sowie Honorary Fellow des Nuffield College, Oxford; Arbeits- und Forschungsschwerpunkte: empirische Sozial-, Bildungs- und Wohlfahrtsforschung, soziale Schichtung, Erziehung, Familie und Gesundheit, insbesondere Untersuchung individueller Veränderungen im Lebensverlauf mit Blick auf individuelle und strukturelle Bedingungen.
E-Mail: robert.erikson@sofie.su.se

Felbrich, Anja, Dr., Wissenschaftliche Mitarbeiterin am Institut zur Qualitätsentwicklung im Bildungswesen (IQB) an der Humboldt-Universität zu Berlin; Arbeits- und Forschungsschwerpunkte: Zweitsprachförderung in der Grundschule, LehrerausbilderInnen als Akteure der Lehrerbildung, Überzeugungen von angehenden Lehrern und Lehrerausbildnern, Entwicklung mathematischer Kompetenzen in der Grundschule.
E-Mail: anja.felbrich@IQB.hu-berlin.de

Fend, Helmut, Prof. em. Dr. Dr. h. c. mult, emeritierter Ordinarius für Pädagogische Psychologie an der Universität Zürich; Arbeits- und Forschungsschwerpunkte: Entwicklungpsychologie im Jugendalter, Lebenslaufforschung, Bildungssysteme, Schulentwicklung, Geschichte des Bildungswesens, empirische Bildungsforschung.
E-Mail: helmut.fend@t-online.de

Goldthorpe, John H., Prof. em. Dr., Professor für Soziologie am Nuffield College, Universität Oxford, Fellow der British Academy; Arbeits- und Forschungsschwerpunkte: soziale Schichtung und Mobilität, soziologische Theorie und Methodik, Beziehung zwischen Theorie und Forschung.
E-Mail: john.goldthorpe@nuffield.ox.ac.uk

Maaz, Kai, Prof. Dr., Professor für Quantitative Methoden in den Bildungswissenschaften an der Universität Potsdam; Arbeits- und Forschungsschwerpunkte: soziale Disparitäten im Bildungssystem, Bildungsbiografien und Übergangsentscheidungen unter Berücksichtigung individueller, institutioneller und kontextueller Einflussgrößen, Institutionelle

Entwicklungen im Bildungssystem und Evaluation von Transformationsprozessen im Bildungssystem, soziokulturelle Hintergrundmerkmale, Erfassung und Validität von Schüler- und Elternangaben.
E-Mail: kai.maaz@uni-potsdam.de

Shim, Jai Ok, Executive Director der Koreanisch-Amerikanischen Bildungskommission (KAEC), Seoul, Leiterin des Fulbright-Stipendienprogramms. Zuvor verschiedene Lehrtätigkeiten in Südkorea. Koordiniert transnationale Bildungsprojekte und -austausch, fördert Dialog über aktuelle Fragen des Bildungswesens.
E-Mail: shimjo@fulbright.or.kr

Solga, Heike, Prof. Dr., Professorin für Soziologie an der Freien Universität Berlin, seit 2008 Direktorin der Abteilung „Ausbildung und Arbeitsmarkt" am Wissenschaftszentrum Berlin für Sozialforschung (WZB), Leiterin des Brückenprojekts Rekrutierungsverhalten von Unternehmen auf Ausbildungs- und Arbeitsmärkten, Mitglied des Konsortiums des Nationalen Bildungspanels (NEPS); Arbeits- und Forschungsschwerpunkte: Arbeit, Arbeitsmarkt und Beschäftigung, Bildung und Ausbildung.
E-Mail: solga@wzb.eu

Stanat, Petra, Prof. Dr., Professorin für Empirische Bildungsforschung an der Freien Universität Berlin, seit 2010 Direktorin des Instituts zur Qualitätsentwicklung im Bildungswesen (IQB) an der Humboldt-Universität zu Berlin; Arbeits- und Forschungsschwerpunkte: Bedingungen und Förderung des schulischen Erfolgs von Heranwachsenden mit Migrationshintergrund, ethnische, soziale und geschlechtsbezogene Disparitäten im schulischen Erfolg, Sicherung von Mindeststandards, Zweitsprachförderung und Lesekompetenz, Determinanten von Schulleistungen im internationalen Vergleich.
E-Mail: petra.stanat@iqb.hu-berlin.de

Trautwein, Ulrich, Prof. Dr., Professor für Erziehungswissenschaft mit dem Schwerpunkt Empirische Bildungsforschung an der Universität Tübingen; Arbeits- und Forschungsschwerpunkt: Entwicklung selbstbezogener Kognitionen im schulischen Kontext, die Schulentwicklung und das Schulmanagement, die Einflüsse von Hausaufgaben auf die Schulleistung.
E-Mail: ulrich.trautwein@uni-tuebingen.de

Danksagung

Dieses Buch entstand im Rahmen der Programmarbeit der Vodafone Stiftung Deutschland. Es versammelt neben der von der Vodafone Stiftung in Auftrag gegebenen Studie *Herkunft zensiert?* die Beiträge führender Wissenschaftler aus dem In- und Ausland, die im Februar 2011 auf Einladung der Stiftung und des Bundesministeriums für Bildung und Forschung in Berlin zusammen kamen. Gegenstand dieser Tagung unter dem Titel „Neue Wege zur Bildungsgerechtigkeit" waren die Wirkungsmechanismen sozialer Herkunftseffekte im Bildungsverlauf und die Diskussion wirksamer Interventionen zu deren Reduzierung. Im Namen der Vodafone Stiftung dankt der Herausgeber dem Bundesministerium für die Unterstützung und die gute und kooperative Zusammenarbeit bei der Ausrichtung der Tagung in den Räumlichkeiten des Bundesministeriums in Berlin. Insbesondere danken wir Frau Dr. Susanna Schmidt, Herrn Dr. Christoph Braß, Herrn Dr. Torsten Geißler und Frau Dr. Annette Steinich.

Berlin, im Februar 2013
David Deißner

Über die Vodafone Stiftung:

Die Vodafone Stiftung ist eine der großen unternehmensverbundenen Stiftungen in Deutschland und Mitglied einer weltweiten Stiftungsfamilie. Als eigenständige gemeinnützige Institution und gesellschaftspolitischer Think Tank fördert und initiiert sie Programme mit dem Ziel, Impulse für den gesellschaftlichen Fortschritt zu geben, die Entwicklung einer aktiven Bürgergesellschaft anzustoßen und gesellschaftspolitische Verantwortung zu übernehmen. Das Förderprofil steht unter dem Leitmotiv „Erkennen. Fördern. Bewegen." und konzentriert sich auf den Bereich Bildung, Integration und soziale Mobilität.